SUPLEMENT
A
L'ABREJÉ
DU PROJÈT DE PAIX PERPÉTUÈLE.

PREMIERE PARTIE.

SUITE DES OBJECTIONS.

OBJECTION XVI.

UN bon Gouvernement en France sufit pour nous faire toujours éviter la guerre, ou du moins pour empecher que nous n'en aions que de defensives & de passajeres, donq le Projèt pour rendre la paix perpétuèle ne lui aporteroit aucun avantaje.

REPONSE.

1. Les guerres defensives ne coutent-elles pas beaucoup ? La guerre contre la Ligue d'Ausbourg & même la

la guerre pour soutenir le Roi d'Espagne ont-elles été autres que defensives? Ne nous ont-elles pas couté des sommes immenses? ont-elles été passajères?

2°. Vous supósez un bon Gouvernement, mais quelle seureté nous donez-vous de la durée de ce bon gouvernement? Nous avons à la verité de l'esperance, mais avons-nous de la seureté d'avoir un meilleur gouvernement que celui des trois derniers Rois? Or leur bon gouvernement a-t-il sufi pour garantir la France ni des guerres étrangeres ni même des guerres civiles, & ces guerres étrangeres elles-mêmes ont-elles toujours été purement defensives? ont-elles toujours été courtes & passageres?

3°. Sans la signature des cinq articles fondamentaux nous aurons donq toujours de tems en tems des guerres actuelles qui coutent beaucoup, ou du moins nous serons toujours dans la nécessité de faire une grande depense en troupes, en fortifications & en magazins tant sur terre que sur mer pour nous tenir seulement sur nos gardes & sur la defensive.

4°. Sans

4°. SANS cette signature avons-nous aucune seureté qu'il n'y ait pas des guerres dans les minoritez & dans les infirmitez de nos Rois? avons-nous aucune seureté que nos Princes ne veuillent pas devenir usurpateurs ou conquerans, ou que nos Ministres, Generaux pour se soutenir n'ayent pas bezoin de faire des guerres?

5°. SANS cette union generale avons-nous aucune seureté que quelque Prince voisin, puissant & ambitieux, ne nous forcera pas à entrer en guerre contre lui pour lui oter de bonne heure séz desseins de conquètes?

6o. QUAND on songe, que les guerres dèz trois derniers Regnes ont duré plus de 70. ans & qu'elles ont couté à la France plus de trente milions par an d'extraordinaire & plus de dix milions pour se tenir sur la defensive, sans compter la perte des hommes, les pillages & les incendies, on peut dire, que si dèz 1590. on eut signé en Europe les cinq articles fondamentaux, la France auroit à present pour sa part la valeur de trois miliars ou de trois mille millions de

 livres

livres qu'elle n'a pas, c'est-a-dire un revenu anuel de cent millions au denier trente; & parconsequent si la signature se fait, elle peut nous garantir d'une pareille depense d'ici à cent quarante ans.

OBJECTION XVII.

Si l'arbitrage Europain s'établit, tous les diferens des Souverains se termineront sans guerre; ainsi les talens & les vertus de la guerre s'aneantiront, ainsi plus de heros, plus d'illustres guerriers ni en France ni en Europe, nous tomberons tous dans la molesse, dans la langueur, dans la faineantize, dans le luxe.

Sævior armis
Luxuria incubuit victumque ulciscitur orbem.

REPONSE.

1°. Il est vrai, que s'il n'y a plus d'Enemis à combatre, il n'y aura ni valeur, ni talens guerriers à exercer ni pour les Fransois, ni pour les Alemans,

ni

ni pour les autres nations de l'Europe. Mais eſt-ce donq un malheur réèl que de n'avoir plus d'enemis à combatre & de n'avoir plus à pleurer nos peres, nos enfans, nos freres, nos amis? Les talens qui tendent à detruire les hommes, ſont-ce donq des talens deſirables pour le genre humain, ſi ces talens ne peuvent s'exercer qu'en tuant & faizant tuer un grand nombre d'hommes? Sont-ce donq des qualitez que les perſones ſages & ſenſées doivent regreter?

2o. Il eſt vrai, que les vertus & les talens de la guerre ne paroitront preſque plus au milieu de nous & qu'ils ſe retireront tout au plus ſur les frontieres de l'Europe, là où il poura y avoir des enemis à combatre; mais cète perte n'entraine pas la perte des autres talens & des autres vertus de la ſocieté, aucontraire la durée de la paix laiſſera tout loiſir à la police de ſe perfectioner, elle donera aux Souverains le loiſir & les deniers neceſſaires pour perfectioner nos Loix, nos Reglemens & nos Etabliſſemens; les politiques doneront un plus grand nombre de bons projèts; les Miniſtres les feront mieux executer ; l'Etat favorisera davantage les Arts & les Siences.

Or si notre gouvernement va toujours en se perfectionant, les talens & les vertus les plus utiles à la societé seront recompensez à proportion de leur utilité, les depenses de luxe & de vanité seront ou tournées en ridicule ou meprisées, les faineans, les debauchez seront mis au nombre dèz persones meprizables de la Societé, le peuple devenu plus sensé & mieux instruit tournera son respect & son admiration vers ceux qui seront séz plus grans bienfaicteurs & qui par leurs soins & leurs travaux lui procureront une plus grande utilité & ce seront ceux-là qui auront seuls les marques de distinction dues aux hommes qui ont un merite national distingué ; pourquoi ne seroient-ce pas là les effets d'une police que la grande tranquilité & le rétranchement des depenses de la guerre permetront de perfectioner tous les jours ?

Ainsi pourquoi la menace de *sævior armis luxuria* nous regarderoit-elle ? pourquoi n'aurions-nous pas au contraire

traire dans la Paix perpétuèle plus d'emulation que jamais pour faire des éforts à qui surpassera ses pareils en talens les plus utiles à la Societé & en vertus desirables pour le comerce de la vie, puisque pour le perfectionement de notre Gouvernement çèz talens & çèz vertus seront beaucoup plus honorés & beaucoup mieux recompensez qu'ils ne sont aujourdui.

OBJECTION XVIII.

UN Ministre d'un grand Genie ne peut jamais mieux exercer les grans talens pour le Gouvernement que lorsqu'il trouve un Etat dezolé par les guerres civiles & étrangeres, lorsqu'il vient à bout de rétablir le Comerce, la seureté des Voiageurs, des Negocians, la vigueur des loix, le credit publiq & l'abondance des particuliers; or s'il n'y a plus de guerres ni civiles ni étrangeres les Etats ne seront plus dezoléz; ainsi les grands genies ne pouront plus exercer leurs grands talens avec autant de succès & d'éclat: quand il n'y a point de travaux dificiles à faire ni de grands malheurs à reparer il ne se forme plus dans les Etats de genies propres à surmonter de grandes dificultéz.

REPONSE.

1°. QUAND nous souhaiterons qu'un homme soit malade à l'extremité pour faire davantage valoir la grande habileté du Medecin, nous pourons souhaiter de mème que la France soit portée à une grande extremité de mizere pour faire paroître la grandeur de genie d'un premier Ministre, mais jusques là nous aimerons bien mieux ne jamais tomber dans de grandes mizeres & n'avoir point besoin de grands genies dans le Ministère.

2°. POUR peu que l'on ait étudié la Sience du Gouvernement, ne conviendra-t-on pas qu'il y aura toûjours beaucoup à decouvrir & qu'il n'y a pas moins de grandes dificultéz à surmonter dans cette Sience pour y faire de grandes decouvertes, que dans les autres Siences, pourquoi n'y auroit-il pas toûjours assez de grandes dificultéz utiles à surmonter, pour ocuper & pour faire paroitre la grandeur du du genie? Pourquoi n'y auroit-il pas toûjours assèz de pareils dans la même cariére gens de merite à surpasser pour exciter l'émulation.

3°. QUAND il n'y auroit qu'à former & à solidifier sans cesse le nouvel établissement de l'arbitrage Europain, n'y aura-t-il pas toûjours assez de quoi exercer trèz-utilement & parconséquent honorablement les plus grands Ministres & les plus habiles en politique.

OBJECTION XIX.

LA guerre ne se fèra pas sur les frontieres de l'Europe avec les mèmes éforts qu'elle se fezoit sur les frontieres respéctives de chaque Nation de l'Europe, les motifs, les ressorts des gens de guerre seront moins forts, ils ne combatront plus pour la gloire de leur Prince, ni pour le salut de leur patrie, ni pour les dignitez, & les honeurs de leur profession, souvent même ils ne combattront point, car ils ne marcheront qu'en nombre si superieur aux Enemis de l'Europe qu'il n'y aura point de combats; ainsi l'Art de la

guer-

guerre perira dans le monde & tous les Arts, qui en dependent ; & puis qui est l'Officier qui voudra s'exiler sur les frontieres de l'Europe pour toute sa vie ?

REPONSE.

1°. Il est vrai qu'on ne combatra plus pour le salut de sa Patrie, c'est que la Patrie n'aura plus d'enemis ; or est-ce un malheur réèl pour la patrie d'avoir pour amis & aliez ses anciens enemis ?

2°. Nos Oficiers ne seront pas obligez de demeurer toute leur vie sur les frontieres de l'Europe, ils pouront revenir dans leurs peys à la demi peye aprés vint ans de service, & joüir également des titres d'Oficiers Généraux, de Chevaliers de l'Ordre, de Marechaux de France : les Soldats pourront revenir aussi aprèz dix ans, ainsi l'Europe se trouvera toujours peuplée de vieux Oficiers, & de vieux Soldats, qui auront aussi la demi peye ou qui seront incorporez dans nos troupes.

Il est mème de la seureté de la Societé

cieté Europaine que ses Généraux ne commandent pas plus de trois ans sur les frontieres de l'Europe.

3°. LES Arts, qui dependent de la guerre s'exerceront particuliérement sur les frontieres de l'Europe, ainsi ils ne se perdront pas tant que l'Europe aura des enemis armez à craindre.

4°. QUEL est le but des Arts qui dépendent de la guerre? Le but ordinaire c'est de tuer plus promptement & plus facilement un grand nombre d'enemis; or-est ce un grand malheur? N'est-ce pas même un grand bonheur de n'avoir plus d'enemis, & de n'avoir plus persone à tuer?

5°. SEROIT-ce un malheur réèl pour une Nation si l'on y trouvoit le secret d'y vivre si sainement ou de guerir les maladies si facilement que l'on n'y eût plus besoin ni des Medecins, ni de leurs remédes.

OBJECTION XX.

L'ESPRIT de chicane qui s'est introduit dans les Diètes, dans les Chambres Impériales, & dans la Chambre Aulique, rend les procès immortels; or or cet Esprit peut s'introduire dans le Tribunal des Souverains d'Europe, par la protection de quelque Souverain ambitieux, qui voudroit dissoudre l'union dèz aliéz, en les dégoûtant de ce Tribunal.

RE'PONSE.

1°. COMME tous les aliéz sont par le premier Article conservez dans toutes les parties de leurs Etats, dont ils sont en actuelle possession, le sujèt du différent entre deux contestans ne peut jamais être que pour la possession d'une chose nouvelle que ni l'un ni l'autre ne possédoit; or si on la met en sequestre tous deux ne seront-ils pas pressez de faire finir le sequestre? Ainsi l'intérêt des parties ne les portera-t-il pas toûjours à desirer la decision?

2°. LA longueur des procèz est un mal, mais c'est un mal cent fois moindre que la voye de la guerre, & que seroit-ce que l'Alemagne depuis sept ou huit cens ans, sans ces Dières, & sans ces Chambres Impériales? Et s'il avoit été au pouvoir du plus fort d'acabler le plus foible par la force,

le

le Corps Germanique subsisteroit-il encore & dans quel cahos retomberoit la Ligue générale de l'Europe si les aliéz pour terminer leurs différens revenoient à préferer la voye de la guerre qui coûte tant aux parties interessées, qui ruïne tout, à la voye de l'arbitrage perpétuèl, qui ne coûte rien & qui conserve tout.

3°. TOUS les aliez du Corps Européain seront fort intéressez à diminuer les abus de la chicane; or qui les pouroit empecher de faire tous les ans de bons Reglemens pour s'en préserver? Qui pouroit les empecher de voir & de suivre toûjours l'intérêt commun de leur Societé?

OBJECTION XXI.

LES grands Etablissemens ne se font que peu à peu, le Congrès d'Utrecht a plus approché de vôtre Sistême que celui de Riswiq, le Congrès de Cambrai encore plus que celui d'Utrecht, & le Congrès de Soissons, plus que celui de Cambrai, les Traitéz d'Aliance défensive sont plus à la mode que jamais, temoins les Traitéz de de Vienne de 1731. & parconſéquent les acceſſions à çéz Traitez ſont devenuës plus frequentes, les aliéz ont commencé à ſe promettre reciproquement la garantie & la conſervation de leurs Etats, ils ont commencé à convenir de ſecours mutuels en argent, en troupes, en vaiſſeaux, l'intérêt de conſerver la Paix ſe fait ſentir de plus en plus à tous les Souverains, mais ils ont encore un furieux pas à faire pour conſerver leur union elle-même, c'eſt de convenir d'un arbitrage permanent dans un Congrèz perpétuèl pour regler ſans guerre leurs différens prezens & futurs.

Il faudra encore eſſuyer plus de cent ans de guerre en Europe, & parconſéquent plus de deux cens ans de Regne avant que tous les Souverains parviènent à ſe convaincre parfaitement, que nule Ligue, nule Aliance ne peut être perpétuèle ſans arbitrage perpétuèl, & qu'ainſi nule Puiſſance ne peut avoir aucune ſeureté de l'execution d'aucune promeſſe ni d'aucun Traité ſi la Societé générale des Souverains d'Europe n'en eſt garante.

Ainſi on ne doit pas eſperer que

vo[illegible]

vos cinq articles fondamentaux ou des articles équivalens se signent par tous vos Souverains avant deux cens ans, & alors il ne sera plus question de votre ouvraje, l'union de l'Europe se trouvera faite peu à peu d'elle-mème par petits degrez insensibles, mais non pas tout d'un coup par la persuasion qui pouvoit leur venir de la lecture d'un bon projèt.

L'objèt, que vous leur presentez est immense en grandeur, & plus ils le trouvent grand, moins ils sont dispozez à le regarder comme solide; il faut aux hommes plusieurs générations pour s'y acoutumer, il faut que les Souverains essayent auparavant inutilement divers autres moiens de rendre leurs traitez solides & durables, & pour de pareilles experiences il faut dez Siècles pour des hommes qui sont bien plus souvent & bien plus lontems passionez, imprudens & deraizonables, que moderez, prudens & raizonables.

RE'PONSE.

JE conviens, qu'il se peut bien faire, que l'arbitrage Europain ne se forme

que

que peu à peu par dégréz insensibles & en deux cens ans, mais pourquoi ne se pouroit-il pas bien faire aussi qu'il se formât sous le Regne du Roi? Nous n'avons pour cela besoin que d'un Ministre général de bon Esprit, bien intentioné, qui lize le projèt, qui le fasse examiner, qui conoisse & qui dezire fortement les grands interèts du Roi & de la Nation; or cela est-il impossible?

Alors pourquoi seroit-il impossible qu'en représentant souvent avec autorité aux aliéz de la France leur propre interèt dans la Signature des cinq Articles fondamentaux il leur persuadât de lez signer.

Y a-t-il quelqu'un de nous, qui, s'il étoit prémier Ministre d'un Souverain, ne lui conseillât pas & ne le pressât fortement de proposer ces cinq articles à signer à ses aliéz? Qui est-ce qui nous a mis dans cète disposition d'esprit? N'est-ce pas l'atention que nous avons faite aux grands avantajes que ce Souverain en retireroit? Or pourquoi les Ministres des autres Nations ne pouroient-ils pas avant trente ans avoir fait les mèmes

lectu-

lectures & les mèmes atenſions que nous? Pourquoi ne pouroient-ils pas conſeiller à leur Roi ce que nous conſeillerions ſi nous étions à leur place?

OBJECTION XXII.

CE projèt n'eſt pas abſolument impoſſible dans l'execution, je croi mème, que Henri quatriéme qui l'avoit inventé eût pu l'executer s'il avoit vécu auſſi lontems que le Roi ſon petit-fils: il étoit fort puiſſant, il ne vouloit point s'agrandir, il n'avoit alors à unir avec lui que des Puiſſances qui redoutant extremement l'exceſſive puiſſance de la Maiſon d'Autriche avoient grand bezoin d'aliéz puiſſans.

On eût pris d'autant plus de confiance en lui que par le Traité mème qu'il propoſoit il renonſoit entierement pour lui & pour ſa poſterité à faire aucune conquète, ou aucune uzurpation ſur aucun de ſes voizins & par l'union de tant de Puiſſances contre tout ambitieux il ſe mètoit entierement hors d'état & hors de pouvoir de devenir jamais uzurpateur d'une ſeule Ville puiſqu'il eût été ſeul contre tous & parconſequent fort inferieur en forces au reſte de ſes aliéz, il ne pouvoit pas même ignorer que pour l'empecher de faire aucune conquète ou uzurpation la Maiſon d'Autriche ſe fût toujours jointe volontiers à toutes les autres Puiſſances.

Il avoit un grand genie, un grand courage & une grande conſtance, il avoit deja fait un long uzaje de çéz qualitéz dans les longues guerres contre ſes Sujèts revoltez & ce qui lui eût fourni un nouveau courage & une nouvelle conſtance pour ſurmonter les dificultez, c'eſt qu'il ſentoit que ce beau projèt dont il étoit l'inventeur ſeroit admiré de toutes les Nations & qu'il lui atireroit une infinité de Benedictions dans la poſterité la plus éloignée comme le projèt le plus avantajeux aux hommes, qui ait jamais été imaginé, s'il avoit le bonheur d'en procurer l'execution; ainſi il avoit des forces proportionées à la grandeur des dificultez qu'il eût rencontrées.

Mais ce grand reſſort dans un Prince ſi habile, ce puiſſant reſſort que lui donoit le glorieux titre d'inventeur eſt

eſt un reſſort qui malheureuzement pour l'Europe ſe trouve entierement perdu par ſa mort.

Je ſai bien, que Louïs quinziéme ſon Succeſſeur & ſon deſcendant peut ſe faire beaucoup d'honeur de reſſuſciter & d'executer enfin le fameux projèt de ſon quatriéme ayeul malgré les grandes dificultez qu'il y rencontrera ; je conviens que cet honeur peut être un reſſort pour lui, mais on m'avoüera que le reſſort de l'honeur de l'invention eſt incomparablement plus fort que le reſſort que peut produire l'honeur d'executer le projèt d'un de ſéz ancètres ; ainſi il ſe rebutera facilement de la grandeur des dificultéz qui ſont à ſurmonter.

De là je conclus que ce qui auroit été poſſible à Henri quatriéme eſt devenu impoſſible à Louïs quinziéme & parconſequent à tout autre Souverain.

RE'PONSE.

JE conviens, que le puiſſant reſſort de l'honeur de l'invention du plus beau projèt, qui ait jamais été, eſt entierement perdu pour toujours, mais ſi les dificultez de l'execution de ce projèt ne consistent réèllement que dans le peu de conoissance que les Souverains d'Europe ont de leurs plus grans interèts, ces dificultez peuvent s'évanouïr en peu de tems.

Si depuis la mort de Henri quatriéme le nombre & la grandeur des dificultez que l'on imaginoit dans ce tems-là dans l'execution du projèt sont ou aneanties ou fort diminuées depuis sa mort il ne sera plus necessaire dans Louïs quinziéme d'autre motif que celui de l'honeur de devenir le Pacificateur du monde, pour surmonter des dificultez qui sont devenües beaucoup moindres qu'elles n'étoient, il lui sufira d'être sensible à l'honeur qu'il y a de ressusciter un beau projèt qui tomboit dans l'oubli & de mètre ainsi en valeur une glorieuze portion de son patrimoine qui tomboit dans l'aneantissement.

Or comme de ces dificultez les unes sont aneanties, les autres sont devenues beaucoup moindres, il se trouvera que Louïs quinze aura encore plus de forces & plus de couraje qu'il n'en faudra pour les surmonter.

La premiére dificulté venoit de ce que Henri croit que pour rendre son Projèt solide & durable il étoit nécessaite de diminuer considerablement là puissance de la Maison d'Autriche pour augmenter la puissance de quatre ou cinq Etats Souverains, il faloit pour en venir à bout faire de grandes depenses & essuyer de grandes & de longues guerres.

Or j'ai demontré dans le Projèt imprimé que laissant les Etats d'Europe, en l'état qu'ils sont actuellement les Souverains liguez ne laisseroient pas d'avoir dans la ligue générale seureté entiere que les Souverains tant soit peu senséz y trouvant des avantages immenses n'auroient garde de songer jamais à s'en separer & que les Souverains insensez seroient toujours en petit nombre, & seroient retenus dans la Societé par la crainte des malheurs inevitables pour quiconque voudroit troubler la Paix de l'Europe, & combatre foible & injuste contre des enemis justes & incomparablement plus forts que lui.

Cète dificulté de faire des conquètes sur la Maison d'Autriche étoit alors d'autant plus grande que pluzieurs des Princes que Henri recherchoit pour aliéz ſoupſonoient que dans ſon plan il y entroit, ſans qu'il s'en aperceut, quelque ſentiment de jalouzie contre la Maizon d'Autriche & quelque reſſentiment de vengeance dèz pènes que céte Maiſon lui avoit cauzées, ce ſoupſon en auroit empeché une partie de l'aſſiſter de leurs troupes, tel étoit entre autres Jaques premier Roi d'Angleterre, qui vouloit bien entrer dans la ligue generale pourvu qu'elle ne fût que defenſive, & point du tout ofenſive; or cette grande dificulté a ceſſé parce que j'ai démontré que pour rendre l'aliance durable il n'eſt pas neceſſaire que les aliez ſoient égaux en puiſſance; cète dificulté a encore ceſſé par l'avenement d'nn Prince de la Maizon de France à la Courone d'Eſpagne.

L'autre dificulté conſiſtoit uniquement en ce qu'il faloit du tems pour demontrer à tous les aliéz deux veritez, la premiere qu'une paix ſolide & perpétuelle faite à condition de renoncer à toutes leurs prérentions reciproques

ques les uns contre les autres leur étoit dix fois, vint fois plus avantajeuze que de demeurer toujours armez contre tous leurs voizins pour conſerver toutes leurs pretentions reciproques.

La ſeconde verité à leur demontrer, c'étoit qu'ils auroient une Paix & une Aliance perpétuèle & inalterable s'ils vouloient tous ſigner le Traité pour ſe garantir mutuellement leurs poſſeſſions actuelles & l'execution de leurs derniers Traitez, s'ils vouloient prendre pour arbitres de leurs diferens futurs tous les aliéz qui auroient ſigné, & declarer enemis de l'aliance générale quiconque refuzeroit ou d'y entrer ou d'executer ſéz Jugemens.

Or quoique ces deux veritez ſoient faciles à demontrer prezentement aux Souverains, le plan entier de ce projèt étoit ſi nouveau & ſi vaſte qu'il pouvoit leur être ſuſpect de peu de ſolidité.

Il eût falu beaucoup de tems aux negociateurs de Henri pour acoutumer les Princes d'Europe & leurs Miniſtres à de pareilles demonſtrations & repondre à toutes leurs frivoles objections, il faloit leur faire faire quantité de ſuputations de ce qu'avoient couté les guerres à eux & à leurs ancètres, & balancer leurs pertes & leurs depenſes contre les avantajes qu'ils avoient retiré de la guerre.

Or il eſt évident, que cète ſegonde dificulté a beaucoup diminué depuis cent ans & ſur tout depuis vint ans, les conſeils d s Souverains ſont devenus beaucoup plus éclairez ſur leurs vrais interèts, ils ont fait beaucoup plus de reflexions ſur les frais, ſur les pertes, ſur les perils de la Guerre, & ſur le peu de valeur réelle de leurs pretentions, ils ont ſenti combien cette voye de terminer leurs petits diferens étoit couteuze, ils ont ſenti le peu de ſolidité qu'ils devoient atendre de l'execution de leurs promeſſes reſpectives ſans la garantie de la grande aliance, & combien les garanties elles-mèmes étoient peu ſolides entre aliez dont l'aliance mème pouvoit finir preſque à tout moment par diferentes cauzes contre leſquelles il n'y avoit point encore de préſervatif ſufizant.

Cete ſegonde dificulté a encore beau-

beaucoup diminué depuis 1713, que le projèt de Henri quatre rectifié & éclairci a paru imprimé en Europe, sa grande nouveauté, sa grande étendue ne font plus tant de peur, les plus circonspects commencent à dire qu'il est vrai qu'il seroit fort avantajeux aux Souverains de signer les cinq Articles fondamentaux proposez dans l'abréjé du Projèt de paix perpétuèle imprimé à Roterdam en 1729, & que s'ils étoient sajes ils les signeroient : ainsi cète dificulté va tous les jours en diminuant.

Or dèz que tout le monde convient prezentement que le Projèt est trèz dezirable tant pour les Souverains que pour leurs Sujèts, sans même qu'aucun Souverain se soit encore mèlé de le proposer à ses aliéz, combien paroitra-t-il facile à executer dèz qu'il y aura en Europe un Souverain puissant, qui faisant cas du titre de premier Pacificateur de l'Europe proposera les cinq Articles à signer à sez aliéz puisqu'il sufira qu'ils y trouvent de trèz grands avantages pour procurer une entiere & promte execution du Projèt.

OBJEC-

OBJECTION XXIII.

Je comprens bien, que par votre metode les contestations futures entre Souverains seront terminées, comme nos procez, soit par transaction & acord avec le secours des Plenipotentiaires Mediateurs à ce deputez, qui travailleront à faire gouter l'Equité aux Parties contestantes, soit par Jugement provisionèl prononcé pour la premiere fois à la pluralité des voix & definitivement quelques anées aprèz aux trois quarts des voix, mais de là vous conclues que jamais aucune contestation future ne produira de Guerre entre aucun des associez.

Cependant il peut se trouver un cas dans lequel votre concluzion ne seroit pas juste.

Je supose par exemple qu'il y ait contestation entre un Prince fort puissant, tel que seroit le Roi de France, & un Prince beaucoup moins puissant, tel que seroit le Duc de Loraine, sur quelques vilages ou sur quelques articles de comerce, & que la voye de la mediation n'ayant point eu de succèz, la contestation ait été jugée par provision & depuis definitivetivement aux trois quarts des voix en faveur du Prince moins puissant.

Je supose encore, que dèz vint Souverains qui ont opiné dans le Jugement contre la France quatre dèz plus puissans de l'Europe ayent été d'avis contraire à la pluralité, alors çès quatre Puissances jointes à la France ne doneront-elles pas la loi aux autres quinze Puissances aliées? Or qui empechera alors la France, pour terminer sa contestation avec succèz, de reprendre la voye de la superiorité de force, la voye des armes, c'est-à-dire l'anciéne metode de terminer les diferens par la Guerre & de prèférer cète voye à la nouvelle metode pacifique de l'arbitrage permanent.

Donq il peut ariver des cas, dans lesquels l'arbitrage Europain ne pouroit pas empecher la Guerre entre les associèz, donq il est inutile de le former.

RE'PONSE.

1o. Si cet arbitrage empeche la Guerre dans les cas ordinaires durant un grand nombre d'anées, par exemple durant deux Siècles, pourquoi ne seroitroit-il pas trèz utile de le former?

2°. Je ſupoſe mème, que ce cas eſt arivé deux fois en un Siècle; je ſupoſe, que les quatre plus grandes Puiſſances de l'Europe ayent opiné dans le Jugement en faveur de la cinquiéme plus grande Puiſſance, s'enſuit-il pour cela que çèz quatre Puiſſances ſoient aſſèz intereſſées à ſoutenir leur opinion pour faire à ce ſujet la depenſe d'un grand armement en faveur du Roi de France? S'enſuit-il que ces quatre Princes veuillent depenſer beaucoup de leur côté pour lui procurer un trèz petit avantage?

Je dis pour lui procurer un trèz petit avantage, car on a obſervé, que l'un des cinq articles fondamentaux aiant règlé que l'arbitrage Europain conſerveroit toujours à chacun des aſſociéz tout ce dont il eſt en poſſeſſion actuelle, & tranquile, alors tout ce qui poura faire conteſtation ne peut jamais être que trèz peu de choze.

3°. Je vas plus loin: comme ces quatre Souverains tirent des avantajes immenſes de l'Etabliſſement de l'arbitrage Europain, ils ſeront toujours trèz inte-

interessez à le conserver dans toute sa force, ainsi ils seront toujours tous prêts à faire executer les Jugemens quoique formez quelquefois contre leur opinion particuliére.

Car enfin nule force, nule paix perpétuele & inalterable sans union inalterable de toutes les Parties, & nule union inalterable de toutes les Parties sans l'observation exacte de la convention fondamentale, *que chacun des associez obeira toujours exactement à la pluralité des voix pour la provision & aux trois quarts pour la definitive.*

En général il n'est pas douteux que les hommes ne perdent quelque chose de leur liberté aparente en entrant dans les engajemens de toute Societé, mais il n'est pas douteux non plus que dans une Societé aussi avantajeuze que celle-ci, ils ne gagnent cent fois, mille fois plus de comoditez & d'avantages qu'ils n'y perdent du côté de la diminution de leur liberté.

4°. LE Roi de France lui-même ne sera pas assez imprudent pour depenser vint milions pour avoir la valeur de cent mille francs, car la voye de la Guerre pour terminer les diférens

est

est une voye qui coutera cent fois plus que ne vaut la choze contestée.

5°. LE Roi de France ne pouroit jamais esperer de se dedomajer des frais de la Guerre qu'il feroit au Duc de Loraine que par des conquètes en Loraine ; or par le premier des cinq articles fondamentaux la chose est impossible puisque tous les associez sont convenus de conserver chacun des alièz dans toutes ses possessions actuelles, & dans tout son territoire actuèl, c'est un acte solemnel de garantie reciproque qui fait la seureté de tous les alièz.

Ils sont tous toujours fortement interessèz à maintenir cet article pour leur propre seureté, car si leur voizin ami est afoibli & si leur voizin enemi déja trèz puissant étoit fortifié, ils y perdroient beaucoup du côté de leur seureté.

Qui est le Chicaneur assèz insensé pour entreprendre un procèz de cent livres de capital, s'il étoit seur qu'il lui en couteroit dix mille livres en frais & qu'il ne pouroit jamais être remboursé d'aucune partie de ses frais, par exemple dans le cas où sa Partie adver-

adverse seroit insolvable ; or de là il suit, que persone n'entreprendra jamais de pareilles guerres ni de pareils procez.

6°. POUR peu de reflexion que fassent les Souverains sur les tems de minoritez, de chismes, de divisions & autres tems d'afoiblissement de leurs Etats, n'ont-ils pas grand interèt que ce premier article soit toujours inviolablement observé ?

Les plus puissans comme les moins puissans auront donq toujours un trèz-grand interèt perpétuèl d'empecher qu'aucun des associez ne sorte de la voye de l'arbitrage pour prendre la voye des armes & qu'il ne fasse ainsi rentrer l'Europe dans le funeste cahos des Guerres étrangeres, & des Guerres civiles.

OBJECTION XXIV.

JE conviens avec vous que si les cinq articles fondamentaux étoient une fois signez par les huit ou neuf plus grandes Puissances de l'Europe, dans un congrèz perpétuel, toutes les autres ne seroient pas lontems sans y acceder & que parconsequent il n'y

auroit

auroit plus de Guerre à craindre en Europe, mais il y aura toujours un obstacle invincible à cette signature.

Comme depuis soixante ans il a été beaucoup question de guerre en Europe, les Ministres de la Guerre sont demeurez fort acreditez dans les Cours de çèz Puissances & comme vous ne proposéz aucun dedomagement pour eux, ils s'oposeront toujours fortement à tout ce qui peut déterminer leur Souverain à cette signature.

REPONSE.

1°. Il est certain, que les Ministres de la Guerre de terre & de mer, perdroient considerablement à l'Etablissement de l'arbitrage Europain, & parconsequent il me paroit juste de leur prometre un dedomagement avantageux comme une pension considerable pour eux & pour leurs Enfans, il sera juste aussi de dedomager beaucoup d'autres Oficiers par des pensions, le grand retrenchement de troupes en donera les moiens.

2°. Le credit des Ministres des Finances & du dedans de l'Etat peut con-

contrebalancer le credit des Miniſtres de la Guerre.

3°. LE credit des Miniſtres des afaires étrangeres augmentera de ce dont celui de la Guerre diminuera, ainſi ils apuyeront naturellement l'établiſſement de l'arbitrage.

4°. DANS les Etats où il y a des Miniſtres genéraux pacifiques le credit des Miniſtres de la Guerre ne ſera point à craindre, & il y en a pluſieurs de tels en Europe.

OBJECTION XXV.

LES Membres du Corps Europain ſe diviſeront comme les Membres du Corps Germanique, or nous avons vu pluſieurs fois pluſieurs de ces Membres du Corps Germanique diviſez de leur Corps.

RE'PONSE.

QUAND on les a vus diviſez, c'eſt qu'ils s'étoient unis à des Puiſſances auſſi grandes que le Corps Germanique-entier, par exemple à la France; car ſans un pareil apui euſſent-ils jamais ozé ſe ſeparer de leur Corps? Or dans notre Siſtéme il ne reſte plus de

Souverain puiſſant en Europe qui ne ſoit du Corps Europain.

OBJECTION XXVI.

PEUT-ETRE que le Pape ne voudra pas entrer dans la Ligue generale comme ſimple Prince temporel, ou que les Princes Proteſtans feront dificulté de l'y recevoir, en ce cas comment leverez-vous cète dificulté?

RE'PONSE.

1°. PEUT-ETRE que l'on trouvera des moiens d'acorder ce diférent.

2°. IL n'eſt pas eſſentiel ni pour la tranquilité de l'Europe, ni pour la durée de la Ligue générale, que le Pape entre dans cète Ligue, elle a ſans lui des ſeuretez ſufizantes de ſa durée & de ſa tranquilité.

Il eſt vrai, que le Pape a beſoin de la protection de la Ligue générale contre les Mahometans, mais il eſt viſible qu'elle ſera ſufizamment intereſſée à le proteger & à empecher toute conquète, & toute hoſtilité de la part des Mahometans en Italie.

OBJEC-

OBJECTION XXVII.

DANS quelque tems que l'on entreprene d'établir l'arbitrage Européain il ſe trouvera toujours dez prètentions importantes à regler entre des Puiſſances conſiderables, elles ne voudront point s'en raporter à la deciſion des autres Puiſſances liguées, pour afermir la Paix de l'Europe; ces deux Puiſſances enemies feront des ligues partiales, elles armeront à l'envi avec leurs aliéz pour decider leurs diférens par la ſuperiorité de force, par des ſiéges & par des batailles, ainſi elles ne ſigneront point cet arbitrage perpétuèl que vous propoſez.

L'Empereur, par exemple, ne le ſignera pas ſi les aliéz d'Hanovre & l'Eſpagne ne ſignent pas en mème tems, mais avec une date anterieure d'un jour la garantie de l'execution de la diſpoſition teſtamentaire qu'il a faite pour tenir unis aprèz ſa mort ſur une ſeule tète toutes les parties de ſes Etats, & pour les ſubſtituer de male en male aux deſcendans de ſes filles, & ſur tout cela il ne voudra point s'en raporter à la deciſion des Puiſſances liguées

 pour

pour afermir la Paix dans toute l'Europe.

Or comme çés prètentions ſont des obſtacles prézens ſufizans pour empecher la ſignature prèſente de vos cinq articles fondamentaux, les prètentions futures ſeront dans tous les tems des obſtacles ſufizans pour empecher la ſignature future, & par conſequent on ne trouvera jamais en Europe une conjoncture aſſez favorable pour la ſignature de cet arbitrage perpétuèl.

R E' P O N S E.

CETE objection ne vient qu'à ceux qui n'ont pas encore bien mis dans leur tète toutes les parties du plan de l'arbitrage perpétuèl qui ſont comprizes dans les cinq articles fondamentaux, ni les grans avantages qui en ſont les ſuites néceſſaires, la ſeureté parfaite de tous les Souverains de ſe conſerver eux & leur poſterité dans tout le territoire, & dans tous les droits, dont ils ſont en actuèle poſſeſſion, la ſeureté de la durée de l'aliance générale malgré la folie de quelques Souverains futurs, la grande dimi-

diminution de la depense des guerres, la seureté parfaite contre les guerres civiles & cent autres grans avantajes, qui seront les effets naturels d'une Paix inalterable, & l'on peut dire que pour ceux qui ont tous ces Articles, & tous ces avantages bien prézens à l'esprit ne rencontrent aucune objection, de laquelle ils ne trouvent bientot la solution avec la moindre atention.

1o. IL est certain, par exemple, que si pour afermir la Paix en Europe la France, l'Angleterre, la Holande, la Suede, le Danemarq, & deux ou trois Princes d'Alemagne avoient signé les cinq articles fondamentaux, s'ils se declaroient pour l'un des contestans, qui accepteroit leur arbitrage, ils seroient en forces sufizantes pour obliger l'autre contestant à s'en raporter à leur decision, ainsi ils empecheroient les hostilitez.

2o. S'IL faloit entrer en guerre, ce ne seroit qu'une Guerre d'une Campagne telle que le fut la Guerre contre l'Espagne pour faire passer la Sicile entre les mains de l'Empereur, guerre entreprize par les aliéz pacifi-

 ques

ques contre le contestant qui ne vouloit point d'arbitrage parceque les guerres ne peuvent durer qu'entre enemis égaux ou presque égaux en forces.

3°. Je conviens, qu'il ne seroit pas de l'interèt de la France de signer la garantie de l'execution de la disposition testamentaire de l'Empereur, si l'Empereur ne signoit pas en mème tems, mais avec une date posterieure d'un jour le traité des cinq Articles fondamentaux. Mais s'il ofre de signer les deux traitez en mème tems, la France loin d'y perdre du côté de la seureté y gagnera beaucoup, car elle aquierera par ce traité contre le Duc de Loraine supozé Empereur, quinze autres Puissances de l'Europe pour ses aliéz. & pour ses garantes qui auront dix fois plus de forces que n'en aura le Duc de Loraine devenu Empereur.

Et ce qui est decisif c'est que cète Aliance sera alors rendue indissoluble par le plus fort de tous les liens naturels, qui est le grand interèt commun des aliéz de se tenir étroitement unis: interèt, qui paroitra necessairement

tous

tous les jours plus grand & plus évident à tous ceux qui auront part au Gouvernement des Etats.

4°. J'AI montré dans le Projèt de Paix perpétuèle que l'Empereur & le Roi d'Espagne gagneroient chacun la valeur de plus de cent milions par an à signer dèz aujourdui les cinq Articles fondamentaux, ainsi ne seroit-ce pas habileté à l'Empereur & au Roi d'Espagne de les signer? N'est-ce pas au contraire une grande faute dans le Gouvernement & une grande perte, pour l'un & pour l'autre, de reculer plusieurs anées un pareil profit?

5°. QUEL est le principal but des Puissances pacifiantes? N'est-ce pas de maintenir l'Europe sans Guerre aussi lontems qu'il lui sera possible? Or quel parti plus sage peuvent-elles prendre pour ariver à leur but que de regler dez à present de concert avec l'Empereur même sa succession future & d'oter par leur grande aliance toute esperance aux contestans futurs de jeter l'Europe dans les efroiables calamitez d'une longue guerre?

6°. JE conviens donq, que dans tous

les tems il y aura des prétentions & des diférens à regler entre les Souverains ; je conviens mème que la plûpart ne voudront en ſigner la deciſion qu'en mème-tems, mais d'une date anterieure d'un jour à la ſignature des cinq articles fondamentaux ou du moins ſe reſerver à faire juger telles prétentions par l'arbitrage Européain.

Mais il eſt viſible que les grans avantages qu'ils envizageront tous dans la perpétuité de la Paix leur ſerviront d'équivalent trèz-avantajeux pour les amener à la concluſion du Traité particulier qu'ils ſigneront en mème tems que le Traité général.

Ainſi loin que les prétentions reſpectives des Souverains ſoient un obſtacle à la ſignature des cinq articles fondamentaux, il arivera, que la ſeureté qu'ils auront, que ces cinq Articles ſeront ſignez en mème tems que les articles de leur Traité particulier leur aidera infiniment à ſe relacher reciproquement de leurs prétentions reciproques, il facilitera parconſequent infiniment la concluſion de leur Traité particulier. *Et c'eſt ce que je m'étois propoſé de demontrer.*

SUPLE-

SUPLEMENT
A
L'ABREJÉ
DU PROJÈT DE PAIX PERPETUÈLE.

SEGONDE PARTIE.

OBSERVATIONS

Sur les interêts des Souverains de l'Europe à l'ocasion du Traité signé à Viene le 16. Mars 1731 entre l'Empereur & le Roi d'Angleterre, & des Traitez subsequens signez à Seville, à Vienne & à Florence.

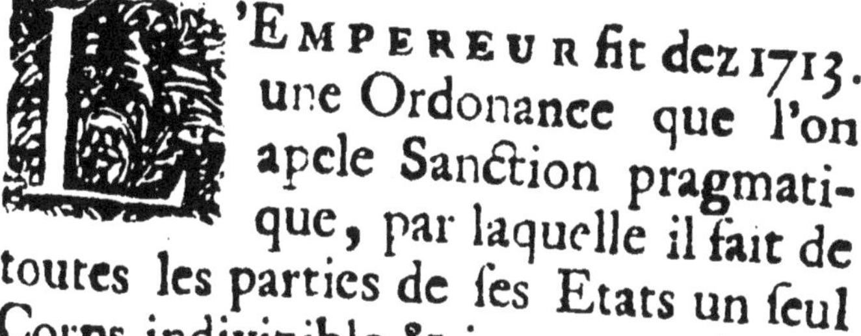

L'EMPEREUR fit dez 1713. une Ordonance que l'on apele Sanction pragmatique, par laquelle il fait de toutes les parties de ses Etats un seul Corps indivizible & impartageable & declare qu'en cas qu'il ne laisse pas d'End'Enfans males il transporte tous ses Etats à l'Archiducheſſe sa fille ainée, à l'ainé des males qu'elle laiſſera & ainsi d'ainé en ainé, & au defaut de males à la fille ainée du dernier male & toûjours sans partage, de sorte que par cet acte l'Archiducheſſe sa fille cadete est exclue de sa ſucceſſion, sinon au defaut de descendans de l'Archiducheſſe sa sœur ainée.

Comme ce Prince a toûjours prevu qu'aprés sa mort plusieurs Puiſſances tant au dedans qu'au dehors d'Alemagne auront interèt de s'oposer à l'execution de cète Sanction pragmatique, il songe sagement depuis ce tems-là aux moiens de faire agréer cète diſposition teſtamentaire à toutes les principales Puiſſances de l'Europe, afin de garantir sa famille & l'Europe entiere des longues & sanglantes guerres que ces opositions & la division de ses Etats pouroient y exciter.

C'est dans cète vue que le 16. Mars de cète anée 1731. il a conclu avec le Roi d'Angleterre une Ligue defansive dans laquelle ces Princes se promètent des secours mutuels pour la conservation reciproque de leurs

leurs Etats, le Roi d'Angleterre promèt de garantir l'execution de cète Sanction pragmatique, & l'Empereur de son côté promet de garantir la Ligne Protestante sur le Trone d'Angleterre.

C'est dans cète vûe qu'ils solicitent les autres principales Puissances d'acceder à ce Traité.

Le dessein de garantir l'Europe de toutes guerres futures & de conserver tous les Souverains dans leurs possessions actuelles est un dessein digne de Princes Crètiens que pour obtenir la vie eternelle, & pour plaire à l'Etre souverainement bienfaizant procureroit aux hommes une Paix perpétuèle & inalterable, c'est-à-dire le plus grand bienfait qu'ils puissent jamais leur procurer.

Mais à dire le vrai, ce Traité, qui contient beaucoup de belles promesses ne done pas encore de seureté qu'elles seront executées.

La promesse de ces aliéz de demeurer toûjours unis dans une Ligue defansive, la promesse de se garantir mutuellement la conservation de leurs Etats, la promesse de se declarer contre tout agresseur d'un des aliéz, la pro-

promesse de fournir à ses frais un grand nombre de troupes pour defandre son alié, la promesse de garantir perpétuèlement l'execution des derniers traitéz, la promesse d'entretenir toûjours un comerce libre avec ses aliéz sont réèlement des promesses mutuelles trèz avantajeuzes, mais ce ne sont aprèz tout que des promesses qui avant vint ans & mème avant trois ou quatre ans deviendront trèz-vaines, trèz-frivoles & trèz-inutiles aux parties contractantes si elles ne convienent pas encore de quelques autres articles.

Car enfin quelle seureté les aliéz peuvent-ils se doner de l'execution de ces belles promesses tant que les prométeurs pouront *impunément* se dispenser de les executer ? Or ils pouront toûjours s'en dispenser *impunément* tant qu'ils n'auront point signé quelques Articles fondamentaux d'un Traité de police générale avec les principaux Souverains leurs voisins, tant pour decider sans guerre, & par arbitrage leurs diférens futurs, que pour faire toûjours executer les promesses respectives malgré les réfuzans.

Les

Les Sujèts de chaque Souveraineté de l'Europe ont le bonheur d'avoir entre eux une police particuliere pour vivre tranquilement en societé & en parfaite ſeureté les uns à l'égard des autres, & pour terminer ſans guerre leurs conteſtations.

Sans cète police les Citoyens n'auroient aucune ſeureté de conſerver leurs biens ni même leur vie, ils n'auroient aucune ſeureté de l'execution de leurs promeſſes rèciproques.

Avec cète police ils terminent leurs diférens ſans entrer en guerre les uns contre les autres, avec le ſecours de cète police permanente ils executent toûjours exactement leurs conventions & les jugemens des Juges que leur donent leur Etat.

Or pourquoi executent-ils exactement leurs promeſſes mutuelles & ſouvent malgré eux ? C'eſt qu'ils ne ſauroient s'en diſpenſer *impunément*, c'eſt qu'ils voient avec évidence qu'il leur en couteroit beaucoup plus à refuzer l'execution, qu'à y conſantir, c'eſt qu'ils voient que ce ſeroit en vain qu'ils voudroient rèziſter aux forces

de

de l'Etat qui autorize l'execution des Jugemens & des promesses.

Mais les Souverainetéz & les Nations elles-mèmes ont le malheur de n'avoir point encore entre elles de police générale permanente pour vivre en société & en tranquilité, & pour former un Etat supréme composé de diférens Etats Souverains, elles sont encore dans un Etat de barbarie, c'est-à-dire dans un Etat de guerres pèrpétuèles qui ne sont interompues que par de veritables trèves, jusqu'à ce que la plus puissante soit enfin parvenuë, aprèz quelques Siécles, à envahir les plus foibles & jusqu'à ce que cète plus puissante Souveraineté formée des plus petites viène à se divizer elle-même en diverses parties & à faire ainsi dans le cours des Siécles un cercle perpétuèl d'Empires naissans & d'Empires en décadence.

Céz revolutions pèrpétuèles, qui ne vienent que faute d'arbitrage permanent ou de police générale, & qui coutent tant de pertes au genre humain, ne cesseront que lorsque pour le bonheur reciproque des Nations & des Souverains il se signera entre eux un Trai-

Traité de police & d'arbitrage permanent, qui ſera le premier fondement de la tranquilité & du bonheur de l'Europe.

Mais juſques là il n'y aura entre les Souverains nule ligue durable, nule convention permanente ni pour la conſervation reciproque de toutes les Maiſons Souveraines, & de toutes les parties de leurs Souverainetéz en l'état qu'ils les poſſedent actuellement, ni pour la ſeureté & la garantie de l'execution de leurs promeſſes mutuèles, ni pour terminer toûjours ſans guerre tous leurs diférens.

Auſſi les Maiſons Souveraines ont-elles ſoufert dans tous les tems une infinité d'invazions, d'uzurpations & de bouleverſemans, auſſi celles d'aujourdui ſont-elles toûjours dans la crainte, & comme à la veille d'en ſoufrir de pareils que celles que les uzurpateurs ont éteintes, elles ſont toutes dans les perils & dans les horreurs où ſe trouvent des Enemis voiſins, qui cherchent toute l'anée à ſe détruire les uns les autres.

Toutes ces Souverainetéz particulieres ſeront toûjours dans l'inquietude, dans l'agitation, dans des soupçons pèrpétuèls, & dans des précautions trèz-couteuzes les unes contre les autres, jusqu'à ce qu'elles soient parvenuës à signer un Traité fondamental de police pour former entre eux par le concours de leurs voix le Corps Europain & l'arbitrage Europain pour regler les diférens des Souverains d'Europe, à peu prèz comme les Députéz à la Diète, & à la Chambre Impériale du Corps Germanique reglent les diférens des Souverains d'Alemagne.

Ce n'est pas que les Souverains d'Europe ne souhaitassent fort de sortir de ces inquietudes, & de ces dèfiances continuèles, qui leur coutent tant, ce n'est pas qu'ils ne craignent les guerres sur tout depuis que l'on s'est mis à suputer mème grossierement en Europe soit les sommes immenses qu'il a coûté en guerre à chaque Nation seulement depuis cent ans, soit combien petit est le profit que les Nations & les Souverains en ont tiré en comparaison de la grandeur de leurs dépanses, soit combien ces guerres ont fait tuer de Soldats & d'Oficiers, soit combien elles ont cauzé d'incendies, de pilla-

ge

ges & de vexations à toutes les frontiéres, soit combien les guerres civiles ont dezolé de Provinces.

Or il se présente aujourdui une ocazion qui peut dèterminer l'Empereur & le Roi d'Angleterre à proposer à leurs voisins de signer les cinq Articles fondamentaux d'un Traité solide de police Europaine, & une pareille conjoncture peut déterminer les autres Puissances de l'Europe à l'accepter avec joye, & mème à le proposer à leurs aliéz & à leurs voisins.

La raizon, qui me fait dire, que l'ocasion est trèz-favorable, c'est que si l'Empereur & le Roi d'Angleterre ofrent de signer ce Traité de police générale d'Europe, tous les Souverains accederont volontiers au Traité du 16. Mars 1731. au lieu que sans le Traité fondamental de police la plupart des grandes Puissances ou n'accederont point à ce Traité du 16. Mars, ou si elles y accedent l'Empereur & le Roi d'Angleterre n'auront pas plus de seureté qu'il soit executé, que mille autres articles des Traitez faits depuis cent ans qui sont demeurez sans execution.

Or que servent des promesses reciproques conclues avec beaucoup de peines & de frais quand aprèz le Traité les parties n'ont pas plus de seureté que toutes ces belles promesses s'executeront toûjours par eux & par leurs Successeurs qu'ils en avoient avant le Traité.

L'état présent de leurs afaires, l'état présent de leurs desirs, de leurs craintes, de leurs passions, l'état de leurs interèts ou réèls ou aparens demandoient ces promesses reciproques dans le tems du Traité, & ils se lez ont faites, je le veux, mais leurs interèts réèls ou aparens, leurs dezirs & leurs craintes chanjeront plusieurs fois par an, il arivera necessairement que remuez par des motifs diférens, par des craintes & par des desirs nouveaux quelqu'un des contractans, quelqu'un des accedans ne voudra plus tenir sa promesse, & voudra mème tout le contraire à moins qu'une force & une autorité supérieure, à moins qu'une crainte salutaire ne les force tous pour leurs propres interèts à tenir toûjours leurs promesses mutuèles; or cette crainte salutaire ils la devront à la

force

force ſupérieure de l'arbitrage du Corps Europain.

Dans une Societé policée il y a un moien de faire tenir les promeſſes aux promèteurs malgré eux, ils ont des Juges plus puiſſans qu'eux & ſufizanment intereſſéz à garantir l'execution de leurs Jugemens, mais entre les Souverains d'Europe il n'y a encore nule Societé policée, nul arbitraje permanent; ils ne ſe ſont point encore établis Juges pour decider les diférens d'entre-eux, ainſi ils rentrent dès qu'il leur plait dans la voye ruïneuze de la guerre où chacun risque toute ſa fortune pour obtenir peu en comparaiſon de ce qu'il risque, & en comparaiſon de ce qu'il depanſe.

Toutes ces Guerres entre les Crètiens qui ont dezolé l'Europe, qui ont coûté tant de ſang, & tant de trézors depuis la mort de Henri le Grand ne ſeroient point nées s'il avoit eu le loiſir de former ſon arbitrage Europain: il ne naitra plus de guerre ſi le Roi ſon cinquiéme deſcendant prend à cœur d'en établir un ſemblable beaucoup plus facile à former.

Voici le Projèt du Traité fondamental de l'arbitrage Europain. AR-

ARTICLES FONDAMENTAUX

De la Police génèrale & de l'arbitrage permanent entre les Souverainetez d'Europe.

PREMIER ARTICLE.

IL y aura dezormais entre les Souverains qui auront ſigné les Articles ſuivans une Ligue pèrpétuèle pour avoir ſeureté parfaite, & pèrpétuèle contre toutes guerres civiles & étrangères :

Pour avoir ſeureté parfaite pèrpétuèle de leur conſervation,& de la conſervation de leur poſterité ſur le Trone.

Pour avoir ſeureté entiere & pèrpétuèle de la conſervation de leurs Etats, & de leurs droits en l'état qu'ils les poſſedent actuellement & ſuivant les derniers traitéz.

Pour avoir une grande diminution de leur grande depanſe militaire.

Pour avoir une continuation pèrpétuèle de leur comerce.

Pour avoir ſeureté parfaite de l'execution entiere & pèrpétuèle de leurs promeſſes reciproques tant paſſées que futures. Et

Et pour avoir ſeureté entiere que leurs diférens preſens & futurs ſeront toûjours terminez ſans guerre.

SEGOND ARTICLE.

LES aliéz pour terminer entre eux leurs diférens prezens & avenir ont renoncé & renoncent pour eux & pour leurs Succeſſeurs à la voye funeſte & ruineuze des armes, & ſont convenus de prandre toûjours la voye de conciliation par la mediation de quelques Plenipotentiaires des aliéz dans le lieu de congrez, & en cas que cète mediation ne ſufize pas, ils ſont convenus de s'en raporter au jugement des autres aliéz repréſentez au congrèz pèrpétuèl par leurs Plenipotentiaires à la pluralité des voix pour la provizion, & aux trois quarts des voix pour la definitive çinq ans aprèz le jugement proviſoire.

TROISIE'ME ARTICLE.

LES dix-ſept plus puiſſans Souverains de l'Europe ſeront invitez à ſigner cète Ligue générale, ſavoir 1.

 l'Eml'Empereur, 2. le Roi de France, 3. le Roi d'Espagne, 4. le Roi de Portugal, 5. le Roi d'Angleterre, 6. la Republique d'Holande, 7. le Roi de Danemarq, 8. le Roi de Suede, 9. le Roi de Pologne, 10. la Czarine, 11. le Roi de Prusse, 12. l'Electeur de Baviere, 13. l'Electeur Palatin, 14. les Suisses, 15. le Duc de Loraine, 16. la Republique de Venize, & 17. le Roi de Sardaigne. Ils auront tous chacun une voix & contribueront chacun selon leurs revenus & leurs charges aux depanses comunes pour la subsistance, & la seureté de la Ligue générale, & cète contribution sera reglée au congrèz à la pluralité des voix des aliéz pour la provision, & cinq ans aprèz aux trois quarts des voix pour la definitive.

QUATRIE'ME ARTICLE.

Si quelqu'un des aliéz refusoit d'executer le jugement de la grande aliance, s'il faisoit des préparatifs de guerre, s'il tantoit de faire des négociations & de divizer les aliez, la grande Aliance le regardera comme perturbateur du

repos

repos de l'Europe, & agira contre lui ofanſivement jusqu'à ce qu'il ait executé le jugement, & donné ſeureté de reparer les torts qu'il aura cauſez & de rembourſer les frais de la guerre à ſez aliéz.

CINQUIE'ME ARTICLE.

LES aliéz ſont convenus que leurs Plenipotentiaires à la pluralité des voix pour la proviſion & cinq ans aprèz aux trois quarts des voix pour la definitive regleront dans leur congrèz pèrpétuèl tous les articles qu'ils jugeront importans pour procurer à la Ligue générale plus de ſeureté, plus de ſolidité, & tous les autres avantages poſſibles, mais l'on ne poura jamais rien chanjer à ces cinq articles fondamentaux ſans le conſentement unanime de tous les aliéz.

ECLAIRCISSEMENT.

ON poura encore dans la ſuite faire entrer dans la ligue générale quelques autres Souverains, mais ces dix-ſept ſufizent pour la randre indiſſoluble, &

inatacable & même il ne s'agit prèzentement que de la commencer dans un congrèz à la Haye ou ailleurs, il a falu commencer par le plus facile, c'est-à-dire par les articles les plus nécessaires.

Tel est le Projèt du Traité fondamental de police pèrpétuèle & d'arbitrage permanent de l'Europe que chaque alié signeroit en même tems que le Traité d'accession au Traité du 16. Mars, & des autres Traitez subsequens, mais la date du Traité fondamental seroit posterieure d'un jour à la date de ces accessions, afin que ce Traité général demeurât garant de l'execution de ce que contiendront çès traitez particuliers.

On regleroit dans ce congrèz les diférens du Duc de Holstein, & des autres Souverains, & les decizions de l'arbitrage seroient executez comme si c'étoient des articles de traitez.

Les Etats d'Europe se doneront ainsi mutuellement par ce lien de police générale une consistance trèz-solide, mais sans ce lien qui les conservera, ils seront toûjours portez à se détruire les uns les autres ; & pour

ainsi

ainsi dire à la veille des revolutions les plus afreuzes.

Ces principes posez, voici quelques observations importantes.

OBSERVATION I.

IL y a plusieurs Souverains, qui ont des pretentions considerables sur la succession de l'Empereur, celui, qui épousera l'Archiduchesse sa fille cadete, en aura aussi, ainsi il ne sera pas étonant, lorsqu'on ne leur proposera que d'acceder au Traité du 16. Mars, & aux Traitez subsequens, qu'ils le refuzent.

Mais si on leur propose de signer en même-tems le Traité fondamental de police permanente de l'Europe, alors ceux qui ont des prètentions sur les Etats de la succession de l'Empereur, trouvant dans ce Traité fondamental de trèz-grans avantages, qui seront des équivalens trèz-avantajeux pour leurs prètentions, il est impossible, s'ils conoissent leurs plus grands interèts, qu'ils ne signent pas en même-tems avec empressement, mais d'une date diférente, le Traité général & l'acl'accession de garantie à tous ces Traitéz particuliers.

OBSERVATION II.

Il a été démontré dans l'Abrègé du projet de Paix perpétuèle imprimé chez Beman à Roterdam en 1729, que la France dans le Sistème de la police de l'Europe, par la diminution des depanses militaires, par la continuation du Comerce, par le perfectionement des Siences & des Arts, par les ouvrages utiles aux chemins, aux canaux, aux ports, par les nouveaux établissemens pour les Coleges, pour les Manufactures, & pour le perfectionement des Finances, & des Loix Civiles auroit un profit anuèl de plus de deux cens milions, & que outre cela, elle auroit une seureté dix fois plus grande de la conservation entiere de ses Etats, de ses Colonies, & de la Famille Roiale sur le Trône, contre toutes guerres civiles & étrangeres, & seureté parfaite de l'execution des promesses reciproques des Souverains.

Or ne seroit-ce pas pour le Roi de Fran-

France un équivalent trèz-avantajeux & trèz-desirable pour des prétentions, qu'il ne pouvoit jamais faire valoir que par des guerres trèz-longues, d'un succèz trèz-incertain, contre presque toute l'Europe, & beaucoup plus couteuzes que ne valent les prétentions elles-mèmes.

OBSERVATION III.

L'ESPAGNE par ce Traité de police permanente, feroit par de semblables moiens un gain anuèl proportioné à celui de la France, c'est-à-dire, de plus de cent milions de livres par an ; mais elle feroit outre cela un gain anuèl de plus de vint milions d'onces d'argent ou de plus de cent dix milions monoye de France par l'augmentation des subsides qu'elle tireroit de ses Sujets de l'Amerique proportionement aux subsides qu'elle tire de ses Sujets d'Europe, augmentation de subsides qu'elle n'osera jamais tirer tant qu'elle peut craindre en Amerique des Enemis au dehors, & des revoltes au-dedans. Espagne.

Elle auroit pour la conservation des

des Etats d'Italie destiné au Prince Dom Carlos dix fois plus de seureté, qu'elle n'en peut jamais avoir par les seules promesses des Traitez qu'elle a faits.

Dans le Sistéme de police Europaine, elle auroit encore Gibraltar & le Port Mahon, trois ans aprez la signature de cète police permanente, les Anglois n'en auroient plus besoin, pour la seureté de leur comerce.

Elle auroit seureté parfaite de la perpetuité de la Ligue générale pour la conservation de tous ses Etats éloignez, seureté inestimable; or de pareils équivalens ne sont-ils pas infiniment plus avantajeux, que des prètentions trèz-incertaines, & qui couteroient mème beaucoup plus qu'elles ne peuvent jamais valoir.

OBSERVATION IV.

ngleterre. En supozant, que le Roi d'Angleterre signe au Congrez à la Haye ou ailleurs avec ses Aliez de Seville, & avec les autres principales Puissances de l'Europe, le Traité fondamental de la Police Europaine, & en supozant

pozant que l'Angleterre vaille les deux tiers de la France, il eſt évident que les Anglois par la proportion de l'Angleterre à la France feroient un profit anuèl de plus de cent trente milions, & que outre cela, ils auroient dix fois plus de ſeureté, tant pour la conſervation de la Ligne Proteſtante ſur le Trône, que pour la conſervation de leur Comerce, & de tous leurs Etats d'Europe, & d'Amerique; puiſqu'ils n'auroient dezormais pas plus à craindre des Guerres Civiles & Etrangeres, qu'une Famille de Londres peut avoir à craindre des violences de la part des autres Familles ſes voizines, parce qu'il y auroit alors une police permanente générale établie entre les Souverains d'Europe, comme il y a police permanente particuliere, établie entre les Familles de Londres.

La Ligue générale ſeroit rendue indiſſoluble par l'article qui dit, que l'Aliance générale regarderoit comme enemi, & comme perturbateur du repos de l'Europe, quiconque voudroit, ou n'y pas entrer, ou s'en detacher, ou n'en pas executer les Jugegemens, au lieu que ſans la police générale Europaine les Anglois ne peuvent jamais avoir aucune ſeureté de l'execution, ni du Traité du 16. Mars, ni d'aucun autre Traité, ni de la durée d'aucune Ligue, defaut de durée, qui doit naitre neceſſairement du mouvement pèrpétuèl des chozes humaines, & de l'inconſtance continuèle des interèts, ou vrais ou aparens, des dezirs & des craintes des Souverains, ce qui eſt demontré par l'experience journaliere des Ligues, qui ſe diſſolvent tous les jours, & par un prodigieux nombre d'articles de Traitéz de tous les Siecles, qui ſont toujours demeurez ſans execution.

Les Anglois n'ont bezoin de Gibraltar, & du Port Mahon, que pour avoir plus de ſeureté de faire tranquilement leur Comerce dans la Mediterranée & ailleurs avec les Eſpagnols; or qui ne voit, que par le Traité de Police permanente les Etats d'Europe étant unis entre-eux, les Anglois auront dix fois plus de ſeureté pour ce Comerce, non-ſeulement à l'égard des Nations d'Europe, mais encore à l'égard des Nations d'Afrique & d'Amed'Amerique; or cète grande ſeureté, & ces grans avantages anuels ne ſeront-ce pas des équivalens infiniment avantageux pour Gibraltar & pour le Port Mahon ?

OBSERVATION V.

1°. SI la Holande vaut le tiers de la France, il s'enſuit que ſi la France fait un profit anuèl de deux cens milions de livres par le Traité fondamental, elle en fera un de plus de ſoixante ſix milions. Holande.

2°. PAR le Traité du 16. de Mars l'Empereur promèt de revoquer pour toujours l'Octroi de la Compagnie d'Oſtende, dont il n'avoit ſuſpendu l'exercice que durant ſept ans; l'Empereur & le Roi d'Angleterre ofrent de demeurer garants de la conſervation des Etats de la Republique, mais les Holandois qui ſavent, que ces deux Puiſſances leur ont déja promis pareille garantie par le Traité de Londres de 1718. & que l'Angleterre leur a encore promis la même choſe par le Traité de Seville, ſavent auſſi que ces ſortes de promeſſes ſeront toujours vaines, parce qu'elles ne s'executeront qu'autant qu'il plaira aux Prometeurs de les executer.

3o. Ils savent, qu'à ce terrible inconvenient, il n'y a de remede que l'établissement du Corps Europain, qui à l'imitation du Corps Germanique fasse un tout de toutes les Souverainetez de l'Europe, comme les Souverainetéz d'Alemagne forment le Corps Germanique de toutes les Souverainetéz de la Germanie: il faut que ce Corps Europain demeure garant de l'execution des promesses reciproques de tous les Souverains d'Europe, qui le composeront.

4o. Ils savent, que le maintien de l'équilibre entre la Maison de France & la Maison d'Autriche est un moien de se conserver, mais ils savent aussi, que pour maintenir cet équilibre, il faut souvent entrer en guerre, au lieu que la Ligue générale defansive, & la signature du Traité fondamental de police, par les dixsept principaux Souverains d'Europe leur aporteroit une seureté incomparablement plus grande que cet équilibre, sans les obliger jamais aux gran-

grandes depanses de la guerre.

5°. ILS savent par leur experience, que les Ligues partiales ne sont pas durables, & qu'elles ne garantissent pas de la guerre contre d'autres Ligues partiales, au lieu qu'il n'y a qu'une Ligue générale defansive, qui puisse étre indissoluble, & qui par sa seule autorité puisse toujours garantir de toute guerre.

6°. IL y a mème une Observation importante à faire. C'est que les Holandois peuvent ofrir d'acceder au Traité du 16. Mars, pourvu qu'on le rende solide, & pour le rendre solide, ils n'ont qu'à proposer eux-mèmes les cinq Articles du Traité fondamental: cète proposition ne sauroit jamais leur rien couter, ni dans cète ocasion ni dans toute autre, elle ne peut que leur faire honeur, puisqu'en cela ils ne feront que les fonctions d'amiables Mediateurs de la tranquilité de l'Europe.

OBSERVATION VI.

IL est certain, que l'Empereur desire fortement la sureté de l'execution

L'Empereur.

tion

tion de sa Sanction pragmatique, c'est le but du Traité du 16. Mars, il n'est pas moins certain, qu'il ne peut jamais avoir aucune seureté de l'execution de ce Traité, s'il ne forme de son vivant l'arbitrage Europain par la signature du Traité fondamental, qui seul peut doner de la solidité aux Traitez, qui seul peut rendre les Ligues indissolubles, qui seul peut garantir de toute guerre.

Il peut bien ariver même, que si l'Empereur voioit les cinq Articles du Traité fondamental de police générale, & d'Arbitrage permanent signéz par les Souverains d'Europe, il songeât à revoquer cète Sanction pragmatique de concert avec l'aliance générale, & partager ses Etats entre ses deux filles & entre ses deux gendres futurs, & à suivre ainsi les mouvemens ordinaires de la Nature à l'égard des Enfans, lorsqu'il verra dans l'établissement de l'Aliance générale seureté entiere de la conservation perpétuèle dez Souverainetéz en l'état qu'elles sont prèzentement.

2°. Je supose l'Empereur à peu prèz aussi puissant que la France, donq

donq si le Traité fondamental de la police Europaine aporte à la France plus de deux cens milions de profit anuel, n'est-il pas évident, que ce Traité ne lui en aportera pas moins, parce que ses Etats ne sont pas à beaucoup prèz en si grande valeur que le sont les Etats de France.

3°. LES Turcs ne songeront plus à faire la guerre ni à l'Empereur, ni aux Venitiens, ni à la Pologne, ni à la Czarine dèz qu'ils sauront la Ligue générale defansive, signée entre les Crètiens, car ces Mahometans courroient risque d'ètre chassez d'Europe en deux ou trois campagnes, & de voir plusieurs nouvelles Souverainetéz Crètiénes se former des dèbris de leur Empire.

OBSERVATION VII.

LE ROI de Danemarq aura un équivalent à rendre au Duc de Holstein pour Slesviq; or que peut-il desirer de plus avantageux que de pouvoir épargner tous les ans une grosse somme sur sa depanse militaire pour peyer cet équivalent que reglera la So- Danemarq, Suède.

Societé Europaine ?

Les Suedois pour remedier au grand desordre que le feu Roi Charles XII, a laissé dans leurs afaires & pour rétablir leur comerce, & leur credit, ont-ils rien de plus sage à desirer que de voir former la police Europaine, qui diminuera considerablement leurs depanses militaires, & qui augmentera infiniment leur seureté pour la conservation de leurs Etats.

OBSERVATION VIII.

Pologne, Russie, Prusse.

IL n'y a point ou peu de Souverains qui n'ayent quelques prètentions sur les Etats de leurs voisins, soit fondées sur des titres, soit fondées sur la bienseance; mais il est certain que lorsqu'ils vienent à suputer ce qu'il leur en couteroit pour s'en metre en possession, ils sentent que par la voye de la guerre, ils les acheteroient dix fois plus cher qu'ils ne valent, & mème qu'ils ne seroient pas seurs d'y reussir.

D'un autre coté ils voient avec évidence, que par la police Europaine, ils pouvoient tous épargner beau-

coup

coup ſur leur depanſe militaire, & avoir cependant dix fois plus de ſeureté pour la conſervation de leurs Etats dans une poſſeſſion tranquile; or ce grand avantage prèzent, & les autres grans avantages futurs, qui leur reviendroient de cète police à proportion de leur puiſſance ne ſufiront-ils pas pour la leur faire ſouhaiter, ſur tout lorsque ce Traité de police leur ſera preſenté par leurs voiſins déja perſuadez de ces grans avantages.

Les Polonois n'auroient nule opoſition à aſſurer au Prince Roial leur Couronne, pourvu que la grande Aliance demeure garante de l'execution perpétuèle de leurs *Pacta conventa*.

Les Moſcovites ont à craindre des guerres civiles à la mort de la Czarine, ſi la grande Aliance ne demeure pas garante de l'execution de la Sanction pragmatique, qu'elle poura faire en faveur de la perſone qu'elle choiſira pour lui ſucceder.

Enfin ſi le Prince Roial de Pruſſe par ſon mariage avec la Princeſſe de Mekelbourg niece de la Czarine devenoit Empereur de Ruſſie, & Roi de Prusse, il ne seroit point à craindre au Roi de Pologne, puisque tous les Aliez seroient des garans parfaitement seurs de la conservation de tous les Etats de Pologne; ainsi ni la Pologne ni les autres Etats n'auroient nul interèt de s'oposer à l'union de sès deux Souverainetéz.

CONSEQUENCE I.

Il est évident, que pour avoir une Ligue indissoluble entre Souverains il est absolument nécéssaire qu'ils renoncent à la voye de la guerre, pour terminer des diferens qui ne peuvent plus être de grande importance dèz qu'ils demeurent tous conservez dans leurs possessions actuelles, & que les successions des Souverains seront règlées & bornées par la grande Aliance.

CONSEQUENCE II.

Il est évident que lorsqu'ils ne pouront pas se concilier par les Mediateurs, il est nécessaire qu'ils soient

jugés

jugés par leurs Aliéz & de là il ſuit qu'il eſt à propos qu'il y ait au moins douze ou quinze Aliéz pour juger par proviſion à la pluralité & en definitive aux trois quarts des voix.

CONSEQUENCE III.

IL EST évident de même que ſi le condané pouvoit ſe diſpenſer d'executer le Jugement ſans craindre une punition aſſez grande pour le determiner à executer le jugement, il s'en diſpenſeroit ſouvent, & romproit ainſi folement ſon aliance & retomberoit ſans y penſer dans les afreux malheurs de l'inpolice.

CONSEQUENCE IV.

IL n'eſt pas moins évident que ſi la Ligue n'eſt pas indiſſoluble, il n'y a ni aucune police permanente ni aucune ſeureté pour l'execution d'aucune promeſſe entre Souverains; que par conſequent, il n'y a aucune ſeureté pour aucune paix, pour aucune trève, pour la continuation du Comerce, pour la diminution de la depanſe militaire, pour la conſervation des Etats, pour la conſervation des Maiſons Souveraines ſur le Trône, & par conſequent nule ſeureté, ni pour l'execution de la Sanction pragmatique de l'Empereur, ni pour la conſervation de la Ligne Proteſtante ſur le Trône d'Angleterre.

CONSEQUENCE V.

De là il ſuit, que l'on ne doit point mètre au nombre des interèts de la France, les conquètes qu'elle peut faire, 1°. les Sujets n'en ſeroient pas plus heureux, 2. le Roi ne pouroit jamais y reuſſir qu'en recommenſant une grande & longue guerre, & en fezant des depenſes immenſes, qui ſeroient dix fois plus grandes que la valeur des conquètes, 3o. un Prince ambitieux qui veut s'acroitre aux depens de ſes voizins devient bientôt l'enemi commun de l'Europe, 4°. ainſi les autres Souverains ont grand interèt de l'afoiblir & de faire des conquètes ſur lui-mème, & peut-il jamais eſperer raizonablement que ſes voiſins conſentent jamais à lui laiſſer agran-

agrandir ſon territoire ſoit par les Armes, ſoit par la Negociation.

CONSEQUENCE VI.

DE LA' il ſuit, que la Cour de France n'obtiendra jamais la confiance de ſes Voiſins tant qu'ils lui verront des vues d'agrandiſſement, & qu'ils la regarderont au contraire comme un Enemi futur dont il eſt à propos de diminuer dez à preſent la puiſſance pour n'avoir plus à le craindre.

CONSEQUENCE VII.

ENTRE voizins jaloux & un peu mecontens des procedez reciproques, il n'y a pas loin à la defiance; or la defiance & le mecontentement ne pouroient-ils pas porter les Anglois à ruiner en peu d'anées la Compagnie des Indes en France, qui menace leur Comerce d'une grande diminution? ne pouroient-ils pas même faire des conquêtes dans nos Colonies? L'Empereur de ſon côté ne pouroit-il pas ſoulever les autres Princes de l'Europe pe contre la France comme il fit dans la Ligue d'Ausbourg ſous pretexte de nôtre inſatiable ambition , & de ce que nous ne voulons pas prandre des mezures avec eux pour maintenir la Paix en Europe ſur ſa ſucceſſion ?

CONSEQUENCE VIII.

De la` il ſuit, que la France doit le plutôt qu'elle poura doner à ſes voiſins des preuves ſolides & évidentes, qu'elle ne veut point agrandir ſon territoire, & qu'elle dezire ſeulement non une paix toûjours chancelante, mais une paix parfaitement ſolide, afin de pouvoir en ſeureté diminuer ſes troupes de plus de la moitié & épargner ainſi vint milions par an.

Or peut-elle jamais doner de preuves ſolides de ſon dezir pour une paix perpétuèle & inalterable qu'en ofrant à ſes voizins de ſigner les cinq Articles fondamentaux dans lesquels tous les Souverains d'Europe conviendront.

1°. Que les aliez ſeront garants de la conſervation des Etats, & des droits de ces Etats en l'état qu'ils ſont par la poſ-

possession actuelle, & garants de l'execution des derniers Traitez.

2°. QUE tous les diférens nez & à naitre entre Souverains ne se decideront plus par la voye de la guerre, mais par voye de mediation, & de conciliation, ou par le juste jugement des autres Souverains.

3°. QUE tous se declareront contre celui qui refuseroit l'arbitrage ou d'executer le jugement des arbitres.

4°. QU'À cet effet il y aura une Assemblée perpétuèle de Plenipotentiaires où tout se decidera par provision à la pluralité des voix, & cinq ans aprèz aux trois quarts des voix pour la definitive soit à l'égard des jugemens entre Souverains, soit à l'égard des Reglemens de la Societé.

5°. QUE les aliéz pour les depanses comunes de l'Aliance générale contribueront chacun selon les forces de son Etat, & selon le jugement par provision de la Societé Europaine.

CONSEQUENCE IX.

DE LÀ il suit, qu'avec pareille declaration la France fera cesser toute de-

defiance contre elle, parce qu'à ces conditions elle veut bien entrer dans la garantie de l'execution des derniers Traitez faits entre ses voisins.

CONSEQUENCE X.

Avec pareille declaration elle donera des preuves solides, qu'elle dezire plus qu'aucune autre Puissance l'afermissement de la Paix, puis qu'elle propose les seuls moiens de l'afermir en ofrant aux quinze ou saize principaux Souverains d'Europe de signer avec eux les cinq Articles fondamentaux à la Haye ou ailleurs.

CONSEQUENCE XI.

Il est évident, que sans la signature de ces Articles la guerre recommencera bientôt en Europe malgré les nouveaux Traitez: ainsi nule seureté dans les promesses de garantie, que contienent ces Traitez; or sans seureté de l'execution des promesses ancienes, pourquoi faire de nouvelles promesses & de nouveaux Traitez?

CON-

CONSEQUENCE XII.

IL EST évident, que les contestations, sur lesquelles les parties ne sauroient convenir, ne peuvent être decidées que par deux voyes, par la Guerre ou par l'arbitrage permanent des aliéz qui seront Juges tour à tour les uns des autres; or si les 14. ou 15. principaux aliéz d'Europe n'ont pas signé la Convention, ces Souverains n'ont plus d'arbitres, ainsi il ne leur reste plus que la voye de la Guerre.

CONSEQUENCE XIII.

IL EST évident, que le Prince qui propose de pareilles seuretez n'a aucun dezir d'agrandir son territoire aux depens de persone.

CONSEQUENCE XIV.

IL EST évident, que le Prince, qui propose de pareilles seuretez veut la Paix & veut la rendre perpétuèle.

CONSEQUENCE XV.

IL EST évident qu'avec pareilles pro-

propositions que fait le Roi de France les Souverains recommenceront à le regarder comme un voisin trèz-juste, trèz-pacifique & digne de leur confiance.

CONSEQUENCE XVI.

Il est évident de mème que ceux qui ne voudroient pas les accepter doneront un juste soupson qu'ils ne sont pas vraiment pacifiques, & qu'ils ne font des Traitez que dans le dessein de tromper & de s'agrandir aux depens de leurs voisins.

CONSEQUENCE XVII.

De là il suit, que l'Empereur pour doner à ses aliez quelque seureté de l'execution perpétuèle des Traitéz qu'il vient de faire avec l'Espagne & l'Angleterre doit leur proposer & à tous les Souverains d'Europe les cinq Articles fondamentaux à signer.

REZULTAT.

1°. Sans signature des cinq Articles fonda-

fondamentaux, point de Ligue générale defensive à espérer, & les Ligues partiales pouroient toûjours se faire la Guerre.

2o. Sans Ligue générale point d'arbitres en nombre sufizant, & point d'arbitrage permanent.

3°. Sans arbitrage permanent pour terminer les diferens nez & à naitre entre deux liguéz nule Ligue durable.

4°. Sans Ligue générale durable & sans arbitrage permanent nule seureté pour l'execution d'aucune promesse, nule Paix durable.

5°. Sans congréz permanent & général nule facilité pour convenir de tous les Articles necessaires pour afermir, & pour perfectioner la Ligue générale defansive, nule decizion sur aucun diférent, nule regularité dans le contingent.

6o. Sans Ligue générale défansive durable nule esperance de la cessation des maux & des crimes des guerres civiles & étrangeres, nule esperance de concorde, & de tolerance entre les Nations Crètiénes divisées par le chisme & par les dogmes.

AVERTISSEMENT.

*Il y a dans l'*Abrégé du Projet de Paix perpétuelle *imprimé à Rotterdam chez* BEMAN *plusieurs fautes qui en changent entierement le sens en plusieurs endroits.*

ERRATA *du premier Tome.*

Page 13. ligne 25. *lis.* du refus.
page 14. l. 27. & 28. efacez *avec avantage.*
page 20. l. 22. *lis.* inestimable.
page 20. l. 23. *otez* in.
page 23. l. 10. *aprez* Territoire *ajoutez* & dans tous les droits.
page 23. l. 25. convaincus *lis.* convenus.
p. 27. l. antepenult. *lis.* pour la provision & aux trois quarts des voix pour la.
p. 28. ligne penult. *lis.* à les regler.
p. 32. l. 19. *lis.* des voix pour la provision, & aux trois quarts des voix.
p. 34. l. 12. & 13. *lis.* incomplete.
p. 35. l. 13. *lis.* les parties sont naturellement interessées.
p. 35. l. 14. *Otez* du moins.
p. 37. l. 1. de *lis.* contre.
p. 38 l. 23 & 24. *lis.* il en arive.
p. 45. l. derniere si ce premier *lis.* si ce Prince.
p. 49 l. 16. jouïr *lis.* juger.
p. 71. l. 14. utiles *lis.* faciles.
p. 84. l. 18. & 19. le tems *lis.* l'état.
p. 85. l. 17. pour *lis.* par.
p. 90. l. 8. trop *lis.* trèz.
p. 92. l. 24. utile *lis.* habile.
p. 96. l. 25. & 26. Ministres *lis.* Membres.
p. 104. l. 16. avoit *lis.* auroit.
p. 106. l. 1. 1620. *lis.* 1610.

p. 120

p. 120. l. 16. Mais *lis.* Au contraire.
p. 127. l. 14. de l'execution *lis.* de l'exemption.
p. 136. l. penult. *otez* même.
p. 137. l. 2. pour le *lis.* par le.
p. 138. l. 18. *lis.* commencer à eſſayer d'un moyen.
p. 142. l. 20. fera *lis.* ſera.
p. 153. l. 9. & 10. plus qu'ils *lis.* plus precieux que ce qu'ils.
p. 154. l. 7. *otez* &.
p. 154. l. 18. as former, *lis.* à ſe ſormer.
p. 156. l. 23. & il *lis.* & s'il.
p. 160. l. 19. *otez* par.
h. 160. l. 20. & 21. en comptant *lis.* & qui contera.
p. 164. l. 8. ſupoſe *lis.* ſupute.
p. 165. l. dern *otez* d'une.
p. 165. l. dern. *aprez* dependances *ajoutez* que l'on compare donq les dependances.
p. 172. l. 26. Or alors *lis.* Ainſi.
p. 190. l. 14. conſeil *lis.* concert.
p. 193. l. 26. ſans *lis.* ſous.
p. 197. l. 8. pour *lis.* par.
p. 200. l. 6. l'action. *lis.* l'afaire.
p. 202. l. 4. *otez* le Duc de.
p. 211. l. 4. ſans doner *lis.* en donant.
p. 211. l. 6. Mais *lis.* Or.
p. 212. l. 12. voix *lis.* voye.
p. 212. l. 16. à l'Aîné *lis.* à l'avis.
p. 213. l. 3. comme le Souverain de Rome, *lis.* comme Souverain *otez* de Rome.

PROJET

POUR

L'EXTIRPATION

DES

CORSAIRES DE BARBARIE.

'AI lû dans une Gazete de Holande du commencement de l'anée 1721 qu'en cinq ans les Algeriens ont pris aux Holandois 40. Vaisseaux estimez plus de six milions de florins, & 909. Homes qui estiméz sur le pied de 1500. florins chacun, l'un portant l'autre, pour leur rançon montant à prèz de 14. mille florins, çez deux sommes font environ 7. milions quatre cens mille florins, lesquels divisez en cinq font environ 1500. mille florins de perte chaque anée l'une portant l'autre, sans compter la dépense des Vaisseaux de convoi. La même Gazète dit que les Algeriens ont dix-sept Vaisseaux à la mer.

Par

Par la Gazete de Holande du 11. Mars 1721. les Etats Généraux ont donné leur consentement à l'équipement d'une Escadre de 26. Vaisseaux de guerre ou fregates pour obliger les Algeriens à renouvèler la Paix : nous avons vû depuis que l'armement effectif des Holandois n'a été que de six ou sept Vaisseaux, & que les seuls Algeriens ont 33. Vaisseaux en course.

Il faut remarquer, que si les Corsaires d'Alger renouvelent la Paix avec la Holande ils seront forcéz en même tems de la rompre avec la France, ou avec l'Angleterre, car il faut qu'ils vivent & leur plus grand revenu quant à prézent c'est la piraterie, ces peuples ne sont point encore sufizanment tournéz ni à l'Agriculture ni aux Manufactures ni au Comerce, & pour les y tourner davantage ils ont bezoin d'y être forcéz.

Ils ne cessent eux & les Corsaires de Tunis & de Tripoli de Barbarie de faire la course contre les vaisseaux Venitiens, Genois, Ligournois, Siciliens, Napolitains, Espagnols & Portugais, & de ravager les côtes d'Italie & d'Espagne, ils obligent ainsi les Provinces maritimes à faire de grandes depenſes pour ſe garantir de ces ravages.

Il eſt vizible, qu'il ſeroit trèz-avantajeux à toutes les Nations de l'Europe de trouver un moyen d'extirper çez Corſaires, & à moins de frais & en moins d'anées qu'il ſeroit poſſible.

De là il ſuit, que tous çèz Etats devroient convenir d'une contribution proportionée aux pertes, & aux depenſes qu'ils font chaque anée afin de s'en garantir pour toûjours; or l'on va voir, que ſi elles vouloient établir entre elles un lieu de congrèz comme à Paris, où elles ont déja des Plenipotentiaires, les Souverains trouveroient que cète contribution ne monteroit pas à la moitié de ce qu'il leur en coûte anuèlement ou en pertes, ou en prézens anuèls, ou en vaiſſeaux de convoi, ou en autres depenſes de précaution, j'apèle ici prézent le tribut anuèl, que leur peyent les Nations commerſantes pour entretenir la Paix.

La dificulté conſiſte donq à determiner les Crètiens à chercher les moiens de dèzarmer pour toûjours leurs enemis communs. Il

Il y a un moyen tout simple trèz-naturel & trèz-facile dans l'execution: je vais l'exposer de la maniére dont il est venu à l'esprit de feu mon frere le Commandeur de saint Pierre, qui a commandé plusieurs anées avec succèz l'Escadre de Malte.

L'Isle de Malte a un port trèz-grand & trèz-seur dans le voizinage de ces Corsaires, les Chevaliers quoique toûjours en guerre avec eux peuvent avoir comodement presque tous les jours des nouvelles du nombre, de la force de leurs Vaisseaux, de leur sortie, de leur rentrée, & de leurs prizes, parceque plusieurs Nations Crétiénes, qui sont en paix avec ces Villes des Corsaires y ont comerce, & abordent tous les jours à Malte.

Les Chevaliers qui y font leur residence, les Chevaliers, qui sont Oficiers de Marine en France, en Espagne & en Portugal, & ceux, qui viennent y faire leurs Caravanes, ne demanderoient pas mieux que d'être peyez par les Nations Crétiénes pour detruire entierement ces pirates, avec lesquels ils sont déja en guerre perpétuele.

Les habitans de cète Ile ſont déja bons Matolots, bons Soldats & en haine vive & perpétuèle avec cès Mahometans.

De là il ſuit, qu'il ſufiroit, que les Nations Crètienes contribuaſſent à faire un fond anuèl durant quatre ou cinq ans pour augmenter le nombre des vaiſſeaux Maltois, pour en compoſer trois ou quatre Eſcadres.

Vers 1700. Dom Raimond de Rocaful Eſpagnol, Grand-Maître de Malte, ſur les repreſentations du Bailly de Zondodari, depuis Grand-Maître, reſolut de tenir quelques Vaiſſeaux armez contre les Corſaires.

Le Chevalier de ſaint Pierre, Capitaine des Vaiſſeaux du Roi diſtingué par ſa capacité, & qui entendoit fort bien la conſtruction, eut ordre du Grand-Maître de faire conſtruire deux Vaiſſeaux de Guerre à Toulon, il y travailla aſſiduement durant pluſieurs anées, ils ſe trouverent trèz-bons voiliers, il les commanda & les diférentes priſes que lui & les autres Commandans ont fait tous les ans ſur les Corſaires, prouvent, que s'ils avoient un nombre ſufizant de Vaiſſeaux bien entre-

entretenus ils prendroient en quatre ou cinq ans, tous les Vaisseaux Corsaires qui sortiroient d'Alger, & des autres Villes de Barbarie, & cèz Africains se trouveroient enfin forcéz à vivre dezormais d'Agriculture, de Manufacture, & de Comerce comme les peuples pacifiques.

Telle étoit en gros la vuë du Commandeur de saint Pierre.

REFLEXION SUR CE PROJET.

Les Algeriens n'ont nulle liaison avec les Corsaires de Tunis & de Tripoli pour faire la course de concert, les Algeriens eux-mèmes n'ont jamais plus de cinq Vaisseaux ensemble, parcequ'ils ne sauroient non plus s'acomoder entre eux sur le partage des prises, & en quatre ou cinq ans de guerre vive ils seroient entierement hors d'état, & ce qui est trèz-important, ils seroient bientôt hors d'habitude d'armer & de faire la course.

On peut dire mème, que les armemens de Tunis & de Tripoli sont peu de choze en comparaison de ceux d'Alger, & que la reduction des uns

 empor-

emporteroit bientôt la reduction des autres.

Il est évident qu'aprèz la ruïne de çèz Corsaires & aprèz que la Paix sera conclue avec eux à condition qu'ils n'armeroient plus aucun vaisseau, & qu'ils ne s'en serviroient plus que pour leur comerce, les Chevalièrs de Malte n'auroient pas bezoin d'entretenir une Escadre gueres plus forte que la leur, ainsi les contributions des Nations Crètiénes se reduiroient au quart, & quatre ou cinq ans aprèz à rien, & la navigation & les Provinces maritimes seroient pour toûjours dans une parfaite seureté.

Les Nations comersantes ne sauroient se garantir de ces pirates que par des Traitéz qu'elles font avec eux, dans lesquels elles s'obligent à leur peyer des tributs anuèls un peu honteux, ou par des armemens considerables, pour obtenir une trève peu durable, car quelle seureté peuvent-ils avoir de la durée de la trève seulement pendant trois ans? au lieu que par un armement qui dureroit quatre ou cinq ans, & qui seroit mis entre les mains des Chevaliers, les Nations

Crè-

Crètiénes auroient incomparablement plus de seureté que la paix seroit toûjours durable.

PROJET *de Contribution.*

Je supose donq, que les Holandois entretienent ou donent aux Chevaliets de Malte, de quoi entretenir deux Vaisseaux de 60. Canons, les Anglois deux, les Fransois deux, les Espagnols deux, l'Empereur un, le Roi de Sardaigne une fregate, les Venitiens une fregate, le Grand-Duc une fregate, la Suede une fregate, cela fera neuf Vaisseaux, & les trois Maltois c'est douze Vaisseaux & quatre ou cinq fregates.

Or d'un côté il est seur qu'avec un pareil armement les Chevaliers nétoyeroient nos mers de Corsaires en quatre ou cinq anées, & de l'autre on peut assurer qu'il en coûte deux fois plus à chaque Nation ou par la perte de ses Vaisseaux marchands, ou par la depense des armemens, ou par le tribut anuèl qu'ils peyent par forme de present à ceux qui gouvernent ou en pillages sur les côtes ou en depenses anuel-

anuelles pour ſe garantir de ces pillages, c'eſt un calcul facile à faire & une verité, dont les Miniſtres de chaque Nation peuvent aiſement ſe convaincre.

INTERE'T MUTUE'L *des Parties contractantes.*

Il faut pour rendre un Traité faiſable, facile & durable que toutes les parties y gagnent conſiderablement, & toûjours; or nous avons vû d'un côté, que les Nations Crètiénes y gagneroient en quatre ou cinq ans de contribution l'Exemption pour toûjours de ces tributs honteux, de çèz pertes conſiderables, & de ces depenſes anuelles qu'ils font preſentement, & qu'ils feront toûjours.

Les tributs anuels que peyent lès Holandois, les Anglois & les Franſois pour avoir la paix avec ces Corſaires montent à plus de trois mille onces d'argent, & cète paix n'eſt pas ſeure, or les ſix Vaiſſeaux qu'ils doneroient aux Chevaliers, ou leur contribution anuelle pour cèz ſix Vaiſſeaux ne leur coûteroit pas davantage, ge, & ils auroient en quatre ou cinq ans la paix seure, elle se rompt souvent au bout de trois ou quatre ans, les Corsaires prenent des Vaisseaux richement chargéz, & il faut recomencer des armemens considerables, & de grandes depenses, au lieu que par la voye de la contribution en quatre ou cinq ans les Etats Crêtiens seront quites pour toujours, & de leurs tributs & de leurs armemens, & auront une paix incomparablement plus seure, donq il y a plus d moitié à gagner pour eux.

Les Chevaliers de Malte de leur côté y trouveroient leurs interèts, car 1. à l'égard des Oficiers qui serviroient sur les Vaisseaux ils auroient de bons apointemens, 2. ils auroient plus de grades à esperer, 3. leurs services dans les Escadres de Malte leur seroient comptéz dans le service de leur Nation, 4. ils seroient prèféréz pour les Comanderies de grace, 5. ils auroient quelque part aux prises, 6. les Chevaliers mèmes pouroient detacher une ou deux Comanderies de grace de chaque Prieuré, & les destiner pour recompenser en pensions les services des Chevaliers estropiéz.

A l'égard

A l'égard du Grand-Maître & des Grands-Croix qui composent le Conseil, on pouroit statuer qu'ils auroient le tiers des prises à partager, la moitié de ce tiers pour le Grand-Maître, & l'autre moitié pour le Conseil; le commun Tresor y auroit aussi un tiers, les Oficiers & les équipages l'autre tiers, les Oficiers auroient la moitié de ce tiers & l'autre moitié seroit distribuée aux équipages, mais ces details sont suposéz faciles à changer selon la prudence des Chevaliers.

Le Grand-Maître & la plupart des Grands-Croix pouront, quand bon leur semblera, doner leur part au comun Tresor, mais je crois qu'il faut d'abord qu'ils reçoivent leur part sur leurs quitances; & qu'ils la donent ensuite s'ils veulent aux hopitaux ou au comun tresor, quelques-uns la garderont, & l'Ordre en saura plus de gré à ceux qui en feront present, mais il faut que tous ceux qui conspireront à cet établissement y soient portez les uns par gloire, les autres par interêt: la gloire de ceux qui donent de leur bourse est toujours plus

plus remarquable, & plus estimable.

Le Corps de l'Etat & des Chevaliers aquiereroit ainsi une grande consideration, & une grande reputation parmi les Nations de l'Europe, de l'Asie & de l'Afrique, ils seroient regardez par les Nations Crètiénes, comme leurs liberateurs, comme les protecteurs du Comerce, la plupart de çèz Nations auroient l'avantage de pouvoir former dans cète Ecole d'excelens Oficiers de Marine pour leur service, il y a dans les peïs Protestans plusieurs Comanderies de Malte dont les Chevaliers demandent avec raizon restitution, ce seroit une ocazion favorable pour l'obtenir ou pour en obtenir des équivalens, car nous sommes naturellement portéz à ne pas refuzer justice à nos bienfaicteurs, & les Protestans ne pouroient pas alors disputer cète qualité aux Chevaliers de Malte.

L'augmentation de la Marine de Malte y atireroit insensiblement beaucoup de Matelots, & comme il seroit facile d'en faire un entrepôt

seur,

ſeur, libre & comode pour les magazins des Marchandizes de l'Azie, de l'Europe & de l'Afrique, il ſeroit naturel que cete Ile devînt peu à peu d'un comerce trèz-floriſſant, parce que le Gouvernement peut y être auſſi modéré, & auſſi indulgent pour les Proteſtans que celui d'Amſterdam l'eſt pour les Catoliques.

Comme les Coſtes d'Italie profiteroient beaucoup de l'extirpation des Corſaires, il eſt certain que le Pape ſeroit naturellement porté à favoriſer ce Traité.

Quand on ſonge combien de pauvres Crètiens tombent tous les jours en eſclavage, combien de miſeres ils y ſoufrent tous les jours, & pendant pluſieurs anées, & que pluſieurs ſont forcéz de ſe faire Mahometans; quand on ſonge que ſur nos Coſtes & ſur les Coſtes d'Italie & d'Eſpagne, preſque aucun habitant n'a de ſeureté de n'être pas enlevé & mené en eſclavage, & que par le projèt de fortifier les Chevaliers de Malte, nous ſerions pour jamais delivrez de ces miſeres & de ces craintes, on ne ſauroit s'empecher

pecher de deſirer fortement l'execution d'un pareil projet.

Delà il eſt aiſé de conclure qu'un Traité où toutes les Parties contractantes profitent beaucoup, n'eſt point du tout inpraticable.

OBSERVATIONS
Sur le Traité.

1°. Il ſeroit à propos que dans le Traité entre Malte & les autres Etats Crètiens, les Chevaliers promiſſent de ne faire aucune priſe ſur les Marchands Turcs, afin que le Grand Seigneur ne put ſe plaindre que les Nations qui negocient chèz lui, fortifient les Chevaliers ſes enemis contre lui.

2°. Il ſeroit à propos, que le Grand-Maître chargeât dez Chevaliers de propoſer dans les Cours d'Europe le projet de ce Traité & qu'on pût en negocier les Articles à Paris, avec les Ambaſſadeurs ou Plenipotentiaires des Souverains: cet Article eſt eſſentiel.

OBJECTIONS.

Le Lecteur voit aſſèz, que ſi effectivement un pareil Traité eſt tres-avantageux à toutes les parties, il ne ſera pas impoſſible d'en lever peu-à-peu les obſtacles, & que par conſequent, il ne ſera pas dificile de repondre aux Objections; or nous avons vû que ce Traité ſeroit très-avantageux à toutes les Parties & même au Grand Seigneur par l'augmentation de ſon Comerce avec les Crètiens, & parce qu'il ſeroit lui-même delivré de la crainte des Vaiſſeaux Maltois pour ſon Comerce d'Egypte & de l'Archipel, il y trouveroit même un autre grand avantage, c'eſt que les Republiques Barbareſques n'étant plus acoutumées à la guerre, elles lui en ſeroient beaucoup plus ſoumiſes, & que ces Africains eux-mêmes deviendroient beaucoup plus hureux, pour avoir changé leur mètier de pirates en bons laboureurs, en bons manufacturiers & en bons Comerſans pacifiques.

OBJECTION I.

LES Anglois & les Holandois pendant la guerre avec les François peuvent en donnant de l'argent aux Algeriens & aux autres Corſaires ſe ſer-

vir

vir d'eux, pour dezoler le Comerce de France; or ſi par le Traité d'extirpation, & enſuite par la valeur & par l'habileté des Chevaliers çés Africains ceſſoient d'être Corſaires, ils ne pouroient plus rendre ce ſervice aux Anglois & aux Holandois, donc c'eſt une perte pour les Anglois & pour les Holandois que de detruire la piraterie des Africains.

R E' P O N S E.

1°. LA France, lorsqu'elle eſt en guerre avec les Anglois ou avec les Holandois, ne peut-elle pas également engager avec de l'argent ces Corſaires à leur faire une guerre plus vive, donc de ce côté-là, ſi l'extirpation des Pirates fait perdre quelque avantage aux Anglois, elle les delivre auſſi de la crainte de les avoir pour Enemis, ainſi elle ne cauſe aucune perte réèlle aux Anglois.

2°. Ce ſervice, que la Holande & l'Angleterre peuvent tirer de ces Corſaires en tems de guerre avec la France, quand il ſeroit réèl, peut-il jamais être comparé avec les pertes & les depenſes, que ces Pirates leur cauſent, lorsque ces deux Nations ſont en Paix avec la France.

OBJECTION II.

On ne ſauroit obliger une Ville maritime, comme Alger, à ceſſer pendant pluſieurs anées de faire la piraterie, ſi on ne lui permet de ſe ſervir de ſon Port, & de ſes Vaiſſeaux pour faire le Comerce, & on ne ſauroit lui permétre le Comerce que par un Traité de Paix ou de longue Trève avec les Chevaliers, & d'un autre côté on dit, que les Chevaliers ſont obligéz par leurs vœux à faire continuellement la guerre aux Mahometans, donq ils ne ſauroient faire avec Alger ni Paix ni Trève.

RE'PONSE.

Le fait n'eſt pas vrai, les Chevaliers ne font que les vœux ordinaires à des Religieux. L'Hiſtoire nous marque pluſieurs Traitéz de Paix, de Trève, de Comerce faits entre les Chevaliers & les Mahometans.

OBJEC-

OBJECTION III.

LA Cour Otomane ne verra pas sans une extrême peine les Chevaliers de Malte sés Enemis avec une Escadre si considerable formée par les Holandois, par les Anglois, par les Fransois, & par les autres Nations qui font Comerce dans l'Empire Otoman; or le Grand Seigneur qui craindra que les Chevaliers ne viennent traverser le Comerce des Mahometans dans l'Archipel ou ailleurs, demandera, ou que ces Nations cessent de fortifier les Chevaliers ou qu'elles cessent de comerser dans son Empire, donq les Nations comersantes ne voudront pas entrer dans un pareil Traité.

RE'PONSE.

1°. LE Traité pour l'extirpation de la Piraterie portera que les Chevaliers s'engagent à n'ataquer que les Corsaires, & à n'ataquer jamais aucuns autres Mahometans Sujets du

Grand-Seigneur tant que la Paix durera entre lui & les Puiſſances Comerſantes.

2°. Les Ambaſſadeurs des Puiſſances Comerſantes peuvent de concert demontrer à la Cour Otomane que le Comerce des Crètiens aporte beaucoup de revenu au Grand-Seigneur, & à ſes Sujets, & que ce Comerce augmenteroit beaucoup s'il n'y avoit plus de Pirates, & qu'ainſi il eſt de ſon interet de favorizer ce Traité, & de porter les Republiques Africaines à quiter la profeſſion de Corſaires, à condition que les Crétiens de leur côté ne ſoufriront point non plus de Corſaires parmi eux.

OBJECTION IV.

COMMENT les Chevaliers doneront-ils ſeureté aux Anglois & aux autres Aliez, que leur Republique emploiera toûjours très-utilement contre les Corſaires de Barbarie la contribution en argent, ou en vaiſſeaux, qu'ils leur fourniront.

RE'PONSE.

1o. Les succèz journaliers qu'ils auront contre les Barbaresques seront des temoins authentiques qu'ils employent trèz-utilement les contingens qu'ils reçoivent.

2o. Les Nations contribuantes peuvent avoir à Malte deux Deputez, un Protestant & un Catolique, qui entreront dans le Conseil des Armemens, & qui seront temoins de l'activité, & de l'économie des Chevaliers.

3o. L'Interèt & l'honneur du Grand-Maître, & du grand Conseil des Chevaliers est d'employer le plus prontement qu'ils pouront l'argent des Aliez à detruire les Corsaires.

4o. L'Interèt des Capitaines & des Matelots, est de profiter des Prizes.

5o. Les Aliez ne fourniront leur contribution pour l'anée suivante, qu'en cas que par la relation de leurs Deputéz à Malte, ils soient contens des travaux, & dez succèz des Chevaliers de l'année courante, ainsi ils ne risquent rien d'autant plus que les Chevaliers employent à la guerre contre les Corsaires leur Escadre à leurs depens.

OBSERVATION

Si les Souverains d'Europe étoient une fois solidement unis par la signature des cinq Articles fondamentaux de la Paix perpetuelle, ils fourniroient volontiers aux Chevaliers de Malte les contributions necessaires pour faire cesser la Piraterie dans toutes les parties du monde.

ORI-

ORIGINE DES DEVOIRS *des uns envers les autres.*

ORIGINE DES DROITS *des uns contre les autres.*

NOus devons aux autres, parconſequent les autres ſont en droit de nous demander ce que nous leur devons.

Les autres nous doivent, *parconſequent nous avons droit* de leur demander ce qu'ils nous doivent.

Nous comprenons facilement qu'entre les hommes qui conteſtent, & qui ſont dans une mème Societé, dans un mème Royaume, l'un a droit de demander telle choze, & que l'autre a tort de la refuzer, c'eſt que nous ſupozons quelque loi, quelque convention ſoit écrite, ſoit non écrite, qui done droit au Demandeur, & tort à celui qui refuze.

Nous voions mème que ſon droit eſt non ſeulement réèl, mais que par le Jugement des Juges, & par la ſuperiorité de leur force ce droit réèl ſe change en poſſeſſion réèlle malgré les opoſitions du Defendeur, nous dizons

G 5 mème

mème avant le Jugement que l'un a droit & que l'autre a tort.

Mais entre deux Nations, entre Rome & Cartage qui ſont en conteſtation ſur la reparation d'un domage, ſi on ne ſupoſe ni convention, ni loi, il ſemble d'abord que l'on ne puiſſe pas dire *Rome a droit de demander reparation, & Cartage a tort de la refuzer*, on le dit pourtant & avec fondement.

Il faut donq, qu'il y ait ou une convention ou une loi qui ſoit conue de tous les peuples, & parconſequent dèz Romains, & dèz Cartaginois, quoiqu'il n'y ait entre ces deux Nations ni Juges pour decider, pour ordoner la reparation & pour en faire l'eſtimation, ni ſuperiorité de force dans les Juges pour faire executer leur Jugement malgré la reziſtance des Cartaginois.

Entre deux Souverains celui qui eſt inferieur en forces, & vaincu peut avoir tout le droit de ſon côté, tandis que le victorieux ſuperieur en force peut avoir tout le tort du ſien, car *le droit ne depend*, ni de la ſuperiorité de force ni du *ſuccèz des armes*, il n'y

a

a persone qui ne sente cette verité.

Le Souverain, qui a receu du Souverain son voizin une ofanse, une injure, un tort, un domage, est en droit de se plaindre de cète ofanse, de ce domage, il est en droit d'en demander une reparation ou dedomagement à l'ofanseur.

Mais de quelle loi le Souverain ofansé tire-t-il le droit de sa plainte, le droit de sa demande? Car pour fonder un droit il faut ou une loi conuë, ou une convention, ou quelque maxime de prudence, que chacun soit trèz-interessé d'observer & de voir bien observée par les autres; or quelle est cète loi conuë à cès deux Souverains, & à tous les hommes? Quelle est cette convention ou cète maxime si avantajeuze que chacun soit trèz-interessé à l'observer & à la voir bien observée?

Le voici en forme de Loi.

Ne faites point contre un autre ce que vous ne voudriéz point qu'il fit contre vous si vous étiéz à sa place, & s'il étoit à la votre; & si vous lui avez fait tort dedomagez-le comme vous voudriez

en

en être dedomagé s'il vous avoit fait pareil tort.

La voici en forme de convention.

Pour notre bonheur mutuèl, nous sommes convenus que nous ne nous causerons aucun mal, aucun tort, aucun domage sans le reparer.

La voici en forme de maxime de prudence.

Il est de l'interèt de tout homme, que les autres ne fassent point contre lui ce qu'ils ne voudroient pas qu'il fit contre eux, & parconsequent il est juste qu'il ne fasse pas contr'eux ce qu'il ne voudroit pas qu'ils fissent contre lui.

Telle est la premiére de toutes les loix, la premiére de toutes les conventions, la premiére maxime de prudence de la Societé, elle est conue de tous les hommes parcequ'elle leur est dictée à tous par leur propre interèt; or nous supozons qu'ils doivent le conoitre cèt interèt, puisque le but de toutes leurs actions c'est leur interèt, c'est-à-dire la conservation ou l'augmentation de leur bonheur.

Interèt de la conservation de leur vie, interèt de la conservation, & de l'augmenl'augmentation de toutes leurs ſortes de biens, interèt de la ceſſation ou de la diminution de toutes leurs ſortes de maux.

Comme j'ai vû de l'Equivoque dans ces termes, dont ſe ſervent les Auteurs, *Droit naturel*, *Droit des gens*, *Droit publiq*, & que les uns leur donent plus d'étendue que les autres, j'évite de m'en ſervir, je ne parle ici que de cète premiére loi qui eſt non ſeulement l'origine du Droit entre Souverain & Souverain, qui n'ont nule Societé permanente, mais encore l'origine du droit entre Citoyen & Citoyen d'une même Societé pèrmanente.

C'eſt de cète Loi générale, dont on peut deduire toutes les autres Loix générales & particuliéres, qui ſont entre tous les hommes, ſoit qu'ils vivent en Societé ſous une police perpétuèle, & ſous un arbitrage permanent, ſoit qu'à faute d'arbitrage permanent, ils vivent encore en guerre ou actuelle ou prochaine.

Ainſi on peut dire, què l'Origine du Droit entre Souverain & Souverain, c'eſt cète premiére loi, cète premiére convention tacite, cète premiére maxime

xime de prudence, & que l'origine de cète loi elle-même, de cète convention, de cète maxime, c'eſt leur interèt mutuèl.

Abſtine à malo, Ne faites mal à perſone, ne faites point d'injuſtice de peur de deplaire à l'Etre ſouverainement juſte, & depeur d'en être puni dans la ſegonde vie, ainſi rendez tout ce que vous devez, biens, ſervices, complaizances, politeſſes, vous pouvez demander tout ce qui vous eſt deu, mais ne demandez rien de plus, voilà le comandement de la Juſtice naturelle, de la Raizon religieuze ou de la Religion raizonable, & c'eſt auſſi la Juſtice de la Loi crètiéne.

Outre la loi, qui nous eſt ſi avantageuze pour diminuer nos malheurs, nous ſentons encore en nous un conſeil interieur pour augmenter mutuèlement notre bonheur.

Fac bonum.

Faites pour un autre ce que vous voudriez qu'il fit pour vous ſi vous étiez à ſa place, & s'il étoit à la votre, en conſervant la Juſtice que vous vous devez à vous-même, & à tous les autres, & le tout pour plaire à l'Etre ſouverainement

ment bienfaizant, & pour en obtenir le Paradis dans la ſegonde vie.

Voilà le conſeil de la bienfaizance religieuze, & de la Religion naturelle & raizonable, & de la Religion Crètiène.

Le caractére de la bienfaizance eſt de rendre plus que l'on ne doit, biens, ſervices, ſoins, politeſſes, complaizances, & de n'exiger pas tout ce qui nous eſt deu.

La patience, l'indulgence, le pardon des ofanſes, ce ſont les principales Parties de la bienfaizance, & c'eſt à la bienfaizance religieuze que l'Etre ſouverainement bienfaizant a ſagement ataché les grandes recompenſes de la vie future.

Cète loi & ce conſeil ſont des regles de conduite non ſeulement pour chaque Souverain, mais encore pour chaque homme en particulier.

Il eſt deu au ſimple Citoyen, au Magiſtrat, au Roi par les autres hommes, & le Roi, & le Magiſtrat doivent aux autres hommes : s'ils veulent ètre juſtes il faut qu'ils rendent ce qu'ils doivent, & s'ils veulent être bienfaicteurs il faut qu'ils ſoient plus que juſtes envers leurs inferieurs, envers

vers leurs pareils & envers leurs superieurs.

Dans la pratique parfaite de ces deux vertus, Justice & bienfaizance, consiste non seulement toute la perfection des mœurs du particulier, mais encore toute la perfection du bon Gouvernement du Souverain, cela seroit facile à developer & à demontrer; mais quant à présent je me borne à montrer dans ce petit Memoire que tout le droit entre deux Souverains derive uniquement de la premiére loi, & que cète premiére loi derive ellemème uniquement de leur mutuèl interèt.

CONSEQUENCE I.

Si le Souverain, qui a reçu une ofanse, un domage, est en droit de se plaindre & de demander un dedomagement, l'ofanseur a tort de refuzer le dedomagement.

C'est que refuzer à un autre ce que vous ne voudriez pas qu'il vous refusât s'il étoit à votre place de plus puissant, & si vous étiez à la sienne de moins puissant, c'est aler contre la premiémiére loi; *Ne faites point contre un autre* &c.

CONSEQUENCE II.

Un Souverain, qui n'execute point sa promesse, est injuste, il contrevient à la premiére loi; *Ne faites point contre un autre* &c. car voudroit-il qu'un plus puissant lui manquât de parole? Il poura peut-être par la superiorité de ses forces se dispenser de tenir sa promesse, mais il n'en sera pas moins injuste?

CONSEQUENCE III.

Vous plus puissant qui refuzéz l'arbitrage, & qui ne voulez decider votre contestation que par la superiorité de force, vous êtes évidemment injuste, vous contrevenéz évidemment à la premiére loi; *Ne faites point contre un autre*, &c. car enfin si le Souverain votre voisin étoit à votre place, c'est-à-dire dans la superiorité de Puissance, & vous à la sienne, c'est-à-dire le moins puissant, voudriez-vous qu'il refuzât tout arbitrage, & que la supe-

ſuperiorité de force decidât uniquement de la Juſtice & du bon droit des Parties.

CONSEQUENCE IV.

Le Souverain, qui contrevient aux droits de liberté & de ſeureté qui ſont en uzage à l'égard des Ambaſſadeurs d'un autre Souverain eſt injuſte parce qu'il agit contre la premiére loi; *Ne faites point contre un autre* &c. car voudroit-il que ſes voiſins contrevinſſent à ces uzajes à l'égard de ſes propres Ambaſſadeurs?

Quelques particuliers ont fait des protocoles ſur les traitemens des Ambaſſadeurs, ce ſont des conſequences de la premiére loi, & de l'interèt mutuèl: mais comme pluſieurs de ces conſequences ne paroiſſent pas aſſez liées au principe, il ſeroit à ſouhaiter, que les Princes eux-mèmes convinſſent de ces Regles & de ces protocoles, qui regardent leurs Ambaſſadeurs, car tous ne voient pas égalcment ce qui ſuit, & ce qui ne ſuit pas de la premiére loi ou de leur interèt mutuèl; or or les conventions pouroient decider tous les cas douteux.

Cèz regles de convention pouroient s'étendre à tous les principaux Articles de ce que l'on peut apeler Droit des gens, & prevenir ainsi beaucoup de sujets de mecontentement entre voizins qui ne métroient plus en doute des cas decidéz.

Qu'on me propose tous les Articles que l'on croit être de droit entre Souverain & Souverain ; s'ils sont justes & raizonables, ils seront tous des consequences de la premiére loi, c'est-à-dire de leur interèt mutuèl.

Nous avons donq un principe pour juger avec certitude entre deux contestans, qui sont en Societé permanente, de quel côté est le droit, la justice, la raizon, & de quel côté est le tort, l'injustice, la dèraizon ; nous pouvons conoitre qui est celui qui contrevient à la loi : *Ne faites point contre un autre* &c.

C'est precizement le mème principe avec lequel nous pouvons juger aussi avec certitude entre deux contestans Souverains en non-societé permanente, de quel côté est le droit, la justice, la raizon, & de quel côté est le tort, l'injustice, la deraison, & lequel des deux contrevient à la premiere loi.

Voilà par où ces deux especes de contestans si diferens ont de la ressemblance, ils ont tous quatre la mème loi, mais il y a une prodigieuze diference entre eux sur l'execution de cète premiére loi.

Car les Citoyens d'üne mème Societé ont le bonheur d'avoir des Juges, des arbitres incomparablement plus puissans que chacun d'eux qui empechent l'ofansé de tenter la voye des armes, voye, qui coûte beaucoup plus que ne vaut la contestation, & dans laquelle le plus fort mème mèt souvent au hazard non seulement ce qui est en contestation, mais encore le reste de ses biens & mème sa vie.

Les Juges decident entre deux Citoyens de quel côté est le droit, & avec l'autorité de leur Etat, qui vient de la grande superiorité de force, ils font executer la loi, & la font executer pour toûjours, & sauvent ainsi aux contestans leurs biens, & les garantissent des depenses, des inquietudes & de tous les malheurs de la guerre.

Au-

Au lieu que deux Souverains contestans faute de convenir d'une Societé, & d'une police pèrpétuèle, faute de convenir d'un arbitrage permanent entre quinze ou vint Souverains pareils, qui puissent être tour à tour Juges des contestations les uns des autres, se trouvent dans la malheureuze nécessité de chercher une decision provisoire de leurs contestations dans la voye ruineuze d'une Guerre qui peut bien avoir des trèves, mais qui réèllement ne decide rien *pour toûjours*, parceque la guerre faute d'arbitrage permanent peut toûjours recomencer & en effet recomence tous les jours.

Ainsi l'on voit, que le droit qui n'est point decidé par des arbitres, ni soutenu par la grande superiorité de forces de ces arbitres, peut bien être un droit réèl pour un des contestans, mais c'est un droit inutile pour lui s'il est le moins puissant, tant que les contestans ne seront point en arbitrage permanent.

Un Atenien remercioit Solon de ce qu'il avoit doné des loix justes & avantajeuzes à ses compatriotes, *Si je dois être remercié* (lui dit Solon) *ce n'est pas tant de leur avoir doné des loix justes que d'avoir intimement uni la force avec la justice.*

Or voilà l'effèt de la police, les Juges dèsinteressez decouvrent facilement la Justice, & la font executer par superiorité de force, chacun possede toûjours tranquilement, ce qu'il possède & ce dont il a été mis en possession par les Juges, au lieu que dans l'Etat d'inpolice où sont encore les Souverains d'Europe, chacun se fezant juge dans sa propre cause, de deux contestans il y en a toûjours un injuste, & celui qui a le droit l'a inutilement s'il ne veut tout risquer & depenser beaucoup plus que ne vaut la choze contestée, & n'avoir même jamais sureté de posseder toûjours & tranquilement ce qu'il a conquis par la force.

Cète premiére loi est la source & l'origine de tous les devoirs de la vie, car enfin quiconque ne rend pas à un autre ce qu'il lui doit de services, de politesses, de déférances, d'obeissances, de bienfaits, de prévenances, de biens, de bons ofices &c. celui-là contrevient à la premiére loi,

Ne faites point contre un autre, il contrevient à ſon propre interèt, car voudroit-il que ceux qui lui doivent ou ſervices, ou biens, ou obeiſſance, ou bons ofices &c. ne lui rendiſſent point tout ce qu'ils lui doivent, voudroit-il qu'ils ne s'aquitaſſent jamais de toutes leurs eſpèces de dètes ou de devoirs ?

De là il ſuit, qu'il eſt presque impoſſible qu'un fils puiſſe jamais faire autant pour ſon pere, & pour ſa mere, qu'ils ont fait pour lui dans ſon Education, & dans ſon Etabliſſement.

Il n'y a perſone, qui ne conviene que ſi tous les hoḿes d'une Societé étoient juſtes & bienfaizans, tous les Citoyens n'en fuſſent incomparablement plus heureux, pourquoi donq de ce nombre prodigieux de ceux qui en convienent y en a-t-il ſi peu qui ſoient juſtes & bienfaizans ?

C'eſt qu'ils en convienent dans des intervales de raiſon, intervales courts, mais ils ne s'en ſouvienent plus dans les intervales des paſſions d'avarice, d'ambition, d'amour, de colere, intervales trèz-longs ſur tout dans la jeuneſſe où les ſentimens ſont ſi vifs qu'ils ne permetent pas à l'ame d'écouter la Raizon, qui prevoit la fin prochaine des plaisirs, & la longue durée des deplaizirs.

Mais ceci doit être traité séparément, il me sufit quant à présent d'avoir fait sentir l'origine des devoirs, & des droits dans la premiére loi, en atendant que de ce nombre prodigieux de consequences que l'on en peut tirer, je puisse dans un autre Memoire apuyer sur les plus importantes.

PRO-

PROJET

Pour rendre les titres honorables, plus utiles au service du Roi & de l'Etat.

PREFACE.

L'ETRE bienfaizant, qui fait gouter aux hommes un grand plaizir à satisfaire à une grande faim & à une grande soif pour les engajer à uzer des moiens de se conserver la vie prezente & passagere, leur fait encore gouter un autre grand plaisir d'une autre espece à se sentir distinguez entre leurs pareils par des qualitez agreables & utiles aux autres, afin de nous engager à travailler à l'envi à augmenter sans cesse les biens & à diminuer mutuellement les maux les uns des autres.

Un Etre infiniment sage, qui veut gouverner des Etres libres & immortels par des loix generales & les conduire vers leur plus grand bonheur sans rien diminuer de leur precieuze liberté, pouvoit-il prendre une voie plus convenable que de recompenser ainsi dèz cète vie par le plaizir de la distinction ceux qui travaillent le plus utilement à augmenter le bonheur des autres ? & pouvoit-il d'un autre coté les engajer à être ardens & constans dans leur travail avec un ressort plus puissant, qu'en leur donant une grande esperance d'une recompense infinie destinée dans la vie future pour ceux qui auront par leurs bienfaits le mieux imité sa bienfaizance infinie.

La loüange que donent les hommes à ceux qui font du bien au publiq est une marque passagere de distinction qui fait grand plaisir au bienfaizant & la marque exterieure atachée à un titre, à un Emploi honorable, seroit une louange journaliere si tous ceux qui l'apersoivent pouvoient être convaincus que ce titre, que cet Emploi n'est jamais acordé que justement & sans faveur au plus digne d'entre les prétendans, c'est à dire à celui qui entre ses parcils a reellement procuré

ou

ou peut procurer de plus grans bienfaits à sa patrie.

De là il suit, que la metode pour distribuer toujours avec justice un Emploi, un titre honorable vacant, est entierement comme toutes les autres bones metodes politiques dans l'ordre de Dieu & de la providence bienfaizante.

Autrefois les titres honorables n'étoient point distinguez des Emplois honorables, un Duc étoit un Général d'armée comme le mot Latin *Dux* le montre.

Général d'armée est un titre trèz honorable parce que c'est un Emploi trèz honorable, & cet Oficier merite des honeurs, & des distinctions flateuzes parce qu'il est regardé comme un homme choizi avec justice entre les plus vaillans & les plus habiles Capitaines pour rendre au peril de sa vie de trez grans services à la patrie.

De là il suit, que lez Généraux d'armée, tels que sont parmi nous les Marechaux de France, devroient être les vrais Ducs de France, que ç'a été une trèz mauvaize politique de créer des Ducs sans Emploi, sans fonction de de Général d'armée, que ç'a été une trèz grande imprudence de créer des Ducs hereditaires, & que c'est le comble de l'injustice & de la malhabileté de doner des prèséances, & des distinctions honorables à la Cour à des persones qui n'ont aucun merite distingué envers la Nation & de refuzer ces distinctions à des Marechaux de France illustres, tels qu'étoient il y a quatre-vint dix ans le Marechal de Gassion, le Marechal de Faber & de nôtre tems le Marechal de Catinat & le Marechal de Vauban &c. qui n'ont jamais été Ducs.

Je me propose donq de montrer 1°. qu'il est à propos de laisser les Ducs hereditaires dans la possession de leur dignité hereditaire.

2o. Qu'il est contre les interèts du Roi & de la Nation & contre les interèts des Princes du sang de créer de nouveaux Ducs *hereditaires*.

3°. Qu'il est de l'interèt du Roi & de la Nation de créer Ducs persónels tous les Maréchaux de France presens & de doner à l'avenir par le Brevet mème de Maréchal de France le titre de Duc.

4o. Qu'il

4°. Qu'il ſeroit à propos que chaque Oficier eût une marque exterieure de ſon Emploi.

5°. Qu'il eſt de l'interèt du Roi & de la Nation de ſe ſervir de la metode du ſcrutin pour choiſir entre trente pareils celui qui doit monter à la claſſe ſuperieure.

UTILITE' DES TITRES DE DUCS,

Lorsqu'ils ſeront diſtribuez avec juſtice.

SI dans le mètier de la guerre il y a preſentement ſi peu d'émulation entre les Oficiers à qui deviendra plus inſtruit de tout ce qui regarde cète profeſſion pour devenir un jour bon Général, ſi quantité d'Oficiers de mérite quitent le ſervice de bone heure, ce n'eſt pas qu'il n'y ait dèz recompenſes ſufizantes à eſpérer, c'eſt que ces recompenſes au lieu d'être diſtribuées au plus digne, au plus capable de rendre des ſervices à l'Etat par ſes talens & par ſon travail, ſont ſouvent diſtribuez à ceux qui au lieu de ſuperiorité de merite national n'ont le plus ſou-

ſouvent que la ſuperiorité de faveur ou la ſuperiorité d'ancieneté.

Mais comment doner au Roi aſſez de conoiſſance du merite de chaque Oficier afin qu'il ſoit ſeur de choiſir toujours ou le meilleur Oficier de trente pareils, ou du moins un des trois meilleurs & rendre ainſi toujours juſtice à la ſuperiorité de merite national?

Le Jugement du Roi ſur le plus digne des prétendans ſera toujours juſte ſi le Roi ne decide plus, ni ſur les recomandations partiales ou des favoris ou des favorites, ni ſur les louanges ſuſpectes des Courtiſans, ni ſur le ſimple temoignage des Miniſtres ſouvent partiaux & mal informéz, mais ſur le plus grand nombre des ſufrages donez au ſcrutin par trente pareils pretendans qui ont eu l'ocaſion & le loiſir de ſe conoitre les uns les autres, & lorsque par le procez verbal des trois Comiſſaires de ſa Majeſté il ſera conſtant qu'il n'y a eu dans leur ſcrutin aucune recomandation ni aucune cabale ſoit exterieure ſoit interieure.

Les pareils ſont certainement les meilleurs Eſtimateurs *du merite de cha-*

chacun d'eux par raport au ſervice du Roi, & de la Nation, & c'eſt cète ſorte de merite que j'apele merite *national*, ce ſont les Juges les plus intereſſez à juger entre les Concurrens ſelon la juſtice, c'eſt à dire ſelon l'interèt de la Nation, dont ils ſont partie & l'on peut dire avec verité, que, lorsqu'il n'y a eu ni cabale ni recomandation cès trente pareils ſont les meilleurs Conſeillers que le Roi puiſſe conſulter en pareil cas.

Le titre de Duc, qui ne ſe done point au merite national diſtingué, mais au deſcendant de celui, qui a eu il y a cent ans un pareil merite, ne ſauroit jamais exciter les Oficiers aux perils & aux travaux militaires & ne ſert parconſequent de rien à l'Etat.

Ceux, qui le poſſedent par leur naiſſance, n'ont plus d'éguillon, qui les preſſe de ſurpaſſer leurs pareils par leur aplication & par des talens utiles à la Nation; ils demeurent donq la plupart naturellement dans la faineantize & dans une vie lâche, mole & pareſſeuze, ils ſe trouvent diſpenſez de toutes ſortes de peines, car enfin qui eſt-ce qui prend de la peine quand il n'y n'y a aucune recompenſe à eſperer pour cète pène?

Cependant ſi perſone ne ſe diſtingue à prendre de la peine pour le publiq, l'Etat eſt mal ſervi; or n'eſt-il pas évident que moins l'Etat a de grandes recompenſes honorables à diſtribuer ſoit pour les grandes entreprizes, ſoit pour les longs ſervices, ſoit pour la pratique de la bienfaizance, moins il ſera bien ſervi.

L'heredité du titre de Duc eſt trèz nuizible aux Etats par une autre raizon, c'eſt qu'il eſt de l'interèt de cèz fenéans honorez qu'on ne leur reproche pas leur faineantize, leur peu de talens & leur vie inutile & oizive, ainſi ils jetent autant qu'ils peuvent du mepris ſur ceux qui travaillent & qui cherchent à ſe diſtinguer pour l'utilité de la patrie.

Ils pronent autant qu'ils peuvent & atachent une ſorte de diſtinction aux feneans comme eux qui ne ſe piquent que d'être agreables à la Cour ou dans le monde, qui rafinent ſur les modes, ſur les habits, ſur les parures, ſur les ajuſtemens, qui encheriſſent ſur la ſomptuoſité des meubles, ſur la magnignificence des Equipages, des Jardins, des batimens, des Fetes, ils louent ceux qui se distinguent par la delicatesse de leur table, qui se piquent d'être conoisseurs en tableaux, en spectacles, toutes distinctions trèz frivoles, & trèz inutiles à l'augmentation du bonheur solide de la Nation, toutes productions du luxe, de l'oisiveté, de la vanité & de la molesse, qui n'augmentent presque en rien le bonheur de la patrie, en comparaison des services importans des Oficiers laborieux, constans & courajeux.

Or s'il y a des maximes pernicieuzes pour un Etat, ce sont certainement les maximes que tachent d'établir les feneans honorez & distinguez par des titres honorables, quoiqu'ils ne soient nulement distinguez ni par le courage, ni par la vertu, ni par les talens utiles à la Nation.

C'est l'exemple de ces Ducs hereditaires qui par leurs gouts & par leurs occupations journalieres ressemblent plus à des Enfans ou à des femmes qu'à des hommes, c'est cette malhureuze heredité des titres honorables qui est une des principales causes de cet étonant afoibliſſement de la Monarchie d'Eſpagne, elle comence à afoiblir la notre.

Les Ducs hereditaires, & à leur exemple la plupart des autres Seigneurs Eſpagnols depuis cent cinquante ans ne ſe ſont piquez que de mener une vie delicate & voluptueuze, & au lieu de ſacrifier au plaiſir que produit la veritable gloire, au lieu de chercher à ſe diſtinguer par des talens & par des qualitez toujours infiniment utiles au Roi & à l'Etat, ils ne ſe ſont plus ſouciez que de ſacrifier au plaiſir que produiſent les diverſes *glorioles* & les diſtinctions frivoles du luxe, qui ſont toujours trèz pernicieuzes aux Etats.

Ces mœurs corompues par la grace inſanſée de l'heredité des titres n'ont fait qu'afoiblir leur Etat, & ces braves & laborieux Caſtillans, qui avant que cète dangereuze heredité eût corompu la vertu & la noble ambition de la Nation, ſembloient néz pour gouverner le monde, ſe ſont peu à peu abatardis & ne ſont devenus que de lâches & inutiles Courtizans, de ſorte que l'Eſpagne eſt devenue quatre fois moins con-

considerée en Europe qu'elle n'étoit il y a deux cens ans.

La ſuperiorité entre Nations paſſe toujours dans celle où paſſe la ſuperiorité de valeur & de travaux les plus utiles à la Nation, mais cette ſorte de ſuperiorité ne ſauroit paſſer que là où il y a plus d'émulation qu'ailleurs entre les plus riches pour le ſervice de l'Etat; or la ſuperiorité de cète émulation ne ſauroit paſſer que là où il y a d'un coté des recompenſes trèz honorables à diſtribuer à ceux qui ſervent le plus utilement l'Etat dans les plus hautes claſſes, & de l'autre là où il y a plus de juſtice dans cète diſtribution.

Cèz grans titres à diſtribuer ſont un grand trezor pour l'Etat, mais ce n'eſt plus un trezor dèz qu'il eſt épuizé par l'heredité. Et en effet que dirions-nous du trezor des finances ſi les penſions perſonelles que fait l'Etat devenoient hereditaires dans les familles de ceux qui ont obtenu cès penſions? Nous ſommes aſſéz ſenſéz pour blamer *l'heredité* des recompenſes de l'Etat en panſions, & nous ſommes aſſéz inſenſéz pour ne pas voir la gran-

 de

de imprudence de ceux qui ont commansé à rendre hereditaires les recompenses de l'Etat en titres honorables?

Peut-on voir rien de plus monstrueux en politique que de laisser les plus grandes recompenses d'un Royaume entre les mains des Citoyens les moins utiles au Royaume, en comparaison de leurs ancetres & en comparaison des services actuels de ceux qui se distinguent dans le service.

Je sai bien, que parmi ceux qui sont nez Grans en Espagne, quelques uns ont rendu & rendent actuellement de grans services à l'Etat, mais on m'avouera que ce n'est pas le plus grand nombre & que d'autres Gentilshommes qui ont encore mieux servi & qui serviront encore plus utilement, voient toujours avec chagrin que l'Etat laisse entre les mains de gens moins dignes qu'eux dez recompenses, qui ne devroient être reservées que pour les grans services actuels.

Rien ne decourage tant d'entreprendre des travaux dificiles & utiles à la patrie, que de voir que les recompenses honorables se donent ou à une naissance qui est inutile à l'Etat, ou aux reco-

recomandations injuſtes des Courtizans, ou à la ſeule ancieneté plutôt qu'à dez qualitez, qu'à dez talens qui ſont infiniment utiles au Roi & à la Nation, & qui ne ſont conus avec certitude que par leurs pareils qui ne ſont point conſultez.

Cez pareils ſont cependant en cète ocaſion les plus habiles Conſeillers & les meilleurs Eſtimateurs du merite national, parce qu'ils paſſent leur vie avec ceux, qui ont droit de pretendre comme eux à ces titres honorables & parce qu'ils ont un grand interêt de ne choiſir que les plus diſtinguez par leurs talens dans la guerre, dans la Magiſtrature, dans l'Eglize, dans les Negociations; or comme on ne les a pas juſqu'ici conſultez par un ſcrutin dirigé par des Comiſſaires, il arive que faute de Conſeil éclairé & équitable, cez recompenſes honorables ſont rarement diſtribuées avec juſtice.

Il arive donq trois inconveniens conſiderables lorſque le Roi juge du plus haut dégré de merite entre trente pareils qui pretendent au titre de Duc & qu'il decide avec ſes favoris ou avec ſes favorites d'un procèz ſi dificile & ſi important, ſans conſulter par ſcrutin le conſeil de ceux qui ont eu durant dix ans le loizir & les ocaſions de comparer les talens & le *merite national* de chacun d'eux trente.

L'un de çès inconveniens eſt, que cète dignité qui devoit naturellement ſervir de prix ou de recompenſe propoſée pour augmenter l'émulation & les travaux utiles à l'Etat ne fait que multiplier à la Cour, les aſſiduitez, les baſſeſſes & les flateries, qui ſont trèz pernicieuzes & aux Princes & à leurs Etats; car le Gentil-homme ou François ou Caſtillan, au lieu de s'apliquer de bonne heure à devenir excelent Oficier, au lieu de travailler toujours avec ardeur à aquerir de nouvelles conoiſſances dans ſon mètier pour devenir plus utile à ſon peïs, ne s'aplique plus qu'à devenir tous les jours plus parfait Courtizan & plus bas adulateur pour aquerir ainſi des patrons & des proneurs.

Le ſegond, c'eſt que cez recompenſes honorables, qui juſtement diſtribuées auroient toujours retenu dans le ſervice les Oficiers d'un merite diſtingué

gué étant injuſtement diſtribuées, cette injuſtice les decourage & leur fait quiter le ſervice, & en dix ans le Roi perd ainſi cinq cens excelens Oficiers, faute de ſe ſervir du conſeil du ſcrutin dans la diſtribution des Emplois & des titres.

Le troiziéme inconvenient, c'eſt qu'une recompenſe qui étant diſtribuée ſelon l'avis de trente meilleurs conoiſſeurs feroit aimer le Prince & eſtimer ſa juſtice de tous les gens de bien, ne ſert au contraire qu'à le faire meprizer & haïr des bons Citoyens quand elle eſt injuſtement diſtribuée.

REGLEMENT PROPOSÉ.

PREMIER ARTICLE.

Je propoſe donq, *que le Roi declare, qu'il ne crêra plus dorenavant de Ducs hereditaires, mais ſeulement des Ducs perſonels & qu'il crée Ducs tous les Marechaux de France.*

ECLAIRCISSEMENT.

DANS cet Etabliſſement le Roi ne fera nul tort aux anciens

Ducs, il leur laiſſe leurs prerogatives, on voit mème que loin de perdre au nouvel Etabliſſement, ils y gagneront en devenant les pareils de ceux qui dans l'Etat ſont les plus diſtinguez par le merite national.

Autrefois ſous le Regne de Charles cinquiéme Roi de France & de Charles ſixiéme ſon fils & ſon ſucceſſeur quand il vaquoit une place dans le Parlement ou dans la Chambre des Comptes, ces Corps propoſoient trois ſujets au Roi : il nous reſte ſur cela un Edit de Charles ſix, cète propoſition de trois ſujets ſe pratique encore en pluſieurs ocaſions dans d'autres Roiaumes, ce moien de conoitre la verité & la juſtice, ce moien de bien juger & avec plus de ſcureté du plus digne, du plus utile à la Nation n'eſt pas nouveau, il eſt bien ſimple, il ſe preſente naturelement à l'Eſprit, il ne s'agit que de le remétre en uzaje en France & de le perfectioner tous les jours par la metode des Comiſſaires que j'ai expliqué fort au long dans un Memoire ſeparé.

J'y montre combien il eſt de l'interèt du Roi d'établir des compagnies de tren-

trente dans chaque classe, par exemple, de trente Lieutenans generaux, afin que lorsqu'il s'agira de choisir les trois meilleurs par scrutin & de les presenter au Roi pour en choisir un, chaque membre de cète espece de Conseil soit tout preparé à écrire sur le même buletin les trois qu'il juge le plus dignes d'être avancez au grade de Marechal de France, & son nom au bas du Buletin, le tout aprèz avoir satisfait aux questions des trois Comissaires sur les cabales & sur les recommandations.

SEGOND ARTICLE.

Le Roi créera encore trente Comtes du palais entre les Lieutenans Généraux, du nombre desquels il tirera les Maréchaux de France qu'il poura créer dans la suite.

ECLAIRCISSEMENT.

POUR la creation de cèz trente Comtes du palais il est à propos que le Roi en choizisse d'abord cinq parmi les Lieutenants Généraux, &

 que

que les cinq choisis en nomment trois autres par scrutin afin que le Roi choizisse le sixiéme ; les six nomeront de mème par scrutin trois sujets afin que le Roi choizisse le setiéme & ainsi de suite jusqu'a trente.

Il seroit encore à propos de créer soixante Vicomtes du palais sur le mème modèle, & ce seroient là tous les titres du Roiaume, qui sufiroient pour exciter & entretenir l'émulation parmi la Noblesse.

TROIZIEME ARTICLE.

Il faut encore statuer qu'entre les Ducs hereditaires celui, qui par ses services auroit aquis une dignité du palais precédera les Ducs hereditaires quoique d'un Duché plus ancien lorsqu'ils n'auront point aquis une dignité semblable.

ECLAIRCISSEMENT.

L'ANCIENETÉ d'un Duché hereditaire n'est pas par elle-mème une superiorité de *merite national*, & dans un Etat bien policé, hors les Princes du du ſang il n'y a que la ſuperiorité de ce merite reconu par les Emplois importans qui doive doner les préſéances.

Rien n'eſt plus juſte, rien n'eſt plus important pour le ſervice du Roi & pour l'avantage de la Nation Françoiſe que d'honorer plus celui, qui a perſonellement rendu des ſervices conſiderables à la patrie, que celui qui ne lui a perſonellement rendu aucun ſervice conſiderable & qui n'aporte d'autre utilité à l'Etat que de faire ſouvenir le publiq des ſervices & des recompenſes honorables de ſes ancêtres.

Ne ſeroit-il pas ridicule à une Republique qui a beſoin de ſervices actuels d'épuizer ſon trezor de titres & de dignitez pour honorer & pour peyer des ſervices rendus dans un autre ſiecle, ſervices, qui ont deja été peyez dans leur tems, & de ne ſe rien rezerver pour recompenſer par des honeurs actuèls les ſervices actuels : je remarquerai ici en paſſant qu'il n'y a pas en Holande, à Venize, à Genes, en Suiſſe, aſſez de marques exterieures pour diſtinguer ceux, qui dans les diverſes claſſes d'Emplois publics

ſe

ſe diſtinguent par leur *merite national.*

On peut rendre de grans ſervices à l'Etat par des travaux longs & penibles dans la Magiſtrature ; or n'eſt-il pas juſte que le Roi done des marques exterieures aux claſſes ſuperieures & inferieures, & qu'il y établiſſe des compagnies de trente, afin que par le ſcrutin il puiſſe être ſeur de nomer toujours le plus digne ou un des trois plus dignes à la place vacante dans la claſſe ſuperieure ; cette marque exterieure ſur l'habit avertiroit le publiq de la preſéance qu'il doit à l'Oficier, qui rend le plus de ſervice à la Nation.

De là il ſuit, que les diferens Emplois aiant leur marque d'honeur & les Emplois ſe donant toujours à la ſuperiorité de merite national, cette marque exterieure indiqueroit toujours le degré de merite de chaque Oficier publiq.

On voit bien, que ſi tout ſe donoit à la ſeule ancieneté il n'y auroit plus d'émulation à eſperer, & que perſone ne ſongeroit ni à ſe rendre plus capable, ni à riſquer ſa vie plus que les autres, ni à ſe doner plus de pène & plus de de mouvemens que ſes pareils; on ne ſongeroit qu'à vivre en feneant plus lontems que les autres: il eſt vrai qu'à merite égal, à talens égaux ou à peu prèz égaux, l'ancieneté & mème la naiſſance illuſtre ſont des titres de prèferance, mais il faut toujours pour cète prèferance que le merite national ſoit égal ou à peu prèz égal.

Quand je propoſe, que ceux qui parmi les Ducs hereditaires ont rendu de plus grans ſervices au Roi & à la Nation paſſent devant les autres Ducs, qui n'en ont point rendu ou qui n'en ont rendu que de moindres, eſt-ce que ma propoſition eſt injuſte? Eſt-ce qu'elle n'eſt pas au contraire trèz juſte & parconſequent trèz utile à la Nation?

J'ozerois mème demander à ceux qui n'aprouveront pas mon projèt, trouveriez-vous un gouvernement ſaje dans lequel on ne pouroit jamais avoir pour Général que le fils ainé du Général precedent, & pour Miniſtre que le fils ainé du Miniſtre precedent, quelque peu d'éxperience, quelque peu de capacité qu'ils euſſent?

Qui eſt l'inſenſé, qui conſeilleroit au

au Roi d'Eſpagne de prèférer toujours à un Ruiter, à un Du Quesne pour comander ſon armée navale, un jeune Amirante de Caſtille ſans experience & ſans talens & de prèférer pour comander une armée de terre un jeune Conétable de Caſtille ſans vertu, ſans conoiſſance à un Montecuculi ou mème à un Turenne?

AVANTAGES,

Que produira ce Reglement.

LA patrie tirera toujours dans ſes bezoins dix fois plus de ſecours & de ſervices des Citoyens laborieux, économes, induſtrieux, piquéz d'émulation pour ſe faire eſtimer de leurs pareils amateurs de la gloire & du bien publiq, que des Citoyens pareſſeux, ignorans, chargez de dettes, amateurs de glorioles, ocupez de leurs amuzemens & qui cherchent des recomandations.

Rien n'eſt plus capable de deshonorer le Gouvernement de France, d'Eſpagne & d'Angleterre que d'y voir

voir un jeune Etourdi, ſans ſervice, ſans vertu, ſans talens utiles, copie trèz diſſemblable de ſon ayeul, de ſon trizayeul, & qui ne brille que par un éclat emprunté de la reputation & des grans revenus aquis autrefois par un grand homme, ozer diſputer le pas à un vieux Général, qui eſt lui-même un grand homme vivant, égal & peut-être ſuperieur à ces grans hommes morts.

Or par l'Etabliſſement propoſé il eſt évident qu'en rendant des honeurs à un Duc du palais, à un Comte du palais, à un Vicomte du palais, le peuple honorera un homme diſtingué par ſes ſervices & par des qualitez trèz utiles à la patrie; chacun ſaura, que ſa Nation lui a elle-même de grandes obligations, & l'Etranger ſanſé ne reprochera plus à çèz trois Nations leur peu de raizon d'acorder de grandes marques de reſpèct à des hommes qu'ils ne croient nulement reſpectables; cet Etranger n'aura plus à ſe moquer du peu de diſcernement de ceux qui honorent davantage par leurs égards & par leurs manieres reſpectueuzes l'aparence du *merite national*

qu'ils

qu'ils n'honorent le merite réèl & qu'ils respectent plus les ombres des heros morts, que les heros eux-mèmes vivans.

Enfin en établissant une fois que nul n'aura dezormais que des titres personels, & que persone n'en aura plus de nouveaux qu'à proportion de son merite envers le publiq & selon les justes jugemens des scrutins faits entre les meilleurs, les plus équitables conoisseurs, le Roi éloignera pour toujours la Noblesse riche de cète honteuze faineantize si indigne de la veritable Noblesse; tous travailleront avec émulation & avec ardeur à qui rendra de plus grans services à sa patrie, & les jeunes gens par des éforts continuèls tacheront d'aquerir plus de conoissances & plus de talens utiles au publiq que leurs ayeuls.

Le Roi en établissant & en perfectionant la metode du scrutin entre les compagnies de trente pareils, diminuera beaucoup les vices de ses Sujets, il en augmentera beaucoup les talens, les vertus & parconsequent la felicité. Et ce qui est très-important pour lui, en procurant à la Nation un dèz plus grans

grans bienfaits qu'un Roi puiſſe jamais procurer à ſes Sujets, il imitera mieux que les autres Rois ſes pareils l'Etre ſouverainement bienfaizant & il en aura ainſi beaucoup plus de droit d'en atendre la recompenſe dans la vie future.

OBJECTION I.

SI vous rendez à l'avenir les nouveaux titres de Ducs purement perſonels, celui, qui ſera arivé à ce dernier grade n'ayant plus rien à eſperer, tombera dans la pareſſe, dans l'indolence, dans la faineantize, car pour faire agir l'homme & pour lui faire ſurmonter la peine qu'il trouve dans le travail continuèl & dans l'execution des grans projèts, il faut qu'il ait continuèlement devant les yeux quelque grand bien à eſperer, tel que ſeroit l'eſperance de faire paſſer la grande diſtinction, dont il eſt honoré, à ſon fils ainé & aux ainez de la branche ainée, c'eſt un reſſort qui lui manquera, donq il eſt utile à l'Etat de rendre hereditaires les plus grands honeurs.

REPONSE.

1°. Il est à propos d'observer, que dans les Etats où il y aura assez de classes diferentes, l'homme distingué par son merite & par ses longs services ne poura ariver qu'avec l'age à la classe suprème & que pour ceux qui composeront cette classe, il y aura toujours quelque Commandement, quelque Gouvernement, quelque Vice-royauté & le titre & la pension de President des Ducs à esperer pour celui, qui aura le plus merité de l'Etat par ses services, car ces places se doneront non par ancieneté, mais à la superiorité de merite national qui sera conue par le scrutin entre pareils, ainsi il aura toujours quelque recompense à esperer jusqu'à une grande vieillesse qui est un age où l'Etat n'a plus de service considerable à en atendre.

2°. Il y a dans le Royaume environ quarante Ducs hereditaires; or ce sont quarante hommes des plus riches & des plus illustres de l'Etat, qui n'ont plus pour les exciter à travailler pour le bien publiq, ce puissant ressort qu'ils au-

auroient si ces titres n'étoient que personels & c'est une perte considerable pour l'Etat.

3°. Dans le sistême de l'heredité ni le fils ni le petit-fils ne travaillent plus pour l'utilité publique, au lieu que dans le sistême de la personalité toute la posterité du Duc & tous les membres d'une profession travailleront toute leur vie dans l'esperance de ce titre élevé, ainsi la diference du travail pour le publiq sera de mille contre un.

OBJECTION II.

VOTRE plan pour ne point separer les titres honorables dez Emplois publics, de doner une marque exterieure à chaque Emploi, de ne faire de promotions d'une classe inferieure à une classe superieure qu'aprèz avoir conseillé le scrutin de trente pareils, de doner brevet de Duc à chaque Marechal de France de ne plus faire de Ducs hereditaires &c. me paroit trèz avantageuze pour le service du Roi & de l'Etat; mais en suivant votre principe il ne faudroit plus faire de Chevaliers de l'Ordre; or que deviendroient les honeurs & les respects que l'on porte au Cordo n bleu

REPONSE.

1°. Je conviens, que si le principe *de n'honorer aucun Sujet qu'à proportion de son merite National*, est un bon principe, il ne faut à chacun que la marque exterieure de son Emploi dans l'Etat pour s'y faire honorer comme il y doit être honoré & par consequent il faut laisser anéantir peu à peu ces distinctions si deraizonables & si peu conformes à la bone police.

2°. On peut laisser éteindre cet Etablissement puerile de Henri trois sans faire tort à persone, on peut dire mème que les Princes du sang, qui ont trente-cinq ans ne se trouvant plus parèz d'une distinction qui leur est comune avec des Gentils-hommes de petite Noblesse & de mediocre merite ils ont besoin d'une marque exterieure de leur naissance auguste; or ces Princes & ces Princesses ne peuvent-ils pas porter ce mème ruban bleu brodé en fleurs de lis d'or?

3°. Le Roi en laissant aneantir cet Or-

Ordre de Chevalerie, y gagneroit plus de quatre cens mille livres de rente qu'il pouroit emploier à des Etabliſſemens trèz utiles à la Nation, il y gagneroit même d'être diſpenſé de vaines ceremonies trèz ennuyeuſes.

CONCLUSION.

CE'Z conſiderations prouvent la verité & l'importance de la maxime de Salomon, qu'il ne faut doner de titres honorables à un Sujet que ſelon le degré de ſon mérite national.

Da illi honorem ſecundum meritum ſuum.

Et c'eſt la propoſition que je m'étois propoſé de demontrer.

OBSERVATIONS POLITIQUES SUR LE CELIBAT DES PRETRES.

TROISIEME EBAUCHE.

UNE des chozes, qui étona le plus le Czar lorſqu'il étoit en France *incognito*, ce fut d'aprendre d'un coté, que le vœu du Celibat des Prètres n'étoit point regardé dans la Comunion Romaine, comme un point eſſentiel à la Religion, & de l'autre que les Souverains de cète Comunion ne laiſſoient pas de permètre depuis prèz de huit cens ans, que l'on exigeât le vœu de tous ceux que l'on ordonoit Prètres.

Son étonement venoit de ce qu'il voioit en France quantité de bones loix & de ſajes Etabliſſemens, & il ne pouvoit digerer que dans un Roiaume ſi bien policé on y ût laiſſé juſqu'ici par negligence une pratique qui d'un coté

coté, n'eſt point eſſentielle à la Religion & qui de l'autre eſt ſi prejudiciable à toute Société Crètiéne.

L'étonement du Czar me fit penſer à cète matiere & je trouvai qu'il étoit bien fondé : ainſi je vais en parler non en Controverſiſte, mais ſeulement en ſimple Politique Crètien & en ſimple Citoyen d'une Societé Crètiéne.

Si le Celibat des Prètres n'eſt qu'un point de diſcipline, s'il n'eſt point eſſentiel à la Religion Crètiéne, s'il n'a jamais été regardé comme fondement eſſentiel du ſchiſme, que nous avons avec les Grecs & avec les Proteſtans, ſi le Celibat des Prètres a été libre dans l'Eglize Latine durant les premiers ſiecles ſi l'Eglize a toujours le pouvoir de chanjer tous les points de pure diſcipline, d'inſtitution humaine ; & ſi éfectivement les Etats Catoliques de la Comunion Tridentine recevoient pluſieurs grans avantajes de rentrer dans cète anciene liberté ſans en recevoir aucun domaje efectif, cète queſtion doit bien moins être une queſtion Teologique qu'une queſtion Politique : cète queſtion ſur le plus

 ou

ou moins d'utilité, dont peut être l'anciene liberté que les Prètres avoient de se marier, regarde encore plus les Souverains que les Teologiens.

Avant que de montrer la grandeur du prejudice que le vœu du Celibat des Prètres cauze au Royaume comme simple Societé de Citoyens, il ne sera pas inutile de faire quelques Reflexions sur le préjudice qu'il cauze aux Etats de la Comunion Romaine comme Societé de Citoiens Crètiens.

AVANTAGES

Que produiroit à la Societé Crètiéne la liberté de se marier rendue aux Prètres.

I.

IL est certain, que plus un Prètre vertueux a des moiens de procurer une augmentation de bonheur à plus de persones par son exemple, par sa patience, par ses instructions journalieres, plus la Religion & la Societé Crètiéne en peut recevoir d'utilité.

Or si quarante mile Curez vertueux avoient en France quatre vint mille En-

Enfans mieux élevez à la vertu, il eſt évident, que non ſeulement l'Etat Politique en ſeroit plus riche & plus puiſſant, mais que les fideles eux-mèmes en ſeroient beaucoup plus édifiez, que les euvres de juſtice & de bienfaizance en ſeroient beaucoup multipliées.

II.

COMME les Curez peuvent & doivent être choiſis parmi les Vicaires ou autres Prètres, qui ont plus de juſtice & de patience que le commun des hommes, ils ſeront toujours & plus inſtruits des devoirs de la Juſtice, & plus vertueux que les autres hommes : & comme ils doivent doner les exemples de patience & de douceur il eſt vraiſemblable que les femmes des Prètres ſeront ordinairement & plus vertueuzes & par conſequent plus hureuzes que les autres femmes ; or n'eſt-ce pas aporter une grande utilité à la Religion que d'y établir trente ou quarante mile femmes ou veuves plus vertueuzes que les femmes ordinaires ?

III.

Je conviens, que pour la plupart des Curez le Celibat est dificile à observer, mais le merite dans les mœurs & dans la conduite ne se mezure pas uniquement par la grandeur des dificultez que l'on surmonte dans une entreprize, mais par la grandeur du dezir de plaire à Dieu & par la grandeur de l'utilité qui revient à la Societé Crètiéne d'avoir surmonté cèz dificultez; or quelle grande utilité revient-il aux autres Crètiens des dificultez que surmontent les Prètres continens.

IV.

Tout le monde convient, qu'un Prètre, qui auroit comme Socrate une femme de mauvaise humeur, auroit encore plus de dificultez à surmonter pour la calmer & pour l'adoucir avec une grande patience que n'en a le Prètre non marié à garder la continence; ainsi du coté des dificultez il n'y en à pas moins à surmonter dans le mariage que dans le celibat.

V.

V.

DANS les bons Curez mariez les dificultez qu'ils ſurmontent par leur douceur & par leur patience ſont trèz utiles à leurs femmes & à leurs enfans tant pour les rendre plus hureux que pour les rendre plus vertueux, au-lieu que les dificultez du celibat ne ſont utiles à perſone.

VI.

LE Curé Grèq pere de famille vertueux a pluſieurs devoirs à remplir envers plus de perſones que n'a pas celui qui pratique le Celibat; or celui qui a plus de devoirs envers plus de perſones & qui les remplit bien & avec mème dezir de plaire à Dieu, ne merite-t-il pas davantage que celui qui a moins de devoirs, qui ne les remplit pas mieux ni avec plus de dezir de plaire à Dieu?

VII.

IL y a plus des trois quarts des Prètres, qui, comme les autres hommes, ſe marieroient s'ils n'avoient pas pro-

promis ſolennellement de ne ſe point marier par le vœu du Celibat; une partie de ceux-là ſcandalizent le prochain par leur conduite vicieuze; or s'ils avoient été mariez ils n'auroient plus cauzé pareils ſcandales, donq la Religion y gagneroit de ce coté-là la diminution du nombre des ſcandales que donent les Miniſtres de l'Eglize.

VIII.

QUELQUES Prêtres, dont l'eſprit eſt petit & borné, ſe perſuadent aizément qu'ils rempliſſent bien leurs devoirs pourvu qu'on n'ait rien à leur reprocher du coté du Celibat, parceque ſouvent c'eſt l'article le plus dificile pour eux. Cète opinion fait, qu'ils negligent des devoirs de juſtice & de bienfaizance qui ſont bien autrement importans ſoit pour leur propre ſalut, ſoit pour l'édification du prochain, de ſorte que de ce coté-là par cète fauſſe opinion des Prêtres & du peuple le celibat cauze un grand mal dans la pratique des vertus principales de la Religion.

IX.

IX.

Le principal devoir d'un Curé c'eſt de doner dans ſa conduite dès bons Exemples à ſes Paroiſſiens dans les points qui ſont les principaux & les plus ordinaires de la vie. Il eſt certain que les devoirs d'un pere de famille ſur la patience & la douceur envers ſa femme, ſur l'atention à l'Education & à la conduite de ſes Enfans ſont des points principaux & des plus ordinaires de la vie ; or comment le Curé qui n'a ni femme ni Enfans poura-t-il ſur cet article doner des Exemples d'un excelent pere de famille?

X.

Autrefois les Curez n'avoient pas le ſecours des bons Prones inprimez ; ainſi ils avoient beſoin de plus de tems pour s'inſtruire eux mèmes & pour compoſer leurs prones ; mais depuis que toutes les meilleures inſtructions propres aux Paroiſſiens ſont inprimées, le Curé n'a plus beſoin d'en compoſer de nouvelles, qui vaudroient beau-

beaucoup moins; ainsi quoique marié, quoiqu'ocupé de sa famille il auroit le long de l'anée un loisir sufizant pour instruire ses Paroissiens.

XI.

Si le Curé veut passer plus de tems qu'il n'est necessaire dans la lecture, on ne l'oblige pas d'avoir ni femme ni enfans, mais on peut seulement observer que souvent il servira moins bien la Religion par de grandes lectures presque inutiles que le Curé marié par son bon exemple de pere de famille, & par la bone éducation qu'il donera à ses Enfans.

XII.

On peut observer, que pour montrer aux Paroissiens les moiens de faire leur salut, il n'y a que trois points principaux à leur enseigner, 1°. les articles qu'ils doivent croire tels qu'ils sont dans le Credo ou dans les autres Confessions de foi, ou dans les petits Catechismes, ce qui est très facile; 2°. il faut leur enségner les choses qui leur

leur ſont defendues & ordonées pour être juſtes dans leur condition, pour éviter l'Enfer, 3°. les ocazions où ils doivent pratiquer la patience & les autres actions de bienfaizance pour plaire à Dieu & pour obtenir le Paradis ; or eſt-il neceſſaire à un Curé ni de beaucoup lire ni de beaucoup compoſer pour être en etat d'enſégner ces chozes à ſes Paroiſſiens? Le point principal n'eſt-il point qu'il leur done bon exemple ſur tous leurs devoirs?

XIII.

Il n'eſt pas douteux, que les Prètres, qui ſavent, qu'ils doivent aux Seculiers l'exemple des vertus, ſont ordinairement plus moderez, plus doux, plus temperans, plus apliquez à leurs devoirs que les autres hommes du commun, il n'eſt pas douteux que s'ils avoient des Enfans, ils n'euſſent plus de ſoin de les élever dans les pratiques des vertus & dans une vie ſtudieuze & apliquée, pour les rendre plus capables de mieux ſervir l'Eglize par leurs talens & de leur ſucceder dans de ſemblables benèfices ; or qui doute,

doute, que la Religion & l'Etat ne retiraſſent un grand avantaje d'une pareille Education qui commenceroit d'ètre donée dez les premieres anées dans les vues des vertus Ecleſiaſtiques par les peres mèmes d'un coté plus capables d'élever les Enfans & de l'autre trèz intereſſez à leur doner de bones habitudes au travail & à la vertu.

XIV.

Nous aprouvons & avec raizon le zèle de nos Miſſionaires, qui pour étendre notre ſainte Religion & la faire ſuivre par un plus grand nombre de fideles s'expoſent, à de grans danjers ſur les mers, dans les dezerts & au milieu des Nations plus cruèles que les bètes feroces; or une ſimple loi pour laiſſer libre le Celibat des Prètres doneroit en dix ans à l'Europe plus de quatre cens mille nouveaux fideles bons Catoliques & des Catoliques ſeurs, dont la foi ne ſeroit point expoſée aux caprices des Souverains infideles: ainſi outre les nouveaux Crètiens, que font tous les jours les Miſſionaires

ſionaires parmi les barbares, nous aurions plus de quatre cens mille Crètiens de plus en dix ans au milieu des Nations Catoliques; or ne ſeroit-ce pas un grand avantaje pour la Religion de procurer ainſi une augmentation ſi conſiderable du nombre des fidèles?

XV.

Plus il y auroit de Sujets laborieux, habiles & vertueux, qui ſe prezenteroient pour ſervir à l'Eglize, mieux elle ſeroit ſervie; or ſi l'on étoit diſpenſé de faire le vœu du Celibat, il y auroit un beaucoup plus grand nombre de Sujets habiles & vertueux, qui ſe preſenteroient pour ſervir l'Eglize, donq elle ſeroit beaucoup mieux ſervie.

Telles ſont les conſiderations, qui demontrent avec évidence aux Miniſtres des Etats de la Confeſſion du Concile de Trente que la Religion non ſeulement ne perdra rien, mais même qu'elle gagnera à laiſſer preſentement aux Prètres l'anciene liberté de ſe marier, qu'ils avoient autrefois, liberté, qu'avoient les Apôtres mèmes, leurs

Disciples & les saints Prètres & Evêques des trois premiers siecles. Quelqu'un propoza au Concile de Nicée l'an 325. d'ordoner aux Evêques de se separer de leurs femmes; mais cète propozition fut sajement rejetée.

Ce sont aparemment les mèmes considerations, qui, à ce que l'on dit, porterent un jour le Pape Pie second à dire en parlant du Celibat des Prètres, *l'Eglize Latine pour de bones raizons a defendu autrefois le mariage aux Prètres, mais pour d'autres meilleures raizons elle devroit le leur permètre prezentement.*

Mais il sufit à une Nation que l'Eglize nationale ait le pouvoir dans un Concile National de chanjer un article de sa Discipline Eclesiastique, qui diminue considerablement la puissance, la force & la richesse de la Nation, pour mètre le Roi en droit & mème dans l'obligation ou de convoquer un Concile National ou d'obtenir du Pape la dispense de faire vœu du Celibat en prenant les Ordres sacrez; on va voir sur cet article les raizons politiques de chaque Souverain Catolique pour soliciter le retablissement de l'anciene cienc liberté sur le Celibat des Prètres.

MOTIFS DE POLITIQUE.

I.

IL n'y a persone qui doute, que plus un Etat est peuplé, plus il est propre à augmenter ses richesses, ses revenus & sa puissance, soit par les Arts & les Manufactures, soit par la culture des terres, soit par l'augmentation du comerce, soit par le nombre de ses troupes; or dans la France seule il y auroit plus de cent mille Prêtres mariez, sans ceux qui demeureroient volontairement dans le Celibat.

II.

CES cent mille familles & les Enfans qui en sortiroient fourniroient à la longue plus de dix mille habitans de plus par an, je prens ici pour principe le calcul comun, qui est que de vint persones il en meurt une par an & qu'il vient au monde un vintiéme plus de persones qu'il n'en sort, donq

de

de cent mille Prêtres & de cent mille femmes qui font deux cens mille, la vintiéme partie est dix mille, qui mourroient, & dix mille cinq cens qui naitroient, mais quand on en ôteroit la moitié ce seroit toûjours cinq mille par an pour les cent mille Prètres mariez, ce qui feroit en deux cens ans un milion dè François de plus; or en prenant la France pour le quart de l'Europe Catolique on voit qu'en deux cens ans le Celibat des Prètres seulement depuis François Premier l'a privée de quatre milions de Catoliques qu'elle auroit de plus.

III.

Il est vrai, que les Princes Catoliques voizins de la France, voiant combien ce nouveau Reglement pouroit augmenter sa puissance en moins d'un siecle, s'y oposeroient ou publiquement ou sourdement; mais ils n'ont pour augmenter la leur en mème proportion qu'à assembler un Concile National ou à soliciter à Rome pour eux-mèmes de concert avec les François ce mème Reglement, qui fera, que les

les Etats Proteſtans ne ſe peupleront point dorenavant plus que les Etats Catoliques.

IV.

A L'ÉGARD de la durée des familles il eſt évident que les Maiſons nobles dureroient beaucoup plus, puisque beaucoup de Prêtres & d'Eveques Nobles auroient des Enfans & que ces Enfans ſoutiendroient le nom & pouroient profiter des ſubſtitutions de leurs ancètres.

V.

L'ANEANTISSEMENT des familles eſt arivé dans pluſieurs Maiſons Souveraines *par le vœu du Celibat* des Ecleſiaſtiques ; la Maiſon d'Autriche ne ſeroit pas aujourdui reduite à un ſeul male ſans un pareil vœu, & qui ſait ſi pluſieurs des autres Maiſons Souveraines Catoliques d'aujourdui ne s'aneantiront pas dans peu de ſiecles ſi le Celibat demeure neceſſaire pour poſſeder les grans benefices?

PREMIER MOIEN,

Pour rendre aux Prètres leur anciene liberté sur le mariage.

DANS tous les projèts avantajeux à l'Etat, dans lesquels on prevoit des obstacles il faut d'abord former une Congregation ou Bureau pour trouver les expediens propres à les lever; ainsi il faut nommer trois persones habiles, qui conoissent le prejudice que cause une coutume que l'on veut faire cesser & qui s'interessant au succéz de l'afaire puissent s'en associer un quatriéme par scrutin en choizissant trois sujets qu'ils conoissent, dont le Souverain en choisit un, ces quatre s'en associent un cinquiéme, par la mème voye, & de cète sorte on peut former un Bureau de six ou sept persones pour chercher les moiens de lever les dificultez & pour trouver les expediens les plus convenables pour faire réussir cète afaire, ils pouront facilement se faire instruire des faits anciens soit des objections & des reponses, soit du droit des Souverains.

On peut donq commencer par ce moien

moien général, c'eſt-à-dire par l'Etabliſſement de ce Bureau, de ce Conſeil, de cète Jonte, de cète Congregation, de cète aſſemblée paſſajere pour une afaire paſſajere.

Mais pour faire avancer les aſſociez dans leur travail, il faut qu'ils ſoient aſſurez de penſions qui leur ſeront peiées dez que l'afaire ſera finie : on poura prendre ces penſions ſur les Benefices mèmes qui viendroient à vaquer.

L'établiſſement de ce Conſeil, de cète Jonte, eſt un moien général qui peut ſupléer à tous les moiens particuliers, puiſque ce Conſeil ſufira pour trouver & mètre en pratique les moiens les plus convenables pour faire reuſſir l'afaire : mais je ne laiſſerai pas d'en propoſer deux autres pour y être examinez.

SEGOND MOIEN.

Negocier avec les Princes de la Comunion Romaine.

CETE afaire regarde l'interèt des Princes voizins Catoliques, ainſi il eſt à propos de leur communiquer le

Memoire qui demontre l'interèt de la Nation pour cète liberté anciene, & d'obtenir d'eux de former une pareille Jonte de persones, qui trouvent l'afaire très utile tant pour l'Eglize, que pour l'Etat, qui soient assurez de pensions si l'afaire réussit, & qui se fassent encore mieux instruire par des Memoires tant des faits que des droits des Souverains, des Nations ou des Eglizes nationales & du Chef de l'Eglize.

Il est certain, que plus il y aura de Souverains qui dezireront le succez de l'afaire, plus elle sera facile.

TROIZIE'ME MOIEN.

Negocier avec la Cour de Rome.

POUR réussir avec facilité dans cète afaire, il est à propos de la negocier avec la Cour de Rome, car quoique l'on m'ait assuré, que la plupart des Teologiens François les plus habiles croient, que pour cète afaire on peut avec un Concile National se passer de l'intervention du Pape, je ne me rends point à leur avis dans les circonstances presentes.

Je ſuis donq perſuadé, qu'il eſt à propos, que le Bureau de la liberté ne ſonge à la voye du Concile National qu'après avoir tenté la voye de la negociation avec le Pape: mais pour rendre cette negociation plus facile il eſt à propos que la Congregation que formera le Pape ſache, que s'il ne veut pas y conſentir on prendra la voye du Concile National.

2°. Il faut, que chaque Etat faſſe en ſorte que la Cour de Rome trouve l'interèt preſent de la Religion & des Eglizes Catoliques dans la liberté du celibat des Prètres avec les modifications & les reſtrictions, dont on conviendra: il eſt mème à propos qu'il en reviene au ſaint Pere & à ſa Cour des aumones conſiderables de la part des Prètres faits ou à faire pour être par lui employés aux bones euvres qu'il jugera à propos.

Si l'on convient, par exemple, de dix onces d'argent d'aumone, c'eſt-à-dire à peu près de vint écus Romains ou cent livres monoye preſente de France rendus à Rome tous frais faits, pour chaque diſpenſe de faire vœu de celibat pour les Ecleſiaſtiques qui prendront le Sacerdoce. Et le double lorsqu'ils seront nommez à une Cure ou autre Benefice, & le quadruple de 800. liv. pour doner dispense aux Curez & autres Beneficiers, qui ont déja fait vœu, afin qu'ils puissent se marier & garder leurs Benefices, on trouvera, que ces aumones produiront une somme très-considerable prezentement & pour l'avenir.

Le Saint Pere poura emploier ces aumones à la subsistance des Cardinaux pauvres, au rachat des captifs, aux pansions du Prince prétendant & à d'autres euvres de charité de son choix: ainsi toutes les parties interessées en recevront un avantage considerable, l'Etat, l'Eglize, le Souverain, les Prêtres, les familles, le Pape, les Cardinaux, les captifs &c.

Il se fait par an en France plus de trois mille Prêtres, à vint onces, c'est soixante mille onces d'argent, il s'y done plus de deux mille Benefices, soit Cures, Abayes, Prieurez & Canonicats, à quarante onces ou écus Romains, c'est quatre vint mille onces, & en tout c'est cent quarante mille écus Romains par an pour les aumones de la la France, ſeule qui n'eſt que le quart des peys Catoliques. Ce ſeroit donq cinq cens ſoixante mille Ecus Romains par an pour les aumones de l'Europe Catolique, qui s'emploiroient en une multitude infinie de bones euvres d'une utilité incomparablement plus grande pour le prochain que cèle qui lui revient du vœu de continence.

A l'égard des diſpenſes actuelles pour les Beneficiers vivans qui voudroient avoir actuellement diſpenſe de ſe marier, il s'en trouveroit en France plus de dix mille, ce qui feroit à quatre-vint Ecus Romains chacun plus de huit cens mille Ecus Romains pour les aumones de la France ſeule & plus de trois milions d'Ecus Romains pour les aumones du total de la Comunion Romaine.

OBJECTIONS.

IL EST bien certain, qu'il ſe trouvera quelques perſones intereſſées à s'opoſer à un pareil chanjement: mais ſi elles ſont conſiderables on peut les dezintereſſer, & ſi elles ne le ſont pas il ſufit de conſiderer qu'il y a un nombre

bre cent fois plus grand de persones, qui ont grand interèt que l'afaire réussisie.

OBJECTION I.

SUIVANT votre principe non seulement les Evêques d'Italie pouroient être mariez, comme saint Ambroise Archeveque de Milan, & parconséquent les Cardinaux & le Pape lui même comme saint Pierre le prémier Pape.

REPONSE.

1°. SI les Cardinaux ne vouloient pas joüir de la même liberté que les autres Prètres ni laisser cète liberté à leurs successeurs, à la bone heure, ce seroit toûjours beaucoup que l'Italie, ce beau peys autrefois si bien peuplé, se put repeupler par le mariage des Prètres, des Curez, & des Evêques avec les modifications dont on conviendroit.

2°. ON ne voit nul inconvenient, que les Ministres généraux de l'Eglize générale, tels que sont les Cardinaux

naux ayent chacun une famille bien reglée, bien disciplinée & où l'on trouve dans la femme & dans les Enfans des modeles de conduite & de vertu, car alors on ne choisiroit pour Cardinaux que de pareils Chefs de familles de cinquante ans, habiles & vertueux & dont tous les membres fussent l'exemple des autres pour la regularité, pour la justice, pour la patience & pour toutes les autres parties de la bienfaizance.

OBJECTION II.

JE conviens, que ces aumônes annuelles que vous proposez pour être dispensé de faire vœu de chasteté ne laisseroient pas d'être considerables; mais la Cour de Rome pouroit-elle les croire assez solides?

REPONSE.

1o. IL se feroit un Concordat entre le Pape & le Souverain, par lequel le Roi s'engageroit à faire peyer à chaque Prètre, à chaque Beneficier la somme convenue, avant que de recevoir les

les Ordres & avant que de prendre possession du Benefice, par forme d'aumone pour les bezoins de l'Eglize générale ; or comme d'un coté il n'en couteroit rien au Souverain & que de l'autre il en reviendroit divers grans avantajes aux particuliers & à l'Etat, il n'est pas douteux que le Concordat ne fût toujours executé.

2°. Nous avons un exemple de la solidité de ces sortes de Concordats dans le Concordat de Leon X. & de Fransois premier pour la nomination des Benefices consistoriaux ; il s'execute exactement depuis plus de deux cens ans & s'executera d'autant plus lontems qu'il n'en coute rien au Roi & qu'il y gagne le droit de nomer aux Benefices ; or ici le Roi y gagne quantité de nouveaux Sujets.

OBJECTION III.

Le peuple a je ne sai quelle veneration pour ceux qui gardent austerement le Celibat qu'il n'a pas pour ceux qui vivent vertueuzement dans leur famille.

RE-

REPONSE.

1°. Nous ne voions pas, que le peuple Anglois ou que le peuple Holandois ait moins de veneration pour les Eveques & pour les Pasteurs vertueux & mariez que pour ceux qui ne le sont point; c'est la superiorité en justice & en bienfaizance qui atirent la veneration du peuple.

2°. Quand le peuple a des préjugez erronez, lequel est le plus à propos que les sajes s'assujetissent aux erreurs du peuple ou que le peuple s'accoutume à suivre les opinions saines des plus sajes.

3°. Que sert au peuple l'exemple & la veneration pour de gens qu'il doit bien se garder d'imiter dans leur Celibat, je dis qu'il doit bien se garder d'imiter, car s'il n'y avoit point de mariage il n'y auroit bientot plus ni saints ni saintes, ni vertueux ni vertu, ni Religion, ni Societé, ni Eglize.

4°. Il faut au peuple dans son Curé des exemples de vertu qu'il puisse suivre, telles sont les vertus d'un Curé bon pere de famille, voila les

les exemples les plus édifians pour le peuple.

OBJECTION IV.

Les Prètres, qui par tenperament observent religieuzement le Celibat ont plus de tems pour emploier aux euvres de charité exterieure, ils sont plus laborieux & plus patiens, donq il est à souhaiter que ceux-là soient en plus grand nombre.

REPONSE.

1°. Les Prètres dans le Celibat n'exercent pas la charité domestique dans leur famille, au lieu que les Prètres mariez & vertueux s'exerceront & auront encore assez de tems pour vaquer aux Exercices de la charité exterieure.

2°. La femme vertueuze d'un Curé servira d'exemple aux autres femmes & rendra beaucoup de services par ses conseils, par sa mediation, par son Esprit de conciliation, par ses instructions & par ses bones euvres, sur tout aux persones de son sexe; avan-

avantages, qui ne se trouvent point dans le Celibat des Curèz.

3°. Il y aura toujours dans l'Eglize un assez grand nombre de ces Prètres, à qui le temperament conseille le Celibat, car on ne les oblige pas à se marier, ainsi la liberté de se marier, dont les autres uzeront, n'otera point à l'Eglize le service de ceux qui auront choizi le Celibat, & les Prètres mariez doneront de leur coté à l'Eglise les Exemples des familles Eclesiastiques bien reglées ce qui augmentera l'édification des fideles.

4°. Le Curé marié sage & vertueux est bien plus en état de doner de bons conseils aux maris par l'experience qu'il a de la vie de pere de famille, que le Curé qui n'à que l'experience du Celibat.

5°. Les Curez, sur tout prezentement qu'il n'y a plus ni Payens ni Heretiques à convertir, à prezent qu'ils ont quantité de bons Prones, de bons Sermons inprimez, n'ont déja que trop de loisir; c'est ce qui fait que souvent ils vont manjer hors du presbitaire, ils ont mème des Vicaires & d'autres Prètres pour leur aider dans les cere-

 mo-

monies Eclesiastiques, ainsi les fonctions curiales laisseront beaucoup plus de loisir qu'il ne faut au Curé marié pour regler cretienement sa famille, ce qui fera partie de ses fonctions: car il devra alors à ses Paroissiens l'Exemple d'un bon pere de famille, & d'une famille bien reglée: il sera même souvent aidé par sa femme dans les reconciliations entre mari & femme & entre famille & famille, secours, que n'a pas le Curé non marié, & ces reconciliations sont cependant une des principales fonctions d'un bon Curé.

OBJECTION V.

Il n'est pas de la politique de France d'envoyer tous les ans plus de cent quarante mille onces d'argent, outre l'argent que les François y portent deja, qui monte à plus de trois cens mille onces d'argent.

REPONSE.

1°. Il est de la bone politique pour reussir dans un chanjement très-avantajeux à l'Etat de faire cet Etablissement

ment avec le moins de contradiction, avec le moins de peine & avec le moins de danjer qu'il est possible, & en conservant la paix avec nos voizins il faut, s'il est possible, que dans ce chanjement toutes les Parties interessées y trouvent leur interet; or on ne peut pas dire, que la Cour de Rome ne soit pas interessée à cète afaire pour le bien de l'Eglize Romaine & qu'elle ne puisse beaucoup pour la faire reussir avec facilité, ainsi il est juste de faire ensorte qu'elle en souhaite le succèz.

2°. QUAND on doneroit à Rome plus d'aumones que ce que je propose, la France & les autres Etats y gagneroient encore dix fois davantage que les aumones qu'ils enverroient à Rome sans conter les grans avantajes qu'en tireroit la Religion; or n'est-ce pas toujours une bone & saje Politique de doner cent pour avoir mille & de faire des aumones pour rendre les Etats plus puissans & les hommes plus vertueux?

OBJECTION VI.

SI l'on peut devenir Prêtre étant marié, on verra de jeunes Curez de 25.

 ans

ans, qui auront déja cinq ou six enfans & qui n'auront pas eu le loisir de se former aux Etudes & aux Exercices de l'Etat Eclesiastique, c'est-à-dire de l'Etat qui aspire à la plus grande perfection du Crètien, qui est l'observation de la Justice, & la pratique de la bienfaizance pour plaire à Dieu. Au reste pourquoi les Prètres & les Beneficiers, qui ne se marieroient point seroient-ils obligez de peyer pour une liberté dont ils ne feroient aucun uzaje?

REPONSE.

1°. Si celui qui se prezente aux Ordres est conu de tout le monde & sur tout par l'Evêque, pour un homme saje, vertueux, habile & très-capable de gouverner une Cure ou autre Benefice, s'il gouverne exemplairement sa famille, pourquoi l'excluroit-on des Ordres sacrez? c'est à l'Evêque à exercer dans les Seminaires ceux qu'il y veut admètre.

2°. Les hommes, qui font les Loix soit civiles soit eclesiastiques rezervent toujours tacitement à leurs suc-

ſucceſſeurs plus experimentez & plus éclairez le droit de rectifier ces Loix qui n'étant faites que pour la plus grande utilité publique, ſelon certaines ocazions & certains bezoins, doivent ſe modifier & ſe chanjer à mezure que l'Experience & la Raizon perfectionée de génération en génération demontrent, que pour avancer *vers cète grande utilité publique* nos Loix & nos Coutumes ont actuellement bezoin de quelque chanjement.

3°. Avec les aumones qu'ils feront pour les bezoins de l'Eglize générale ils obtiendront une liberté dont ils pouront toujours uzer, liberté, qui leur avoit été otée par les ancienes Regles ou anciens Canons de la Diſcipline Ecleſiaſtique, Regles, qui pouvoient être bones pour les tems où elles ont été faites, mais qui ſont prejudiciables aux Societez Crètienes d'aujourdui.

OBJECTION VII.

Le Concile de Trente regarde le Celibat comme un Etat plus parfait que l'Etat du Mariage; or n'eſt-il

 pas

pas de l'obligation des Prêtres de prendre l'Etat le plus parfait ?

REPONSE.

1°. Il y a des équivoques à éviter dans les mots d'*Etat*, de *parfait*, *d'obligation*, je laisse aux Teologiens à faire ces distinctions.

Pourquoi demander pour un Prètre un Etat diferent de celui de saint Pierre & de la plupart des Apotres & des Disciples ?

2°. Votre argument prouve trop & parconsequent ne prouve rien, car selon vos principes & vos prejugez l'Etat des Mandians est plus *parfait*, puisqu'ils ne possèdent aucun revenu ; or en conclurez-vous que les Prètres sont oblijez à vendre leur bien, à le doner aux pauvres & à faire vœu de pauvreté & à devenir mandians.

3°. Ma Teze est purement politique & consiste en trois propositions.

1°. Le *Celibat des Prètres est de pure discipline Eclesiastique que l'Eglize peut chanjer pour la plus grande utilité des fidèles.*

2°. Il

2°. Il *seroit trèz avantajeux aux Etats Catoliques Romains, que cête discipline fût changée & que les Prêtres fussent dispensez de faire vœu de Celibat.*

3°. En *atendant un Concile ou National ou Général il seroit convenable, que la Cour de Rome pour l'Expedition des Dispenses reçût par aumone une somme de ceux qui voudroient avoir cête liberté.*

Telles *sont les trois propositions que je m'étois proposé de demontrer.*

MEMOIRE

POUR OBTENIR LE DROIT DE SUBSTITUER.

IL y a en France 28. grandes ou petites Provinces substituantes, dans lesquelles un pere, un oncle méme roturiers ont le pouvoir par des substitutions d'assûrer leurs biens aux enfans & petits enfans de leurs enfans ou de leurs neveux dissipateurs, malgré leur penchant à dissiper.

Il y a malhureuzement six Provinces non substituantes, dans lesquelles les Nobles mémes n'ont pas le pouvoir de rien substituer & de conserver par des substitutions leurs biens dans leurs familles malgré les dissipateurs qui s'y rencontrent : ils n'ont pas non plus le pouvoir de prèférer les males de leur nom & armes aux femelles ou à leurs rèprézentans.

Ces six Provinces sont Normandie, Brètagne, partie de l'Auvergne, Bour-

Bourbonois, Nivernois & la Marche.

Les Nobles de ces six Provinces demandent, qu'il plaize au Roi leur doner par un Edit une part du pouvoir de substituer qu'ont tous les habitans même roturiers des autres 28. Provinces.

Je dis partie de pouvoir, car dans les Provinces qui se regissent par le Droit Romain, ce pouvoir de doner & de substituer s'étend à des étrangers au préjudice des Enfans, & pluzieurs en abuzent.

Les Coutumes de Normandie, de Bretagne, & des autres Provinces non substituantes ont sajement borné les donations qui se font au prejudice des Enfans.

La Noblesse de ces six Provinces demande donq deux choses.

La premiere, c'est que toute persone Noble n'ayant Enfans puisse doner par testament tous ses immeubles aux males de son nom & les substituer pour oter aux dissipateurs le pouvoir funeste de les vendre & de les aliener.

La seconde, que les Peres & Meres nobles ayant Enfans ne puissent pas les

 avan-

avantager l'un plus que l'autre au delà de ce que la Coutume des lieux le leur permet, mais qu'ils puissent par leur Testament substituer la proprieté des biens des partages de leurs Enfans aux males leurs descendans au prejudice des femelles.

Les Nobles de la Coutume de Paris & de quelques autres Coutumes ont aussi interêt d'obtenir la liberté de substituer à leurs descendans males les quatre quints de leurs propres, afin d'empécher leurs Enfans de les dissiper au grand préjudice de leurs petits Enfans.

PROJET DES ARTICLES DE L'EDIT.

1°. DANS les Provinces où les substitutions ne sont point en uzaje & dans celles où le droit de substituer n'est pas assez étendu toute persone noble n'ayant enfans aura dezormais la liberté de les doner en tout ou en partie par Testament & de les substituer au profit des males de son nom nez & à naitre dans quelque Province que ces immeubles soient situez & ce au prejudice

judice des femelles ne reprezentans les femelles plus proches heritiers.

2°. Si le substituant a des Enfans males il ne poura avantajer dans sa succession l'un plus que l'autre au delà de ce que prescrit la coutume des lieux, mais poura substituer la proprieté de ses propres & aquets qui tomberont dans leurs partages aux males leurs descendans & aux males collateraux au prejudice des femelles non obstant les articles de la Coutume des lieux sur les successions, partages, donations & testamens à ce contraires, auxquels nous avons dérogé & derogeons quant à ce pour la plus grande utilité de la Noblesse de nos Provinces.

3°. A l'égard des cas concernant les substitutions desdites six Provinces, ils seront decidez suivant la Jurisprudence de notre Parlement de Paris.

MOTIFS DE L'EDIT.

1°. Les substitutions dans les autres Provinces sont souvent excessives & injustes, ici elles sont bornées par les Coutumes, qui dans les successions en en lignes directes defendent aux peres d'avantager un fils plus qu'un autre.

Le ſubſtituant ne fait qu'oter à ſes deſcendans males le pouvoir de diſſiper leur partage.

Celui qui n'a point d'Enfans ne fait par ſa ſubſtitution que préférer les males de ſon nom aux femelles ou aux deſcendans des femelles qui ſont d'une autre famille.

2°. C'ETE liberté de ſubſtituer eſt même reſtrainte à la Nobleſſe & même en faveur des males.

3°. CELUI, qui aime mieux les deſcendans de ſes ſœurs que les males de ſon nom, ne ſera pas obligé de faire de ſubſtitution, mais comme il y a d'autres Gentils-hommes qui aiment mieux conſerver leur bien à leur famille, que de les laiſſer paſſer à une famille diferente, n'eſt-il pas juſte de leur laiſſer le pouvoir d'uzer de ſubſtitution ? & n'eſt-il pas raizonable de confirmer les Coutumes qui ont ſagement defendu aux peres & aux meres d'avantajer un de leurs Enfans plus que l'autre.

4°. IL y auroit moins de procez en Normandie & en Bretagne, parce

que

que les terres substituées demeurent plus lontems dans les mèmes familles, il se fait moins de ventes, moins d'échanges, moins de partages, moins de donations entre vifs, moins de rétraits lignagers, moins de retraits feodaux, moins de lods & de ventes par decret; tous chanjemens, qui produizent beaucoup de procez.

5°. CETE liberté de substituer augmenteroit considerablement le comerce de Normandie & de Bretagne, Provinces, que le comerce maritime rend opulantes.

On comprendra facilement, que cet effet doit suivre des substitutions, si l'on songe, que plus il sera dificile aux riches Marchands de ces Provinces d'y trouver des terres libres à acheter, plus les terres libres s'y vendent cher, car c'est la rareté des terres à vendre qui en porte naturellement le prix plus haut.

Or si les terres de la Noblesse de ces deux Provinces se trouvent la plupart substituées & hors de comerce, il est évident que les terres libres ou vendables en seront beaucoup plus rares, & par consequent le prix de l'achat beaucoup plus haut.

Les

Les terres à vendre sont rares en Provence à cauze des substitutions qui y sont frequentes, c'est pour cela que lorsque les terres se vendent en Normandie au denier vint-cinq, elles se vendront en Provence au denier cinquante.

Un Marchand sera lontems detourné d'acheter une terre de mille écus de rente par cinquante mille écus lorsqu'il verra que cète somme de cinquante mille écus laissée en comerce lui raporte anée comune jointe à ses soins & à son travail, au moins cinq ou six mille écus par an, au lieu que mize en terre elle ne lui raporteroit que mille écus.

Or si moins de Negocians achetent des terres il restera beaucoup plus d'argent & de riches Marchands dans le comerce, & n'est-il pas vizible à l'égard de l'Etat qu'il vaut cinq fois mieux que cinquante mille écus raportent cinq ou six mille écus de revenu aux Sujets, en continuant de faire uzaje de leur travail & de leur industrie, que s'ils ne raportoient que mille écus ? N'est-il pas contre le bien de l'Etat de tenter les Marchands de demeurer

meurer dans la pareſſe & dans la faineantize au lieu de les exciter à continuer à mètre dans le comerce leur argent, leurs ſoins, leurs travaux & leur induſtrie?

D'un autre coté ſi la terre de mille écus de rente ſe vend communement cinquante mille écus, le Gentil-homme ſera detourné de l'acheter, il aimera mieux emploier ſon argent à ameliorer ſes terres.

60. LES biens ſubſtituez augmenteront de valeur anuelle; ce qui eſt un objet conſiderable pour l'Etat.

Un pere, un oncle dans une Province, où il n'a pas la liberté de conſerver ſon bien aux deſcendans de ſon fils, de ſon neveu, Joueur, depenſier, diſpoſé à tout diſſiper, quite le deſſein de batir une métairie, un moulin, qu'il auroit bati; il ne fait pas un defrichement de bois, un deſſechement de marais qu'il auroit fait, il ne plante point d'arbres fruitiers ni d'autres arbres qu'il auroit plantez & qui augmenteroient conſiderablement la valeur anuelle de ſa terre, il neglige beaucoup d'augmentations importantes parce qu'il prevoit que ce ſeroit un étranjer, qui profiteroit de ſon

son travail, de ses depenses & de ses peines, & que ses petits enfans même ou ses petits neveux n'en joüiroient point.

Au lieu que s'il étoit seur, que ses petits enfans & que ses parens de son même nom & armes en dussent profiter, malgré le mauvais menage & les folies de son fils ou de son neveu, il travailleroit avec courage à augmenter la valeur anuelle de sa terre, & y feroit des depenses qu'il n'y fait pas; or ce qui augmente le revenu des particuliers n'augmente-t-il pas les revenus de l'Etat, qui n'est que l'assemblage de ces mêmes particuliers.

De là il suit, que plus il y aura de biens substituez en Bretagne & en Normandie, plus les terres y seront cheres & beaucoup mieux cultivées, & qu'il restera beaucoup plus d'argent, de travail & d'industrie dans le comerce; ce qui sera un très grand avantage pour ces Provinces.

OBJECTION I.

Plusieurs Nobles de ces six Provinces ne voudront pas oter la proprieté à leurs Enfans, plusieurs ne voudront point

point priver de leur succession les descendans de leurs sœurs pour la doner aux males de leur nom plus éloignez, ceux-là ne demanderont point l'Edit des substitutions.

REPONSE.

1°. L'Edit ne fera aucun tort à ceux-là, puis qu'il leur laisse la liberté d'en uzer ou de n'en pas uzer, mais il fera grand plaisir aux autres, qui sonjent à faire durer leur maison & à y conserver du bien; or un Edit, qui ne fait aucun tort à aucun chef de famille & qui fait beaucoup de plaisir à la plupart des autres, n'est-il pas desirable?

2°. LES Commentateurs de la Coutume de Normandie & sur tout Basnage ont tous déziré, que les peres & les meres, qui ont travaillé utilement pour leur famille toute leur vie puissent par les substitutions empecher leurs enfans, leurs neveux qu'ils conoissent dissipateurs de se ruiner eux & leurs enfans. Voiez Basnage sur l'article 235.

3°. L'INTERET d'un bon Legislateur

lateur doit être de supléer par ses Loix au defaut d'experience & de sajesse de ses Sujets, c'est pour cela que la Coutume de Paris, qui ne done la majorité qu'à 25. ans acomplis est en cela plus saje que la Coutume de Normandie qui la done à vint ans ; or la loi de la substitution suplée au defaut de sajesse des joueurs, des prodigues, des ivrognes & autres dissipateurs ou imbeciles en les empechant de ruiner leurs propres Enfans & petits Enfans.

Il seroit même à dezirer, que le tiers de l'uzufruit des biens substituez fut insaisissable pour être employé à l'Education des Enfans du dissipateur.

OBJECTION II.

LES substitutions empechent le comerce des terres ; or ce qui tend à diminuer le comerce de quelque sorte de Marchandise que ce soit tend à diminuer l'abondance dans l'Etat.

REPONSE.

1°. CE QUI prouve trop ne prouve

ve rien ; or votre objection prouveroit qu'il seroit de l'interèt de l'Etat, & des familles d'abrojer les substitutions dans tout le Royaume, au lieu de les y multiplier, ce que persone jusqu'ici n'a pretendu par les considerations ci-dessus expliquées.

2°. Le comerce qui fait gagner deux Citoyens, dont l'un vend & l'autre achete, est desirable dans un Etat, mais celui qui vend sa terre ou qui la laisse vendre par decret de Justice pour juger les dètes qu'il a contractées au jeu & en foles depenses, aporte à la verité du profit à l'acheteur, mais cète vente, ce comerce n'aporte aucun profit au vendeur ; or il n'y a de comerce desirable dans un Etat que celui dans lequel les deux Parties contractantes gagnent mutuellement quelque chose chacun de leur coté à leur comerce.

3°. Le Marchand de Saint Malo ou de Roüan qui achete cent mille Ecus la terre du Gentil-homme ruiné ote ces cent mille Ecus d'un comerce cinq ou six fois plus lucratif, soit pour sa famille soit pour l'Etat, il peut donq y avoir des comerces de terres très nuisibles à l'Etat, tel que seroit en Bretagne, & en Normandie le comerce des terres achetées par des Marchands.

4°. C'EST le luxe, qui ruine les familles & les Etats, donq diminuer le luxe des familles c'est faire un bien pour l'Etat; or moins les Nobles trouveront à emprunter, moins ils doneront dans le luxe, & dans les foles depenses; or plus il y aura de substitutions entre les Nobles, moins ils trouveront à emprunter, donq les substitutions sont de ce coté très-utiles à l'Etat.

OBJECTION III.

DANS la constitution presente de l'Etat où l'on a malhureuzement introduit la venalité des Charges un Gentil-homme riche qui ne possede que des biens substituez ne poura pas faire entrer son fils ni dans les Charges de Magistrature, ni dans les Emplois de la guerre.

RE-

REPONSE.

1°. CETE objection regarde les 28. Provinces substituantes comme les six Provinces non substituantes; cependant aucun Gentil-homme de ces vint-huit Provinces ne voudroit qu'on lui otât la liberté de substituer.

2°. LA venalité des Charges est un abus très-facheux pour l'Etat, mais ce n'est qu'un abus passager qui finira un jour lorsque la paix sera afermie, & lorsque le Roi aura établi la metode du scrutin entre les compagnies de trente pareils qui lui nomeront trois Sujets afin qu'il en choisisse un pour mètre dans la place vacante de la classe superieure.

3°. IL sera facile au substituant de mètre dans sa substitution le pouvoir d'en aliener jusqu'à telle somme pour acheter telle Charge tant que les Charges se vendront.

4°. CET inconvenient n'empeche point les peres, & les meres des vint-huit Provinces d'acheter des Charges, & des Emplois pour leurs enfans, il faut donq que ce ne soit pas un grand inconvenient.

 5°. IL

5°. Il en faut toujours revenir à dire : Le pouvoir de ſubſtituer n'eſt pas l'obligation de ſubſtituer, en uzera qui voudra, mais le Roi ne fait point de tort de le doner à ceux qui n'en veulent point uzer, & fait grand plaizir de le doner à ceux qui prevoyent la ruine prochaine de leurs petits enfans, & de leurs petits neveux.

Et aprèz tout c'eſt un beaucoup plus grand malheur pour une famille de n'avoir plus ni aucune proprieté ni aucun uzufruit dont les petits enfans puiſſent diſpoſer comme il arive dans les familles, dont les peres ont été diſſipateurs, que d'avoir encore un uzufruit de dix, de vint, de quarante mille livres de rente ſans en avoir aucune proprieté, comme il arive dans les familles, dans leſquelles les peres, les meres, & les oncles ont ſubſtitué.

DIS-

DISCOURS

Contre l'augmentation des MONOYES, & en faveur des anuitez.

PREFACE.

QUAND *un Ministre des finances songe à augmenter les Monoyes, c'est-à-dire à augmenter la valeur denominative du marq d'argent en livres numeraires, ce n'est que dans le dessein d'en tirer un secours ou subside considerable, & promt; c'est pour cela que sans suputer ce que cète espece de subside coutera au peuple, & au Roi lui-même il lui conseille d'ordoner, que le marq d'argent du titre ordinaire, vaudra un quart, un tiers, une moitié, par exemple, plus de livres qu'il ne valoit.*

Supozons qu'il y ait en France pour 450. *milions de livres à* 28. *liv. le marq, autant qu'il valoit à la mort de M. Colbert en* 1683.

Le Ministre imprudent trompé par le Monoyeur fripon dit au Roi ; Faites faire une nouvelle refonte, faites faire une nouvelle Empreinte, faites faire des pieces un peu plus ou un peu moins pezantes que les pieces de la Monoye presente, ordonez, que dans les peymens le marq qui est presentement de valeur de 28. liv. sera receu à l'avenir pour 42. liv. par le Creancier, c'est-à-dire augmentez d'un tiers le marq d'argent en nombre de livres numeraires, cete refonte durera trois ans, & en trois ans vous tirerez sur vos peuples un profit du tiers de toute la Monoye de France, car pour 450. marcs d'argent que le particulier aportera à votre Monoye il n'en remportera que trois cens marcs monoyez ; ainsi vous gagnerez 150. milions.

Telle est la proportion des Monoyes; sur quoi il est à propos d'observer quatre chozes ; la premiere que la refonte est necessaire ; parce que les Receveurs, les Caissiers, les Trezoriers, les Notaires & autres depositaires d'argent des particuliers gagneroient à cette augmentation le tiers de l'argent qu'ils ont en depost au grand prejudice des depositeurs.

La

La ſegonde, c'eſt que la refonte étant plus dificile & plus couteuze qu'une ſimple Empreinte nouvelle, il y a chez les étrangers nos voizins beaucoup moins de faux Monoyeurs à craindre dans une refonte, & dans un nouveau poids de chaque eſpece de Monoye que dans une ſimple nouvelle empreinte.

La troiziéme, c'eſt que ſur ces cent cinquante milions de pretendu profit il faut rembourſer les frais de la refonte que l'on eſtime à un pour cent, c'eſt environ cinq milions.

La 4. il faut encore en rabatre ce qui s'en monoyera dans les peïs étrangers énemis de la France, ce qui montera à plus de cinquante milions, dont le profit ſera de plus de ſeize milions, & quand nos énemis ne gagneroient à cète refonte que dix milions ſur nous, c'eſt une perte double pour nous parce qu'ils ſont nos énemis; il faut donq rabatre plus de 25. milions ſur ces prétendus 150. milions.

Il me reſte deux chozes à demontrer dans les deux parties de ce Memoire, la premiere, que nul de nos ſubſides n'eſt ſi injuſte, ſi diſproportioné & ſi onereux pour l'Etat & qu'il n'y en a aucun de ſi pernicieux pour le Roi.

La ſegonde, c'eſt que de toutes les metodes pour lever en peu de tems beaucoup d'argent, la plus promte, & la moins onereuze pour le peuple, c'eſt la creation des rentes ſur la ville, & particulierement la creation des annuitez qui ſont auſſi une eſpece de rentes, mais qui auront divers avantajes conſiderables ſur les rentes ordinaires de la ville.

PRE-

****

PREMIERE PARTIE.

Le ſubſide, qui ſe leve par l'augmentation des Monoyes eſt très diſproportioné, & par conſequent très injuſte, plus onereux pour le peuple, & plus couteux pour le Roi qu'aucun autre ſubſide.

IL y a un grand préjugé contre les variations des Monoyes, c'eſt que nos voiſins les Anglois & les Holandois ſe ſont trouvez auſſi ſouvent que nous dans un trèz preſſant bezoin de trouver un ſubſide grand & promt, & cependant ils n'ont jamais voulu prendre ce moien qui ſe prezente ſi facilement à l'Eſprit mème des plus gnorans comme trèz comode, & trèz facile à executer.

On ne peut pas en rendre d'autre raizon ſinon qu'ils ont prevu & ſenti mieux que nous les pernicieux effets de cette augmentation du marq d'argent

gent en livres sterlin, & en florins, & que la perte que l'Etat en soliciteroit étoit trop grande pour être compensée par le profit qu'ils en tireroient pour leurs afaires.

On ne peut pas dire, que ce secours ne leur ait pas été proposé par des esprits superficiels qui l'auroient vu souvent pratiqué en France; ce secours, ce subside fut même proposé au Roi Guillaume en 1691. mais il fut si solidement refuté comme trèz dezavantajeux à la Nation par les Discours inprimez du fameux Locke que persone n'osa depuis le propozer au Parlement d'Angleterre.

Il y a dans ce peïs-là un beaucoup plus grand nombre d'Esprits qui s'apliquent dèz leur Jeunesse à l'étude des afaires publiques qu'en France, les jeunes gens, qui ont un esprit superieur & qui peuvent devenir Ministres des finances ne sont point obligez comme en France à acheter un ofice venal de cinquante mile écus, qui ne leur raporte aucun revenu, ainsi le Roi n'y est point astreint de choisir parmi ces Oficiers venaux les Conseillers, & les Ministres des finances, il les choisit

ſit ſur les plus intelligens de la Nation.

Mais outre ce grand préjugé, voici des preuves poſitives de l'injuſtice, & des mauvais effets de l'augmentation des Monoyes.

Je ne parle que de l'augmentation, parce qu'on ne propoſe jamais de diminuer les Monoyes que dans le deſſein de les augmenter enſuite; or delà il ſuit que ſi l'on prouve qu'il ne faut jamais les augmenter, on prouvera par les mèmes raizons qu'il ne faut jamais les diminuer.

PREUVES.

1°. SI le Roi leve 150. milions en trois ans ſur ſon peuple, c'eſt 50. milions par an; or il n'y a jamais eu en France de ſubſide ſi grand, & par conſequent ſi onéreux.

2°. Un ſubſide eſt d'autant plus onereux aux Sujets, qu'il eſt diſproportioné à leur revenu; or dans la levée de ce ſubſide le Sujet, qui ne doit point de rentes & qui n'a par exemple que ſix mille livres de rente, tant ſur le Roi que ſur les particuliers, perd tous tout d'un coup le tiers de ſon revenu réèl en poids d'argent, & par conſequent le tiers de ſon revenu en denrées & en Marchandizes neceſſaires à la ſubſiſtance de ſa famille.

Cela eſt bien facile à comprendre quand on ſait que les étrangers, & que nos Marchans à leur imitation augmentent d'un tiers le prix de leurs denrées quand le Roi augmente ſes Monoyes d'un tiers, car comme le prix des denrées neceſſaires à la ſubſiſtance de ce Bourgeois, eſt augmenté d'un tiers, & comme il n'a plus que les deux tiers de marcs d'argent de revenu qu'il avoit à employer à acheter ces denrées, il eſt évident qu'il ſe trouve moins riche d'un tiers, ainſi il perd le tiers de ſa ſubſiſtance anuèle par cète augmentation des Monoyes.

Celui, qui a ſix mille livres de rente en terres afermées, perd auſſi le tiers de ſon revenu, mais il a un grand avantaje ſur le ſimple rentier actif, c'eſt qu'à l'expiration de ſes baux il peut en augmenter le prix d'un tiers, ainſi il ne perd le tiers de ſon revenu que pour quelques anées, aulieu que le Rentier perd le tiers de ſon revenu pour toujours.

Dans

Dans l'augmentation du marq d'argent il n'y a que le fermier de la Campagne qui a des Marchandises, & des denrées à vendre qui loin de payer sa part du subside de l'augmentation des Monoyes y gagne un tiers en augmentant d'un tiers le prix de ses Marchandizes, & de ses denrées durant le reste de son bail.

L'ouvrier vend son travail un tiers plus cher, ainsi il n'y perd ni n'y gagne.

Or peut-on imaginer un subside plus injuste, plus disproportioné, plus onereux, & plus ruineux que celui qui n'est porté que par le tiers des Sujets, & par quelques-uns durant quatre ou cinq ans, & par les autres pour toujours.

3°. Un subside, qui diminue le comerce, est pernicieux; or le subside de l'augmentation de la Monoye diminue le comerce, en voici la raizon: celui qui espere un haussement de Monoye ne vend point sa Marchandize, ou sa denrée, depeur de la vendre trop bas prix, ainsi moins de vendeurs & moins de denrées à vendre au marché; ce qui produit encore la cherté des denrées pour la subsistance.

4°. Par

4°. Par les augmentations du marq d'argent du tiers de plus en livres numeraires le Roi diminue tout d'un coup ses revenus d'un tiers, de sorte que s'il reçoit quatre milions, & cinq cens mille marcs d'argent de revenu à 28. livres le marq, comme il les recevoit en 1683. lorsqu'il avoit cent vint milions de revenu, il ne tirera plus reellement que 3. milions de marcs d'argent tant de la taille que de ses fermes & de ses autres revenus; c'est donq un milion cinq cens mille marcs d'argent de moins.

Le Taillable, qui lui peyoit quatre marcs & demi de taille valant cent vint six livres le marq, lorsque le marq sera mis à 42. liv. ne donera plus au Collecteur ou Receveur des tailles que trois marcs d'argent qui vaudront les 126. liv. de sa taille.

Ainsi cette augmentation des Monoyes otera au Roi un milion cinq cens mille marcs d'argent de son revenu ordinaire, qui à 42. liv. le marq font 63. milions par an.

Au reste tout ce qu'il perd dans ses revenus il ne le regagne pas dans le peyment de ses dettes anuelles, parce qu'il qu'il a beaucoup d'autres depenſes à peyer par an que des rentes, des penſions & des apointemens, il a beaucoup de Marchandizes à acheter ; or le prix des Marchandizes augmente d'un tiers à mezure que le Roi augmente d'un tiers le nombre de livres du marq d'argent.

Ainſi le Roi augmente ſa depenſe d'un tiers ſur les habillemens, ſur les vivres, ſur les armes, ſur les munitions des troupes de terre & de mer, ſur les fortifications qu'il fait faire, ſur la depenſe de ſa maiſon, ſur les Ambaſſadeurs, ſur ſes batimens, ſur les reparations des chemins & ſur les autres ouvrajes publics.

Or ce qu'il depenſe de ces cotez-là monte à plus de ſoixante milions par an, c'eſt donq vint milions dont il augmente ſa depenſe ordinaire, ainſi il ſe charge d'une nouvelle rente de vint milions pour cent vint cinq milions, au lieu que par les creations de rentes au denier dix huit il auroit cent vint cinq milions pour moins de ſept milions par an, ainſi à uzer de la metode de l'augmentation des Monoyes il perd treize milions de revenu.

5°. Nos autres subsides n'augmentent en rien le profit de nos enemis, ils sont tous entiers au profit du Roi; dans celui-ci nos enemis s'enrichissent à nos depens.

6°. Si nous étions également habiles dans le comerce, que les Anglois & les Holandois, nous ne perdrions pas avec eux dans l'augmentation des Monoyes; mais dans les deux ou trois premieres anées nous croirons beaucoup faire que de leur vendre nos Marchandizes un sixiéme de plus, & ils les revendront un sixiéme de plus qu'ils ne les achetent de nous: ainsi durant deux ou trois ans ils gagneront sur nous un sixiéme.

Or de toutes ces considerations ne suit-il pas évidament que nul de nos subsides n'est si injuste, si disproportioné, si pernicieux pour le Roi & pour l'Etat que l'augmentation des Monoyes? *Ce qui étoit à demontrer.*

CONSEQUENCE.

De-là il suit, que le Roi devroit non seulement s'interdire à lui-même pour toujours un pareil subside, mais en-

encore le rendre inpraticable pour ſes ſucceſſeurs.

Il en a un moien ſimple, qui ſeroit aprouvé, & ſuivi par toutes les Nations d'Europe, c'eſt qu'il ordone qu'en France les peymens futurs ſeront ſtipulez en tant de marcs, & en tant d'onces d'argent de onze deniers de fin valant tant de livres tournois.

Supozé, par exemple, qu'un debiteur veuille s'obliger à peyer 12000. liv. & que le marq d'argent à onze deniers de douze de fin vaille 50. liv. l'obligation portera promeſſe *de peyer deux cens quarante marcs d'argent valant douze mille livres.*

Il eſt évident, que ſi tous les Souverains prenoient peu à peu cète metode, le comerce d'Europe en deviendroit incomparablement plus facile & plus ſeur.

SECONDE PARTIE.

Le secours le plus promt, le plus grand & le plus facile c'est la creation des rentes sur la ville & particulierement la creation des annuitez.

UN Etat Souverain dans le commencement d'une guerre a souvent besoin de trouver prontement une grosse somme à emprunter pour lever prontement des troupes, ou pour en acheter & pour devenir, s'il est possible, assez superieur pour faire gouter à l'Ennemi des propositions équitables & raizonables.

Il est donq à propos qu'il y ait dans le Royaume une metode toute établie & d'un uzaje continuel, avec laquelle le Roi trouve prontement de l'argent au plus bas interèt qu'il est possible & selon le cours de la place.

On sait que le Roi pour toucher les subsides anuèls doit necessairement doner

doner à ſes Sujets le tems de recueillir, & de vendre leurs denrées, il faut du tems pour faire enſorte que l'arjant que diſtribue le Roi puiſſe retourner dans les Provinces par l'achat des denrées de ces Provinces, & retourner dans ſes cofres aprèz diverſes circulations.

Ainſi il eſt à propos d'avoir une metode avec laquelle le Roi puiſſe trouver en peu de mois tout l'arjant qu'il doit depenſer en deux campagnes

Les Rois d'Orient ont la metode d'amaſſer durant pluſieurs anées de paix un Treſor conſiderable, mais en Europe nous ne voions aucun Souverain qui ait dans ſon treſor le tiers de ſon revenu le courant de la depenſe journaliere pèyé.

Je ne blame pas la metode d'amaſſer une anée de ſon revenu, je l'aprouve fort au contraire; mais comme cète metode n'eſt pas facile à établir, je n'en ai point trouvé de meilleure, de plus facile à établir, de moins onereuze au peuple, & de plus propre à empecher les Traitans de faire des fortunes immenſes aux depens des Sujets que la metode de la creation des

 rentes

rentes sur la ville, & particulierement dès *annuitez* pratiquée en Angleterre.

Cèz annuitez sont des rentes anuelles non perpetuelles, que l'Etat, qui emprunte, s'oblige de peyer au particulier prèteur durant un certain nombre d'anées en peyant tous les ans quelque chose sur le Capital, ainsi ces annuitez remboursent au prèteur, anée par anée, partie de son Capital avec son interèt, & c'est ce qui fait que ces rentes cessent entierement au bout d'un certain nombre d'anées & ne sont point pèrpétuèles.

Le fonds destiné à peyer des annuitez nouvelles est un subside nouveau ou une nouvelle augmentation d'un subside ancien, dont le produit est porté regulierement au Tresorier de ces annuitez, & si cette augmentation ne produizoit pas sufizanment pour achever de peyer les creanciers de l'Etat, le Parlement d'Angleterre y suplée par une autre legere augmentation du mème subside.

EXEM-

EXEMPLE.

MILORD * * * préte au Roi & à l'Etat d'Angleterre quarante mille onces d'argent, à condition que le Roi ou l'Etat en peyra tous les ans l'interèt convenu & une portion sur le Capital à prendre sur tel subside nouveau, ou plutôt sur telle augmentation nouvèle d'un subside ancien, ensorte qu'au bout d'un certain nombre d'anées le Milord prèteur outre son interèt anuèl retire par parties son Capital en certain nombre d'anées.

Je supose, par exemple, l'interèt à cinq pour cent & que la convention soit de peyer au prèteur 3000. onces d'argent par an tant pour l'interèt qu'en deduction, & diminution du Capital, premier peyment au premier Janvier 1721.

Comme le Capital diminue tous les ans, l'interèt va aussi tous les ans en diminuant, de sorte que dans le peyment de trois mille onces la premiere anée, il y aura aura deux mille onces pour l'interèt & mille pour le Capital.

Quinze ans après il arivera que des trois mille onces qui composeront le peyment il y en aura alors plus à deduire sur le Capital qu'il n'y en aura pour l'interèt, ainsi avant vint trois ans le Roi ou l'Etat sera entierement quite.

Je vais en faire le calcul en negligeant les fractions au dessous de cent onces, de sorte que les fractions qui passeront cinquante onces seront passées pour cent onces, & celles qui n'iront pas à cinquante & une once seront contées pour rien, ce qui dans la suputation générale reviendra à peu près au même compte que si je n'avois negligé aucune fraction.

Le prèteur a doné ces quarante mille onces d'argent le premier Janvier 1720. à condition que l'Etat lui peyra trois mille onces le premier de Janvier 1721. & ainsi d'anée en anée trois mille onces par an au comencement de Janvier jusqu'à parfait remboursement; on supose, que le peyment se fera regulierement tous les ans.

Donq au premier Janvier 1721. le peyment fait de 2000. onces pour l'interèt, & de mille sur le Capital il ne restera plus que 38000. onces de Capital, ainsi outre ces mille onces à dimi-

diminuer tous les ans ſur le Capital il faudra diminuer tous les ans ſur le méme Capital l'interèt de la ſomme dont le Capital de quarante mille onces eſt diminué.

CALCUL.

Au premier de Janvier 1721. reſte deu. . .	39000. onces
En Janvier 1722. l'interèt a diminué de cinquante onces; mais il eſt negligé, & n'eſt point conté; ainſi reſte.	38000.
Janvier 1723. reſte deu de Capital. . . .	36900.
Janvier 1724. reſte. .	35700.
Janvier 1725. reſte. .	34500.
Janvier 1726. reſte. .	33200.
Janvier 1727. reſte. .	31900.
Janvier 1728. reſte. .	30500.
Janvier 1729. reſte. .	29200.
Janvier 1730. ſi vous diminuez mille onces & cinq cens onces d'interèt pour les dix milie onces de Capital rembourſées reſte deu de Capital.	27600.

Janvier 1731. reste deu de Capital. . . . 26000. onces
Janvier 1732. reste deu de Capital. . . . 24300.
Janvier 1732. reste de Capital. . . . . 22500.
Janvier 1734. reste de Capital environ. . 20600.
Janvier 1735. reste de Capital environ. . 18200.
Janvier 1736. reste de Capital environ. . 16600.
Janvier 1737. reste de Capital environ. . 14400.
Janvier 1738. reste de Capital environ. . 12100.
Janvier 1739. reste. . 9700.
Janvier 1740. reste de Capital environ. . . 7200.
Janvier 1741. reste de Capital environ. . . 4800.
Janvier 1742. reste de Capital environ. . . 2000.
Or ces 2000. onces seront peyées en Janvier 1743.

De-là on peut voir que le prêteur par son contrat a aquis une annuité de vint trois ans de trois mille onces d'ard'argent par an, c'est-à-dire remboursable en vint trois ans.

S'il a besoin d'argent durant ces 23. ans il a la faculté de vendre sur la place tout ou partie de ses annuitez & il les rend à proportion qu'il reste plus ou moins d'anées à recevoir à proportion qu'il y a ce jour-là sur la place plus ou moins d'acheteurs que de vendeurs, & à portion que l'interèt de l'arjent est alors plus ou moins bas, car tout cela varie tous les jours selon la variation qui arive dans les esperances ou dans les craintes des vendeurs, & des acheteurs sur ce qui regarde le bon ou le mauvais Etat futur des afaires publiques.

Nous voions par quelques Edits de creation de rentes sur les tailles que feu M. Desmarèts Controleur général des finances comansoit à prendre quelque choze de la metode des *annuitez*, car le Roi outre l'interèt à six & demi pour cent remboursoit tous les ans une partie du Capital.

MOYENS

MOYENS

Pour perfectioner cète metode.

1°. Il faudroit l'établir & l'entretenir en tems de paix, car alors l'argent étant plus commun l'interèt des rentes est à cinq pour cent d'interèt, c'est à dire au denier vint.

Le Roi pouroit se servir de cet argent 1°. pour rembourser certains petits Oficiers, qui prenent trop sur le peuple, 2°. pour rembourser les avances des Fermiers généraux & des Receveurs généraux dont il peye l'interèt à dix pour cent, 3°. pour faire des ponts, des pavez, des chaussées, des digues, des canaux, qui raporteroient quatre fois, dix fois plus de profit à l'Etat que ne monte l'interèt, que le Roi peyeroit aux prèteurs.

Or quand on verroit durant plusieurs anées ces sortes de rentes peyées exactement, & remboursées par parties sans aucun divertissement des deniers destinez à ces remboursemens, quand on verroit que l'on pouroit les vendre sur la place à trois, quatre ou cinq pour cent de profit, tous ceux qui

qui ont de l'arjent à placer souscriroient aux nouvelles creations, tout le monde en voudroit acheter d'ancienes s'il ne s'en creoit point de nouvelles à meilleur marché pour le Roi que les anciènes.

2°. Pour faciliter le comerce, c'est-à-dire la vente, & l'achat de ces sortes d'actions, il faudroit, que la vente se fit ou avec une simple signature sur un Registre de compte en banque pour les grosses sommes ou par des billets au porteur pour de petites sommes à petits frais & prontement comme elle se fait en Angleterre par des billets de l'Echiquier, c'est ainsi qu'à Londres on negocie tous les jours sur la place du change un nombre prodigieux *d'annuitez*.

3°. Il faudroit vendre ces annuitez insaisissables afin de leur procurer plus d'acheteurs.

4°. Il faudroit y afecter un subside particulier, par exemple la taille d'une seule Généralité; il faudroit créer pour Tresorier de ces annuitez le Receveur général de cète Généralité avec soumission de peyer les Actionaires, à jour nommé; il faudroit faire toujours cesser

ser prontement toutes plaintes sur la regularité du peyment.

Si le Roi n'y destinoit pas les tailles de telle Généralité, il pouroit y destiner le fonds des postes, le fonds des subsides de telle Province d'Etats, le fonds du subside du Clergé ou d'autres fonds particuliers.

5°. Si l'on atend aux tems de guerre à faire un pareil établissement, on le trouvera beaucoup plus dificile & peut-être mème impossible, la cause de la grande diminution du credit publiq qui arive toujours au commencement des guerres & sur tout à l'égard des établissemens nouveaux.

Avantages de cète métode.

Supozons prezentement que le Roi de France pour soutenir la depense d'une guerre augmente les subsides ordinaires de douze milions par an, c'est environ une quinziéme partie des revenus du Roi.

Supozons, qu'il ait besoin d'emprunter de ses Sujets ou des étrangers en peu de mois environ quatre vint milions de livres, il n'a qu'à créer des an-

nuitez

nuitez d'environ vint-six ans à six pour cent d'interèt à prendre six milions par an sur tel subside particulier, ces six milions peyront l'interèt à six pour cent & le Capital de ces 80. milions en 26. ans il poura de mème faire l'anée suivante pareil Emprunt pour obtenir la paix à des conditions raizonables, il poura ainsi faire une guerre superieure durant quatre ans & ne charger cependant son Etat que de douze milions de subside, & ce subside cessera au bout de 26. ans.

EFFETS DES ANNUITEZ.

1°. Le peuple par cète metode ne seroit jamais surchargé en ne peyant que douze milions, c'est-à-dire environ un sou quatre deniers par livre de plus que son subside ordinaire & seulement durant 26. ans.

2°. Le Roi, qui auroit presque tout d'un coup des forces fort superieures pouroit beaucoup plus facilement faire accepter des propositions de paix avantajeuzes en moins de deux ou trois ans de guerre.

3°. Cet objet de cent soixante milions

lions de depense est un objet frapant ; qui serviroit utilement à faire sentir au Roi & à ses Ministres une aussi grande perte par l'inpression qu'une pareille somme fera dans l'esprit des Souverains, qui vont entrer en guerre.

Ils penseront naturèlement, que ce qui fait le sujet de la contestation ne vaut pas à beaucoup prez une somme de cent soixante milions, qui va être prize sur le peuple ; or n'est-ce pas un grand avantaje que de pouvoir convaincre les Souverains qu'il est de leur interèt de soufrir durant quelque tems une petite perte plutôt que de s'engajer à en faire une autre incomparablement plus grande.

4°. Si aprez la paix faite le Ministre des finances voit, que les restes de ces *annuitez* se vendent un quart plus cher qu'elles ne se vendoient lors de leur creation, il poura pour rembourser ces restes créez comme en Angleterre de nouvelles annuitez à un quart d'interèt plus bas & il remboursera ainsi avec ces nouvelles annuitez ceux qui ne voudroient pas diminuer leur interèt & il diminuera parmi le nombre d'anées du subside qui

qui sont necessaires pour leur remboursement.

5°. Cete metode remet tous les ans en comerce une portion du Capital des prèteurs, au lieu que par les ventes perpetuelles le Capital demeure hors de comerce & sans mouvement.

6°. L'opinion, que l'Etat s'aquite tous les ans, conserve son credit pour pouvoir emprunter plus facilement dans une autre ocazion & à un interèt moins onéreux.

7°. Quand on compare cette metode à celle qu'on a suivie en France de se servir des Traitans pour lever des subsides extraordinaires, & pour faire des avances, on peut dire qu'il en a couté au Roi & à l'Etat trente, quarante & quelquefois cinquante pour cent pour le recouvrement, au lieu de six, de sept, de huit, de dix pour cent qu'il en couteroit dans les tems les plus dificiles.

8°. Si le Roi pouvoit aussi se passer des avances de ses Fermiers, il augmenteroit ses fermes au moins d'un dixieme; c'est-à-dire de plus de huit milions, parce qu'il pouroit facilement choisir entre les plus habiles financiers

 & les

& les plus laborieux ; au lieu qu'il est souvent obligé de choisir entre les plus riches qui sont souvent les moins habiles & les moins laborieux.

9°. Les Traitans d'afaires extraordinaires qui font de si grandes & de si nombreuzes fortunes aux depens des autres Sujets, ne feroient plus pareilles fortunes en ruinant les peuples, ainsi le profit que feroient les peuples par cette metode ne peut être estimé moins que huit milions par an.

10°. Ceux, qui font avec le Roi des marchez à forfait pour fournir des vivres ou pour des batimens, pour des fortifications entreprendroient à meilleur marché d'un quart, s'ils n'avoient nules avances à faire & s'ils étoient seurs eux & leurs Sous-Traitans d'être peyez à point nomé, ce qui se feroit facilement si le Roi pouvoit par de pareils anprunts employer de Compagnies d'Entrepreneurs peu riches, mais habiles, industrieux, laborieux, & de reputation de probité, au lieu que faute d'argent le Roi est forcé de se servir de beaucoup de gens riches ou de credit, qui font ainsi de trop grans profits sur le Roi ou plutôt sur le peuple.

On

On ne peut pas avoir à craindre que ces Compagnies fassent banqueroute après avoir receu les avances premierement parce que ces Compagnies en repondent solidairement, secondement parce que leurs Caissiers n'ont par jour en depot que ce qu'ils ont à distribuer par jour & que leur distribution peut être verifiée deux fois par jour & que le reste est dans le depost de la caisse qui ne s'ouvre qu'en presence de deux Directeurs.

Or le profit que le Roi peut faire de ce coté-là montera anée commune à plus de six milions, qui quant à present vont au profit des Entrepreneurs & des Sous-Entrepreneurs & parconsequent à la perte du peuple, ainsi le Roi profiteroit de plus de vint-deux milions par an à l'Etablissement de cette metode.

Le dernier Essai que feu M. Desmarest a fait en 1715. de la metode des annuitez quoiqu'imparfaite a été fait par la creation de rentes non perpetuelles au denier saize; il a eu du succez quoi que dans un tems où le credit publiq étoit entierement ruiné; c'est ce qui doit persuader, que prezentezentement que le credit se retablit tous les jours le Roi trouveroit facilement à établir des annuitez à six & même à cinq pour cent d'interêt prezentement que les rentes sur particuliers sont à cinq pour cent, parce que le peyment de ces annuitez étant encore plus seur que le peyment des rentes & qu'elles seroient beaucoup plus faciles à negocier dans le compte en banque, il se trouveroit beaucoup plus d'acheteurs pour ces annuitez que pour les rentes.

Tels sont les grans avantages que le Roi peut tirer de l'Etablissement de cète metode, *& c'est ce que je m'étois proposé de demontrer.*

OBJECTION.

CETTE metode d'emprunter est certainement la plus promte, la plus comode & la moins onereuze pour un Etat, elle convient à merveille au Royaume d'Angleterre, dans lequel il n'y a que le Parlement qui puisse changer la destination des fonds destinez à rembourser les annuitez, mais dans un Etat despotique comme en France

France où un nouveau Ministre des finances, qui ignorera combien il est important de ne rien changer aux destinations des fonds afectez au remboursement des annuitez pour conserver le credit de l'Etat, renversera d'un trait de plume tout le credit & toute l'utilité de ce merveilleux Etablissement, cette metode pouvoit peut-être s'établir, mais elle ne sauroit durer; l'Experience qu'en fit M. Desmarest en 1715. à six & demi pour cent d'interèt prouve à la verité que la metode peut s'établir parmi nous, mais nous avons vu qu'elle n'y avoit pas subsisté.

REPONSE.

1°. S'IL s'est trouvé des prèteurs pour des annuitez en 1715. il est visible, qu'il s'en trouveroit beaucoup plus facilement en 1731.

2°. TOUT le monde sait que cet Etablissement n'avoit pas eu le loisir de s'acrediter & que ceux qui furent employez dans les finances ne conoissoient pas la grande importance, & la grande utilité de la metode des annuitez.

 3°. COM-

3°. COMME le Ministre aura durant plusieurs anées senti la comodité & les grans avantajes de cète metode d'emprunter, & comme il aura eu le loisir de la perfectioner & de rendre les billets d'annuitez d'un comerce trèz facile, il n'y a nule raison de croire qu'aucun Ministre quite cète metode pour reprendre la malhureuse metode des Traitans & des faizeurs d'avances.

4°. QUI pouroit oblijer à chanjer la destination du fond destiné à rembourser un Emprunt, si ce n'est le besoin d'argent? or ce besoin d'argent ne peut-il pas cesser facilement par un nouvel Emprunt, par une destination nouvelle d'une autre partie du subside anuel & par la creation de nouvelles annuitez?

De la on voit que cette metode sera facile à établir en France, & que si elle y est une fois établie, & perfectionée seulement durant quatre ou cinq ans, elle y subsistera toujours au grand avantage du Roi & de ses Sujèts; *Ce que je m'étois proposé de demontrer.*

PRO-

PROJET

Pour rendre les Livres & autres monumens plus honorables pour les Auteurs futurs & plus utiles à la posterité.

PREFACE.

NOus tenons de l'auteur de la Nature le plaisir que nous avons à imaginer & à esperer *que notre posterité louera lontems les ouvrages que nous laissons après notre mort*, & il est étonant combien ce plaisir peut contribuer à faire entreprendre aux Grans hommes & aux Princes puissans des travaux utiles à la Societé & combien cette esperance leur donne d'ardeur & de constance pour les executer.

Dans ce penchant naturel à nous procurer une grande reputation future, nous sentons le dessein de l'Etre souverainement bienfaizant, qui nous engage doucement par cète esperance à travailler utilement pour augmenter le bonheur de ceux mèmes avec qui nous ne vivrons jamais.

Les plus grans esprits se trompent dans le choix qu'ils font des travaux qu'ils entreprenent par raport à la durée de la reputation qu'ils atendent de leurs Ouvrages; or c'est pour leur aider à mieux choisir leurs diferentes entreprizes que j'ai cru à propos de faire les reflexions suivantes.

Il est de l'interèt des Princes & des grans genies qui entreprenent de laisser aprèz leur mort des monumens dignes d'être estimez & louez par la posterité de conoitre avec évidence quels sont les ouvrages de la plus grande valeur & qui meritent effectivement les plus grandes louanges, & les plus durables, il est même extremement de l'interèt de la posterité qu'ils ne se trompent pas dans le choix de leurs entreprizes, & qu'ils préfèrent toujours les plus utiles à l'augmentation du bonheur publiq & c'est pour leur procurer cet important discernement que j'ai entrepris cet ouvrage.

Sou-

Souvent les jeunes gens pour entreprendre leurs diferens ouvrages se reglent sur l'estime que le publiq present fait de ces ouvrages ; or il est à propos d'aider à ce publiq lui même à rectifier son estime sur la regle immuable de ce qui est plus ou moins estimable, & de-là il arivera que les travailleurs iront bien plus droit dans leurs entreprizes vers la plus grande augmentation du bonheur de la Societé, & vers la gloire la plus durable & la plus précieuze.

Je ne parle point ici des travaux que chacun peut entreprendre pour laisser une grande fortune à sa famille, c'est qu'en suposant même que dans cèz entreprizes la justice soit toujours bien observée, celui, qui se les propose n'a pour but, pour motif que son interêt particulier ou celui de sa famille, il ne fait en cela rien qui soit digne des louanges du publiq, il ne dezire en cela rien que les hommes du commun ne dezirent comme lui, il peut avoir dans ses Entreprizes particulieres plus de talens que ses pareils, mais le but de séz talens n'ayant rien de vertueux, n'ayant rien que de trèz ordinaire & de commun, persone ne croit être obligé à louer ses ouvrages & les succéz de ses entreprises, un homme sans merite peut avoir un grand revenu, & un grand pouvoir sans en être ni plus estimable ni plus digne de louanges.

Le dezir d'augmenter le bonheur des hommes en général, & de ses Citoyens en particulier, & cela pour plaire à Dieu, pour imiter l'Etre parfait, qui est infiniment bienfaizant est le seul desir qui soit louable & vertueux, & plus ce desir est vif & constant, plus il est digne de louanges; c'est ce but vertueux, c'est cette intention vertueuze, qui distingue si fort les grans hommes de ceux qui ne sont que des hommes illustres, comme je l'ai montré dans un Discours séparé.

Je ne parle point ici des travaux journaliers des homes justes & bienfaizans, non pas mèmes des travaux journaliers des bons Rois, des bons Ministres, des bons Magistrats, quoique toujours trèz utiles aux Sujets vivans, & à la patrie presente & par consequent trèz louable & trèz estimable, je ne parle que des Entreprises, dont il reste quelques monumens aparens aprez la mort dèz entrepreneurs illustres.

Je fais mème abstraction des motifs & des intentions qu'ils ont eus dans leurs entreprises en suposant égalité de vertu dans leurs motifs & dans leurs intentions.

Par la mème raizon je fais ici abstraction des dificultez qu'ils ont été obligez de surmonter, soit pour inventer, soit pour executer leurs ouvrages ; cela peut regarder le merite de l'Auteur & la grandeur de la louange qui est due à la grandeur de son zèle pour le bien publiq, à la grandeur de son esprit & de ses talens & à sa constance.

Je ne regarde point ici le merite du travailleur, pour le comparer personellement avec d'autres travailleurs ; je ne regarde ici que la valeur de l'ouvrage en lui mème pour en faire la comparaizon avec la valeur des autres ouvrages, que nous ont laissé les Rois, les Ministres, les Legislateurs, & les Auteurs illustres sur quelque genre qu'ils ayent écrit : je parlerai mème peu des édifices publiqs & autres monumens

numens des Princes puiſſans & fort riches pour parler un peu plus amplement des monumens que laiſſent les gens d'Eſprit.

Les monumens publiqs qui durent le plus lontems aprèz la mort ſont de deux eſpeces ; dans la premiere ſont les Loix, les reglemens, les Etabliſſemens, les fondations & les livres.

Dans la ſeconde eſpecc ſont les Edifices publiqs, les ports, les ponts, les chemins pavez, les écoles, les hopitaux, les caravanceras, les temples & autres lieux deſtinèz à la comodité & à l'utilité publique.

On peut encore metre au nombre des monumens publiqs les portraits, les medailles, les ſtatues des grans bienfaicteurs du publiq, qui par les louanges qu'ils reçoivent excitent les vivans riches, puiſſans, ſuperieurs en talens à imiter les belles entreprizes des morts.

REGLE.

La valeur d'un Livre, d'un Reglement, d'un Etabliſſement ou autre monument publiq eſt proportionée au nombre & à la grandeur des plaiſirs actuèls actuèels qu'il procure & des plaisirs futurs qu'il doit procurer au plus grand nombre d'hommes.

EXPLICATION.

La valeur d'une choze c'est le rezultat de l'estime qu'en font les hommes; or les hommes n'estiment & ne doivent estimer les ouvrages qu'à proportion que ces ouvrages contribuent à augmenter leur bonheur, c'est-à-dire à proportion qu'ils leur procurent de plaisirs actuels plus grans & plus durables, ou à proportion qu'ils les delivrent de maux plus grans & plus durables, soit pour le present soit pour l'avenir.

Je repete encore, que je ne prètens point comparer ici le merite des diferens Auteurs, ni la grandeur ni la justesse de leur esprit, ni la pureté ni l'ardeur de leurs motifs, mais uniquement le merite de livre à livre, d'invention à invention; d'édifice à édifice, de sorte que l'invention de l'Imprimerie, par exemple, qui a été trouvée & perfectionée successivement par des ouvriers d'un esprit trèz

trèz mediocre, peut valoir cent fois davantage que tout ce que feu M. Leibniz Allemand, & feu M. Newton Anglois, très grans Fiziciens, trèz grans Geomètres ont inventé de plus utile & publié dans leurs livres pour augmenter le bonheur de la Societé humaine, parce que le publiq tirera cent fois plus d'utilité de l'Art de l'Imprimerie que des Ecrits merveilleux pour leur tems de feu M. Leibniz & de feu M. Newton.

Ce n'est pas que ces deux puissans genies n'ayent decouvert des chozes fort dificiles à decouvrir, mais malheureuzement pour leur reputation & pour notre utilité ils n'ont pas eu l'esprit assez élevé pour choisir entre les études dificiles celles qui sont les plus utiles à la Société.

Ainsi nous dirions volontiers, plut à Dieu *qu'au lieu de nous laisser des decouvertes dificiles & curieuzes pour des Geomètres, ils nous en eussent laissé d'autres aussi dificiles, aussi curieuzes, mais beaucoup plus utiles au publiq.*

Il est vrai, que leurs ouvrages de Matematique & de Fizique sont beaux dans leur genre, mais les Siences curieuzes

rieuzes ne ſont pas les plus utiles & parconſequent le genre qu'ils ont choiſi n'eſt pas le genre le plus beau, ce n'eſt pas le genre le plus eſtimable.

Une entrepriſe, par exemple, propre à randre les Nations de l'Europe plus tranquiles, le peuple beaucoup moins malhureux, ne ſeroit-ce pas une entrepriſe d'un genre incomparablement plus beau aux yeux des conoiſſeurs, & dèz perſones raiſonables; or çèz deux genies ſuperieurs de notre tems auroient facilement réuſſi à notre grand avantage & pour leur plus grande gloire s'ils s'étoient apliquez de bone heure à perfectioner la Sience du Gouvernement, dans laquelle les moindres decouvertes ſont incomparablement plus utiles que les plus grandes qui ſe font dans un genre moins beau & moins utile, tel qu'eſt le genre de la Geomètrie & de la Fizique. Mais revenons à l'explication de la regle.

Nous ne ſommes actuellement hureux que par le plaiſir actuel, nous ne ſerons hureux que par les plaiſirs futurs, & nous apellons bon, utile, eſtimable, precieux tout ce qui nous procure, & tout ce qui nous doit procurer des plaiſirs.

Rien

Rien n'est precieux, rien n'a réèlement de valeur ou de prix pour nous qu'à proportion que nous pouvons en tirer ou plaisir ou cessation de douleur, qui est une sorte de plaisir.

Telle est la source du prix que les hommes mettent & qu'ils ont raison de mètre aux ouvrages qu'un bienfaicteur publiq laisse aprèz sa mort.

Les hommes sont hureux à proportion qu'ils sont delivrez de plus de maux & plus grans & à proportion qu'ils sentent plus de plaisirs & plus grans; & les maux & les biens sont plus grans à proportion qu'ils sont plus sensibles & plus durables.

De-là il suit que ce qui peut leur procurer ou plus de diminution ou l'exemtion entiére de plus de maux & plus grands & plus durables & l'augmentation du nombre ou de la grandeur ou de la durée de leurs plaisirs, c'est ce qui peut leur être plus utile pour augmenter leur felicité.

De-là il suit, que le monument, le Reglement, le livre qui procure le même plaisir à un nombre de familles moitié plus grand est plus utile, plus estimable & prèférable de moitié au mo-

monument, au reglement, au livre qui ne procure que plaiſir égal à un nombre de familles moitié moins grand.

De-là il ſuit que l'ouvrage qui procure un plaiſir plus durable du double, plus grand du double eſt plus utile, & plus eſtimable du double que l'ouvrage qui produit un plaiſir moitié moins grand & moitié moins durable.

De-là il ſuit que l'ouvrage qui preſerve d'un mal eſt prèférable à l'ouvrage qui enſègne le remede quand le mal eſt arivé.

De-là il ſuit, que les remedes qui coutent moins ou de peines ou d'argent, lorſqu'ils ont éficacité égale, ſont prèférables à ceux qui coutent plus.

Je ſai bien, que les hommes ne ſont pas tous de même avis ſur ce qui peut contribuer plus ou moins à augmenter le nombre & la qualité de leurs plaiſirs, mais dans les comparaizons on ſuit ordinairement l'opinion du gros du monde, & ſur tout des conoiſſeurs, & ici chacun peut être juge de ce qu'il ſent, mais il ne faut pas qu'il prétende être juge de ce que ſentent les autres & de ce qu'ils doivent sentir, il ne faut pas qu'il prétende que ce qui n'a nule valeur par raport à lui n'en ait aucune par raport à tous les autres, ni que ce qui lui plait beaucoup dans la jeunesse lui plaira également dans un age plus avancé.

De-là il suit, qu'un ouvrage nouveau peut être plus utile au publiq qu'un ouvrage ancien, on ne considere ici que la plus grande utilité; ainsi l'ouvrage nouveau peut être d'une plus grande valeur que l'ancien.

De-là il suit, que l'ouvrage ancien peut avoir été d'une grande valeur dans le tems de sa naissance, & durant plusieurs siecles & être presentement de beaucoup moindre valeur que l'ouvrage nouveau.

Le terme de *publiq* semble signifier toutes les familles de tous les hommes & tous les membres de chaque famille, cependant il ne signifie comunement qu'un nombre de familles ou plutot un certain nombre d'hommes ou de familles: ainsi on peut dire qu'il y a publiq plus & moins nombreux & pour ainsi dire plus & moins publiq; les amateurs de la Muzique sont un publiq,

bliq ; les amateurs de la Comedie ſont un publiq diferent & plus nombreux ; les amateurs des Sermons de morale crètiéne ſont un autre publiq ; les familles pauvres, les pauvres malades qui n'ont pas le neceſſaire de leur condition eſt un autre publiq beaucoup plus nombreux qui ſoufre de grandes mizeres.

Or la ceſſation des grans maux eſt un grand plaiſir pour ceux qui ceſſent de les ſoufrir, & ainſi un travail qui ſoulagera & qui fera ceſſer les maux que cauſe la grande diſproportion dans la repartition d'une eſpece de taxe anuele preſque générale dans un grand Royaume, tel qu'eſt le ſubſide de la taille arbitraire, un Reglement qui ſoulagera beaucoup huit cens mille familles pauvres, ſera cent fois plus eſtimable qu'un belle Comedie qui ne cauſera un grand plaiſir qu'à huit mille familles riches, ce qui ne ſera pas comparable à la ceſſation des grans maux que ſoufrent tous les jours huit cens mille familles pauvres & non protegées par le credit injuſte de familles riches & protegées.

Il eſt aizé de comparer le prix d'une

bone Comedie au prix d'une mediocre, il est plus dificile de comparer le prix d'une Comedie au prix d'un Projet qui aura produit un bon reglement pour diminuer le nombre des maux des pauvres familles pour les soulager & pour augmenter les revenus, & perfectioner l'administration des Hopitaux & des Coleges ; mais la chose est possible en comparant la grandeur des plaisirs qu'ils procurent, & le nombre des familles auxquelles ils sont procuréz, tout peut se reduire ainsi au calcul & se reduire par consequent à la demonstration aritmetique, mais il faut de grans Esprits & justes qui sachent pousser ainsi peu à peu leurs preuves jusqu'à la demonstration.

Le calcul est fondé sur un fait constant, c'est qu'il y a des plaisirs, des maux plus grans, plus durables & qui regardent un plus grand nombre de familles les uns que les autres ; or telle est la mezure de la plus grande, & de la moindre utilité des monumens humains.

On peut estimer en argent comptant l'excmtion de certains maux passagers & la jouïssance de certains plaisirs passa-

paſſagers, on peut eſtimer en revenu anuel l'exemtion des maux anuëls & prendre ainſi l'argent pour meſure commune de la valeur des biens & des maux, comme il eſt deja meſure comune des denrées des Marchandizes qui nous exemtent de certains maux & qui nous procurent certains plaiſirs, c'eſt une grande comodité pour ſe faire entendre préciſément & facilement ſur les diferentes valeurs que de pouvoir uzer d'un terme familier & d'une meſure comune conue de tout le monde.

De-là il ſuit, que deux ouvrages peuvent être réèllement de même valeur, c'eſt-à-dire également utiles, également agreables quoique l'un ait couté le double, le decuple, le centuple ou de tems ou de peine ou d'argent qu'a couté l'autre.

Alors on conclura, que c'eſt domage, que c'eſt une perte conſiderable, & par conſequent une ſorte de folie d'avoir fait des depenſes d'argent, de tems, de peine, d'aplication beaucoup trop grandes pour tel ouvrage qui ne produit qu'une ſi petite utilité.

La depense en argent de la grande piramide d'Egypte est prodigieuze, elle fait plaisir à voir un moment, & sur tout à ce petit nombre d'hommes qui voiagent en ce peys-là, mais cette utilité est bien petite en comparaison de ce qu'elle a couté; un Hopital, un Colege, qui ont couté cent fois moins & qui ont duré deux ou trois siecles, ont procuré au publiq une utilité cent fois plus grande que la grande piramide.

Il y a des ouvrages trèz utiles au publiq où il est nécéssaire que plusieurs persones travaillent ou ensemble ou successivement, le travail de chacun d'eux a sa valeur à proportion qu'il a contribué à la formation de l'ouvrage, un particulier donne un projèt bien fait, bien digeré, bien éclairci pour un Reglement important, il y employe son tems, sa penetration, sez soins pour chercher, pour consulter, il fait ce que le Ministre n'auroit jamais pu faire, faute de calme & de loisir, faute de Conseil consultatif; mais le Ministre lui prète son credit sans lequel le Roi ne lui prètéroit pas son autorité, ainsi chacun de çez trois persones

nes a part au bon reglement, & si quelque Esprit mediocre avoit fourni à l'Auteur la premiere vue grossiere du projèt de Reglement, celui-là y auroit aussi quelque part.

De-là il suit, que l'on peut avoir part pour une centiéme partie à un établissement, à un monument trèz precieux, & telle est la part que de bons Esprits auront un jour, à certains reglemens utiles qu'ils auront procurez par des vues salutaires qu'ils ont mises en abregé dans leurs fragmens politiques, dont d'autres feront un jour de bons projèts bien demontréz & dont les Souverains feront de bons reglemens.

Si je mèts les Loix ou les reglemens pour premiere classe des monumens humains de la plus grande valeur, c'est qu'en général les bons reglemens sont de tous les ouvrages humains les plus utiles à la Societé.

Pour en juger ainsi il n'y a qu'à faire atention aux observations suivantes.

Cèz reglemens sont les fondemens de toute Societé, & par consequent sont la source de tous les biens qui arivent à chaque homme dans la Societé où il a à vivre, par exemple l'etabliſſement des peines contre les voleurs, contre les aſſaſſins, contre les autres malfaicteurs joint à l'établiſſement des Compagnies d'Archers & de Juges ſufizanment puiſſans & ſufizanment intereſſez à punir les coupables, c'eſt dans chaque Etat l'ouvrage de la plus grande valeur.

Il eſt vrai que nos Societéz ont été depuis trois ou quatre mille ans entées les unes ſur les autres, ainſi nous n'avons nule conoiſſance des auteurs de ces premiers établiſſemens de Societé dans notre Nation, nous ſommes privéz de l'hiſtoire de ces anciens reglemens & de ces anciens monumens qui ont exiſté & qui n'exiſtent plus parce qu'il eſt de la nature du meilleur, qui eſt nouveau, d'aneantir le moins bon qui eſt ancien.

Nous avons pour monumens anciens divers reglemens utiles pour leur tems, qui ont été abrogez par des reglemens poſterieurs plus utiles qui exiſtent. Les Loix du regne de Charlemagne, de Filipe Auguſte, de Saint Louis ſont preſque toutes abrogées pre-

prezentement par des reglemens nouveaux qui ſont meilleurs & plus convenables à nos mœurs prezentes.

Les reglemens abrogez n'ont plus aucune utilité que celle de ſatisfaire notre curioſité ; & comme dans l'apreciation de çèz anciens reglemens, nous ne conſiderons prèzentement que l'utilité actuelle, les reglemens nouveaux qui ſont obſervéz avec beaucoup d'utilité l'emportent de beaucoup ſur la valeur des anciens qui ne s'obſervent plus & qui ne nous ſervent plus gueres que comme des ouvrages curieux par le ſecours deſquels nous aprenons avec quelque plaiſir le degré de raizon & de lumiere où étoient nos pauvres ancètres du regne de Charlemagne, à peu prèz comme nous aprenons avec quelque plaiſir pluſieurs faits peu utiles, mais très-anciens dès hommes très-éloignéz de nous ou par l'eſpace des tems ou par l'eſpace des terres. Ce plaiſir eſt de la nature du plaiſir que nous procurent des inſcriptions fort ſteriles & fort inutiles, mais qui ont trente ou quarante ſiecles d'ancieneté, & qui peuvent procurer à quelques Lecteurs une ſorte de

 plai-

plaisir pour le *sens* de la curiosité.

Entre les reglemens qui subsistent en vigueur, qui nous procurent des avantages presens & qui nous en assurent de futurs, ceux qui nous exemtent de plus grans maux & pour plus lontems, & qui nous procurent de plus grans biens, & à plus de familles sont beaucoup plus estimables que ceux qui ne nous garantissent que de maux beaucoup moindres ou qui ne nous procurent que de biens plus petits, & moins durables ou qui s'étendent à moins de familles.

Les livres, les projèts qui contienent des decouvertes bien demontrées pour perfectioner le Gouvernement des Etats doivent donq être regardéz comme étant de la premiere classe, & çèz decouvertes à cauze de la multiplicité dez combinaizons sont peut-être aussi dificiles & à faire, & à bien demontrer que les plus dificiles decouvertes de la Geometrie & demandent des genies de la premiere classe, & une aplication longue & suivie.

Pour comparer les ouvrages de diferentes matieres il faut comparer l'utilité de l'ouvrage du plus haut prix sur

ſur une matiere à l'utilité de l'ouvrage du plus haut prix d'une autre matiere, ſans s'aréter à mezurer les dificultez qu'il a ſalu ſurmonter pour faire çéz ouvrages.

La Providence, qui nous aime, nous a ſagement doné pour reſſort le plaiſir des louanges publiques, le plaizir d'être diſtinguez entre nos pareils, c'eſt à la ſageſſe de ceux qui gouvernent à diriger ſi bien ce reſſort que les plus grandes louanges ſoient toujours donées uniquement aux plus grans bienfaits, & cela pour ſuivre les intentions de l'auteur de la Nature ſouverainement juſte, ſouverainement ſage, & ſouverainement bienfezant.

Conſequences générales de la Regle.

Il eſt aizé de comparer un reglement à un autre reglement.

1°. Par le nombre de familles, auxquelles ils procurent dèz plaiſirs & qu'ils garantiſſent de certaines peines, de certaines douleurs ou dont ils diminuent çéz peines & çéz douleurs.

2°. Par la durée de çéz plaiſirs.

3°. Par la ſenſibilité de çéz plaizirs.

4°. Par

4°. Par la grandeur ou la ſenſibilité des peines.

5°. Par la durée de çéz peines.

On peut de même comparer facilement avec çéz regles l'utilité d'un batiment publiq à l'utilité d'un autre batiment publiq & des autres édifices publiqs entre eux ; il n'eſt pas ſi facile de comparer l'utilité de livre à livre, mais la choſe eſt poſſible, & ce ſeroit une metode pour introduire les demonſtrations aritmetiques dans la Morale, & ſur tout dans la Politique pour meſurer la valeur des bienfaits que les hommes procurent à leur patrie.

De çéz cinq articles d'utilité il ſuit en général que les ouvrages de Matematique, & de Fizique, qui, comme quelques uns de ceux de M. de Reaumur, pouſſent la ſpeculation juſqu'à la pratique pour perfectioner les Arts, procurent beaucoup plus de biens à un nombre beaucoup plus grand de familles que les decouvertes plus dificiles, mais bien moins utiles, des Newtons, des Leibniz & des autres Matematiciens purement ſpeculatifs, ou des Siſtêmes des Fiziciens purement curieux qui ne puiſent pas leurs ſpeculations

tions jusqu'à la pratique dans les Arts & qui ne diminuent en rien ni la peine des ouvriers ni la depense des ouvrages.

De-là il suit que les Livres de Morale cretiene qui par leurs sages considerations diminuent les maux de la vie presente par les esperances des biens de la vie future & qui nous portent à la pratique de la justice & de la bienfaizance, & sur tout à la patience des injures qui est une grande partie de la bienfaizance sont incomparablement plus utiles que les Livres qui ne font que nous amuser pour le tems que nous les lisons, tels que sont la plupart de nos Livres d'histoire, & la plupart de nos Romans & de nos Comedies.

De-là il suit, que les bons Livres de Morale crètiéne qui augmentent en nous des craintes très-salutaires, & des esperances trèz-consolantes sont beaucoup plus estimables & plus utiles que les bons Livres de Geometrie speculative.

Il est vrai, que l'on peut écrire l'histoire, faire dez Romans & dez Comedies, d'une maniére trèz utile, mais malhureuzement faute de perfectioner notre

notre police de ce coté-là, cette metode salutaire n'est pas encore assez en pratique; j en ai parlé dans un Mèmoire séparé.

De-là il suit, que le Livre le moins utile, c'est celui qui ne sert qu'à satisfaire la curiosité, & sur tout la curiosité d'un petit nombre de Lecteurs, par exemple les Livres sur lès généalogies ancienes des Grècs & dèz Romains, sur leurs habillemens, sur leurs opinions ridicules, tels sont encore les Livres d'etimologie du Grec, du Latin, de l'ancien Persan, de l'ancien Egiptien, la conoissance des medailles, des inscriptions antiques qui ne sont utiles qu'à perfectioner une Cronologie, qui est elle-mème peu utile, les questions frivoles, & trop exactes de Cronologie, les decouvertes dans l'Explication des Auteurs anciens lorsqu'il s'agit de chozes trèz inutiles & d'Auteurs, qui n'ont nul titre d'infaillibilité.

De-là il suit que si l'on mezure la plupart des ouvrages de plusieurs des beaux Esprits de notre siècle avec cette regle incontestable *de la plus grande utilité publique*, ils paroitront d'une va-

valeur bien petite en comparaiſon de ceux qu'ils auroient pu faire en joignant la grande utilité de la matiere au grand agrement de la forme, ſi çéz beaux Eſprits font tant d'honeur à leur Nation pour avoir ſi bien orné dèz bagatelles, combien lui en auroient-ils fait davantage s'ils avoient employé leurs talens à enbélir, à orner, à rendre agreable les matieres les plus importantes à la felicité publique.

Je laiſſe au Lecteur judicieux à tirer par cette metode une infinité de concluſions ſur la valeur de chaque Livre d'une Biblioteque, & c'eſt cette metode que l'on peut apeler *Bibliomètre.*

Je craindrois ſi j'entrois dans un plus grand détail d'entrer dans une ſorte de ſatire ſur quantité de Livres, que je vois beaucoup plus eſtiméz qu'ils ne valent en éfét, mais peu à peu le monde ſe peuplera de bons conoiſſeurs & parconſequent de Livres plus utiles.

De-là il ſuit que lez ouvrages celebres du ſeiziéme ſiecle, étant dévenus trèz inferieurs à ceux qui ont été faits

faits sur les mèmes matieres cent cinquante ans aprèz ne sont plus ouvrages excelens pour ce tems-ci, mais qu'ils l'ont été dans leur tems; ces Auteurs sont illustres entre leurs contemporains, mais non par comparaison à nos Auteurs vivans qui lez ont surpassé, c'est que nous avons profité des lumieres de nos ancètres & beaucoup encheri peu à peu sur leurs ouvrages, nos descendans nous laisseront illustres pour notre siecle, tandis qu'à nos depens ils se rendront illustres pour le leur en fezant grand nombre d'ouvrages meilleurs que les notres.

Si la paix devient solide, & perpetuelle en Europe, la Raison fera de grans progrèz chaque siecle, de sorte qu'en ce cas-là on pouroit assurer que dans deux cens ans nos ouvrages excelens d'aujourdui ne seront plus lus pour les matieres qu'ils traitent, on ne les lira plus que pour aprendre à quel dégré la Raison humaine étoit de notre tems, ce qui n'est qu'un plaisir passager de pure curiosité, qui ne regardera que trèz peu d'hommes de ce tems-là.

Il y a des Auteurs, qui soit hazard, soit discernement, font des ouvrages sur

ſur des matieres importantes. mais des ouvrages ſuperficiels, qui ne ſont que repeter & compiler ce que leurs prédeceſſeurs ont decouvert, & qui ne decouvrent rien eux-mêmes: çèz Compilateurs, quelques laborieux qu'ils ſoient, ne meritent pas de rang parmi les Auteurs illuſtres, il n'y a proprement que les decouvreurs, les originaux & ſur tout en matieres importantes, qui meritent le nom d'Auteurs illuſtres.

Je ſai bien, que les grans travaux des Compilateurs laborieux ſont utiles, mais il faut avouer que ce ſont les decouvertes ou en grand nombre ou importantes dans une Sience dificile, qui ſeules ont le droit de faire des Auteurs illuſtres, comme Galilée en Italie, Leibniz en Alemagne, Newton en Angleterre; & ſi la decouverte eſt importante telle qu'eſt la metode pour bien conduire ſon Eſprit pour s'aſſurer de la Vérité malgré les prejugéz anciens, malgré les exemples, malgré les fortes habitudes à penſer en enfant, en ignorant, de pareilles decouvertes importantes peuvent d'un grand Filoſofe en faire un grand homme, tel qu'a été en France le fameux Deſcartes, qui nous a apris à remètre à l'examen la plupart des opinions fausses que nous regardions comme certaines.

Il seroit à desirer, que ceux qui font des recueils de la Vie des Auteurs illustres observassent d'écrire plus amplement, & avec plus de soin ce qui regarde la Vie, & les ouvrages des Auteurs qui sont non seulement des Auteurs illustres, mais même de grans hommes : au lieu que souvent ils emploient autant de tems à parler de la Vie, & des ouvrages d'Auteurs dix fois moins illustres & moins utiles. C'est à ces Historiens à doner au Lecteur des marques de la grande supériorité que les grans hommes ont eu sur les autres Auteurs, en fezant observer le nombre & l'utilité de leurs decouvertes.

J'ai lu avec plaizir les seize premiers tomes de la Vie des Auteurs illustres du Pere Niceron Barnabite ; bien des gens se plegnent de ce qu'il y en met un trop grand nombre, & que parmi les Auteurs illustres il y en a qui ne sont que du genre médiocre, & non du genre illustre, & cela pouroit bien être ; mais il me semble que l'on ne doit pas craindre le nombre excessif pour-

pourvu que le Compilateur fasse sentir par quelque comparaison la diference qui est entre eux tant du côté de la diferente valeur des matieres diferentes, qu'ils ont traitées que du côté du nombre & de la valeur des decouvertes qu'ils y ont faites, alors les grans hommes loin de rien perdre à la multitude d'Auteurs dont on les acompagnera, & loin d'être confondus parmi la foule des Auteurs médiocres ils recevront d'autant plus de distinction que le Pere Niceron fera sentir les dégréz entre le petit nombre de trèz illustres, & le grand nombre d'Auteurs qui ne meritent pas ce rang.

Les Livres d'amuzement, comme les Recueils de Poësie, les Romans, les Comedies sont en beaucoup plus grand nombre en France, & portéz à un plus haut point de perfection qu'ailleurs, j'en dirois volontiers ce que j'ai dit de la grande depense des piramides d'Egipte, *quelle depense inutile*, quelle depense d'esprit pour des ouvrages de si petite utilité?

Ces piramides prouvent à la verité dans les Princes de grandes richesses, comme cèz Livres prouvent dans les

Auteurs une prodigieuze fecondité d'imagination, & même une delicatesse & une justesse d'esprit prodigieuze; mais par malheur ils prouvent en même tems le peu de discernement de ces faizeurs de grans bâtimens inutiles, & de çèz grans faizeurs de bagatelles dificiles, qui ne voyent pas que les plaisirs qu'ils procurent avec tant de depense sont ou pour peu de persones ou peu durables.

Turpe est, OU PLUTOT *stulti est dificiles habere nugas.*

On m'a dit, que les piramides servoient à montrer quel est le vrai Midi, & le vrai Nord du tems où elles ont été baties, & que c'étoit une utilité pour les Astronomes; mais si dans ce tems-là on n'a point eu la même atention que nous avons eu pour batir l'Observatoire de Paris sur les quatre poincts cardinaux, çèz piramides ne nous aprenent qu'un *à peu prez* sur le Midi précis, & sur la ligne meridienne; or qui nous a dit que l'on fezoit dèz ce tems-là, & pour çèz batimens des observations trèz justes?

Il y a des Livres où il n'y a rien à aprendre, & qui sont chers parce qu'ils sont

ſont rares, mais ils ne ſont precieux, que pour les ſots qui ſe piquent d'avoir en leur poſſeſſion des chozes rares de peu de valeur.

Il y a un nombre infini de gros Comentateurs *in Folio* de Filoſofes & d'autres Anciens qui ne ſont plus lus, & que perſone ne veut plus lire. Les nouveaux Filoſofes les ont tous rendus inutiles pour la Filoſofie, ils ne ſont plus bons qu'à faire des envelopes, & tous les jours nos Auteurs de cent ans perdent de leur prix, & s'anéantiſſent avec raizon, parceque des Auteurs modernes nous aprenent plus de chozes & plus utiles, en moins de tems & plus facilement, & nous donent plus de plaiſir.

De toutes ces conſiderations il eſt facile de conclure que les Livres ne ſont précieux & eſtimables qu'à proportion de leur utilité, & que les grans genies, s'ils veulent paſſer pour bons Citoyens, & pour gens d'un bon diſcernement, doivent employer encore plus d'eſprit à bien choiſir leurs Entrepriſes parmi les plus utiles au publiq, qu'à les bien executer, c'eſt peu de choze d'aquerir la reputation d'homme d'esprit, de bel Esprit, c'est beaucoup d'aquerir la reputation d'homme de grand discernement qui sait choisir entre les plus grandes & les plus belles Entreprizes qui sont à sa portée, ce qui ne se peut faire que par un Esprit, qui soit en même tems d'une grande justesse, & d'une grande étenduë ; *or c'est ce que je m'étois proposé de demontrer.*

OBJECTION I.

SUIVANT votre Regle on ne devroit pas faire grand cas de tous çèz gros Volumes d'anciens Filosofes, & de leurs Comentateurs, qui nous restent depuis deux mille ans, & qui remplissent nos magnifiques Biblioteques ; or que deviendront les grans noms de Democrite, de Socrate, de Platon, d'Aristote, d'Archimede, &c.

REPONSE.

1°. LE peu d'utilité que nous tirons présentement de leurs ouvrages n'emn'empechent pas qu'ils n'ayent été les premiers genies de leurs Siècles.

2°. LEURS Ouvrages ont servi à perfectionner l'esprit, les Modernes eux-mèmes leur doivent ou à leurs Disciples une partie des conoissances avec le secours desquelles ils ont fait leurs découvertes.

3°. CES Ouvrages contienent encore plusieurs faits curieux de l'antiquité, ils servent actuellement de monumens historiques du progrèz de la Raizon humaine.

OBJECTION II.

DE la maniere dont vous raisonez, Galilée, Descartes, Leibniz, Newton, qui ont fait de si grans progrèz dans la Geometrie & dans la Fizique curieuze ne seroient donq point de grans homes, parce que leurs découvertes ne sont pas d'une trèz grande utilité à la Societé humaine.

REPONSE.

GALILÉE, Leibniz, Newton sont de grans genies, sont de grans

Geomètres ; mais pour de grans hommes, non, puisqu'il manque à leurs ouvrages la grande utilité publique.

Au lieu que Socrate, Platon, Aristote, qui pour leur tems avoient fait de grans progrez dans la Morale, & dans la Politique, Siences trèz utiles à la Societé, ont été de grans hommes.

Descartes est aussi un grand homme, c'est qu'il nous a enseigné 1o. à examiner toutes les propositions par les regles de l'évidence, c'est-à-dire, par la comparaison avec les propositions évidentes, avant que de décider si elles sont vraies, ou fausses, ou douteuses, 2°. il nous a apris à distinguer la certitude qui vient de nos préjugez fréquens, anciens & communs à ceux avec qui nous vivons, de la certitude qui vient de l'évidence, 3o. il nous a apris à raizoner & à conclure avec justesse sur des Propositions claires & distinctes, 4°. il nous a apris à ne nous plus soumètre en rien à l'autorité humaine, parce qu'elle n'est pas infaillible, il nous a apris ainsi à voir par nos propres yeux & à faire uzaje de notre propre Raizon. Or

Or cette metode bien démontrée est infiniment utile à toutes les Siences & sur tout à la Politique Cretiene qui est la plus utile de toutes les Siences, enfin sa metode est absolument necessaire pour perfectioner la Raison en général.

Je dirai plus, Malebranche, qui avec la metode du grand Descartes a mieux éclairci, qu'aucun autre avant lui, la matiere de la force de l'imagination, me paroît bien plus proche du grand homme que Galilée, Leibniz & Newton, parce qu'il a fait des découvertes dans une matiere beaucoup plus importante à la Societé que toutes les decouvertes qu'ils ont faites.

OBJECTION III.

Si les grans genies de la premiere Classe s'apliquoient tous aux matieres les plus importantes au bonheur de la Societé, c'est-à-dire, à perfectioner tout ce qui regarde la Sience du Gouvernement, il n'en resteroit plus pour faire des découvertes dans les Siences curieuzes & moins utiles.

REPONSE.

1°. Souvent les grans genies ne se reconoissent ni grans ni fort superieurs aux autres qu'aprèz une longue aplication de plusieurs anées à la même matiere qu'ils ont choisie ou par gout ou par profession, & alors il n'est plus tems pour eux de se mètre à étudier la Sience du Gouvernement, dans laquelle ils ne pouroient ateindre qu'à la mediocrité.

2°. Pour avancer beaucoup en peu de tems dans la Politique, & y faire de grandes decouvertes, il faut une conoissance exacte & certaine d'un grand nombre de faits & d'experiences, sans lesquelles on ne peut raisoner juste, ni faire quantité de combinaisons nécessaires; or pour avoir ces conoissances de faits, il faudroit souvent plus de loisir, plus d'activité, plus de credit, plus de revenu que n'en ont plusieurs grans genies, qui par cette raizon demeureront atachez aux Siences moins utiles.

3°. Il est vrai, que la Geometrie & la Fizique curieuze auront moins

moins de grans genies, qui les cultiveront toute leur vie, & que les grandes decouvertes dans ces Siences curieuſes ſeront plus rares, mais en recompenſe les grandes decouvertes dans la Politique, qui eſt la Sience la plus importante au bonheur des hommes en ſeront beaucoup plus nombreuzes & plus frequentes; or cela peut-il ſe regarder comme un inconvenient, & n'eſt-il pas au contraire à deſirer que les Siences & les Arts ne ſoient cultivéz par les plus grans genies, qu'à proportion de l'utilité dont elles peuvent être à la Societé humaine.

OBSERVATION.

Il eſt certain, que les véritez générales & importantes, mais purement ſpeculatives ne devienent utiles qu'à proportion, que l'on en fait plus d'aplication dans la pratique. Et c'eſt ce qui doit déterminer à faire des aplications encore plus particulieres de la Règle ſur la valeur des Livres.

Pour en venir plus facilement à bout on peut ſe ſervir des diferens Jour-

Journaux des Savans d'Europe, on peut faire quelques comparaiſons ſur la valeur, c'eſt-à-dire ſur l'utilité de diferentes eſpèces d'ouvrages, & dans la ſuite ſur quelques Ouvrages de la même eſpece.

Mais ce que je n'ai pas le loiſir de faire moi-même, quelque autre s'en aquitera mieux que je n'aurois fait.

Fin du Tome Second.

TABLE

TABLE
DES
MATIÈRES.

Contenues dans ce Volume.

PRO-

TABLE.

PRO-

TABLE.

FIN.

www.ingramcontent.com/pod-product-compliance
Ingram Content Group UK Ltd.
Pitfield, Milton Keynes, MK11 3LW, UK
UKHW012021240726
13965UKWH00002B/489

CHIFFRES

ARABES, FRANÇAIS ET ROMAINS.

31. On écrit aussi les nombres au moyen de sept lettres ; les minuscules sont appelées chiffres français et les majuscules chiffres romains.

Voici leur valeur :

i *ou* j	v	x	l	c	d	m	*$\overline{x}$	$\overline{c}$	$\overline{m}$
I	V	X	L	C	D	M	*$\overline{X}$	$\overline{C}$	$\overline{M}$
1	5	10	50	100	500	1,000	10,000	100,000	1,000,000

CHIFFRES.

Arabes.	Français.	Romains.	Arabes.	Français.	Romains.
1	i	I	30	xxx	XXX
2	ij	II	40	xl	XL
3	iij	III	50	l	L
4	**jv	**IV	60	lx	LX
5	v	V	70	lxx	LXX
6	vj	VI	80	lxxx	LXXX
7	vij	VII	90	xc	XC
8	viij	VIII	100	c	C
9	jx	IX	200	cc	CC
10	x	X	300	ccc	CCC
11	xj	XI	400	cd	CD
12	xij	XII	500	d	D
13	xiij	XIII	600	dc	DC
14	xjv	XIV	900	cm	CM
15	xv	XV	1500	md	MD
16	xvj	XVI	100,000,000	$\overline{cm}$	$\overline{CM}$
17	xvij	XVII	1792	mdccxcij	MDCCXCII
18	xviij	XVIII	1830	mdcccxxx	MDCCCXXX
19	xjx	XIX	1845	mdcccxlv	MDCCCXLV
20	xx	XX	1910	mcmx	MDMX

* Une lettre surmontée d'un trait vaut mille fois plus.

** Quand une lettre de moindre valeur est à la gauche d'une lettre de plus grande valeur, il faut retrancher la première de la seconde.

32. Le système métrique est l'ensemble des poids et mesures qui ont pour base le mètre.

33. Le MÈTRE, unité des mesures de longueur, est égal à la dix-millionième partie du quart du méridien terrestre,

34. L'ARE, unité des mesures agraires, égale un carré de 10 mètres de côté ou de 100 mètres carrés.

35. Le STÈRE, unité des mesures pour les bois de chauffage, vaut un mètre cube.

36. Le LITRE, unité des mesures de capacité pour les liquides et les matières sèches, vaut un décimètre cube.

37. Le GRAMME, unité des mesures de poids est égal au poids d'un centimètre cube d'eau pure.

38. Le FRANC, unité de monnaie, pèse cinq grammes, il est composé de neuf dixièmes d'argent et d'un dixième de cuivre.

39. Pour indiquer des mesures de dix en dix fois plus grandes ou de dix en dix fois plus petites que l'unité, on emploie les mots suivants :

MULTIPLES.		SOUS-MULTIPLES.	
MYRIA qui signifie	dix-mille	DÉCI signifie	dixième partie.
KILO.	mille	CENTI. . .	centième. »
HECTO	cent	MILLI. . .	millième. »
DÉCA.	dix		

UNITÉS. Mètre, Are, Stère, Litre, Gramme, Franc.

40. Ces sept mots se placent devant les six mots qui représentent les unités, ils suffisent pour exprimer toutes les mesures, depuis les plus grandes jusqu'aux plus petites.

41. Chacune des mesures de poids et de capacité a son double et sa moitié.

TABLEAU SYNOPTIQUE de toutes les mesures du Système Métrique.

NOMS.	VALEUR.	NOMS.	VALEUR.
MESURES DE LONGUEUR.		MESURES DE CAPACITÉ.	
Myriamètre.	10.000 mètres.	Kilolitre.	1,000 litres.
Kilomètre.	1.000 mètres.	Hectolitre.	100 litres.
Hectomètre.	100 mètres.	Décalitre.	10 litres.
Décamètre.	10 mètres.	LITRE.	1 décimètre cube.
MÈTRE.	Unité fondamentale.	Décilitre.	10e partie du litre.
Décimètre.	10e partie du mètre.	Centilitre.	100e partie du litre.
Centimètre.	100e partie du mètre.	MESURES DE POIDS.	
Millimètre.	1000e partie du mètre.	Myriagramme.	10.000 grammes.
MESURES AGRAIRES.		Kilogramme.	1.000 grammes.
Hectare.	100 ares.	Hectogramme.	100 grammes.
ARE.	100 mètres carrés.	Décagramme.	10 grammes.
Centiare.	1 mètre carré.	GRAMME.	Poids d'un centim. cube d'eau.
MESURES POUR LE BOIS.		Décigramme.	10e partie du gramme.
Décastère.	10 stères.	Centigramme.	100e partie du gramme.
STÈRE.	1 mètre cube.	Milligramme.	1000e partie du gramme.
Decistère.	10e partie du stère.	MONNAIE.	
		FRANC.	Unité monétaire.
		Décime.	10e partie du franc.
		Centime.	100e partie du franc.

ADDITION.

42. L'*Addition* est une opération, par laquelle on joint ensemble plusieurs nombres exprimant des unités de même nature, pour en faire un seul, qu'on appelle *somme* ou *total.*

43. *Pour faire l'Addition*, on écrit d'abord les nombres les uns sous les autres en ayant soin de placer les unités sous les unités, les dizaines sous les dizaines, les centaines sous les centaines, etc. On souligne le tout ; puis, en commençant par la droite on additionne séparément chaque colonne, on pose dessous les unités qui proviennent de l'addition et l'on retient les dizaines pour les porter à la colonne suivante, excepté à la dernière où l'on pose tout.

44 L'*Addition des nombres décimaux* se fait comme celle des nombres entiers, mais il faut avoir soin de placer au total la virgule au même rang que celui où elle se trouve dans les nombres qu'on a additionnés.

45. La *preuve* d'une opération arithmétique est une autre opération que l'on fait pour s'assurer de l'exactitude de la première.

46. La *preuve de l'addition* se fait en recommençant l'addition par le bas, si on l'a faite en commençant par le haut.

47. Pour additionner facilement, il faut savoir par cœur la table d'addition.

TABLE D'ADDITION.

1 et 1 font 2	4 et 1 font 5	7 et 1 font 8
1 . . 2 . . 3	4 . . 2 . . 6	7 . . 2 . . 9
1 . . 3 . . 4	4 . . 3 . . 7	7 . . 3 . . 10
1 . . 4 . . 5	4 . . 4 . . 8	7 . . 4 . . 11
1 . . 5 . . 6	4 . . 5 . . 9	7 . . 5 . . 12
1 . . 6 . . 7	4 . . 6 . . 10	7 . . 6 . . 13
1 . . 7 . . 8	4 . . 7 . . 11	7 . . 7 . . 14
1 . . 8 . . 9	4 . . 8 . . 12	7 . . 8 . . 15
1 . . 9 . . 10	4 . . 9 . . 13	7 . . 9 . . 16

2 et 1 font 3	5 et 1 font 6	8 et 1 font 9
2 . . 2 . . 4	5 . . 2 . . 7	8 . . 2 . . 10
2 . . 3 . . 5	5 . . 3 . . 8	8 . . 3 . . 11
2 . . 4 . . 6	5 . . 4 . . 9	8 . . 4 . . 12
2 . . 5 . . 7	5 . . 5 . . 10	8 . . 5 . . 13
2 . . 6 . . 8	5 . . 6 . . 11	8 . . 6 . . 14
2 . . 7 . . 9	5 . . 7 . . 12	8 . . 7 . . 15
2 . . 8 . . 10	5 . . 8 . . 13	8 . . 8 . . 16
2 . . 9 . . 11	5 . . 9 . . 14	8 . . 9 . . 17

3 et 1 font 4	6 et 1 font 7	9 et 1 font 10
3 . . 2 . . 5	6 . . 2 . . 8	9 . . 2 . . 11
3 . . 3 . . 6	6 . . 3 . . 9	9 . . 3 . . 12
3 . . 4 . . 7	6 . . 4 . . 10	9 . . 4 . . 13
3 . . 5 . . 8	6 . . 5 . . 11	9 . . 5 . . 14
3 . . 6 . . 9	6 . . 6 . . 12	9 . . 6 . . 15
3 . . 7 . . 10	6 . . 7 . . 13	9 . . 7 . . 16
3 . . 8 . . 11	6 . . 8 . . 14	9 . . 8 . . 17
3 . . 9 . . 12	6 . . 9 . . 15	9 . . 9 . . 18

EXEMPLES D'ADDITIONS.

du	m.cdu	cdm.cdu	du,dc	u,dcm
36	2.436	357.364	46,53	0,45
24	4.703	25	8,45	0,724
55	2.475	675	30,60	0,6
47	7.634	1.420	182,07	0,006
23	8.212	34	0,43	0,107
165	25.460	359.518	268,08	1,887

EXERCICES SUR L'ADDITION.

1	2	3	4	5
25	36	45	61	40
13	42	62	33	63
42	63	51	46	26
36	50	23	25	35
54	42	15	32	24

6	7	8	9	10
32	20	45	62	52
14	31	12	43	60
25	24	36	15	13
43	12	21	36	42
31	43	34	24	35

11	12	13	14	15
31	64	11	56	17
24	20	36	41	28
62	31	65	34	31
16	43	17	20	13
35	62	24	32	62
43	35	63	64	45

16	17	18	19	20
412	630	306	532	475
360	324	125	461	312
145	145	546	250	636
562	361	234	637	742
453	412	507	423	365

21	22	23	24	25
631	734	600	435	134
265	265	352	626	256
434	104	417	145	324
301	321	364	363	136
534	465	626	407	475

26	27	28	29	30
4313	1312	6320	4301	3521
2423	4361	4135	5675	6247
3652	5743	3624	4326	3765
5463	6304	1534	3743	4236
1045	2476	4366	6842	1040

31	32	33	34	35
425	6840	24	4705	8780
362	3025	86	2642	2672
516	4637	39	3785	1325
173	4826	62	4367	4032
264	3437	25	2629	2630

36	37	38	39	40
1275	5640	1245	8750	2365
465	4356	365	3764	61270
336	2743	4230	4000	48
212	1830	6265	3626	7304
435	3675	26	2837	15245

41	42	43	44	45
36,25	17,05	3615,50	4,35	17,50
40,30	412,64	2004,05	2,74	3,20
64,14	36,47	3626,75	3,28	6,05
31,63	2,25	4702,04	9,76	9,70
48,74	314,54	436,66	4,37	6,48

46	47	48	49	50
0,673	37,45	362,750	3,37	14,75
0,435	20,04	4,170	2,68	2,86
1,375	3,6	360,256	9,74	3,74
4,364	437,55	436,475	8,20	4,83
6,685	354,64	30,004	6,78	6,35

51	52	53	54	55
47,65	6847	3,750	45,7	6400,75
2,26	1048	0,025	1402,65	3087,20
3,75	374	0,736	36,24	46,36
73,64	68	1,320	43,46	2,63
36,75	736	1,645	614,25	54,01
47,64	5425	3,215	371,97	4637,20

56	57	58	59	60
725	620	215	615	329
431	244	420	236	412
625	270	506	425	324
132	426	524	542	435

61	62	63	64	65
4250	3426	4672	6740	7426
3726	5743	5306	3512	3215
3412	2361	6045	2363	1463
5604	5745	5463	4500	2926
5245	2675	3747	5960	5715

66	67	68	69	70
24732	420	6750	26	43.275
12268	364	4062	58	26 365
43670	675	3782	97	40.506
36472	862	6527	68	78.245
18122	252	2624	45	44.355

71	72	73	74	75
67550	3473	36750	620	36
40263	462	420236	37	147
36243	26	274610	89	389
26475	47	389475	465	655
30878	9	437263	308	879

76	77	78	79	80
4.75	36,45	4,750	745,05	87.18
3.06	70,64	6,29	320,40	40.63
6,74	32,80	3,074	346,15	20,06
8,67	95,74	2,963	279 74	3,8
4,35	35,48	6.47	308,87	4,75
7.26	96,17	5,685	686,06	73,48
9,83	30.05	1,136	425,15	28,09

81	82	83	84	85
4.810	470	4.728.234	6,867	4,75
27.235	2.361	6.265.005	2,435	30,50
26.467	4.078	7 085 272	47,285	61,34
398	19.625	4.368.987	1,275	24,85
49	37.[illegible]65	370.4[illegible]8	8,3	60,35
743	45.465	424.710	29.470	87,62
472	362.704	56.862	4,364	38,95

86	87	88	89	90
14750	439	1.438.295	475,25	6.784
365	465	620.040	20,30	2 075
436	2570	378.964	8.75	366
2674	4863	2.879.341	143.26	3.098
5245	2075	4.146.283	378,48	47.263
1528	4364	35.746	24,25	192.375

91	92	93	94	95
31,75	4,865	0,358	654,2	10,7275
4,625	2,736	0,409	436,75	1,69256
0.078	5,674	1,762	276,43	2,87262
45.6	2,380	8,987	345,63	47,6105
54,785	4,736	3,105	420.175	42,76263
96,55	97,451	4,798	8,6	8,436365

96	97	98	99	100
4.728.735	47,925	400.020	64,75	6.840
26.245.618	6,035	50,875	32,20	56
57.652 436	26,792	425.014	4,05	302
4.827.165	44,605	360,745	3,6	4.000
438.946	374,149	436,406	70,03	60.100
41.061	251,740	70,000	2,54	25.204
396.716	360,005	1060,204	12,475	205
4.825.845	453,782	4608.158	4,11	6
56.004.102	089,425	300,401	0,06	34

PROBLÈMES SUR L'ADDITION.

P. 1. Un enfant a mangé 25 cerises à son déjeuner, 56 à son dîner et 64 à son souper : combien en a-t-il mangé ?

P. 2. Une personne doit les quatre sommes suivantes : 632 fr., 845 fr., 370 fr. et 564 fr. : quel est le total de sa dette ?

P. 3. On a payé quatre ouvriers, qui avaient gagné : le premier, 14 fr., le second 23 fr., le troisième 20 fr., le quatrième 35 fr. : combien leur a-t-on donné ?

P. 4. Quelle est la longueur de trois pièces de drap : la première contient 36 mètres, la seconde 42 mètres et la troisième 75 mètres.

P. 5. Une personne a payé quatre billets ; le premier est de 345 fr., le second de 621 fr., le troisième de 740 fr. et le quatrième de 130 fr. : combien a-t-elle déboursé ?

P. 6. On demande le nombre des jours de l'année : janvier a 31 jours, février 28, mars 31, avril 30, mai 31, juin 30, juillet 31, août 31, septembre 30, octobre 31, novembre 30 et décembre 31.

P. 7. Trois ballots pèsent : le premier 236 kilogrammes, le second 325 kilog. et le troisième 174 kilog. : quel est leur poids ?

P. 8. Un régiment de cavalerie a 320 chevaux dans le premier escadron, 256 dans le deuxième, et 375 dans le troisième : quel est le nombre des chevaux de ce régiment ?

P. 9. On a coupé dans une forêt 642 chênes, 375 bouleaux, 496 frênes, 235 noyers, 260 sapins et 492 châtaigniers : combien a-t-on abattu d'arbres ?

P. 10. Quelle est la dépense d'une personne

qui a acheté pour 346 fr. de linge, pour 657 fr. de meubles, pour 205 fr. d'habillements et fait pour 186 fr. de provisions ?

P. 11. Un garçon de recette a reçu 246 fr d'une personne, 621 fr. d'une autre, 765 d'une troisième et 829 fr. d'une quatrième : combien a-t-il reçu en tout ?

P. 12. Un marchand a vendu 475 kilogrammes de café, 1270 kilogr. de sel : combien a-t-il vendu de kilogrammes ?

P. 13. Quelle est la longueur de six rues: la première a 475 mètres, la deuxième 508 m., la troisième 403 m., la quatrième 657 m., la cinquième 735 m. et la sixième 809 mètres ?

P. 14. Une pépinière contient 875 pêchers, 2710 poiriers, 3465 pommiers, 475 abricotiers, 1520 cerisiers et 638 pruniers : combien a-t-elle d'arbres en tout ?

P. 15. La ville de Lille a 63.063 habitants, Arras 20.451 h., Amiens 44.405 h., Rouen 90.580 h., Metz 39.767 h., Reims 39.185 h. : on demande la population de ces six villes.

P. 16. Le bassin du Rhin forme neuf départements, savoir : le Haut-Rhin, qui a 464.775 habitants; le Bas-Rhin 560.113 h., la Moselle 440.312, la Meurthe 444.603 h., la Meuse 326.372 h., les Vosges 419.992, les Ardennes 319.167, le Pas-de-Calais 685.021 et le Nord 1.085.298 h. : quelle est la population de ce bassin ?

P. 17. Un boucher a acheté trois bœufs, le premier pèse 428 kilogrammes, le deuxième 643 k., et le troisième 567 k. : quel est leur poids total ?

P. 18. Combien y a-t-il d'hommes dans un

régiment composé de quatre bataillons: le premier a 1275 hommes, le deuxième 1006, le troisième 897, et le quatrième 873 hommes?

P. 19. Paris renferme 875.495 habitants, Lyon 143.977 h., Marseille 147.191 h., Bordeaux 99.512 h., Orléans 39 023 h., Toulouse 76.965 h. : dites la population de ces six villes.

P. 20. On demande le poids total de cinq voitures, la première pèse 3.745 kilogrammes; la 2e 10 004 k., la 3e 8.706 k., la 4e 6.135 k. et la 5e 3.218 k.

P. 21. Trois personnes ont fait une société, la première a versé 35 060 francs, la deuxième 10.435 fr. et la troisième 46 730; on demande quel est leur capital social.

P. 22. Quelle est la longueur de trois pièces: l'une a 36 mètres 25 centimètres, l'autre 28 m. 50 c. et la dernière 42 m. 75 centimètres?

P. 23. Que faut-il payer à un ouvrier qui a gagné le lundi 2 fr. 75, le mardi 3 fr. 25, le mercredi 5 fr. 10, le jeudi 4 fr. 35, le vendredi 3 fr. 75 et le samedi 5 fr. 35?

P. 24. Combien y a-t-il de mètres dans six pièces de drap: la 1e a 47 m. 30 cent.; la 2e 62 m. 75; la 3e 65 m. 70; la 4e 38 m. 15; la 5e 47 m. 36 et la 6e 59 m. 64 centimètres?

P. 25. Un jeune homme a payé un chapeau 11 fr. 75, un habit 75 fr., un pantalon 25 fr. 50, un gilet 16 fr. 25 et une paire de bottes 22 fr. 50, combien a-t-il dépensé?

P. 26. Une servante a acheté au marché pour 2 fr. 40 cent. de fruits, pour 3 fr. 35 de beurre, pour 1 fr. 80 de légumes, pour 1 fr. 55

d'œufs et pour 4 fr. 20 de viande : combien a-t-elle déboursé ?

P. 27 Quelle est la recette d'un marchand qui a vendu pour 270 fr. 25 de drap, pour 46 fr. 35 de toile, pour 26 fr. 80 d'indienne et pour 6 fr. 45 de mercerie ?

P. 28. Le caissier d'une maison a dans sa caisse 840 fr. en or, 2.730 fr. 50 en argent, 2 fr. 05 en cuivre et 8.500 fr. en billets de banque : combien a-t-il en tout ?

P. 29. Quelle est la superficie de trois terres, la première a 47 hectares 65 ares, la deuxième 24 hect. 35 ares et la troisième 50 hect. 95 ares 36 centiares ?

P. 30. Quel est le poids des six objets suivants : le 1er pèse 4 kilo . 25 décag., le 2e 16 k. 375 grammes, le 3e 6 k 38 décag., le 4e 8 k. 6 décag, le 5e 0 k. 705 grammes et le 6e 1 k. 30 décag ?

P. 31. On demande combien il entrera de litres dans quatre tonneaux : le premier contient 3 hectolitres 45 litres, le deuxième 2 hectolitres 5 décalitres, le troisième 4 hect. 30 litres et le quatrième 2 hect. 5 litres ?

P. 32. Quel est le total de 0 fr. 75 centimes, de 0 fr. 20 cent., de 0 fr. 35 cent., de 1 fr. 40 et de 8 fr. 05 centimes ?

P. 33. Une bague pèse 6 grammes 5 centigrammes, une paire de boucles d'oreilles 18 gr. 475 milligrammes, un camée 56 gr. 35 centigrammes et une épingle 20 grammes 405 milligrammes : on demande le poids de ces objets ?

P. 34. Une dame a payé une robe 35 fr. 75 c., un châle 105 fr., une capote 25 fr. 50 c., un fichu 12 francs et une paire de gants 3 fr. : combien a-t-elle dépensé ?

P. 35. Quelle est la longueur d'un mur qui entoure une propriété ayant du côté du nord 245 mètres 35 cent., au sud 360 m. 20 cent., à l'est 742 m. et à l'ouest 560 m. 35 centimètres ?

P. 36. Le poids d'une caisse est de 85 kilog. 35 grammes, celui d'un ballot de 135 kilog. 5 hect., celui d'une malle 64 k. 8 décag. et celui d'un paquet 2 kilog. 65 grammes : on demande combien pèsent ces objets .

P. 37. Un homme est né en 1798, en quelle année aura-t-il 75 ans .

P. 38. Un homme s'est marié à 28 ans, il a perdu sa femme 4 ans après son mariage. Demeuré veuf 7 ans, il a pris une seconde femme, avec laquelle il a vécu 20 ans et lui-même est mort 3 ans après : à quel âge est-il mort ?

P. 39. Un ouvrier a reçu 25 fr., un second a reçu 15 fr. de plus que le premier ; et le troisième autant que les deux premiers : on demande combien le second et le troisième ouvrier ont reçu, et la somme qu'il a fallu pour les payer tous les trois ?

P. 40 Un ouvrier a fait en 32 jours, 58 mètres d'ouvrage qui lui ont été payés 240 francs; en 24 jours, il a fait 46 mètres, payés 257 fr.; enfin en 16 jours, il a fait 37 mètres payés 148 francs : on demande le nombre de jours qu'il a travaillé, ce qu'il a fait de mètres d'ouvrage et combien il a gagné.

P. 41. On a acheté une jument 850 francs, on la change contre un cheval en donnant en retour 235 francs : combien coûte le cheval ?

P. 42. Trois personnes se sont partagé une somme, la première a eu 43 francs ; la deuxième 16 francs de plus que la première ; la troisième, autant que la première et la deuxième : on demande la part de chaque personne et la somme partagée.

P. 43. Une marchandise coûte 2.406 fr. on veut gagner 420 fr. 75 : combien faut-il la revendre ?

P. 44. Une maison coûte 56.700 francs d'achat ; on a payé 3.055 fr. 45 pour les frais ; on y a fait pour 1.275 francs de réparations : combien faut-il la revendre pour gagner 3.500 francs dessus ?

P. 45. Un marchand de bois a acheté 65 stères pour 650 fr ; 773 stères pour 6520 f. ; 85 stères pour 695 fr. ; 46 stères pour 320 fr. ; 145 stères pour 11.600 fr. ; 504 pour 4.536 fr. ; et enfin 254 stères pour 1.524 fr. : combien a-t-il acheté de stères, et pour quelle somme ?

P. 46. Trois pièces de vin contiennent, la première 230 litres et a été payée 65 fr. 75 ; la seconde 245 litres, et a été payée 70 fr. 30 cent. ; la dernière contient 250 litres pour 85 fr. 25 : on demande le nombre de litres des trois pièces et ce qu'elles coûtent.

P. 47. Un marchand a acheté quatre pièces de toile, la 1re a 38 m. 25 et coûte 76 fr. 50 ; la 2e 45 m. 75 et coûte 85 fr. 45 ; la 3e 54 m. 60 pour 85 fr. 45 ; et la 4e 60 m. 80 pour 121 fr. 60 centimes : quelle est la longueur des quatre pièces et leur prix ?

P. 48. On a récolté 930 hectolitres de pommes de terre, dans un terrain de 3 hectares 6 ares ; 1,550 hectolitres, dans un autre de 5 hectares 35 ares; et 247 hectolitres dans un champ de 1 hectares 3 ares 25 centiares: combien a-t-on récolté d'hectolitres et quelle est la superficie des trois terres?

P. 49. J'ai vendu 3 m. 75 de drap, 110 fr.; 16 m. 5 décimètres, 206 fr. 50; 24 m. 75 de satine, 247 fr. 50; et 482 m. de calicot pour 602 fr. 25: combien ai-je vendu de mètres d'étoffe et pour quelle somme?

P. 50. Un marchand drapier a acheté une pièce de drap bleu ayant 31 m. 50 pour 467 fr. 50; une pièce de drap marron de 28 mètres pour 700 francs; une pièce de drap noir ayant 26 m. 75 pour 812 fr. 50; et une pièce de drap vert de 23 m. 85 pour 286 fr. 20: combien le marchand a-t-il acheté de mètres de drap et pour quelle somme?

P. 51. Le poids d'une pièce de 5 francs est de 25 grammes, celui d'une pièce de 2 fr., de 10 gr., celui d'une pièce de 1 fr., de 5 gr., celui d'une pièce de 50 cent. de 2 gr. 50 centigrammes et celui d'une pièce de 25 centimes de 1 gramme 25 centigrammes; quel est le poids de ces cinq pièces?

P. 52. Le poids net d'une marchandise est de 38 kilog. 45 décagrammes, l'emballage pèse 12 kilog. 6 décagrammes: quel est le poids brut du ballot?

P. 53. Un pieu est enfoncé dans la terre de 0 m. 75 centimètres et le bout extérieur est de 3 m. 8 cent.: quelle est sa longueur?

P. 54. Une pièce d'or de 40 fr. pèse 12 gr. 90.322 cent-millièmes et une pièce de 20 francs pèse 6 gr. 45.161 cent-millièmes: dites le poids de ces deux pièces.

P. 55. Le poids d'une pièce de trente sous

est de 10 gram. 1366 dix-millièmes et celui d'une pièce de quinze sous de 5 gr. 0683 dix-millièmes: quel est le poids de ces deux pièces?

P. 56. On a consommé à Paris en 1842 964.107 hectolitres de vin ; 48.390 hect. d'eaux-de-vie; 15.508 hect. de cidre et poiré, 18.146 hect. de vinaigre, et 147.191 hect. de bière : combien a-t-on consommé d'hectolitres ?

P. 57. Combien a-t-on consommé de têtes de bétail à Paris en 1842, sachant qu'il y est entré 72.195 bœufs, 19.004 vaches, 72.276 veaux, 449.928 moutons et 83.101 porcs ou sangliers ?

P. 58. Il s'est vendu à Paris en 1842, pour 6.051.676 fr. de marée, pour 1.532.640 fr. d'huîtres, pour 599.462 fr. de poisson d'eau douce, pour 10.080.091 fr. de volaille et gibier, pour 12.082.532 fr. de beurre, et pour 5.934.160 fr. d'œufs : à combien s'élève la vente de ces divers articles ?

P. 59. On a mangé en 1842 à Paris. 352.346 kilog. de pâtés, écrevisses et homards, 2.908.370 kilog. de viande à la main, 1.120.220 kilog de charcuterie, 1.644.250 k; d'abats et issues, et 1.364.184 k. de fromage : quelle a été la consommation de ces cinq articles ?

P. 60. Selon le relevé des opérations du cadastre, on compte en France 22.818.300 hectares de terres labourables; 1.977.000 hectares de vignes; 528.000 hect. de potagers, 687.000 hect de jardins et vergers, et 780.000 hect. de cultures diverses : on demande le nombre d'hectares qui sont consacrés à ces cultures.

P. 61. Quel est en France le nombre des naissances, sachant qu'il y naît par an 463.186 garçons et 435.031 filles en mariage ; orphelins, 35.440 garçons et 34.033 filles ?

P. 62. Il est né en 1842 à Paris, savoir : à domicile, en mariage, garçons 10.276 filles 9939; orphelins, garçons 2.775, filles 2.890; aux hôpitaux, en mariage, garçons 409, filles 394; orphelins, garçons 2.356, filles 2.265 : quel est le nombre des naissances ?

P. 63. Quatre pièces coûtent, savoir : la première 787 fr. 25 et a 42 m. 30 cent. ; la deuxième 406 fr. 30, elle a 29 m. 75; la troisième 63 fr. pour 62 m. 10; la quatrième 72 fr. 45 pour 78 m. 25 : quelle est la longueur de ces quatre pièces et leur prix ?

P. 64. Un homme est né en 1821, en quelle année aura-t-il 78 ans ?

P. 65. Le département de la Seine forme trois arrondissements, celui de Paris a 935.261 habitants, celui de Saint-Denis 152.094 h. et celui de Sceaux 107,248 h. : quelle est la population de ce département ?

P. 66. J'ai acheté pour 4 fr. 25 de mercerie, pour 6 fr. 75 de doublures, 84 fr. 35 de drap, pour 12 fr. de provisions de bouche: combien ai-je dépensé ?

P, 67. Un propriétaire a 3 terres, la 1e contient 46 hectares 35 ares 28 centiares, la 2e 19 hect. 20 ares 35 centiares, la 3e 40 hect. 6 ares 6 centiares : quelle est la superficie de ces 3 terres ?

P. 68. Une succession a été partagée de la manière suivante : le 1er héritier a eu 16.325 fr., le 2e 30.700 fr., le 3e 25.410 fr., le 4e 35.400 fr., il a légué pour des bonnes œuvres 1.575 fr. et donné à des vieillards, 2.000 fr. : à combien se montait la succession?

P. 69. Combien coûteraient 628 stères à 7.945 fr., 4.360 stères à 39.755 fr., 836 stères à 7.505 fr. 75, et 1.605 stères à 18.574 fr. et combien aurait-on de stères?

P. 70. La population du globe est évaluée, savoir : Pour l'Europe à 222.393.000 h., pour l'Asie à 521.150.000 h., pour l'Afrique à 108.000.000 h., pour l'Amérique à 43.295.000 h. et pour l'Océanie à 30.000.000 h. : quelle est la population de la terre?

P. 71. Quelle est la population de l'Europe, sachant qu'elle renferme environ 113.090.000 catholiques, 560.00.000 grecs schismatiques, 47.000.000 réformés, 4 millions mahométans, 2.223.000 juifs et 70.000 idolâtres.

P. 72. Quatre personnes se sont partagé une somme : la première a eu 315 fr.; la deuxième 50 fr. de plus que la première; la troisième 25 fr. de plus que la seconde; et la quatrième a eu autant que la première et la troisième : on demande la part de chacune et la somme partagée.

P. 73. Un marchand redoit 8.050 fr., il a payé 4.375 fr. 25 : combien devait-il?

P. 74. Le volume de la Terre étant un, celui du Soleil est de 1.326.480; celui de Mercure de 0, 1; celui de Vénus de 0, 9 dixièmes; celui de la Terre de 1, 0; celui de Mars 0, 2 dixièmes; celui de Jupiter 1.470, 2; celui de Saturne 887,3; celui d'Uranus de 77, 5; et celui de la Lune de 0, 02 centièmes : quel est le volume de ces planètes, y compris celui du Soleil et de la Lune?

P. 75. Combien y a-t-il de mètres dans 4 pièces ayant : la 1e 36 m. 75, la 2e 40 m. 05, la 3e 61 m. 80, et la 4e 75 mètres ?

P. 76. Une modiste a porté sur un mémoire les coupons de ruban ci-après : 0 m. 75, 0 m. 45, 0 m. 85, 0 m. 65, et 3 m. 98 : quelle est la longueur de ces coupons ?

P. 77. Combien a-t-on fait de mètres de plinthes et de mètres de cymaises dans un appartement, sachant qu'il est entré d'un côté, 8 m. 75 de plinthes et 7 m. 30 de cymaises ; du côté opposé 8 m 85 de plinthes et 8 m. 50 de cymaises ; dans le fond 9 m. de plinthes et 8 m. 45 de cymaises ; sur la façade, 12 mètres 75 de plinthes et 11 m. 90 de cymaises ?

P. 78. Une propriété se compose d'un potager de 86 ares 35 centiares, d'un champ de 4 hectares 5 ares 65 centiares, d'un pré de 1 hect. 40 ares, et d'un bois de 93 ares 6 centiares : quelle est la superficie de cette propriété ?

P. 79. Quelle est la population et la superficie des cinq départements suivants : celui de la Seine, le plus peuplé, a 1.194.603 habitants et 47.548 hectares ; celui du Nord, le second pour la population, a 1.085.298 habitants et 567.864 hectares ; celui du Rhône 500.831 h. et 279 081 hectares, celui de la Gironde, le plus grand, a 568.034 h. et 975.100 hectares ; celui des Hautes-Alpes, le moins peuplé, a 132.584 h. et 553.264 hectares ?

P. 80 Quatre tas de pierres sont à vendre : le premier contient 12 m. cubes 165 décimètres cubes, le deuxième 34 m. 65 déci., le troisième 9 m. 710, et le quatrième 25 m. 105 décimètres : quelle est la solidité de ces quatre tas de pierres ?

P. 81. La coupe d'une forêt a donné les résultats suivants : 1° 5.720 stères de chêne, 2° 435 stères de hêtre, 3° 642 stères de bouleau, 5° 1.205 stères de charme : quel est le total des stères ?

P. 82. Trois pièces de vin contiennent, savoir : la 1° 3 hectolitres 35 litres et coûte 60 fr. 50 ; la 2° 2 h. 45 litres pour 85 fr. ; la 3° 2 h. 5 décalitres pour 69 fr. 75 : quelle est la contenance des trois pièces et leur prix?

P. 83. Un marchand grainetier a fait trois livraisons, la 1° de 670 h. 2 décalitres, la 2° de 1.500 hectolitres et la 3° de 389 h. 5 décalitres: combien a-t-il livré d'hectolitres ?

P. 84. On a mis dans une bouteille 4 décilitres une fois, 3 décilitres 5 centilitres une autre fois, 1 litre 25 centilitres une troisième fois, et la quatrième pour l'emplir 8 décilitres 4 centilitres : quelle est la grandeur de la bouteille ?

P. 85. Un épicier a reçu 5 caisses de savon: la 1° pèse 140 kilog. ; la 2° 85 k 35 décagr., la 3° 109 k. 6 décag. ; la 4° 295 kil. 60 décag. ; la 5° 164 k. 35 décagr. et la 6° 138 k. 5 décag.: quel est le poids des 5 caisses ?

P. 86. Un orfèvre a vendu une chaîne, pesant 126 grammes 35 centigrammes, une bague de 1 décag. 625 milligrammes, une épingle de 35 grammes 25 milligrammes, et un sautoir de 56 grammes 260 milligrammes : dites le poids de ces quatre objets.

P. 87. Un marchand a fait pendant une semaine les recettes suivantes : le lundi 1674 fr. 25, le mardi 765 fr., le mercredi 870 fr. 75, le jeudi 1.209 fr. 05 cent., le vendredi 530 fr.

35, le samedi 1.675 fr. et le dimanche 2.590 fr 15 : dites le total de ces recettes.

P. 88. On a acheté trois pièces de toile, la 1e de 42 m. 35 pour 84 fr. 70; la 2e 36 m. 05 cent. pour 108 fr. 15; et la 3e de 48 m. 75 pour 195 fr.: quelle est la longueur des trois pièces et leur prix ?

P. 89. Un marchand de bois a livré, la 1e fois 435 stères 5 décistères pour 5.295 fr.; la 2e 86 stères pour 925 fr. 75; la 3e 675 stères 6.750 fr.; et la quatrième 1.345 stères pour 14.860 fr. : combien a-t-il livré de stères et pour quelle somme?

P. 90. Une mère de famille allant au marché a acheté pour 0 fr. 35 de salade, pour 1 fr. 75 de beurre, pour 3 fr. 85 cent. de fruits, pour 3 fr. 05 de viande, pour 2 fr. 80 cent. de légumes et pour 4 fr. de vaisselle : combien a-t-elle dépensé ?

P. 91. Un ouvrier a dépensé à son dîner 35 cent. pour un ordinaire, 15 cent de pain, 10 cent. de vin, 40 cent. de rôti et 5 centimes de fromage : quelle a été sa dépense, sachant qu'il a dépensé pour son déjeûner 45 cent. et pour son souper 1 fr. 25?

P. 92. Un enfant est né en 1838, quand aura-t-il 69 ans ?

P. 93. Quel est le total de six sommes : la première est de 435 fr. 75 cent., la deuxième de 19 fr. 05 cent., la troisième de 6.756 fr. 20, la quatrième de 438 fr. 36, la cinquième de 809 fr. et la sixième de 37 fr. 10 cent.?

P. 94. Un menuisier a fait en 35 jours 46 m. 7 décimètres d'ouvrage pour 83 fr. 40 cent.; en 65 jours 195 m. pour 975 fr.; en 136 jours 216 m. pour 2.160 fr.; et en 128 jours 26 m. 35

pour 389 fr. 65 : dites le nombre de jours qu'il a travaillé, ce qu'il a fait de mètres et combien il a gagné ?

P 95. Un voyageur a fait le 1er jour 25 kilomètres 4 hectomètres et il a dépensé 3 fr. 50; le 2e 35 k. 2 hectomètres et il a dépensé 3 fr. 75; le 3e 25 k. et dépensé 2 fr. 70; et le 4e 29 k. 8 h. et dépensé 2 fr, 45 : combien a-t-il parcouru de chemin et quelle a été sa dépense ?

P. 96. Un cultivateur a acheté en trois fois la 1re pour 235 fr. de meubles et 628 fr. 75 d'étoffes; la 2e pour 315 fr. de toile, 628 fr. d'instruments d'agriculture et 165 fr. de livres; la 3e pour 130 fr. 25 de batterie de cuisine, pour 35 fr. 95 de faïence, pour 1.725 fr. de bétail, une charette et un tombereau pour 1.250 fr. : combien a-t-il dépensé ?

P. 97. On demande le poids et le prix des objets suivants : le premier pèse 3 g 435 milligrammes et coûte 15 fr. 35; le second 45 g. 6 centigrammes pour 108 fr ; le troisième 35 décag. 6 grammes pour 910 fr. 50 centimes ; et le quatrième 93 gr. pour 59 francs.

P. 98. Lorsqu'on paye 675 fr. pour 45 m. 75 d'ouvrage ; 820 fr. 05 pour 195 m ; 9.375 fr. pour 264 m.; et 12.634 fr. pour 3.450 m : combien a-t-on déboursé et quel est le nombre de mètres qui ont été faits ?

P 99. Pour acquitter quatre billets j'ai donné pour le 1er 4.675, pour le 2e 675 fr. pour le 3e 63 fr. 25, et pour le 4e 25.050 fr. : quelle somme m'a-t-il fallu ?

P 100. Le département de la Loire a 434.085 habitants, celui de la Haute-Loire 298.137 h., celui de la Loire-Infre 486.806 h., celui du Loiret 318.452, h. : quelle est leur population ?

SOUSTRACTION.

48. La *Soustraction* est une opération par laquelle on retranche un nombre d'un autre nombre, pour connaître de combien le plus grand surpasse le plus petit.

Le résultat se nomme *reste* ou *différence*.

TABLE DE SOUSTRACTION.

1 ôté de 2 reste 1	4 ôtés de 5 reste 1	7 ôtés de 8 reste 1
1 . . 3 . 2	4 . . 6 . 2	7 . . 9 . 2
1 . . 4 . 3	4 . . 7 . 3	7 . . 10 . 3
1 . . 5 . 4	4 . . 8 . 4	7 . . 11 . 4
1 . . 6 . 5	4 . . 9 . 5	7 . . 12 . 5
1 . . 7 . 6	4 . . 10 . 6	7 . . 13 . 6
1 . . 8 . 7	4 . . 11 . 7	7 . . 14 . 7
1 . . 9 . 8	4 . . 12 . 8	7 . . 15 . 8
1 . . 10 . 9	4 . . 13 . 9	7 . . 16 . 9

2 ôtés de 3 reste 1	5 ôtés de 6 reste 1	8 ôtés de 9 reste 1
2 . . 4 . 2	5 . . 7 . 2	8 . . 10 . 2
2 . . 5 . 3	5 . . 8 . 3	8 . . 11 . 3
2 . . 6 . 4	5 . . 9 . 4	8 . . 12 . 4
2 . . 7 . 5	5 . . 10 . 5	8 . . 13 . 5
2 . . 8 . 6	5 . . 11 . 6	8 . . 14 . 6
2 . . 9 . 7	5 . . 12 . 7	8 . . 15 . 7
2 . . 10 . 8	5 . . 13 . 8	8 . . 16 . 8
2 . . 11 . 9	5 . . 14 . 9	8 . . 17 . 9

3 ôtés de 4 reste 1	6 ôtés de 7 reste 1	9 ôtés de 10 reste 1
3 . . 5 . 2	6 . . 8 . 2	9 . . 11 . 2
3 . . 6 . 3	6 . . 9 . 3	9 . . 12 . 3
3 . . 7 . 4	6 . . 10 . 4	9 . . 13 . 4
3 . . 8 . 5	6 . . 11 . 5	9 . . 14 . 5
3 . . 9 . 6	6 . . 12 . 6	9 . . 15 . 6
3 . . 10 . 7	6 . . 13 . 7	9 . . 16 . 7
3 . . 11 . 8	6 . . 14 . 8	9 . . 17 . 8
3 . . 12 . 9	6 . . 15 . 9	9 . . 18 . 9

48. Pour soustraire facilement, il faut savoir par cœur la table de soustraction.

49. La soustraction est fondée sur ces deux principes : 1° on a la différence de deux nombres, lorsque du plus grand on retranche successivement toutes les parties du plus petit ; 2° en ajoutant à deux nombres une même quantité, leur différence ne change pas.

MANIÈRE DE FAIRE LA SOUSTRACTION.

50. Pour faire la soustraction, il faut écrire le plus petit nombre sous le plus grand, de manière que les unités soient sous les unités, les dizaines sous les dizaines, les centaines sous les centaines, etc., et souligner le tout ; ensuite commencer par la droite et retrancher chaque chiffre inférieur de celui qui est placé au-dessus, et écrire le reste au-dessous ; quand il ne reste rien on pose un zéro. Lorsque le chiffre inférieur est plus fort que le chiffre supérieur correspondant, il faut augmenter ce dernier de dix, retrancher le chiffre inférieur du nombre ainsi formé, et retenir un, pour l'ajouter au chiffre inférieur immédiatement à gauche : les deux nombres étant augmentés de dix le reste ne change pas.

SOUSTRACTION DES NOMBRES DÉCIMAUX.

P. 51. La soustraction des nombres décimaux se fait comme celle des nombres entiers ; s'il y a plus de chiffres décimaux dans un nombre que dans l'autre, il faut mettre à la suite de celui qui en a le moins, autant de zéros qu'il en faut pour que les unités décimales soient de la même espèce dans les deux nombres et opérer comme à l'ordinaire; puis séparer, par une virgule à la droite du reste, autant de chiffres décimaux qu'il y en a dans l'un des deux nombres.

52. La preuve de la soustraction se fait en ajoutant le plus petit nombre à la différence; le total doit être égal au plus grand nombre.

EXEMPLES DE SOUSTRACTIONS.

	cdu	mcdu	mcdu	du,dc	udcm
	486	6154	7000	50,25	8,700
	352	2648	4725	30,75	7,985
Reste	134	3506	2275	19,50	0,715
Preuve	486	6154	7000	50,25	8,700

EXERCICES SUR LA SOUSTRACTION.

101	102	103	104	105
48	56	75	36	70
35	25	30	18	46

106	107	108	109	110
34	65	50	38	83
17	46	19	14	64

111	112	113	114	115
346	476	626	843	708
120	328	530	236	425

116	117	118	119	120
467	600	367	736	481
180	412	186	348	204

121	122	123	124	125
1842	4736	6840	7235	6006
1365	2847	2465	4006	4215

126	127	128	129	130
3736	5682	470	1763	4500
2360	4326	265	1186	3675

131	132	133	134	135
12,45	4,06	64,70	36,00	7,725
10,25	2,60	28,65	20,35	4,560

136	137	138	139	140
275,2	4,705	627,65	0,45	1,766
180,5	0,860	189,00	0,26	0,980

141	142	143	144	145
36,4	30,50	678,4	475,20	3,705
17,6	28,24	481,5	236,34	2,468

146	147	148	149	150
436	3840	300,05	6,04	4350
175	1065	267,48	2,67	2783

151	152	153	154	155
4600	11.416	418.405	49.006	65.761
725	2.309	9.610	20.675	37.462

156	157	158	159	160
4001	3675	40.000	69.604	57.310
1792	1064	36.726	20.705	8.725

161	162	163	164	165
306,02	680,049	4,005	0,705	0,0430
8,95	7,038	2,920	0,245	0,0062

166	167	168	169	170
43,65	106.39	100,00	36,01	9,006
18,70	78,89	65,25	29,79	6,098

171	172	173	174	175
36.000	45.364	1,000	0,065	1,0050
19.807	27.075	0,985	0,009	0,9875

176	177	178	179	180
6.801.320	4,00	1706	50.000,15	4,620
947.365	0,76	846	26.376,07	3,865

181	182	183	184	185
102,00	8714	73,076	4518	0,0050
98,96	3090	6,808	2095	0,0025

186	187	188	189	190
4736	3008	4,735	10.060	37.670,50
2475	2990	3,806	395	28.635,75

191	192	193	194	195
689.096	45.367	700.686	3,05	0,630
475.375	26.842	279.365	0,76	0,438

196	197	198	199	200
3,0060	86,00	16.736.425	0,620	47,000
2,9875	36,75	12.809.746	0,567	10,986

PROBLÈMES SUR LA SOUSTRACTION.

P. 101. Un écolier a 65 billes, il n'en avait que 32 avant de jouer : combien en a-t-il gagné?

P. 102. On devait à une personne 850 fr., on lui a donné à compte 420 fr. : combien lui redoit-on?

P. 103. Un marchand de bois avait 432 stères de bois, il en a vendu 345 : combien lui en reste-t-il ?

P. 104. Dans un tonneau de 240 litres, on a mis 164 litres : combien faut-il encore de litres pour le remplir ?

P. 105. Un ouvrier avait 83 mètres à faire, il en a achevé 62 mètres : combien a-t-il encore de mètres à faire ?

P. 106. Un cultivateur avait 540 moutons, il en a vendu 275 : combien lui en reste-t-il ?

P. 107. On avait semé 16 hectolitres de blé, on en récolte 184 hect. : combien a-t-on récolté d'hectolitres de plus que la semence ?

P. 108. Un épicier, en vendant une partie de sucre 870 fr., gagne 185 fr. : combien l'avait-il payée ?

P. 109. Un voyageur doit faire une route de 874 kilomètres, il en a déjà parcouru 267 kilomètres : combien lui en reste-t-il à parcourir ?

P. 110. Combien a-t-on gagné sur une maison qu'on a achetée 34.780 fr., et qu'on a revendue 40.500 fr ?

P. 111. On demande combien on a labouré

d'ares dans un champ ayant 835 ares, s'il en reste 648 à labourer ?

P. 112. J'ai vendu pour 8748 fr. dans le mois de janvier, pour 7645 fr. dans le mois de février : quelle est la différence de la vente de ces deux mois ?

P. 113. Une caisse pèse 345 kilogrammes, une autre en pèse 670 : quelle est la différence de leur poids ?

P. 114. Combien redoit une personne qui a donné à compte 525 fr. sur 840 fr. qu'elle devait ?

P. 115. On a tiré d'un tonneau 148 litres, combien en reste-t-il s'il en contient 235 ?

P. 116. Une route doit avoir 454 kilomètres, il y en a de fait 268 kilomètres : combien en reste-t-il à faire ?

P. 117. En changeant un cheval de 625 fr. contre un de 810 fr. : combien dois-je donner en retour ?

P. 118. J'avais 4725 fr., je paie pour 2060 fr. : combien me reste-t-il ?

P. 119. Avec 673 arbres on garnirait une route, on n'en a que 308 : combien en manque-t-il ?

P. 120. Lorsque d'un troupeau de moutons de 10.000, on en vend 7863 · combien en reste-t-il ?

P. 121. Si de 3625 hommes qu'il y a dans une caserne on en fait sortir 2706 : combien en restera-t-il ?

P. 122. Quel est le prix d'un objet qu'on a échangé contre un autre, sachant qu'on a donné en retour 370 fr., et que celui qu'on reçoit vaut 625 fr ?

P. 123. Un jardin a 475 ares de superficie,

un autre a 328 ares : de combien le premier est-il plus grand que le second ?

P. 124. Une caisse vide pèse 15 kilogrammes 25 décagrammes, pleine de marchandises elle pèse 104 kilogrammes 35 décagrammes : on demande le poids de la marchandise.

P. 125 Une personne a payé 364 fr. sur une dette de 566 fr. : combien redoit-elle ?

P. 126. Quelle est la différence de la superficie de deux terres : la première a 8 hectares 35 ares, et la seconde 5 hectares 70 ares ?

P. 127. Un père avait 35 ans à la naissance de son fils, quel sera l'âge du fils, lorsque le père aura 62 ans ?

P. 128. Je devais 25 fr. 30 cent., j'ai payé 16 fr. 50 : combien redois-je ?

P. 129. Un menuisier avait 534 mètres à faire, il en a fait 275 m. 25 cent. : combien lui en reste-t-il à faire ?

P. 130. De 845 francs que j'avais, j'ai dépensé pour diverses emplettes 635 fr. 25 c. : combien me reste-t-il ?

P. 131. Un marchand de blé a acheté 284 hectolitres de grain, il en a reçu 190 hectolitres : combien doit-il en recevoir encore ?

P. 132. Combien redoit une personne qui, sur 24 fr. 50 a donné à compte 15 fr. 75 c. ?

P. 133. Un ouvrier aurait dû recevoir 65 francs, il ne reçoit que 40 fr. 50 : combien lui redoit-on ?

P. 134. On a payé 25 fr. 75 à une personne à laquelle on devait 50 fr. 40 : combien lui est-il encore dû ?

P. 135. Un cultivateur a récolté 2350 hectolitres de pommes de terre, il en a vendu

1545 hectolitres : combien en a-t-on consommé d'hectolitres dans sa ferme ?

P. 136. On a coupé d'une pièce de drap 35 mètres 20 centimètres : combien en resterait-il, si elle avait 54 mètres ?

P. 137. Un marchand avait dans sa voiture 740 melons, il lui en reste 385 : combien en a-t-il vendu ?

P. 138. Un menuisier a terminé 347 m. 25 c. de menuiserie, il en avait 530 à faire : on demande ce qu'il a encore de mètres à faire.

P. 139. Deux écoliers se partagent un panier de noisettes, le premier a, dans sa part, 2462 noisettes : combien y en aura-il dans la part du second, si le panier contenait 4520 noisettes ?

P. 140. Sur une somme de 684 fr., j'ai pris pour payer mon boulanger 234 fr. 75 cent. : combien me reste-t-il ?

P. 141. Un père et son fils ont ensemble 125 ans, le fils a 46 ans : quel est l'âge du père ?

P. 142. Une personne a eu 65 ans en 1846 : en quelle année est-elle née ?

P. 143. J'ai acheté 3245 kilogrammes de sucre pour 6490 francs ; on m'en a livré 2780 kilog. pour le prix de 5560 fr. : combien en dois-je encore recevoir de kilogrammes et pour quelle somme ?

P. 144. Un charron devait faire une voiture pour le prix de 625 fr. ; mais ne l'ayant pas faite selon le plan donné, on ne la lui paye que 550 fr. : combien a-t-il perdu ?

P. 145. Sur un mémoire de 24.000 fr., on

a fait une réduction de 3462 fr. : combien a-t-on payé ?

P. 146. Un farinier a reçu 4245 kilogr. de farine, il en a cédé à un confrère 2168 kilogrammes : combien lui en reste-t-il ?

P. 147. Un propriétaire a vendu 48 hectares 25 centiares d'une terre qui en contenait 60 hectares 3 ares : combien lui en reste-il ?

P. 148. Quelle route reste-t-il à parcourir à un voyageur qui a fait déjà 75 myriamètres, sur 84 myriamètres 6 kilomètres ?

P. 149. Un journal avait la première année 3425 abonnés, la seconde il en a 7054 : combien a-t-il d'abonnés de plus ?

P. 150. Deux tonneaux contiennent, l'un 3 hectolitres 45 litres, l'autre 4 hectolitres : combien le second contient-il de litres de plus que le premier ?

P. 151. Une bague pèse 2 grammes 5 décigrammes, une autre 1 gramme 425 milligrammes : quelle est la plus lourde et de combien ?

P. 152. Le marbre d'une table a 0,035 millimètres d'épaisseur, celui d'une autre a 0,028 millimètres : de combien le premier est-il plus épais que le second ?

P. 153. Un bœuf pèse 850 kilogr., une vache pèse 536 kilogr. 5 décagrammes : quelle est la différence de leur poids ?

P. 154. Lyon a 143.977 habitants, Marseille 147.191 habitants : on demande la différence de population de ces deux villes.

P. 155. On a fait avancer une aiguille de 0,675 millimètres, puis on l'a fait reculer de 0,096 millimètres : de combien l'a-t-on avancée ?

P. 156. Un litre de mercure à la température de zéro, pèse 13 kilog. 598 grammes, à la température de l'eau bouillante il ne pèse plus que 13 kil. 353 : quelle est la différence ?

P. 157. Un homme a 1 m. 830 millimètres de hauteur; sa femme, 275 millimètres de moins: quelle est sa taille ?

P. 158. Un corps étant mouillé pesait 84 grammes 52 centigrammes, séché il ne pèse que 36 grammes 25 centigrammes : quelle est la quantité d'eau évaporée?

P. 159. La tour de Strasbourg (le Munster) a 142 mètres de hauteur, et le sommet du Panthéon 79 m. : quelle est la différence de hauteur de ces deux monuments ?

P. 160. La ville de Mexico, capitale du Mexique, est élevée de 2.277 mètres au-dessus du niveau de l'Océan, et la ville de Briançon, la plus élevée de France, est à 1.306 mètres : quelle est la différence de hauteur de ces deux villes ?

P. 161. La plus haute montagne du globe est dans l'Himalaya, en Asie, elle a 7821 mètres d'élévation, et le mont Blanc, la plus haute montagne de l'Europe, a 4810 mètres : qu elle est la différence de hauteur de ces deux montagnes ?

P. 162. Londres a 1.350.000 habitants et Paris 875.495 : combien y a-t-il d'habitants de plus à Londres ?

P. 163. Le Soleil est 1.326.480 fois plus gros que la terre et la planète Jupiter l'est 1470,2 fois : de combien de fois le Soleil est-il plus gros que Jupiter ?

P. 164 Uranus met 30.688 jours pour tourner autour du Soleil, et Saturne 10.758; combien la première de ces planètes met-elle de jours de plus pour faire sa révolution sidérale?

P. 165. Le rayon du pôle est de 6.356.324 m., et le rayon de l'équateur de 6.376.984 m.: quel est l'applatissement de la Terre à chaque pôle?

P. 166. La comète qui a paru en 1835 a été 76 ans invisible : quelle était l'année de sa précédente apparition?

P. 167. Les chiffres arabes ont été connus en 1150 : combien y-t-il d'années en 1845?

P. 168. L'Amérique a été découverte en 1492, par Christophe Colomb : combien y a-t-il d'années en 1845?

P. 169. Newton, géomètre anglais, mourut en 1727; il était né en 1642 : à quel âge est-il mort?

P. 170. Le duché de Lorraine fut réuni à la France, sous Louis XV, en 1737 : combien y a-t-il d'années en 1845?

P. 171. Une personne a dépensé pour sa nourriture 425 fr., pour son entretien 266 fr. 75, et pour menues dépenses 108 fr. : combien lui reste-t-il si elle avait 900 fr.?

P. 172. Une propriété se compose de six pièces de terre; la première a 34 hectares 70 ares, la seconde 3 hectares 6 ares, la troisième 28 hectares 75 ares 7 centiares, la quatrième 28 ares 30 centiares, la cinquième 8 hectares 75 centiares, et la sixième 38 hectares 85 centiares : quelle est la superficie de cette propriété, et combien en restera-t-il si on en a vendu 48 hectares 35 ares 75 centiares?

P. 173. La coupe d'une forêt a produit

375 stères de bois de chêne, 130 stères de frêne, 849 stères de bouleau et 169 stères de sapin ; on a vendu les 375 stères de bois de chêne seulement : combien avait-on coupé de stères en tout et combien en reste-t-il?

P. 174. On a mis, dans une caisse de 12 kil. 38 décagrammes, 6 objets pesant : le premier 30 kilogrammes, le deuxième 45 kilog. 25 décagrammes, le troisième 6 kilogr. 8 décagrammes, le quatrième 20 kilog. 36 décagrammes, le cinquième 8 kilogrammes, et le sixième 43 kilogrammes 23 décagrammes : on demande le poids brut de la caisse et celui des objets ?

P. 175. Un marchand a acheté 845 mètres de drap pour 10.690 fr., il en a vendu 568 m. 75 cent. pour 7805 fr. 35 : combien lui reste-t-il de mètres et pour quelle somme?

P. 176. Une cuisinière est allée au marché avec 10 fr. dans sa poche, elle a acheté pour 3 fr. 35 de viande, pour 2 fr. 50 de fruits, pour 1 fr. 30 de légumes, et pour 95 cent. de poissons : combien a-t-elle rapporté, et quelle est sa dépense?

P. 177. La première race des rois de France dite des Mérovingiens a commencé à régner l'an 420 ; la seconde, dite des Carlovingiens, en 752 ; la troisième, dite des Capétiens, en 987 ; la République a commencé en 1792, l'Empire en 1804, la Restauration en 1814 et fini en 1830 : on demande combien chaque race a régné d'années, et quelle a été la durée de la République, de l'Empire et de la Restauration ?

P. 178. Deux révolutions ont eu lieu en France, la première en 1789, la seconde en

1830 : combien s'est-il écoulé d'années entre les deux révolutions ?

P. 179. La première race des rois de France a commencé en 420 et la dernière a fini en 1792 : pendant combien d'années ont-elles régné ?

P. 180. D'une pièce de 43 m. 70 cent. on a coupé 38 m. 25 cent., combien en reste-t-il ?

P. 181. Trois héritiers ont à se partager 68.700 fr., le premier doit avoir 34.800 fr., le second 12.850 fr. : quelle sera la part du troisième ?

P. 182. Je devais 4.000 fr. à un marchand, je lui vends pour 1.545 fr. de marchandises et lui donne un billet de 380 fr. et un autre de 729 fr. 75 : combien lui ai-je donné et combien lui redois-je ?

P. 183. Les élèves d'une école forment quatre divisions : la première en contient 26, la seconde 15 de plus que la première, la troisième 19 de plus que la seconde, et la quatrième autant que la seconde et la troisième : on demande le nombre d'élèves de chaque division et combien on peut encore admettre d'élèves, sachant que l'école peut en contenir 250.

P. 184. Quel est le nombre qui, ôté de 5.000 fr., donne 1729 plus 375 pour reste ?

P. 185. Une pièce de velours de 26 mètres coûte 520 fr., on en a vendu savoir : une fois 15 m. 60 c. pour 400 fr., une seconde fois 8 m. 80 c. pour 220 fr., et le reste a été vendu 65 fr. 75 : on demande combien elle a été vendue et ce qu'on a gagné dessus.

P. 186. Lorsqu'une personne donne un billet de 375 fr. et un autre de 2725, plus

725 fr. 75 sur 8005 fr. qu'elle devait : combien redoit-elle ?

P. 187. Dans une pièce de vin de 245 litres on a tiré une fois 26 litres et le lendemain 189 litres : combien en reste-t-il ?

P. 188. Sur une pièce de 5 fr., un écolier a acheté pour 2 fr. 50 de livres, pour 35 cent. de plumes, pour 45 cent. de papier, et pour 15 cent. d'encre : combien doit-il rendre à ses parents ?

P. 189. Je devais à une personne 8720 fr., je lui donne un billet de 150 fr., un autre billet de 2500 fr., des marchandises pour 3050 fr., en argent 2475 fr. : combien lui ai-je donné et combien lui est-il encore dû ?

P. 190. On a pratiqué dans un mur de 0 m. 90 cent. d'épaisseur une niche qui a 0 m. 565 millimètres de profondeur : on demande quelle est l'épaisseur du mur au fond de la niche ?

P. 191 On demande le poids d'un liquide renfermé dans un vase pesant vide 6 kilogr. 5 hectogr. ; sachant que le liquide et le vase quile contient pèsent 12 kilog. 75 grammes.

P. 192. Un ouvrier a gagné dans une semaine 18 fr., il a dépensé 10 fr. 50 pour sa nourriture, 2 fr. 25 pour son logement, et 76 c. pour son blanchissage : combien lui reste-t-il ?

P. 193. Le budjet de la France en 1844, s'est élevé à 1.339.356.575 francs pour les recettes ordinaires et extraordinaires, et à 1.372.538.141 francs pour les dépenses ordinaires et extraordinaires : quel est l'excédant des dépenses sur les recettes ?

P. 194. J'ai acheté quatre pièces d'étoffe :

la première contient 45 m. pour 135 fr., la seconde 62 m. 75 c. pour 126 fr. 50 c., la troisième 28 m. 35 pour 142 fr. 50 c., et la quatrième 36 m. pour 144 fr. : combien ai-je acheté de mètres, pour quelle somme, et combien ai-je gagné sur le tout, si je les ai vendues 586 fr. ?

P. 195. Trois personnes ont à se partager une somme de 10.000 fr.; la première prend 3750 fr., la seconde 4539 fr. : quelle sera la part de la troisième ?

P. 196. La différence de deux nombres est 67.025, le plus grand est 80.000 : quel est le plus petit ?

P. 197. Un général qui avait sous ses ordres 98.075 hommes, en perdit 13.750 dans une bataille, 1389 moururent de leurs blessures, 1127 périrent de la peste, 524 se noyèrent en traversant une rivière : on demande combien il a perdu d'hommes et combien il lui en reste.

P. 198. Un marchand a payé une facture de 275 fr. avec deux billets, l'un de 75 fr. 5 c., l'autre de 129 fr. 65 c., et le reste en argent : on demande combien il a donné d'argent.

P. 199. Un cultivateur a vendu pour 670 fr. de pommes de terre, pour 1295 fr. de blé ou autres grains, et pour 945 fr. de fourrage : combien a-t-il de bénéfice, s'il a dépensé pour l'exploitation de sa ferme 1575 fr ?

P. 200. Un particulier a acheté un terrain 3500 fr., il a dépensé, pour l'améliorer, 4370 fr. mais l'ayant revendu 10.000 fr.: combien a-t-il gagné sur cette spéculation ?

MULTIPLICATION.

53. La *Multiplication* est une opération par laquelle on répète un nombre appelé *multiplicande* autant de fois qu'il y a d'unités dans un autre nombre appelé *multiplicateur*. Le résultat se nomme *produit*.

54. Le multiplicande et le multiplicateur se nomment aussi *facteurs* du produit : dans 3 fois 4 font 12, 3 et 4 sont les facteurs du produit 12.

55. On doit, autant que possible, prendre pour multiplicande le nombre qui représente l'espèce d'unités qu'on veut avoir au produit ; mais, pour avoir plus tôt fait l'opération, on prend ordinairement pour multiplicateur le nombre qui contient le moins de chiffres.

USAGES DE LA MULTIPLICATION.

56. La multiplication sert : 1° à faire connaître le produit de deux nombres ; 2° à trouver le prix total de plusieurs objets de même espèce lorsqu'on connaît le prix d'un seul ; 3° à réduire des unités d'espèces principales en leurs parties, comme des jours en heures, des heures en minutes.

57. Pour multiplier facilement il faut savoir parfaitement par cœur la table de multiplication.

TABLE DE MULTIPLICATION.

2 fois 1 font 2	5 fois 1 font 5	8 fois 1 font 8
2 . . 2 . . 4	5 . . 2 . 10	8 . . 2 . 16
2 . . 3 . . 6	5 . . 3 . 15	8 . . 3 . 24
2 . . 4 . . 8	5 . . 4 . 20	8 . . 4 . 32
2 . . 5 . 10	5 . . 5 . 25	8 . . 5 . 40
2 . . 6 . 12	5 . . 6 . 30	8 . . 6 . 48
2 . . 7 . 14	5 . . 7 . 35	8 . . 7 . 56
2 . . 8 . 16	5 . . 8 . 40	8 . . 8 . 64
2 . . 9 . 18	5 . . 9 . 45	8 . . 9 . 72
2 . . 10 . 20	5 . 10 . 50	8 . 10 . 80

3 fois 1 font 3	6 fois 1 font 6	9 fois 1 font 9
3 . . 2 . . 6	6 . . 2 . 12	9 . . 2 . 18
3 . . 3 . . 9	6 . . 3 . 18	9 . . 3 . 27
3 . . 4 . 12	6 . . 4 . 24	9 . . 4 . 36
3 . . 5 . 15	6 . . 5 . 30	9 . . 5 . 45
3 . . 6 . 18	6 . . 6 . 36	9 . . 6 . 54
3 . . 7 . 21	6 . . 7 . 42	9 . . 7 . 63
3 . . 8 . 24	6 . . 8 . 48	9 . . 8 . 72
3 . . 9 . 27	6 . . 9 . 54	9 . . 9 . 81
3 . 10 . 30	6 . 10 . 60	9 . 10 . 90

4 fois 1 font 4	7 fois 1 font 7	10fois1font10
4 . . 2 . . 8	7 . . 2 . 14	10 . 2 . . 20
4 . . 3 . 12	7 . . 3 . 21	10 . 3 . . 30
4 . . 4 . 16	7 . . 4 . 28	10 . 4 . . 40
4 . . 5 . 20	7 . . 5 . 35	10 . 5 . . 50
4 . . 6 . 24	7 . . 6 . 42	10 . 6 . . 60
4 . . 7 . 28	7 . . 7 . 49	10 . 7 . . 70
4 . . 8 . 32	7 . . 8 . 56	10 . 8 . . 80
4 . . 9 . 36	7 . . 9 . 63	10 . 9 . . 90
4 . 10 . 40	7 . 10 . 70	10 . 10 . 100

MANIÈRE DE FAIRE LA MULTIPLICATION PAR UN NOMBRE D'UN SEUL CHIFFRE.

58. Pour multiplier un nombre de plusieurs chiffres par un nombre d'un seul chiffre, il faut placer le multiplicateur sous le chiffre des unités du multiplicande, et souligner le tout ; puis, en commençant par la droite, prendre successivement chacun des chiffres du multiplicande, autant de fois qu'il y a d'unités dans le chiffre du multiplicateur, et écrire en entier chaque produit partiel, lorsqu'il ne dépasse pas 9, sous le chiffre qu'on multiplie ; si l'un des produits contient des dizaines, on ne pose que les unités et l'on retient les dizaines pour les ajouter au produit suivant. Le produit du dernier chiffre du multiplicande s'écrit tel qu'il se trouve : si un produit partiel est un nombre exact de dizaines, on pose un zéro au produit, et l'on retient les dizaines.

Exemples.

Multiplicande	243	4527	6375	90.475
Multiplicateur	2	4	6	8
Produit	486	18.108	38.250	723.800

MANIÈRE DE FAIRE LA MULTIPLICATION PAR UN NOMBRE DE PLUSIEURS CHIFFRES.

59. Pour multiplier un nombre de plusieurs chiffres par un autre nombre de plusieurs chiffres, il faut écrire le multiplicateur sous le multiplicande et souligner ces deux

nombres; puis, en commençant par la droite, multiplier successivement tous les chiffres du multiplicande par chacun des chiffres du multiplicateur, et poser les produits partiels les uns au-dessous des autres, en ayant soin de placer au rang des dizaines le premier chiffre du produit des dizaines, au rang des centaines le premier chiffre du produit des centaines, et ainsi de suite pour les autres; après avoir tiré un trait sous le dernier produit, on fait l'addition de tous ces produits partiels, la somme est le produit total.

Exemples.

Multiplicande	425	6245
Multiplicateur	365	672
Produit des unités	2125	12490
Produit des dizaines	2550.	43715.
Produit des centaines	1275..	37470..
Produit total	155125	4196640

MULTIPLICATION DES NOMBRES RENFERMANT DES ZÉROS.

60. Si le multiplicateur renferme des zéros, on multiplie par les chiffres significatifs, sans faire attention aux zéros du multiplicateur; mais il faut toujours avoir soin de placer le premier chiffre de chaque produit partiel au même rang que celui du chiffre par lequel on multiplie.

61. Lorsque le multiplicande ou le multicateur ou tous les deux sont terminés par des

zéros, il faut multiplier comme si ces zéros n'y étaient pas ; et les ajouter tous ensuite à la droite du produit.

Exemples.

30460	5000	45000
6002	25	6700
60920	25	315
182760...	10.	270.
182820920	125000	301500000

MULTIPLICATION DES NOMBRES DÉCIMAUX.

62. La multiplication des nombres décimaux se fait comme celle des nombres entiers, sans avoir égard à la virgule; mais il faut séparer, par une virgule, sur la droite du produit, autant de chiffres décimaux qu'il y en a au multiplicande et au multiplicateur.

63. Lorsque le produit n'a pas autant de chiffres qu'il doit y avoir de décimales, on ajoute à la gauche du produit autant de zéros qu'il est nécessaire.

Exemples.

Multiplicande	2,35	4,25	0,35
Multiplicateur	34	67,5	0,25
	940	2125	175
	705.	2975.	70.
		2550..	
Produit	79,90	286,875	0,0875

PREUVE DE LA MULTIPLICATION.

64. Le produit ne change pas, quel que soit l'ordre des facteurs :

Exemples.

$$3 \times 5 = 15 \text{; comme } 5 \times 3 = 15$$
$$\times 4 \times 5 = 60 \text{; comme } 4 \times 5 \times 3 = 60$$

C'est sur ce principe qu'est fondée la preuve de la multiplication.

65. La preuve de la multiplication se fait en mettant le multiplicande à la place du multiplicateur, et le multiplicateur à la place du multiplicande ; c'est-à-dire en changeant l'ordre des facteurs. Le produit doit être le même dans les deux opérations, si elles sont bien faites.

Exemple.

Opération.		*Preuve.*	
Multiplicande	865	Multiplicateur	427
Multiplicateur	427	Multiplicande	865
	6055		2135
	1730.		2562.
	3460..		3416..
Produit	369355		369355

MULTIPLICATION PAR 10, 100, 1000, 10.000, ETC.

66. Pour multiplier un nombre par 10, 100, 1000, 10.000, etc., c'est-à-dire par l'unité suivie d'un ou de plusieurs zéros, il suffit d'ajouter, à la droite de ce nombre, autant de zéros qu'il y en a après l'unité ; si le nombre est décimal, il faut avancer la virgule vers la droite, d'autant de chiffres qu'il y a de zéros après l'unité.

Exemples.

$5 \times 10 = 50$; $5 \times 100 = 500$; $5 \times 1000 = 5000$
$3,4 \times 10 = 34$; $3,4 \times 100 = 340$; $3,4 \times 1000 = 3400$
$0,5 \times 10 = 5$; $0,5 \times 100 = 50$; $0,5 \times 1000 = 500$

67. Quand on a le produit de plus de deux nombres à former, on multiplie d'abord le premier par le second, ensuite le produit obtenu, par le troisième, puis ce nouveau résultat par le quatrième, et ainsi de suite jusqu'à ce qu'on ait épuisé tous les facteurs.

Exemple.

Soit à multiplier 3 par 6, par 2 et par 4, on a :

$$3 \times 6 = 18 \times 2 = 36 \times 4 = 144$$

68. Le produit est le même, qu'on multiplie successivement un nombre par plusieurs autres nombres, ou par le produit de ces nombres.

Exemple.

$3 \times 6 \times 2 \times 4 = 144$; comme $3 \times 48 = 144$.

EXERCICES SUR LA MULTIPLICATION.

NOMBRES ENTIERS.

201	36 × 4 =	221	43 × 36 =
202	47 × 5 =	222	54 × 62 =
203	745 × 2 =	223	37 × 45 =
204	236 × 4 =	224	26 × 37 =
205	524 × 6 =	225	65 × 43 =
206	264 × 3 =	226	87 × 26 =
207	673 × 5 =	227	96 × 53 =
208	2525 × 4 =	228	65 × 84 =
209	6373 × 2 =	229	39 × 17 =
210	4725 × 4 =	230	67 × 98 =
211	32.621 × 6 =	231	141 × 245 =
212	14.512 × 7 =	232	635 × 612 =
213	21.683 × 3 =	233	726 × 543 =
214	61.247 × 5 =	234	431 × 670 =
215	83.780 × 4 =	235	783 × 506 =
216	45.075 × 8 =	236	5376 × 724 =
217	32.126 × 9 =	237	849 × 4262 =
218	141.316 × 7 =	238	2745 × 3075 =
219	267.435 × 8 =	239	26.704 × 9604 =
220	309.705 × 9 =	240	34.310 × 28736 =

NOMBRES DÉCIMAUX.

241	4,25 × 675 =	251	0,75 × 36 =
242	26,75 × 42 =	252	6,65 × 4,25 =
243	3,75 × 365 =	253	0,35 × 0,75 =
244	14,65 × 37,8 =	254	3,60 × 0,80 =
245	26,40 × 27,60 =	255	0,06 × 0,07 =
246	137,25 × 473 =	256	4,95 × 3,75 =
247	466,76 × 3,85 =	257	6,07 × 0,825 =
248	36,775 × 4,60 =	258	0,65 × 2,376 =
249	75,05 × 28,40 =	259	0,06 × 0,025 =
250	3,125 × 46,75 =	260	0,405 × 0,0065 =

NOMBRES RENFERMANT DES ZÉROS.

261	409 × 657 =	271	4735 × 100 =
262	1480 × 302 =	272	682 × 10 =
263	70.960 × 605 =	273	730 × 1000 =
264	6074 × 490 =	274	4,75 × 100 =
265	15.000 × 3060 =	275	0,756 × 10000 =
266	6400 × 700 =	276	40,76 × 3060 =
267	80.040 × 3004 =	277	6.000 × 63475 =
268	6.007 × 6400 =	278	26,75 × 10 =
269	70.605 × 4080 =	279	30,70 × 10000 =
270	50.900 × 8600 =	280	40.750 × 20040 =

NOMBRES VARIÉS.

281	1764 × 36,75 =	291	8,50 × 950 =
282	2170 × 1000 =	292	74,25 × 4,36 =
283	4,75 × 0,85 =	293	2700 × 36.500 =
284	30,50 × 20,70 =	294	247 × 0,85 =
285	4,075 × 0,35 =	295	0,75 × 0,24 =
286	395,6 × 467,25 =	296	0,06 × 0,07 =
287	26000 × 3,7008 =	297	186.30 × 35.000 =
288	4.030 × 2670 =	298	10.000 × 3.860 =
289	3,500 × 2,750 =	299	36.785 × 38,72 =
290	46,06 × 3,065 =	300	40,705 × 96,54 =

PROBLÈMES SUR LA MULTIPLICATION.

P. 201. Combien y a-t-il de jours dans 4 années de chacune 365 jours ?

P. 202. Une main de papier contient 25 feuilles, combien y a-t-il de feuilles dans 7 mains ?

P. 203. Combien y a-t-il de mètres dans 6 pièces de chacune 47 mètres ?

P. 204. Un franc pèse 5 grammes : quel est le poids d'un sac contenant 762 francs ?

P. 205. Combien y a-t-il d'heures dans une semaine, la semaine a 7 jours et le jour 24 heures ?

P. 206. Un laboureur a mis six minutes pour tracer un sillon : combien est-il resté de minutes pour tracer 324 sillons ?

P. 207. Que faut-il payer pour 36 mètres de drap à 9 francs le mètre ?

P. 208. Combien y a-t-il de litres dans 6 tonneaux, si chacun contient 245 litres ?

P. 209. On a récolté 425 hectolitres de pommes de terre dans un hectare : combien en aurait-on récolté dans 8 hectares ?

P. 210. On demande le poids de 6 caisses pesant chacune 175 kilogrammes.

P. 211. Que faut-il payer pour 36 mètres de drap, à 25 francs le mètre ?

P. 212. Combien faut-il payer pour 674 pièces de calicot à 45 francs la pièce ?

P. 213. Combien y a-t-il de jours dans 74 années de chacune 365 jours ?

P. 214. Un manufacturier emploie 54 ouvriers qui gagnent l'un dans l'autre 68 francs par mois : quelle somme faut-il chaque mois pour les payer?

P. 215. Il y a 24 heures dans un jour : combien y a-t-il d'heures dans une année?

P 216. Un ouvrage a été fait par 18 ouvriers en 34 jours : combien un seul ouvrier aurait-il mis de jours pour le faire?

P. 217. Un employé gagne 125 francs par mois, quel est son traitement annuel?

P. 218. Un mètre de velours pèse 147 grammes : quel est le poids d'une pièce de 38 mètres?

P. 219. Combien y a-t-il de litres dans 27 tonneaux de chacun 235 litres?

P. 220. On a récolté dans un champ 375 hectolitres de pommes de terre pesant chacun 164 kilogrammes : quel est le poids de la récolte?

P. 221. Quelle est la façon d'une pièce de velours de 36 mètres, si le mètre est payé 4 fr. 75 c.?

P. 222. On demande le prix de 65 m. 35 cent. de drap à 24 francs le mètre ;

P. 223. Une famille dépense 6 fr. 50 c. par jour : combien dépense-t-elle en 167 jours?

P. 224. On demande le prix de 745 stères de bois à 16 fr. 75 c. le stère.

P. 225. Combien coûteront 12 chemises à 4 fr. 25 l'une?

P. 226. Une diligence parcourt 15 kilomètres 6 hectomètres par heure : quel chemin parcourt-elle en 24 heures?

P. 227. Un hectolitre de vin paye 20 fr. 35 c. de droit d'entrée, à Paris : combien payera-t-on pour une pièce de 2 hectolitres 45 litres?

P. 228. Quelle somme recevra un cultivateur pour 32 hectolitres 5 décalitres de blé à 18 fr. 25 cent. l'hectolitre?

P. 229. Une personne dépense 2 fr. 75 c. par jour : combien dépense-t-elle par an?

P. 230. Quel est le prix d'un pain de sucre pesant 6 kilogrammes 35 décagrammes à 1 fr. 80 cent. le kilogramme ?

P. 231. On demande le prix d'un champ de 4 hectares 75 ares 60 centiares à raison de 2500 fr. l'hectare.

P. 232. Un ouvrier typographe a composé dans un mois 54 pages à 1 f. 25 la page : combien a-t-il gagné ?

P. 233. On demande le prix d'une pièce de calicot de 48 m. 50 à 0 fr. 80 c. le mètre.

P. 234. Un homme mange en moyenne 750 grammes de pain par jour : combien en mange-t-il dans une année?

P. 235. Quel est le prix de 14 stères 5 décistères de bois à 16 fr. 75 le stère ?

P. 236. On paie 48 fr. le mètre cube d'un ouvrage : combien coûteront 6 mètres 375 décimètres cubes ?

P. 237. L'hectolitre de charbon pèse 132 kil. 9 hectog. : quel est le poids d'un bateau contenant 2709 hectolitres ?

P. 238. La moyenne des personnes qui meurent à Paris dans un jour est de 78 : combien en meurt-il par an?

P. 239. On a fourni à un hôpital 386 lits de fer à 23 fr. 75 l'un : quel est le montant de la fourniture ?

P. 240. Combien coûteront 4 mètres 25 centimètres de ruban à 0 fr. 75 le mètre?

P. 241. Un cultivateur a mené à la foire

280 moutons : combien doit-il recevoir s'il les a vendus l'un dans l'autre 36 francs 50 centimes ?

P. 242. Combien coûtent 6 mètres 75 cent. de drap à 15 fr. 60 cent. le mètre ?

P. 243. Dans les bonnes terres de la Flandre un hectolitre de blé en rend 35 : combien récoltera d'hectolitres un cultivateur qui a semé 27 hectolitres 8 décalitres ?

P. 244. Un boucher a acheté dans une année 179 bœufs pesant net l'un dans l'autre 486 kilogrammes : combien a-t-il vendu de kilogrammes de viande ?

P. 245. Quelle est la récolte de pommes de terre d'un cultivateur : sachant qu'il en a planté 43 hectares 85 ares, et que chaque hectare produit environ 275 hectolitres ?

P. 246. Dans une fabrique on brûle 54 chandelles par jour : combien en brûlera-t-on dans 296 jours ?

P. 247. On a donné une gratification de 2 fr. 45 centimes à chaque soldat d'un bataillon composé de 847 hommes : quelle somme a-t-on distribuée ?

P. 248. Combien coûteront 7428 oranges à 0 fr. 125 millièmes la pièce ?

P. 249. Quel sera le prix de 367 kilogrammes 24 décagrammes de marchandises à 26 fr. 75 le kilogr ?

P. 250. Que faut-il payer pour 27 mètres 30 centimètres de ratine à 18 fr. 75 cent. le mètre ?

P. 251. Le poids d'un litre d'huile d'olive étant de 0 kilog. 915 grammes : combien pèseront 75 centilitres ?

P. 252. Combien coûteront 0 mètre 35

centimètres de ruban à 25 centimes le mètre ?

P. 253. On demande le prix de 740 grammes de chandelles à 1 fr. 30 cent. le kilogramme.

P. 254. Combien coûteront 75 centimètres de doublure à 95 centimes le mètre ?

P. 255. On demande le produit de 0,045 millièmes par 0,0985 dix-millièmes.

P. 256. Un mètre d'étoffe pèse 125 grammes, combien pèseront 725 millimètres ?

P. 257. A 80 centimes le kilogramme de riz : combien coûteront 35 décagrammes ?

P. 258 Pour quelle somme aurai-je 45 centimètres de lacet à 15 centimes le mètre ?

P. 259. Quel est le prix de 5 centilitres de liqueur à 85 cent. le litre ?

P. 260 Combien coûteront 10 grammes 065 milligrammes à 8 centimes le gramme ?

P. 261. Combien coûteront 500 chevaux à 760 fr. l'un ?

P. 262. Le kilomètre d'une route revient à 17.000 fr. : combien coûte la route sachant qu'elle a 30 kilomètres ?

P. 263. On demande la dépense annuelle d'une ville de 8.500 habitants, si chaque habitant dépense environ 600 fr. par an ?

P. 264. Combien coûteront 2060 mètres d'étoffe à 25 francs 60 centimes le mètre ?

P. 265. On demande le prix de 4.808 pièces de drap à 680 fr. la pièce.

P. 266. Quelle est la longueur de 640 paquets de fil de fer, si chaque paquet a 150 mètres ?

P 267. On demande le poids de 35.009

pièces de vin, si chacune pèse 270 kilogrammes.

P. 268. Lorsqu'un objet revient à 45 fr.: combien coûtent la dizaine, le cent et le mille ?

P. 269. A 5 centimes le gramme : combien coûtent le décagramme, l'hectogramme, et le kilogramme ?

P. 270. Un terrain s'est vendu à Paris 450 fr. le mètre : combien cela fait-il l'are et l'hectare ?

P. 271. On demande le prix de 45 mètres 6 centimètres de damas à 28 fr. 70 cent. le mètre.

P. 272. Quelle est la longueur de 4500 pièces de velours à 24 mètres 50 centimètres la pièce ?

P. 273. On a récolté dans un vignoble 620 pièces de vin qui contiennent 2 hectolitres 40 litres chacune : on demande combien on a récolté d'hectolitres, de décalitres et de litres.

P. 274. Combien coûte 0, m. 35 de doublure à 40 centimes le mètre ?

P. 275. A 2 fr. 75 le kilogramme, combien coûteront 67 caisses pesant chacune 40 kilogrammes ?

P. 276. Pour faire un ouvrage on a employé 360 ouvriers pendant 100 jours : quelle somme faudra-t-il payer si chaque ouvrier gagne 3 fr. 50 par jour ?

P. 277. Un homme est mort à 68 ans : combien a-t-il vécu de jours, d'heures, de minutes, de secondes ; l'année étant de 365 jours, le jour de 24 heures, l'heure de 60 minutes, la minute de 60 secondes ?

P. 278. Combien s'est-il écoulé de jours, d'heures, de minutes et de secondes en 1845 années ?

P. 279. On a vendu dans un marché 748 porcs pesant en moyenne 100 kilogr. à 95 c. le kilogramme : à combien s'élève la vente?

P. 280. Dans une maison il y a 68 croisées ayant chacune 8 carreaux : combien faudra-t-il payer au vitrier à raison de 875 millièmes le carreau ?

P. 281. On demande combien il y a de lettres dans un livre de 600 pages, s'il y a 46 lignes à la page et 50 lettres à la ligne.

P. 282. Un marchand a vendu 6 pièces de drap : la première est de 47 m. 25 c. à 18 fr. 50 cent. ; la seconde de 20 m. 30 c. à 23 fr. 75 c.; la troisième de 36 m. à 40 fr. ; la quatrième de 27 m. 80 c. à 30 fr. 40 c. ; la cinquième de 29 m. 35 c. à 14 fr. 75 c. ; et la sixième de 36 m. 45 c. à 17 fr. 90 c. : on demande le prix de chaque pièce, celui des 6 pièces et leur longueur.

P. 283. Un tailleur achète une pièce de drap ayant 46 m. 75 c. à 18 fr. 80 c. le mètre ; il donne en payement un billet de 278 fr. et un autre de 183 fr. 50 : on demande ce que lui coûte la pièce, et ce qu'il doit donner en argent ?

P. 284. Un marchand achète une pièce de velours ayant 28 m. 70 c. à 16 fr. 50 le mètre ; il la revend 18 fr. 25 : on demande ce qu'il a payé la pièce, ce qu'il la revend et quel est son bénéfice.

P. 285. Un vigneron a récolté 36 pièces de vin de chacune 250 litres : quelle est la valeur de sa récolte s'il vend l'hectolitre 20 francs ?

P. 286. Un maître a quatre ouvriers, le premier gagne 4 fr. 75 par jour, le second 4 fr. 25, le troisième 3 fr. 75, le quatrième 3 fr. 50 : quelle somme doit-il à chacun au bout de 28 jours, et quelle somme faut-il pour les payer ?

P. 287. On a vendu 6 fr. 75 le mètre d'une étoffe qui coûtait 5 fr. 90 : on demande le prix de la pièce, ce qu'on l'a vendue et quel a été le bénéfice, sachant qu'elle avait 36 mètres 50 cent.

P. 288. Un jeune homme voulant se faire faire un habit, a acheté 1 m. 85 cent. de drap à 27 fr. 80 ; 1 m. 70 c. de doublure à 85 cent. ; pour 6 fr. 45 de fournitures ; il a payé 30 fr. de façon : à combien lui revient son habit ?

P. 289. Un fermier a vendu 200 hectolitres de blé à 18 fr. 40 cent. l'hectolitre ; 550 hect. d'avoine à 10 fr. 75 cent. ; et 450 hect. de pommes de terre à 3 fr. 85 : à combien se monte la vente de chaque article et la vente totale, et quel est son bénéfice, sachant qu'il a 4000 fr. de loyer, et pour 5750 francs de frais d'exploitation ?

P. 290. Un marchand de bois a acheté 870 stères à 14 francs 60 le stère ; il en a revendu 350 stères à 16 fr. 50, et le reste à 17 f. 25 : on demande ce qu'il a payé les stères, ce qu'il les a vendus et quel a été son bénéfice.

P. 291. Un marchand a vendu une coupe de drap de 26 mètres 75 centimètres qui lui avait coûté 18 fr. 50 cent. le mètre, savoir : une fois 6 mètres à 21 fr. 75 c., une autre fois 5 m. 75 à 22 fr. et le reste à 20 fr. 50 : on demande ce que lui coûte le drap, ce qu'il l'a vendu et quel a été son bénéfice.

P. 292. Une personne devait 8000 francs, elle a donné en paiement 45 m. de toile à 3 fr. 60 c., 26 m. de calicot à 95 c., un billet de 3050, un autre billet de 1575 : combien a-t-elle donné d'argent?

P. 293. Un marchand de chevaux en a acheté 35 à une foire, à raison de 450 fr. l'un, chaque cheval lui coûte 15 fr. 80 c. de nourriture et de frais de route : combien a-t-il déboursé pour le tout ?

P. 294. Quel est le poids du chargement d'un bateau contenant 526 pièces de vin pesant en moyenne 260 kilogrammes ?

P. 295. Un tailleur a acheté 3 pièces de drap : la première de 26 m. 50 cent. coûte 17 fr. 60 le mètre ; la deuxième de 30 m. 60 à 18 fr. 25 ; et la troisième de 35 m. 90 à 20 fr. 45 ; il les a payées en trois billets : le premier de 425 fr., le second de 175 fr. 25, le troisième de 390 fr., et le reste en argent : on demande ce que lui coûte chaque pièce et les trois ensemble, et quelle somme en argent il a donnée.

P. 296. Deux marchands ont fait un échange ; l'un a fourni 208 hectolitres de blé à 19 fr. 75 l'hectolitre ; l'autre, 385 hectolitres d'avoine à 9 fr. 35 c. : pour combien chaque marchand a-t-il fourni, et quelle somme redoit le dernier ?

P. 297. Une mère de famille a acheté 25 mètres de toile à 2 fr. 25, 16 mètres 75 c. d'indienne à 85 cent., 8 mètres 50 de mérinos à 4 fr. 75, et 20 m. 50 de calicot à 70 cent., plus divers articles montant à 6 fr. 30 : on demande combien lui coûte chaque étoffe et quelle a été sa dépense totale.

P. 298. On a vendu 26 m. 35 de drap 600 francs, on a gagné 2 fr. 75 par mètre : combien avait-on payé le drap?

P. 299. Quelle somme faut-il payer à 60 ouvriers qui ont travaillé pendant 28 jours : si 15 ouvriers gagnent chacun 3 fr. 50 c. par jour ; 20 ouvriers, 2 fr. 75 par jour ; et les autres, 2 fr. 50 ?

P. 300. Une bourse contient 30 pièces de 20 fr. et 10 de 40 fr., plus 20 fr. en pièces d'argent ; les pièces de 20 fr. pèsent 6 grammes 45.161 cent-millièmes, celles de 40 fr. 12 gr. 92.322 cent-millièmes, et le franc 5 gr. : on demande 1° le poids des pièces d'or, 2° celui des pièces d'argent, 3° le poids de la bourse, et 4° quelle somme elle contient.

DIVISION.

69. La *Division* est une opération par laquelle on cherche combien de fois un nombre, appelé *dividende*, contient un autre nombre, appelé *diviseur*. Le résultat se nomme *quotient* (prononcez cocian).

70. Pour diviser facilement il faut savoir par cœur la table de division.

En 2	combien	2 il y est	1
4	de fois	2	2
6	. .	2	3
8	. .	2	4
10	. .	2	5
12	. .	2	6
14	. .	2	7
16	. .	2	8
18	. .	2	9

En 3	combien	3 il y est	1
6	de fois	3	2
9	. .	3	3
12	. .	3	4
15	. .	3	5
18	. .	3	6
21	. .	3	7
24	. .	3	8
27	. .	3	9

En 4	combien	4 il y est	1
8	de fois	4	2
12	. .	4	3
16	. .	4	4
20	. .	4	5
24	. .	4	6
28	. .	4	7
32	. .	4	8
36	. .	4	9

En 5	combien	5 il y est	1
10	de fois	5	2
15	. .	5	3
20	. .	5	4
25	. .	5	5
30	. .	5	6
35	. .	5	7
40	. .	5	8
45	. .	5	9

En 6	combien	6 il y est	1
12	de fois	6	2
18	. .	6	3
24	. .	6	4
30	. .	6	5
36	. .	6	6
42	. .	6	7
48	. .	6	8
54	. .	6	9

En 7	combien	7 il y est	1
14	de fois	7	2
21	. .	7	3
28	. .	7	4
35	. .	7	5
42	. .	7	6
49	. .	7	7
56	. .	7	8
63	. .	7	9

En 8	combien	8 il y est	1
16	de fois	8	2
24	. .	8	3
32	. .	8	4
40	. .	8	5
48	. .	8	6
56	. .	8	7
64	. .	8	8
72	. .	8	9

En 9	combien	9 il y est	1
18	de fois	9	2
27	. .	9	3
36	. .	9	4
45	. .	9	5
54	. .	9	6
63	. .	9	7
72	. .	9	8
81	. .	9	9

USAGES DE LA DIVISION.

71. La division sert: 1° à trouver combien de fois un nombre est contenu dans un autre; 2° à partager un nombre en autant de parties égales qu'on veut; 3° à trouver le prix d'un seul objet lorsqu'on connaît le prix total de plusieurs; 4° à trouver combien on aura d'objets pour une somme donnée, connaissant le prix d'un objet; 5° à réduire des unités inférieures en unités supérieures : comme des minutes en heures, des heures en jours, etc.

MANIÈRE DE FAIRE LA DIVISION.

72. Pour faire la division, il faut écrire le diviseur à la droite du dividende, les séparer par un trait vertical et souligner le diviseur, au-dessous duquel on écrit les chiffres du quotient à mesure qu'on les trouve.

Puis on prend sur la gauche du dividende autant de chiffres qu'il en faut pour contenir le diviseur, ce nombre de chiffres se nomme premier dividende partiel, à la droite duquel on pose un point; on cherche combien de fois le premier chiffre du diviseur est contenu dans le premier ou les deux premiers chiffres du dividende partiel, et l'on écrit au quotient le chiffre qui marque ce nombre de fois; on multiplie le diviseur par le chiffre trouvé du quotient, et l'on retranche le produit, du dividende partiel, ce qui donne un premier reste, à la droite duquel on abaisse le chiffre suivant du dividende, ce qui forme un second dividende partiel; on opère sur ce nouveau dividende comme sur le premier, et l'on continue de la même manière jusqu'à ce que tous les chiffres du dividende aient été abaissés.

DIVISIONS PAR DES NOMBRES D'UN CHIFFRE.

Exemples.

9.824 : 4 = 2456.

Dividende	9.824	4 diviseur.
	8	2456 quotient.
2ᵉ dividende partiel	18	
	16	
3ᵉ dividende partiel	22	
	20	
4ᵉ dividende partiel	24	
	24	
	00	

18.760 : 5 = 3752.

Dividende	18.760	5 diviseur.
	15	3752 quotient.
2ᵉ dividende partiel	37	
	35	
3ᵉ dividende partiel	26	
	25	
4ᵉ dividende partiel	10	
	10	
	00	

78.438 : 3 = 26.146; 255.047 : 7 = 36.435

Dᵉ 7.8438	3 dʳ	Dᵉ 25.5047	7 dʳ
6	26146 qᵗ	21	36435
18		45	
18		42	
04		30	
3		28	
13		24	
12		21	
18		37	
18		35	
00		Reste 2	

DIVISIONS PAR DES NOMBRES DE PLUSIEURS CHIFFRES.

325.066 : 62 = 5243.

Dividende	325.066	62 diviseur.
	310	5243 quotient.
2ᵉ dividende partiel	150	
	124	
3ᵉ dividende partiel	266	
	248	
4ᵉ dividende partiel	186	
	186	
	00	

2.949.968 : 4735 = 623.

Dividende	29499.68	4735 diviseur.
	28410	623 quotient.
2e divid^e partiel	10896	
	9470	
3e divid^e partiel	14268	
	14205	
Reste	63	

PREUVE DE LA DIVISION.

73. La preuve de la division se fait en multipliant le quotient par le diviseur; et ajoutant au produit le reste de la division, s'il y en a un, ce produit doit être égal au dividende, si les opérations sont bien faites.

Exemple.

128.375 : 42 = 3056.

OPÉRATION.			PREUVE.	
D^de	128.375	42 diviseur.	quotient	3056
	126	3056 quotient.	diviseur	42
	237			6112
	210			12224.
	275		Reste.	23
	252		Produit égal au divid^e	128375
Reste	23			

OBSERVATIONS SUR LA DIVISION.

74. Un chiffre écrit au quotient est trop fort, lorsque le produit du diviseur par ce

chiffre est plus grand que le dividende partiel correspondant, et ne peut en être retranché.

75. Un chiffre écrit au quotient est trop faible, lorsque le produit du diviseur par ce chiffre retranché du dividende partiel correspondant donne un reste plus fort que le diviseur, ou qui lui est égal.

76. Un chiffre écrit au quotient est exact quand le produit du diviseur par ce chiffre peut être retranché du dividende partiel, et que le reste est plus petit que le diviseur.

77. Pour éviter des tâtonnements, et afin de trouver plus facilement le véritable chiffre du quotient, chaque fois que le second chiffre du diviseur est plus fort que 5, il faut augmenter par la pensée, le premier d'une unité.

78. Dans chaque division partielle, on ne doit jamais poser plus de 9 au quotient.

79. Chaque fois qu'on abaisse un chiffre du dividende, il faut poser un chiffre au quotient.

80. Si un dividende partiel ne contient pas le diviseur, il faut, avant d'abaisser un nouveau chiffre du dividende, poser un zéro au quotient.

81. On connaît le nombre de chiffres qu'il y aura au quotient, en séparant, à la gauche du dividende, autant de chiffres qu'il en faut pour que le diviseur y soit contenu; le nombre de chiffres qui restent au dividende, plus un, indique combien il y en aura au quotient.

QUOTIENTS ÉVALUÉS EN DÉCIMALES.

82. Lorsque le dividende est plus petit que

le diviseur, on place d'abord au quotient un zéro suivi d'une virgule, pour exprimer qu'il n'y a pas d'entiers; puis on réduit le dividende en dixièmes, en centièmes, etc., en ajoutant des zéros à sa droite, et l'on divise comme à l'ordinaire.

83. Lorsque après avoir abaissé tous les chiffres du dividende il y a un reste, on réduit ce reste en dixièmes, en écrivant un zéro à sa droite, et l'on continue la division après avoir posé une virgule au quotient; s'il y a un second reste, on ajoute un nouveau zéro à sa droite, pour obtenir des centièmes, et l'on continue la division, etc. De cette manière, on obtient une approximation aussi grande qu'on veut.

Exemples.

2 : 8 = 0,25; 141 : 4 = 35,25.

```
2,00  | 8              141  | 4
1 6   |-----           12   |------
---   | 0,25           ---  | 35,25
  40                    21
  40                    20
  --                    --
  00                    1,0
                          8
    Preuve.              --      Preuve.
                          20
     0,25                 20       35,25
        8                 --           4
     ----                 00     -------
     2,00                        141,00
```

DIVISION DES NOMBRES RENFERMANT DES ZÉROS.

84. Lorsque le dividende et le diviseur sont terminés par des zéros, on peut supprimer à la droite des deux nombres, le même nombre de zéros sans changer le quotient.

Exemple.

8000 : 4000 = 2; comme 8 : 4 = 2.

85. Si le diviseur seul est suivi d'un ou de plusieurs zéros, on divise d'abord par la partie significative du diviseur, ensuite on sépare au quotient, par une virgule, autant de chiffres décimaux qu'il y a de zéros à la suite du diviseur.

Exemple.

2125 : 500 = 4,25.

DIVISION PAR 10, 100, 1000, 10.000, ETC.

86. Pour diviser un nombre par 10, 100, 1000, etc., c'est-à-dire, par l'unité suivie d'un ou de plusieurs zéros, il suffit de séparer, par une virgule, sur la droite de ce nombre, autant de chiffres décimaux qu'il y a de zéros après l'unité; si c'est un nombre décimal, on avance la virgule vers la gauche d'autant de chiffres qu'il y a de zéros après l'unité; s'il n'y a pas assez de chiffres, on ajoute à la gauche du nombre autant de zéros qu'il est nécessaire.

Exemples.

5 : 10 = 0,5 ; 5 : 100 = 0,005;
5 : 1000 = 0,005.

8243 : 10 = 824,3 ; 8243 : 100 = 82,43;
8243 : 1000 = 8,243.

6,75 : 10 = 0,675; 6,75 : 100 = 0,0675;
6,75 : 1000 = 0,00675.

34.000 : 10 = 3400; 34.000 : 100 = 340;
34.000 : 1000 = 34; 34.000 : 10000 = 3,4.

CHANGEMENTS QUE SUBIT LE QUOTIENT LORSQU'ON MULTIPLIE OU QU'ON DIVISE LE DIVIDENDE ET LE DIVISEUR, OU L'UN D'EUX.

87. Quand on multiplie ou qu'on divise le dividende et le diviseur par un même nombre, le quotient ne change pas.

Exemple.

18 : 6 = 3; 36 : 12 = 3; 9 : 3 = 3.

88. Lorsqu'on multiplie ou qu'on divise seulement le dividende par un nombre, le quotient se trouve multiplié ou divisé par ce nombre.

Exemple.

12 : 3 = 4; 24 : 3 = 8; 6 : 3 = 2.

89. Quand on multiplie seulement le diviseur par un nombre, on divise le quotient par ce même nombre; et si l'on divise le diviseur, on multiplie le quotient, c'est-à-dire

que l'opération qu'on fait subir au diviseur se reproduit en sens inverse sur le quotient.

Exemple.

24 : 6 = 4; 24 : 12 = 2; 24 : 3 = 8.

90. Le quotient est le même quand on divise un nombre successivement par plusieurs autres nombres, ou qu'on le divise par le produit de ces nombres.

Exemple.

Soit 48 à diviser par 2, par 3 et par 4 :
48 : 2 = 24 : 3 = 8 : 4 = 2; comme
48 : 2 × 3 × 4 = 2; comme 48 : 24 = 2.

DIVISION DES NOMBRES DÉCIMAUX.

91. La division des nombres décimaux se fait comme celle des nombres entiers; mais elle présente quatre cas : 1° lorsque le dividende et le diviseur ont le même nombre de décimales, on divise comme si c'était des nombres entiers sans faire attention à la virgule; 2° si le dividende seul a des décimales, on divise comme à l'ordinaire; mais alors on sépare au quotient par une virgule, autant de chiffres décimaux qu'il y en a dans le dividende; 3° si le dividende contient plus de décimales que le diviseur, on avance vers la droite du dividende, la virgule d'autant de chiffres qu'il y a de décimales au diviseur, et l'on divise comme dans le cas précédent; 4° lorsque le diviseur a plus de décimales que le dividende, on ajoute à la droite du dividende autant de zéros que le diviseur a de

décimales de plus que le dividende, puis on divise comme à l'ordinaire.

Premier cas.

148,75 : 4,25 = 35

```
1487.5 | 425
1275   |-----
       | 35
 2125
 2125
 ----
  000
```

Deuxième cas.

2199,45 : 341 = 6,45

```
2199,45 | 341
2046    |------
------- | 6,45
 1534
 1364
 ----
  1705
  1705
  ----
   000
```

Troisième cas.

14,6625 : 4,25 = 3,45;

```
1466,25 | 425
1275    |------
----    | 3,45
 1912
 1700
 ----
  2125
  2125
  ----
  0000
```

Quatrième cas.

2489 : 4,75 = 524

```
2489.00 | 475
2375    |------
----    | 524
 1140
  950
 ----
  1900
  1900
  ----
   000
```

MANIÈRE D'ABRÉGER LA DIVISION.

92. On abrège la division en ne posant pas sous chaque dividende partiel, le produit du diviseur par chaque chiffre du quotient; on fait la soustraction de mémoire, et l'on pose seulement le reste sous chaque chiffre du dividende partiel.

Exemple.

63.575 : 25 = 2543.

Division ordinaire.		Division abrégée.	
63.575	25	63.575	25
50	2543	135	2543
135		107	
125		75	
107		00	
100			
75			
75			
00			

93. Les divisions à un chiffre se font de mémoire quand on a la pratique de la division.

EXEMPLES DE DIVISIONS ABRÉGÉES A UN CHIFFRE.

53.630 : 2 = 26.815
40.692 : 3 = 13.564
145.036 : 4 = 36259
603.725 : 5 = 120745
315.942 : 6 = 52657
316.715 : 7 = 45245
324.816 : 8 = 40.602
25.006.725 : 9 = 2.778.525

Remarque.

Diviser par 2, c'est en prendre la moitié.

un	» 3	»	»	le tiers.
nombre	» 4	»	»	le quart.
	» 5	»	»	le cinquième.
	» 6	»	»	le sixième.
	» 7	»	»	le septième.
	» 8	»	»	le huitième.
	» 9	»	»	le neuvième.

PREUVE DE LA MULTIPLICATION PAR LA DIVISION.

94. Pour faire la preuve de la multiplication par la division, il faut diviser le produit par l'un des facteurs, le quotient donnera l'autre. Les commençants feront bien, pour s'exercer à diviser, de faire des multiplications, et de diviser ensuite le produit de chacune par le multiplicateur et par le multiplicande, ce qui fera deux divisions.

Exemples.

Multiplication.	1re Division.		2e Division.	
Mde 4725	1540.350	326	15403.50	4725
Meur 326	2363	——	12285	——
	815	4725	28350	326
28350	1630		0000	
9450.	000			
14175..				
1540350 Produit.				

DIVISIBILITÉ DES NOMBRES.

95. Un nombre est divisible sans reste :

Par 2. Quand son dernier chiffre est pair; *exemples* : 36, 728, 6420.

Par 3. Quand la somme de ses chiffres additionnés comme des unités simples, égale 3 ou un multiple de 3 ; *ex.* : 141, 2541, 74280.

Par 4 Quand les deux derniers chiffres à droite sont divisibles par 4 ; *ex.* : 24, 612, 6840.

Par 5. Quand il est terminé par 5 ou par 0 ; *ex.* : 45, 6720, 713.525.

Par 6. Quand il est pair et que la somme de ses chiffres est divisible par 3, *ex.* 36, 1110, 34.734.

Par 8. Quand les trois derniers chiffres à droite sont divisibles par 8; *ex.* : 256, 18.104, 4.504.320.

Par 9. Quand la somme des chiffres additionnés comme des unités simples, égale 9, ou un multiple de 9; *ex.* : 45, 4257, 300.645.

Par 12. Quand il est divisible à la fois par 3 et par 4; *ex.* : 48, 6120, 26.436.

Par 15. Quand il l'est par 3 et par 5; *ex.* : 45, 6045, 129.840.

Par 18. Quand il l'est par 9 et par 12; *ex.* : 36, 3672, 63.540.

Par 24. Quand il l'est par 3 et 8; *ex.* : 72, 6120, 603.048.

Par 25. Quand il est terminé par 25, 50, 75 ou 00; *ex.* : 125, 6750, 46.375, 134.200.

Par 36. Quand il l'est par 4 et par 9; *ex.* : 72, 27.180, 542.736.

Par 45. Quand il l'est par 5 et par 9; *ex.* : 90, 72.405, 241.736.400.

Par 72. Quand il l'est par 8 et par 9; *ex.* : 144, 60.480, 364.032.

EXERCICES SUR LA DIVISION.

NOMBRES ENTIERS.

301	432 : 2 =	321	45.612 : 18 =
302	744 : 3 =	322	507.045 : 15 =
303	624 : 4 =	323	39.872 : 64 =
304	730 : 5 =	324	144.905 : 42 =
305	2.706 : 6 =	325	810.216 : 36 =
306	3.627 : 7 =	326	106.575 : 435 =
307	4.128 : 8 =	327	261.324 : 612 =
308	25.407 : 9 =	328	107.304 : 526 =
309	61.320 : 5 =	329	12.350 : 475 =
310	46.752 : 6 =	330	2940.000 : 625 =
311	70.244 : 4 =	331	472.706 : 408 =
312	32.000 : 7 =	332	506.425 : 875 =
313	40.815 . 6 =	333	3704.520 · 292 =
314	34.720 : 2 =	334	1275.625 : 125 =
315	172.404 : 9 =	335	474.046 : 842 =
316	32.016 : 12 =	336	3488.700 : 4812 =
317	21.360 : 15 =	337	1891.045 : 3045 =
318	72.495 : 45 =	338	142.726 4705 =
319	810.360 : 72 =	339	4706.420 . 71425
320	624.150 : 25 =	340	12966675 : 30725

QUOTIENTS ÉVALUÉS EN DÉCIMALES.

341	2 : 8 =	346	848 : 1325 =
342	6 : 25 =	347	385 : 47500 =
343	18 : 24 =	348	736 : 8475 =
344	48 : 75	349	6 : 125 =
345	102 : 425 =	350	75 : 4525 =

NOMBRES ACCOMPAGNÉS DE ZÉROS

351	540 : 20 =	356	780.690 : 10 =
352	9.600 : 30 =	357	4500.000 : 1000 =
353	4.200 : 400 =	358	780.000 : 45000
354	5 300 : 250 =	359	2754 000 : 10000
355	67.200 : 100 =	360	52920000 : 72000

NOMBRES DÉCIMAUX.

361	290,25 : 6,75 =	371	21.684 : 34,75 =
362	263,50 : 3,50 =	372	267,8 : 0,325 =
363	1551,25 : 4,25 =	373	24,21 : 6,725 =
364	8616,45 : 3,27 =	374	1579,05 : 63,80 =
365	1642,50 : 365 =	375	0,20625 : 0,75 =
366	1365,85 : 2,95 =	376	25,50 : 3,50 =
367	107,395 : 45,7 =	377	198.070 : 36,25 =
368	32,8175 : 0,95 =	378	2,755 : 3,64 =
369	344,3475 : 46,85 =	379	0.060875 : 2,435 =
370	3,003 : 8,25 =	380	0,05625 : 0,125 =

NOMBRES VARIÉS.

381	2646,25 : 365 =	391	112,20 : 26,40
382	121.100 : 890 =	392	15022500 : 3750 =
383	360.000 : 480 =	393	16650000 : 4500 =
384	15870000 : 4600 =	394	6785 : 100 =
385	48 : 0,75 =	395	45,70 : 10.000
386	101,47 : 27,80	396	130,6875 : 30,75 =
387	98.306 : 398 =	397	69.020 : 3625 =
388	16.113 : 524 =	398	31 : 248 =
389	91 : 3,64 =	399	2287,8275 : 83,65
390	0,361 : 2680 =	400	0,01 : 0,04 =

PROBLÈMES SUR LA DIVISION.

P. 301. On veut partager 654 billes entre 3 écoliers : combien chacun en aura-t-il ?

P. 302. Un écolier a gagné en 5 jours 375 bons points : combien en a-t-il gagné par jour ?

P. 303. La distance de la Terre au Soleil est de 153.624.000 kilomètres, la lumière de cet astre nous parvient en 8 minutes : combien parcourt-elle de kilomètres par minute ?

P. 304. On demande de partager 30.408 fr. entre 4 personnes, et ce qu'il revient à chacune ?

P. 305. Il y a 1170 litres de vin dans un foudre, qui a rempli 5 pièces : combien chaque pièce contient-elle de litres ?

P. 306. Six caisses pèsent ensemble 432 kilogrammes : quel est le poids de chaque caisse ?

P. 307. Combien y a-t-il de semaines dans 4466 jours ?

P. 308. On a reçu 2375 francs en pièces de 5 francs : combien a-t-on reçu de pièces ?

P. 309. On a payé 3105 francs 9 chevaux : à combien revient chaque cheval ?

P. 310. Il a été livré à un établissement 29.400 mètres d'étoffe en 8 fois : de combien de mètres était chaque livraison ?

P. 311. On a payé 350 francs 34 mètres de drap : à combien revient le mètre ?

P. 312. Combien y a-t-il de jours dans 1560 heures ?

P. 313. Il a fallu 5552 journées pour faire un travail auquel on a employé 16 ouvriers : combien chaque ouvrier a-t-il travaillé de jours ?

P. 314. Une pièce de drap contenant 24 mètres coûte 344 francs : quel est le prix du mètre ?

P. 315. Un cultivateur a vendu un troupeau de moutons 3290 francs : de combien de moutons se composait son troupeau, s'il les a vendus l'un dans l'autre 35 francs ?

P. 316. Combien mettrait-on de jours pour faire le tour de la terre, qui est de 40.000 kilomètres, si l'on pouvait toujours aller en ligne droite, et faire 35 kilomètres par jour ?

P. 317. Pour 455 francs on a acheté 14 mètres de drap : à combien revient le mètre ?

P. 318. Il a fallu 720 journées à 16 ouvriers pour faire un ouvrage : combien chaque ouvrier a-t-il travaillé de jours ?

P. 319. Un ouvrier a gagné 304 francs en 64 jours de travail : combien a-t-il gagné par jour ?

P. 320. Combien 8760 heures font-elles de jours ?

P. 321. Un employé a 1200 francs d'appointemens : combien cela lui fait-il par jour ?

P. 322. Combien y a-t-il d'années dans 673.425 jours.

P. 323. Lorsque pour 2340 francs on a fait faire 624 mètres d'ouvrage : à combien revient le mètre ?

P. 324. Quel est le poids d'une caisse, lorsque 57.450 kilogrammes sont le poids de 426 caisses ?

P. 325. Un vigneron a trois foudres qui contiennent ensemble 51.600 litres : combien contiennent-ils de pièces s'il entre 240 litres dans une pièce ?

P. 326. On a vendu 324 hectolitres de froment 7047 francs : combien est-ce l'hectolitre ?

P. 327. Pour 9447 francs, on a eu 564 stères : à combien revient le stère ?

P. 328. Une propriété de 467 hectares s'est vendue 850.000 francs : combien coûte l'hectare ?

P. 329. On a acheté 3675 mètres de drap pour la somme de 46.570 francs : à combien revient le mètre ?

P. 330. La population de la France est de 34.230.178 habitants et sa superficie de 527.686 kilomètres carrés : combien y a-t-il d'habitants par kilomètre ?

P. 331. On a payé 1258 fr. 75 pour 265 mètres : combien coûte le mètre ?

P. 332. Un vigneron a récolté 108 hectolitres 10 litres de vin : combien a-t-il récolté de pièces de chacune 235 litres ?

P. 333. Un fabricant de sucre en a livré 3045 pains, pesant ensemble 12.941 kil. 25 décag. : quel est le poids moyen d'un pain ?

P. 334. On a fait abattre et débiter 64 arbres qui ont produit 150 stères 4 décistères de bois de chauffage : combien chaque arbre en a-t-il produit l'un dans l'autre ?

P. 335. Pour transporter 5718 m. 125 décimètres cubes, il a fallu 1307 journées : combien en a-t-on transporté dans une journée ?

P. 336. On a labouré 35 hectares 55 ares

dans 79 jours de travail : combien a-t-on labouré d'ares par jour?

P. 337. Pour 168 fr. 15 cent. on a acheté 35 m. 40 décimètres d'étoffe : à combien revient le mètre?

P. 338. Un ouvrier a gagné 1027 fr. 50 c. dans une année : combien a-t-il travaillé de jours, sachant qu'il gagne 3 fr. 75 c. par jour?

P. 339. On a payé 235 fr. 935 millièmes une pièce de satin : combien contient-elle de mètres, sachant que le prix du mètre est de 6 fr. 30 c.?

P. 340. On a payé 9 fr. 1875 pour 2 kilog. 45 décagrammes de café : combien coûte le kilogramme?

P. 341. Un cultivateur a vendu sa récolte de blé 702 fr. 625, à raison de 19 fr. 25 l'hectolitre : combien a-t-il vendu d'hectolitres?

P. 342. L'intérêt d'une somme est de 165 fr., qu elle est cette somme sachant que l'intérêt d'un franc est de 0 fr. 06 centimes?

P. 343. Une personne a payé 140 fr. 25 pour sa provision de bois, composée de 8 stères 5 décistères : combien lui coûte le stère?

P. 344. Quelle est la superficie d'un terrain qu'on a payé 1345 fr. 20, à raison de 47 fr. 50 l'are?

P. 345. Le papier employé pour l'impression d'un livre coûte 624 fr. : combien a-t-on employé de rames, sachant que la rame coûte 9 fr. 75?

P. 346. Lorsque 25 centimètres de doublure coûtent 15 centimes : combien coûte le mètre?

P. 347. Combien faut-il de pièces de 0 fr. 025 centimes pour faire 5 francs?

P. 348. Pour 5 fr. 80 c. j'ai eu 464 pommes : à combien revient chaque pomme ?

P. 349. Combien aura-t-on d'oranges pour 23 fr. 94 c., si l'orange coûte 0 fr. 035 millièmes ?

P. 350. Lorsque 75 centimètres de calicot reviennent à 0 fr. 3375 dix-millièmes : combien vaut le mètre ?

P. 351. Une pièce de ruban de 24 mètres coûte 6 fr. : à combien revient le mètre ?

P. 352. Pour 48 fr. on a acheté 64 litres de vin : combien coûte le litre ?

P. 353. Lorsque pour 51 fr. on a 204 pavés : quel est le prix du pavé ?

P. 354. Pour 75 fr. on a acheté une pièce de vin contenant 240 litres : à combien revient le litre ?

P. 355. J'ai acheté 75 kilogrammes de sel pour 30 fr. : combien coûte le kilogramme ?

P. 356. Pour 2 fr. 24 centimes, j'ai eu un coupon de ruban de 6 mètres 40 centimètres : à combien me revient le mètre ?

P. 357. On a payé 131 fr. avec 524 pièces de monnaie : quelle était la valeur de la pièce ?

P. 358. Un tailleur a payé 88 fr. 704 douzaines de boutons : à combien revient la douzaine ?

P. 359. A 7 centimes les 25 centimètres de lacet : combien coûte le mètre ?

P. 360. A combien revient la feuille d'une rame de papier qui coûte 12 fr : sachant que la rame contient 20 mains et la main 25 feuilles ?

P. 361. Un marchand de drap en a vendu

150 mètres pour 3000 fr. : combien l'a-t-il vendu le mètre ?

P. 362. Un terrain formant un rectangle, a 70.000 mètres de superficie, le grand côté a 500 mètres : quelle est la longueur du petit ?

P. 363. La récolte d'un vigneron est de 21.000 litres : combien aura-t-il de pièces de vin, si chaque pièce contient 250 litres ?

P. 364. A 4 francs le kilogramme de café : combien coûte l'hectogramme, le décagramme et le gramme ?

P. 365. Lorsque le blé vaut 18 francs l'hectolitre : combien vaut le décalitre et le litre ?

P. 366. On a vendu une coupe de bois à raison de 140 fr. le décastère : à combien revient le stère et le décistère ?

P. 367. Une propriété de 15 hectares a été vendue 67.500 fr : à combien revient l'hectare, l'are et le centiare ?

P. 368. Combien faut-il de pièces de 40 fr., de 20 fr., de 5 fr., de 2 fr., de 1 fr., de 50 c., de 25 c., de 10 c., de 5 c. et de 1 c., pour faire 400 fr. avec chacune de ces pièces ?

P. 369. Le chemin de fer de Paris à Orléans a 132 kilomètres 687 mètres, et coûte 50.000.000 fr. : à combien revient le kilomètre, l'hectomètre, le décamètre et le mètre ?

P. 370. A 35 fr. le mille de briques : combien coûte le cent, la dizaine et la pièce ?

P. 371. Une pièce de mérinos coûte 207 fr. 10 cent. : on demande le prix du mètre, sachant qu'elle a 43 mètres 60 centimètres :

P. 372. Combien aura-t-on de mètres de velours pour 570 fr. 3125 à 18 fr. 25 le mètre ?

P. 373. Combien coûte le litre d'une pièce de vin qui revient à Paris, à 180 fr., sachant qu'elle contient 240 litres?

P. 374. Pour 12 fr. 50 j'ai acheté 50 centimètres de drap : combien coûte le mètre ?

P. 375. Une route de 67 kilomètres coûte 1.058.600 fr. : à combien revient le kilomètre, l'hectomètre, le décamètre et le mètre ?

P. 376. On a payé 132 fr. 75 c. une pièce d'étoffe de 35 m. 40 cent. : combien coûte le mètre ?

P. 377. Pour 91 fr. j'ai acheté 364 bouteilles de vin : à combien me revient la bouteille ?

P. 378. A 2 francs le kilogramme de sucre combien vaut l'hectogramme, le décagramme, et le gramme ?

P. 379. Un ouvrier a gagné 1782 f., dans 264 journées de travail : combien a-t-il gagné par jour ?

P. 380. Lorsque 0 fr. 2925 dix-millièmes sont le prix de 0 m. 65 centimètres : combien coûte le mètre ?

P. 381. A 108 fr. la grosse de canifs : combien coûte la douzaine et le canif; la grosse est de 12 douzaines ?

P. 382. Lorsque pour 90 fr. on a 24 mètres de mérinos : combien coûteront 28 m. 30 c de la même étoffe ?

P. 383. 45 ouvriers ont fait 164 m. 25 cent. d'un ouvrage : combien 75 ouvriers en feraient-ils ?

P. 384. Lorsqu'un ouvrier a gagné 1381 f. 25 cent. en 325 jours : combien aurait-il gagné s'il n'avait travaillé que 285 jours ?

P. 385. En 15 jours 3 hommes ont fait un

ouvrage de 117 mètres : combien 10 hommes, pendant 24 jours, en auraient-ils fait ?

P. 386. 46 ouvriers en 8 jours, travaillant 12 heures par jour, ont fait un ouvrage de 2760 mètres ; combien 23 ouvriers, travaillant 12 heures par jour, mettront-ils de jours pour faire le même ouvrage ?

P. 387. 14 peintres, en 8 jours, travaillant 9 heures par jour, ont fait 4032 mètres carrés de peinture : combien faut-il que 12 ouvriers pendant 7 jours, travaillent d'heures par jour, pour faire 3360 mètres du même ouvrage ?

P. 388. Trois ouvriers ont fait un travail de 200 fr. : le premier a travaillé pendant 18 jours, le second, pendant 25 jours, et le troisième, pendant 7 jours : combien chaque ouvrier doit-il recevoir à raison des journées qu'il a faites ?

P. 389 Quatre personnes se sont associées : la première a mis 4000 fr., la deuxième 3500 fr., la troisième 2500 fr., et la quatrième 2000 fr. : on demande le bénéfice qui revient à chacune à raison de sa mise, sachant qu'elles ont gagné 1800 fr.

P 390. Un marchand de vin a mélangé trois pieces de vin ; la première contient 240 litres et lui coûte 48 fr., la seconde contient 235 litres et coûte 50 fr. ; la troisième contient 250 litres, et coûte 75 fr. : à combien lui revient le litre de chaque pièce, et celui du mélange ?

P. 391. Quel est l'intérêt de 450 fr. pendant un an, à 5 pour cent par an ?

P. 392. On demande l'intérêt de 1400 fr. pendant 3 ans à 6 pour cent par an.

P. 393. Une personne fait escompter un

billet de 275 fr., on lui prend 3 pour cent : combien doit-elle recevoir, l'escompte déduit?

P. 394. Quel est l'intérêt de 3450 francs pendant 5 mois, à 6 pour cent par an?

P. 395. Un ouvrier a travaillé pendant 5 jours à un ouvrage; le premier jour il a fait 4 mètres, le deuxième 4 mètres 50 centim., le troisième 8 mètres 75 cent., le quatrième 5 m., et le cinquième 5 m. 25 c. : combien a-t-il fait de mètres en moyenne par jour?

P. 396. Un marchand de vin a acheté une pièce de vin 50 francs, et payé pour 36 francs d'entrée ou de frais : combien faut-il qu'il vende le litre pour gagner 34 francs; sachant que la pièce contient 240 litres?

P. 397. On a payé, pour faire transporter 250 kilogrammes 12 fr. 50 cent. : combien paiera-t-on pour le transport de 6 caisses pesant chacune 235 kilogrammes?

P. 398. Un tailleur a acheté deux pièces de drap : la première de 62 mètres, lui coûte 899 francs, et la seconde de 48 mètres, ne lui coûte que 780 francs : quel est le prix du mètre de chaque pièce, quelle est la plus chère et de combien?

P. 399. Pour un ballot de marchandises, contenant 36 pièces, de chacune 42 m. 50, on a payé 19 fr. 125 de port : combien cela fait-il par mètre?

P. 400. Lorsque 45 hommes, pendant 15 jours, travaillant 10 heures par jour, font 250 mètres d'ouvrage : combien 25 hommes, pendant 30 jours, travaillant 10 heures par jour, feront-ils de mètres du même ouvrage?

Rue Montmartre, 168.

L. HALOU

AGENT DE MANUFACTURES.

Monsieur ***FLAMAND****, de Nancy, Doit,*

Pour vente et livraison faites des marchandises détaillées ci-dessous, payables dans Paris, escompte 5 0/0 à 90 jours.

Paris, le 17 *mars* 1856.

Nos	M.	C.		FR	C.	FR.	C.
327	20	45	Drap d'Elbeuf bleu.	20	»	409	»
335	15	60	id. id. marron.	25	»	390	»
599	50	75	Mérinos pensée.	6	25	317	18
272	17	40	Escot noir-bleu.	5	20	90	48
337	40	»	Gros de Naples rose.	3	10	124	»
752	25	10	Velours bleu de France.	15	20	381	52
30	45	»	Crêpe crépé blanc.	2	10	94	50
2	24	60	Indienne chinée.	»	90	22	14
573	16	»	Douz. châles crêpe de Ch.	60	»	960	»
395	1	»	Coupon perkale.	3	»	3	»
272	6	»	Pièces de foulards garance.	25	»	150	»
385	20	»	Douzaines bas de coton bl.	26	»	520	»
573	4	»	Paires de chaussettes de fil.	»	95	3	80
5	50	»	Mousseline blanche.	1	30	65	»
535	30	»	Flanelle de santé.	5	25	157	50
342	27	35	Serge noire 70 centimètres.	3	40	92	99
32	30	»	id. id. fin cuit 70 cent.	5	20	156	»
333	60	»	Toile de Rouen.	6	10	366	»
						4303	11
			Escompte 5 o/o.			215	15
						4087	96

Acquitté le 24 *juin* 1856.

HALOU.

TROISIÈME PARTIE.

NOUVEAU TRAITÉ

DES POIDS ET MESURES

MÉTRIQUES.

DÉVELOPPEMENTS SUR LES POIDS ET MESURES.

96. La nécessité d'avoir des mesures connues de tout le monde est facile à concevoir. On ne peut se faire une idée exacte de la longueur d'une pièce d'étoffe, du poids d'un objet, de sa valeur, etc., et la transmettre qu'autant que les mesures dont on s'est servi pour mesurer la pièce, pour déterminer le poids de l'objet et sa valeur, sont généralement connues.

97. La même mesure ne pouvant servir pour mesurer une pièce d'étoffe et pour mesurer du vin, pour peser un objet et pour l'évaluer, il a fallu créer des mesures qui répondissent à tous nos besoins usuels.

98. L'ensemble des poids et mesures dont on se sert actuellement en France s'appelle *système métrique*.

99. Le système légal des poids et mesures métriques date de 1793, mais son introduction n'a été définitive, pour toute la France, que depuis 1840.

100. Le système est *légal*, parce qu'il est seul reconnu par la loi; *métrique*, parce que toutes les mesures dérivent du mètre; et *décimal*, parce que les mesures sont de dix en dix fois plus grandes ou plus petites les unes que les autres.

101. *Mesurer* une quantité, c'est chercher combien de fois elle contient une quantité connue, prise pour terme de comparaison.

102. On appelle *mesure* ou *unité* de mesure la quantité prise pour terme de comparaison, et qui sert à évaluer les quantités de la même espèce.

103. Il y a six unités principales de mesure :

Le MÈTRE, unité pour les mesures de longueur.

L'ARE, unité pour les mesures agraires.

Le STÈRE, unité pour les bois de chauffage.

Le LITRE, unité pour les mesures de capacité.

Le GRAMME, unité pour les mesures de poids.

Le FRANC, unité pour les monnaies.

104. Comme il y a des longueurs très-grandes et d'autres très-petites, des corps très-lourds et d'autres très-légers, et que la même mesure serait quelquefois ou trop grande ou trop petite, on a adopté sept mots qui se placent avant les unités de mesure.

105. Quatre de ces mots, appelés *multiples*, désignent des mesures de dix en dix fois plus grandes.

106. Trois de ces mots, appelés *sous-multiples*, désignent des mesures de dix en dix fois plus petites.

107. Treize mots suffisent donc pour exprimer toutes les mesures dont on a besoin, depuis les plus petites jusqu'aux plus grandes.

4 MULTIPLES.	Myria, qui signifie 10.000.
	Kilo, ... 1.000.
	Hecto, ... 100.
	Déca, ... 10.

UNITÉS : Mètre, Are, Stère, Litre, Gramme, Franc.

3 SOUS-MULTIPLES.	Déci, qui signifie 0,1.
	Centi, ... 0,01.
	Milli, ... 0,001.

108. Chacun des multiples et des sous-multiples des mesures de longueur, de poids et de capacité a son double et sa moitié. La valeur des multiples et des sous-multiples montre qu'on peut faire sur eux toutes les questions relatives aux dizaines, aux centaines, aux mille, aux dizaines de mille, aux dixièmes, aux centièmes et aux millièmes : c'est ce qu'indique le tableau suivant.

TABLEAU DE LA VALEUR RELATIVE DE TOUS LES MULTIPLES ET SOUS-MULTIPLES DU SYSTÈME MÉTRIQUE.

	10.000 MYRIA.	1.000 KILO.	100 HECTO.	10 DÉCA.	1 UNITÉ.	0,1 DÉCI.	0,01 CENTI.	0,001 MILLI.
Le Myria vaut.	1	10	100	1000	10.000	100.000	1.000.000	10.000,000
Le Kilo	0,1	1	10	100	1.000	10.000	100.00	1.000.000
L'Hecto	0,01	0,1	1	10	100	1.000	10.000	100.000
Le Déca	0,001	G.01	0,1	1	10	100	1.000	10.000
L'Unité	0,000.1	0.001	0,01	0,1	1	10	100	1.000
Le Déci	0,000.01	0,000.1	0,001	0.01	0,1	1	10	100
Le Centi	0,000.001	0,000.01	0,0001	0,001	0,01	0,1	1	10
Le Milli	0,000.000.1	0,000.001	0,00001	0,0001	0,001	0,01	0,1	1

MESURES DE LONGUEUR.

109. Les mesures de longueur sont celles dont on se sert pour mesurer l'étendue, considérée comme ligne, telle que la longueur d'une pièce d'étoffe, celle d'une route, la longueur, la largeur, épaisseur d'une planche, etc.

110. Elles se divisent en mesures de longueur et en mesures itinéraires.

MESURES DE LONGUEUR.

111. Le MÈTRE est l'unité des mesures de longueur; il est égal à la dix-millionième partie du quart du méridien terrestre (distance du pôle à l'équateur).

112. Le mètre admet tous les multiples et tous les sous-multiples.

Multiples du mètre.	Le MYRIAMÈTRE vaut	10.000 mètres.
	Le KILOMÈTRE vaut	1.000 mètres.
	L'HECTOMÈTRE vaut	100 mètres.
	Le DÉCAMÈTRE vaut	10 mètres.

MÈTRE, unité de longueur.

Sous-multiples du mètre.	Le DECIMÈTRE vaut la	10e	partie du mètre.
	Le CENTIMÈTRE.	100e	
	Le MILLIMÈTRE	1000e	

Mesures effectives de longueur.

113. Toutes les mesures de longueur sont, à partir du myriamètre, de dix en dix fois plus petites les unes que les autres. Ainsi le kilomètre est dix fois plus petit que le myriamètre, etc. Voir le tableau, page 3.

114. On appelle mesures *effectives* celles qui existent réellement, et l'on nomme mesures de *compte* celles qui n'existent que dans la pensée,

pour faciliter les calculs, telles que les divisions plus petites que le millimètre.

115. Les mesures effectives de longueur autorisées sont au nombre de huit :

1° Le double-décamètre.
2° Le décamètre.
3 Le demi-décamètre.
4 Le double-mètre.
5° Le mètre.
6° Le demi-mètre.
7° Le double-décimètre.
8° Le décimètre.

116. Ces mesures sont établies dans la forme qui convient le mieux aux usages auxquels on les destine.

117. Les *doubles-décamètres*, les *décamètres*, les *demi-décamètres*, construits en forme de chaînes, sont formés de chaînons de fil de fer, ayant deux ou cinq décimètres de longueur, réunis par des anneaux, à chaque mètre les anneaux sont en cuivre ; ils sont terminés par des poignées prises sur la longueur du dernier chaînon.

118. Les *doubles-mètres* et les *mètres*, divisés en décimètres et en centimètres, en forme de règles plates.

119. Les *mètres* en forme de cannes.

Ces trois sortes de mesures sont particulièrement employées par les arpenteurs, les architectes et les ingénieurs.

120. Les *mètres* et *demi-mètres* en forme de règles carrées, pour les marchands d'étoffes, etc.

121. Les *mètres brisés* ou *pliants* sont en bois, en os, en ivoire, etc.

122. Les *demi-mètres* en bois d'une seule pièce, ou brisés en deux parties et à charnières, sont pour les ouvriers.

123. Les *doubles-décimètres* et les *décimètres*, divisés en centimètres et en millimètres, sont en bois, en cuivre, en ivoire, etc. ; il y en a de plats et de triangulaires ; il y en a aussi à charnières.

124. Les mesures en forme de ruban, étant sus-

ceptibles de s'allonger et de se raccourcir facilement, ne sont pas autorisées.

MESURES ITINÉRAIRES.

125. Les mesures itinéraires sont celles qui servent à évaluer les distances géographiques, et à mesurer les routes.

126. Il y en a trois; le myriamètre, le kilomètre et l'hectomètre.

Le Myriamètre vaut 10.000 mètres.
Le Kilomètre vaut 1.000 mètres.
L'Hectomètre vaut 100 mètres.

127. Sur les plaques indiquant les distances d'un lieu à un autre, l'unité est le kilomètre; l'hectomètre représente les dixièmes.

128. Sur toutes les grandes routes impériales, les distances sont indiquées par des bornes placées à un kilomètre les unes des autres : la distance est comptée de l'église Notre-Dame pour toutes celles qui partent de Paris.

129. Un homme, en marchant d'un pas ordinaire, parcourt, en moyenne, cinq kilomètres dans une heure.

MESURES DE SURFACE.

130. Les mesures de surface sont celles dont on se sert pour évaluer l'étendue, considérée sous les deux dimensions, longueur et largeur.

131. Elles se divisent en trois classes :

Les mesures de superficie;
Les mesures agraires;
Les mesures topographiques.

MESURES DE SUPERFICIE.

132. L'unité des mesures de superficie est le mètre carré, c'est-à-dire un carré dont les côtés ont un mètre de long.

133. Le mètre carré n'a pas de multiples. Ses

sous-multiples sont le décimètre carré, le centimètre carré, et le millimètre carré.

Usages.

134. Le mètre carré sert à évaluer les surfaces des travaux de maçonnerie, de menuiserie, de peinture, etc. On prend quelquefois le décimètre ou le centimètre carré pour évaluer de petites, surfaces, telles que celles des feuilles de papierde carton, de verre, de cuivre, de zinc, de tôle, etc.

135. Il faut bien faire attention que les mesures de superficie sont des carrés dont les côtés sont de dix en dix fois plus grands ou plus petits les uns queles autres, mais que leur surface est de cent en cent fois plus grande ou plus petite: parce qu'on obtient la surface du carré en multipliantla longueur d'un côté par elle-même, et que 10 fois 10 font 100.

Valeurrelative des mesures de superficie.

	MÈTRE carré.	DÉCIMÈTR. carrés.	CENTIMÈT. carrés.	MILLIMÈT. carrés.
Le mètre carré vaut.	1	100	10.000	1.000.000
Le décimètre	0,01	1	100	10.000
Le centimèt.	0,000.1	0,01	1	100
Le millimèt.	0,000.001	0,0001	0,01	1

136. On ne doit pas oublier qu'il faut deux chiffres décimaux pour représenter les décimètres carrés, quatre pour les centimètres carrés, et six pour les millimètres carrés.

137. Il ne faut pas non plus confondre les décimètres carrésavec les dixièmes de mètre carre. chaque dixième de mètre carré vaut dix décimètres carrés. Ainsi 0^{m},4 dixièmes de mètre carre et 0^{m},40 décimètres carrés ont la même valeur, mais s'écrivent différemment.

MESURES AGRAIRES.

138. Les mesures agraires sont celles qui servent à évaluer la surface des terrains, des champs des vignes, des prés, des forêts, etc.

139. L'unité des mesures agraires est l'ARE : c'est un carré qui a 10 mètres de côté, et 100 mètres carrés de surface.

140. L'are n'a qu'un seul multiple, l'*hectare*, qui vaut cent ares : c'est un carré qui a cent mètres de côté, et dix mille mètres carrés de surface.

141. Le seul sous-multiple de l'are est le *centiare*, mesure qui a un mètre de côté : c'est le mètre carré, ou la centième partie de l'are.

Valeur relative des mesures agraires.

	HECTARE.	ARES.	CENTIARES
L'Hectare vaut	1	100	10.000
L'Are vaut	0,01	1	100
Le Centiare vaut	0,0001	0,01	1

MESURES TOPOGRAPHIQUES.

142. Les mesures topographiques sont celles qui servent à déterminer les étendues géographiques, comme celles des continents, des états, des départements, etc.

143. Il y en a trois : l'hectomètre carré, le kilomètre carré, le myriamètre carré.

144. L'HECTOMÈTRE carré est un carré qui a cent mètres de côté, et dix mille mètres carrés de superficie : c'est l'hectare.

145. Le KILOMÈTRE carré est un carré qui a mille mètres de côté, et un million de mètres carrés de superficie.

146. Le MYRIAMÈTRE carré est un carré de dix mille mètres de côté, et de cent millions de mètres carrés de superficie.

Valeur relative des mesures topographiques.

	MYRIAM. carré.	KILOMÈT. carrés.	HECTOM. carrés.
Le Myriamètre carré vaut	1	100	10 000
Le Kilomètre carré »	0,01	1	100
L'Hectomètre carré »	0,0001	0,01	1

147. L'addition et la soustraction des problèmes sur les surfaces offrant seules quelques difficultés pour les bien poser, nous allons donner des exemples de chaque espèce, pour éviter toute erreur.

EXEMPLES D'ADDITIONS.

I. Un peintre a verni 4 panneaux ayant, le premier 2 mètres 2375 centimètres carrés, le deuxième 2 mètres 25 centimètres carrés, le troisième 3 mètres 6 décimètres 4 centimètres, et le quatrième 1 mètre 75 décimètres carrés : quelle est la superficie des quatre panneaux ?

Réponse De 9 mètres 5 décim. carrés 4 centim. carrés.

II. On demande la superficie de quatre plaques de cuivre ayant, la première 14 décimètres 75 centimètres carrés, la deuxième 7 décimètres carrés, la troisième 8 décimètres 24 centimètres carrés, et la quatrième 11 décimètres 4 centimètres carrés.

Réponse. 41 décimètres 3 centimètres carrés.

III. Une propriété se compose d'un champ de 24 hectares 15 ares 65 centiares, d'un pré de 16 hectares 7 ares 5 centiares, d'une vigne de 2 hectares 30 centiares, et d'un jardin de 1 hectare 85 ares : quelle est la superficie de cette propriété ?

Réponse. 44 hectares 8 ares.

IV. Quelle est la superficie des quatre départements suivants : le département de l'Ariège a 48 myriamètres 48 kilomètres 8 hectomètres carrés; celui de l'Aube 60 myriamètres 90 kilomètres carrés, celui du Cher 72 myriamètres 8 kilomètres 80 hectomètres carrés, et celui de la

Meuse 62 myriamètres 5 kilomètres 55 hectomètres carrés?

Réponse. 240 myriamètres 52 kilomètres 43 hectomètres carrés.

I.			II.		III.			IV.		
m.	d.	c.	d.	c.	h.	a.	c.	m.	k.	h.
2	23	75	14	75	24	15	65	45	48	08
2	00	25	7	00	16	07	05	60	90	00
3	06	04	8	24	2	00	30	72	08	80
1	75	»	11	04	1	85	00	62	05	55
9m.05d.04c			41 d. 03c.		44h.08a.00c			240m 52k 43h		

EXEMPLES DE SOUSTRACTIONS.

I. Un propriétaire a un champ de 27 hectares 30 ares 5 centiares, il en a vendu 15 hectares 8 ares 75 centiares combien lui en reste-t-il?

Réponse. 12 hectares 21 ares 30 centiares.

II. Le département de l'Aube a 60 myriamètres 90 kilomètres carrés de superficie, et celui de l'Ariège 45 myriamètres 48 kilomètres 9 hectomètres carrés ; de combien le premier département est il plus grand que le second?

Réponse. De 15 myriamètres 41 kilomètres 91 hectomètres.

I.			II.		
h.	a.	c.	m.	k.	h.
27	30	05	60	90	00
15	08	75	45	48	09
12h.	21a.	30c.	15m.	41k.	91h.
27	30	05	60	90	00

148. La multiplication et la division des problèmes sur les surfaces n'offrant aucune difficulté particulière, nous croyons inutile d'en donner des exemples; nous rappellerons seulement qu'il faut, soit au produit, soit au quotient, toujours deux chiffres pour exprimer chaque sous-multiple dans les trois espèces de surfaces.

MESURES DE VOLUME.

149. Les mesures de volume sont celles dont on se sert pour mesurer l'étendue considérée sous les trois dimensions, longueur, largeur et hauteur.

150. Elles se divisent en deux classes :

1o Les mesures de volume ;

2° Les mesures pour le bois de chauffage.

MESURES DE VOLUME.

151. L'unité des mesures de volume est le MÈTRE CUBE, c'est-à-dire un cube qui a un mètre de longueur, un mètre de largeur et un mètre de hauteur, et dont les six faces ont chacune un mètre carré.

Usages.

152. Le mètre cube sert à évaluer le volume des travaux de maçonnerie, de remblai, de terrassement, les pierres, le sable, le gravier, etc.

153. Les sous-multiples sont : le décimètre cube, le centimètre cube et le millimètre cube.

154. Le DÉCIMÈTRE CUBE est un cube d'un décimètre de côté, et dont chaque face a un décimètre carré ; il y en a mille dans le mètre cube

155. Le CENTIMÈTRE CUBE est un cube d'un centimètre de côté, et dont chaque face a un centimètre carré ; il y en a mille dans le décimètre cube.

156. Le MILLIMÈTRE CUBE est un cube d'un millimètre de côté, et dont chaque face a un millimètre carré ; il y en a mille dans le centimètre cube.

157. Toutes les mesures de volume sont des cubes dont les côtés sont de 10 en 10 fois plus grands ou plus petits les uns que les autres, mais

dont le volume est de 1000 en 1000 fois plus grand ou plus petit ;

158. Car on obtient le volume d'un cube en multipliant la longueur d'un côté deux fois par elle-même : 10 $\times$ 10 $\times$ 10 = 1000.

Valeur relative des mesures de volume.

	MÈTRE cube.	DÉCIMÈTR. cubes.	CENTIMÈTRES cubes.
Le mètre cube vaut	1	1000	1.000.000
Le décimèt. cube v.	0,001	1	1.000
Le centimèt. cube. v.	0,000.001	0,001	1

159. *Remarque.* Le millimètre cube n'étant pas employé, nous le négligeons. Il vaut un billionnième de mètre cube, car il y en a un billion dans le mètre cube.

160 On ne doit pas oublier qu'il faut trois chiffres décimaux pour représenter les décimètres cubes, six pour les centimètres cubes, et neuf pour les millimètres cubes.

161 Dans un nombre décimal, les trois premiers chiffres décimaux représentent les décimètres cubes, les trois suivants les centimètres cubes, et les trois suivants les millimètres cubes.

162. Il ne faut pas oublier que le dixième de mètre cube vaut cent décimètres cubes ; le centième de mètre cube vaut dix décimètres cubes; le millième de mètre cube vaut un décimètre cube.

MESURES POUR LE BOIS DE CHAUFFAGE.

163. L'unité des mesures pour le bois de chauffage et les bois de charpente est le STÈRE, volume qui égale un mètre cube.

164. Le stère n'a qu'un seul multiple, le décastère, mesure de dix stères.

165. Il n'a aussi qu'un seul sous-multiple, le décistère, mesure qui vaut un dixième de stère.

Mesures effectives pour le bois de chauffage.

166. Les mesures effectives pour le bois de chauffage sont au nombre de trois :

1° Le STÈRE, mesure d'un mètre cube.

2° Le DOUBLE-STÈRE, mesure de deux stères.

3° De DEMI-DÉCASTÈRE, mesure de cinq stères.

167. Chacune de ces mesures se compose : 1° d'une pièce de bois appelée *sole*, qui se place horizontalement; 2° de deux autres pièces de bois, appelées *montants*, qui s'assemblent verticalement sur la sole; 3° de deux pièces appelées *contrefiches*, qui s'assemblent obliquement entre la sole et les montants, en dehors de l'appareil.

168. La longueur de la sole entre les montants doit toujours avoir :

Pour le stère	1 mètre.
Pour le double-stère	2 mètres.
Pour le demi-décastère	3 mètres.

169. La hauteur des montants, lorsque les bûches ont un mètre de longueur, est de :

Pour le stère	1 mètre.
Pour le double-stère	1 mètre.
Pour le demi-décastère	1 mètre 667 millim.

170. Les montants du stère et du double-stère sont divisés en décimètres qui indiquent les dixièmes de chacune de ces mesures, c'est-à-dire les décistères dans le stère, et les doubles-décistères dans le double-stère.

171. Lorsque les bûches ne sont pas coupées à un mètre de longueur, la hauteur des montants seule varie, de manière à toujours reproduire un volume de un, deux ou cinq mètres cubes; la longueur de la sole ne change pas.

172. On trouve la hauteur que doivent avoir les mon-

tants du stère, en divisant le mètre par la longueur de bûches, le quotient est la hauteur des montants.

Ainsi, à Paris, les bûches ayant 1 mètre 14 centimètres de longueur, les montants ont :

Pour le stère	0m, 88 centimètres.
Pour le double-stère	0m, 88 centimètres.
Pour le demi-décastère	1m, 462 millimètres.

MESURES DE CAPACITÉ.

173. Les mesures de capacité sont celles dont on se sert pour mesurer les *liquides*, comme l'eau, le vin, le cidre, les liqueurs, etc. ; et les *matières sèches*, comme les grains, les graines, le froment, l'avoine, les pois, les pommes de terre, le charbon, etc.

174. L'unité des mesures de capacité est le LITRE : c'est un vase dont la contenance égale un décimètre cube.

175. Le litre admet tous les multiples et tous les sous-multiples ; de plus, chaque mesure a son double et sa moitié.

MESURES DE CAPACITÉ DONT ON FAIT USAGE.

Multiples du litre.	HECTOLITRE	100 litres.
	Demi-hectolitre	50 litres.
	Double-décal.	20 litres.
	DÉCALITRE	10 litres.
	Demi-décalitre	5 litres.
	Double-litre	2 litres.
Unité.	LITRE	1 litre.
Sous-multiples du litre.	Demi-litre	5 décilitres.
	Double décilitre	2 décilitres.
	DÉCILITRE	10 centilitres.
	Demi-décilitre	5 centilitres.
	Double-centilitre	2 centilitres.
	CENTILITRE	1 centilitre.

176. Toutes les mesures de capacité ont la forme d'un cylindre creux, cette forme étant plus commode que la forme cubique.

177. Les mesures pour les liquides ont une profondeur double de leur diamètre, excepté celles pour l'huile et pour le lait.

178. Les mesures pour les matières sèches sont en bois de chêne; leur diamètre égale leur profondeur.

179. Dans le commerce de gros, l'hectolitre est l'unité pour les liquides et les matières sèches; rarement c'est le double-décalitre.

180. Dans le commerce de détail, le litre est l'unité pour les liquides comme pour les matières sèches.

Mesures effectives pour les liquides.

181. Les mesures effectives pour les liquides se divisent en trois classes :

1° Celles qui doivent être établies en fer, en cuivre, en tôle ou en fonte.

2° Celles qui ne peuvent être établies qu'en étain.

3° Celles qui ne peuvent être établies qu'en fer-blanc.

182. Les mesures en cuivre, en tôle ou en fonte ont la forme de cylindres creux, dont la profondeur égale le diamètre; elles doivent être étamées intérieurement et extérieurement : il y en a cinq.

183. Les mesures en *étain* sont composées d'un alliage d'étain et de plomb, dans lequel il ne doit jamais entrer plus de dix-huit pour cent de plomb : il y en a huit.

184. Elles ont la forme d'un cylindre creux, dont la profondeur est le double du diamètre; elles doivent être unies dans leur intérieur et sur les bords. Elles sont garnies d'une anse en étain, placée sur le côté; quelquefois elles ont un couvercle du même métal.

Mesures en cuivre, en tôle ou en fonte pour les liquides.

NOMS DES MESURES.	PROFONDEUR ET DIAMÈTRE INTÉRIEUR.			
Hectolitre.	503	millimètres	1	dixièm.
Demi-hectolitre.	399	»	3	»
Double-décalitre.	294	»	2	»
Décalitre.	233	»	5	»
Demi-décalitre.	185	»	3	»

Mesures en étain pour les liquides.

NOMS des mesures	DIAMÈTRE intérieur.		PROFOND. intérieure.		POIDS avec anse, sans couv.
	millim.	dix.	millim.	dix.	grammes.
Double-litre	108	4	216	7	1700
Litre.	86	»	172	0	1100
Demi-litre	68	3	136	6	650
Double-décilitre.	50	3	100	6	335
Décilitre.	39	9	79	9	180
Demi-décilitre.	31	7	63	4	110
Double-centilitre.	23	4	46	7	60
Centilitre.	18	5	37	1	35

185. Les mesures destinées au lait et à l'huile sont en fer-blanc; leur diamètre est égal à leur profondeur, et elles doivent avoir une anse.

Mesures en fer-blanc pour le lait et l'huile.

NOMS DES MESURES.	PROFONDEUR ET DIAMÈTRE INTÉRIEURS.		
Double-litre.	136 millimètres	6	dixièmes.
Litre.	108 »	4	»
Demi-litre.	86 »	0	»
Double-décilitre.	63 »	4	»
Décilitre.	50 »	3	»
Demi-décilitre.	39 »	9	»
Double-centilitre.	29 »	5	»
Centilitre.	23 »	4	»

186. La série des mesures pour le lait commence au double-litre et finit au demi-décilitre.

187. La série des mesures pour l'huile comprend le litre et toutes les mesures au-dessous.

188. Les mesures qui servent à l'huile à manger sont marquées à l'extérieur de la lettre M, et celles qui servent à l'huile à brûler sont marquées de la lettre B.

189. Dans la plupart des localités, l'huile se vend au poids et non à la mesure.

MESURES EFFECTIVES POUR LES MATIÈRES SÈCHES.

190. Les mesures destinées aux matières sèches doivent être construites en bois de chêne : c'est le bois qui souffre le moins des variations de la température.

191. Elles ont la forme d'un cylindre creux; leur diamètre intérieur égale leur profondeur;

elles doivent être garnies, dans leur partie supérieure, d'une bordure de tôle, rabattue, pour en conserver les dimensions; leur extérieur est garni de plaques de tôle qui les consolident, et que l'on multiplie selon le besoin.

192. Les plus grandes mesures sont munies de deux anses en fer; d'autres ont à l'orifice une tige de fer qui les traverse comme un diamètre, et que l'on saisit lorsque l'on veut enlever la mesure. Cette tige est soutenue à son milieu par une autre tige du même métal, qui va s'attacher au fond.

193. Quand les mesures sont garnies intérieurement d'une tige en fer, on augmente leur hauteur, afin que leur contenance soit toujours la même.

Mesures en bois pour les matières sèches.

NOMS DES MESURES.	PROFONDEUR et DIAMÈTRE INTÉRIEURS.			
Hectolitre.	503	millimètres	1	dixième.
Demi-hectolitre.	399	»	3	»
Double-décalitre.	294	»	2	»
Décalitre.	233	»	5	»
Demi-décalitre.	185	»	3	»
Double-litre.	136	»	6	»
Litre.	108	»	4	»
Demi-litre.	86	»	0	»
Double-décilitre.	63	»	4	»
Décilitre.	50	»	3	»
Demi-décilitre.	39	»	9	»

194. Les mesures de capacité forment, à partir de la plus haute unité, une progression dans laquelle chaque unité est dix fois plus petite que celle qui précède, et dix fois plus grande que celle qui suit, excepté pour les doubles et les demis.

Valeur relative des mesures de capacité.

	HECTOL.	DÉCALI.	LITRES.	DÉCILI.	CENTIL.
L'hectolitre v.	1	10	100	1000	10000
Le décalit. v.	1,1	1	10	100	1000
Le litre vaut	0,01	0,1	1	10	100
Le décilitre v.	0,001	0,01	0,1	1	10
Le centilitre v.	0,0001	0,001	0,01	0,1	1

MESURES DE POIDS.

195. Les mesures de poids sont celles dont on se sert pour peser.

196. L'unité principale des mesures de poids est le GRAMME : c'est le poids d'un centimètre cube d'eau distillée, prise à son maximum de densité, 4 degrés centigrades, et pesée dans le vide.

197. Le gramme admet tous les multiples et tous les sous-multiples; de plus, chaque mesure de poids a son double et sa moitié.

Multiples du gramme.	Le MYRIAGRAMME, ou 10.000 gramm. Le KILOGRAMME, ou 1.000 » L'HECTOGRAMME, ou 100 » Le DÉCAGRAMME, ou 10 »
GRAMME, unité de poids.	
Sous-mult. du gramme.	Le DÉCIGRAMME, ou 10e du gramme. Le CENTIGRAMME ou 100e » Le MILLIGRAMME ou 1000e »

198. Les poids se divisent en trois classes :

1° *Les gros poids*, qui dépassent le kilogramme.

2° *Les poids moyens*, qui vont du kilogramme au gramme.

3° *Les petits poids*, qui vont du gramme au milligramme.

199. *Gros poids multiples du kilogramme.*

Cinq myriagrammes	50	kilogrammes.
Double-myriagramme	20	»
MYRIAGRAMME	10	»
Demi-myriagramme	5	»
Double-kilogramme	2	»
KILOGRAMME	1	»

200. *Poids moyens multiples du gramme.*

KILOGRAMME	1000	grammes.
Demi-kilogramme	500	»
Double-hectogramme	200	»
HECTOGRAMME	100	»
Demi-hectogramme	50	»
Double-décagramme	20	»
DÉCAGRAMME	10	»
Demi-décagramme	5	»
Double-gramme	2	
GRAMME	1	»

201. *Petits poids sous-multiples du gramme.*

GRAMME	10	décigrammes.
Demi-gramme	5	»
Double-décigramme	2	»
DÉCIGRAMME	10	centigrammes.
Demi-décigramme	5	»
Double-centigramme	2	»
CENTIGRAMME	10	milligrammes.
Demi-centigramme	5	»
Double-milligramme	2	»
MILLIGRAMME	1	»

202. Dans le commerce, le kilogramme est l'unité, l'hectogramme en est le dixième, et le décagramme le centième. Ainsi on dit : 36 kilog. 3 hectog., 4 kilogrammes 25 décagrammes.

203. Les bijoutiers, les pharmaciens, les chimistes, etc., emploient, pour les petites pesées, le gramme et ses sous-multiples. Ainsi l'on dit : 2 grammes 345 milligrammes.

204. Pour les poids considérables, tels que le chargement d'une voiture, d'un vaisseau, on emploie :

Le QUINTAL qui vaut	100 kil.
Le MILLIER ou tonneau de mer qui vaut	1000 kil.

MESURES EFFECTIVES DE POIDS.

205. On distingue deux sortes de poids : ceux qui sont en fonte de fer et ceux qui sont en cuivre.

Tableau des poids en fonte de fer.

NOMS des poids.	VALEUR. en grammes.	ABRÉVIAT. placées sur la face supér.	HAUTEUR des poids.
			millimèt.
50 kilogrammes.	50.000	50 kilog.	136
20 kilogrammes.	20.000	20 kilog.	100
10 kilogrammes.	10.000	10 kilog.	82
5 kilogrammes.	5.000	5 kilog.	66
Double-kilogramme.	2.000	2 kilog.	48
Kilogramme.	1.000	1 kilog.	39
Demi-kilogramme.	500	demi kilog.	31
Double-hectogramm.	200	2 hectog.	23
Hectogramme.	100	1 hectog.	18
Demi-hectogramme.	50	demi hectog.	14

206. Les poids en fonte de fer de 50 kil. et ceux de 20 kil. ont la forme d'une pyramide tronquée arrondie sur les angles, et ayant pour base un parallélogramme.

207. Les autres poids en fonte de fer, depuis celui de dix kilogrammes jusqu'au demi-hectogramme inclusivement, ont la forme d'une

pyramide tronquée, dont la base est un hexagone régulier. Ces poids sont munis d'un anneau mobile, fixé à leur partie supérieure; cet anneau retombe dans une rainure pratiquée dans la face supérieure, qu'il ne doit pas dépasser; ils doivent être évidés à leur partie inférieure, afin d'y pouvoir couler du plomb pour les ajuster et y poser les poinçons de l'Etat.

Tableau des poids cylindriques en cuivre.

NOMS DES POIDS.	INDICATIONS placées sur la face supérieure.	Haut. et diam. du cylindre.	Haut. et diam. du bouton.
		millim.	mill.
20 kilogrammes.	20 kilogram.	142	71
10 kilogrammes.	10 kilogram.	114	57
5 kilogrammes.	5 kilogram.	90	45
Double-kilogramme.	2 kilogram.	66	33
Kilogramme.	1 kilogram.	52	26
Demi-kilogramme.	500 grammes.	42	21
Double-hectogram.	200 grammes.	32	16
Hectogramme.	100 grammes.	25	12,5
Demi-hectogramme.	50 grammes.	20	10
Double-décagramme.	20 grammes	14	7
Décagramme.	10 grammes.	11	5,5
Demi-décagramme.	5 grammes.	9	4,5
		haut. | diam	
Double-gramme.	2 grammes.	4 | 8	4
Gramme.	1 gramme.	2,5 | 7	3,5

208. Les poids en cuivre, depuis et compris celui de 20 kilogrammes jusqu'au gramme, ont la forme d'un cylindre surmonté d'un bouton; la hauteur du cylindre doit égaler son diamètre, et celle du bouton en être la moitié.

209. Les poids d'un et de deux grammes doivent avoir le diamètre plus grand que la hauteur, afin de donner la place nécessaire pour y graver le nom du poids.

210. Les poids en cuivre cylindriques et à

bouton peuvent être massifs ou contenir dans leur intérieur une certaine quantité de plomb; mais il faut que ces poids, quand ils sont creux, aient le même volume que s'ils étaient pleins.

211. Les poids d'un demi-gramme et au dessous jusqu'au milligramme sont des lames de laiton minces et coupées carrément.

Tableau des poids en lames de laiton carrées.

NOMS des poids.	INDICATIONS qu'ils portent.	COTÉS du carré.
		millim.
Demi-gramme.	5 décig.	15
Double-décigramme.	2 décig.	12
Décigramme.	1 décig.	10
Demi-décigramme.	5 C. G.	9
Double-centigramme.	2 C. G.	7
Centigramme.	1 C. G.	6
Demi-centigramme.	5 M. G.	5
Double-milligramme.	2 M. G.	4
Milligramme.	1 M. G.	3,3

212. Il y a aussi des poids en cuivre d'un kilogramme ou d'un de ses sous-multiples dans la forme de godets coniques qui s'empilent les uns dans les autres, et dont le plus grand est une boîte qui les renferme tous, et qui est elle-même un poids légal.

INSTRUMENTS DE PESAGE.

213. Les instruments dont on se sert pour peser sont : la *balance*, la *romaine*, la *bascule* et le *peson*.

DE LA BALANCE.

214. La balance est un instrument dont on se sert pour connaître le poids des corps en les mettant en équilibre avec des poids connus.

215. La balance se compose essentiellement d'un *fléau* et de deux *bassins* ou *plateaux*.

216. Le fléau est une barre de fer, d'acier ou de cuivre; le fléau doit être assez fort pour ne pas ployer sous les plus grandes charges que doit supporter la balance. Au milieu du fléau passe un couteau d'acier, dont le tranchant est tourné vers le bas; ce couteau repose dans les trous d'une chape suspendue à un crochet, ou sur des plans d'acier ajustés au sommet d'une colonne.

217. Les bassins se construisent en cuivre, en fer-blanc ou en bois; ils sont destinés à recevoir les poids et les corps à peser; ils doivent être suspendus à égale distance du couteau, et avoir, avec leurs cordons ou leurs chaînes de suspension, la même longueur et le même poids l'un que l'autre.

218. Pour qu'une balance soit bonne, il faut que le fléau se tienne dans une position bien horizontale, et qu'il tende à reprendre cette position lorsqu'on l'en a écarté en plaçant dans chacun des bassins des poids parfaitement égaux.

219. *On vérifie une balance* en changeant de plateau les poids et les corps à peser, si alors l'équilibre subsiste encore, la balance est exacte.

220. *Pour peser exactement un objet avec une balance fausse*, il faut placer l'objet qu'on veut peser dans l'un des bassins, faire l'équilibre en mettant dans l'autre bassin de la grenaille, du gravier ou tout autre corps dont le volume est facile à augmenter ou à diminuer; puis on retire l'objet et on le remplace par des poids jusqu'à ce que l'équilibre soit de nouveau rétabli; on est sûr alors que l'objet à peser égale ces poids, puisqu'il fait équilibre à la même résistance qu'eux.

DE LA ROMAINE.

221. La romaine est une balance à bras inégaux. Elle se compose : 1° d'un *fléau*, auquel sont suspendus des crochets où un bassin; 2° d'un *curseur*. On n'y emploie qu'un seul poids, appelé curseur, mais on fait varier la distance de ce poids au point de suspension du fléau.

222. Au bras le plus court du fléau est suspendu le bassin dans lequel on place le corps à peser. Le plus souvent le bassin est remplacé par un crochet auquel on accroche l'objet à peser. Le bras le plus long est divisé en parties égales entre elles, chaque division est marquée par un trait; les traits plus gros que les autres ont un numéro indiquant les kilogrammes, les cinq ou les dix kilogrammes, selon la force de la romaine.

223. Quelquefois on fait usage de deux curseurs, l'un plus léger pour les objets peu pesants, et l'autre plus fort pour les objets plus lourds. Quelquefois aussi la romaine a plusieurs crochets placés à des distances différentes du point de suspension; le plus éloigné sert pour les choses légères, le plus raproché pour les choses les plus lourdes. On marque alors sur les différentes faces du fléau les divisions relatives à chacun des curseurs ou à chacun des crochets.

224. Une bonne romaine doit, lorsque le curseur est enlevé, se tenir en équilibre, et son fléau être dans une position horizontale.

225. Pour vérifier si une romaine est exacte, il n'y a qu'à suspendre des poids au crochet, ou à les mettre dans son plateau, et voir, lorsque la romaine est en équilibre si le curseur se trouve sur une division indiquant le même poids que celui qui se trouve suspendu.

226. Quoique les romaines ne soient pas très-exactes, elles sont fréquemment employées dans les usages domestiques et dans le commerce de gros, à cause de leur commodité.

BALANCE-BASCULE.

227. Les balances-bascules sont comme les romaines des balances à bras inégaux, mais les poids sont variables et supportés à une distance toujours la même des couteaux : chaque poids qui se trouve dans le bassin fait équilibre à un poids dix fois plus fort qui serait sur la tablette.

228. Les balances-bascules servent à peser les corps très-lourds ; elles offrent l'avantage de n'employer que le dixième des poids.

PESON.

229. Le peson est un instrument destiné à donner le poids des corps par la flexion d'un ressort d'acier sur lequel agit ce poids.

230. Certains pesons se composent d'un ressort à boudin ; dans d'autres, le ressort est masqué par un cadran divisé ; les variations du ressort se transmettent par une roue dentée à une aiguille qui parcourt la circonférence du cadran.

231. Les pesons, à cause de leur peu de justesse, ne sont pas tolérés par la loi pour les usage du commerce.

Observations générales.

232. Les instruments de pesage, les poids et les mesures doivent toujours porter le nom du fabricant ou sa marque, et chaque poids, chaque mesure doit porter bien lisiblement le nom qui lui est propre.

233. Chaque acheteur a le droit de s'assurer si les mesures et les poids dont on se sert pour mesurer ou pour peser les marchandises qu'il achète sont exacts et conformes à la loi.

Remarque. L'Hectogramme vaut toujours autant de centimes que la livre vaut de sous : car le sou vaut 5 centimes et la livre 5 hectogrammes.

DES MONNAIES.

234. Les monnaies servent à évaluer le prix des objets, des marchandises, etc.

235. L'unité de monnaie est le FRANC; il pèse cinq grammes, il est composé de neuf dixièmes d'argent pur et d'un dixième de cuivre.

236. Le franc n'a pas de multiples; il se divise en dix décimes et en cent centimes.

237. Il y a dix-sept pièces de monnaie, savoir ; quatre en or, cinq en argent, quatre en bronze et quatre en cuivre.

238. Chaque pièce porte sur l'une de ses faces l'indication de sa valeur, et sur l'autre l'effigie du gouvernement sous lequel cette pièce a été frappée.

Tableau des pièces de monnaie légale en circulation.

INDICATION et VALEUR des 16 pièces.		POIDS des pièces.	DIAMÈTR. des pièces.
		grammes.	millimètr.
4 en or.	40 fr.	12,903	26
	20 »	6,451	21
	10 »	3,226	19
	5 »	1,6125	14
5 en argent.	5 »	25	37
	2 »	10	27
	1 »	5	23
	50 cent.	2,50	18
	20 »	1	15
4 en cuivre.	10 »	20	31
	5 »	10	27
	2 »	4	22
	1 »	2	18
4 en bronze.	10 »	10	30
	5 »	5	25
	2 »	2	20
	1 »	1	15

Diamètre des pièces de monnaie.

239. Les pièces de monnaie de même métal et de même valeur ont toutes rigoureusement le même diamètre et la même épaisseur, ce qui donne la facilité d'en faire des piles et des rouleaux d'égale valeur.

240. Plusieurs pièces de monnaie qui se touchent en formant une ligne droite donnent aussi des longueurs métriques, ainsi :

27 pièces de 5 francs donnent 999 m.
2 pièces de 2 fr. et 2 pièces de 1 fr. 1 décim.

32 pièces de 40 fr. et 8 pièces de 20 fr	donnent la longueur du mètre.
11 pièces de 40 fr. et 34 pièces de 20 fr.	
19 pièces de 5 fr. et 11 pièces de 2 fr.	
20 pièces de 2 fr. et 20 pièces de 1 fr.	
30 pièces de 10 c. et 4 pièces de 5 c.	
40 pièces de 5 centimes en bronze.	

241. Pour obtenir exactement ces longueurs il faut que les pièces aient la légende en lettres creuses, ou que ces pièces ne se touchent pas par les lettres lorsque ces lettres sont en relief.

242. Les pièces de monnaie peuvent servir de poids : quelles que soient les pièces d'argent qu'on emploie pour faire les sommes ci-dessous, le poids est toujours le même.

1 franc pèse		5 grammes.
2 francs pèsent		1 décagramme.
20 francs	»	1 hectogramme.
100 francs	»	5 hectogramme.
200 francs	»	1 kilogramme.
1000 francs	»	5 kilogrammes.

VALEUR RELATIVE DES MONNAIES.

243. La valeur de toutes les monnaies est subordonnée à la valeur de l'argent.

244. L'argent monnayé vaut	15 fois et demie moins que l'or,
	4 fois plus que que le billon.
	20 fois plus que le bronze.
	40 fois plus que le cuivre.

245. 1 kilog. de monnaie d'argent vaut 200 fr.
1 kilog. de monnaie d'or vaut 15 fois et demie plus, ou 3100 fr.
1 kilog. de monnaie de billon valait 4 fois moins, ou 50 fr.
1 kilog. de monnaie de cuivre vaut 40 fois moins, ou 5 fr.
1 kilog. de monnaie de bronze vaut 20 fois moins, ou 10 fr.

246. L'or et l'argent purs non monnayés valent
L'argent, 222 fr. 22 c. le kilogramme.
L'or, 3444 fr. 44 c. le kilogramme.

TITRE DES PIÈCES DE MONNAIE.

247. L'or, l'argent et le cuivre sont les seuls métaux employés pour les monnaies. Le cuivre n'est plus employé pur.

248. L'or et l'argent étant trop tendres pour être employés purs, on y mèle du cuivre pour les rendre plus durs et plus propres à résister au frottement.

249. Le *titre* des monnaies est la quantité d'or ou d'argent qu'elles contiennent : il s'exprime en millièmes.

250. Le titre des monnaies d'or et d'argent est de 900 millièmes : c'est-à-dire que sur un kilogramme de monnaie d'or ou d'argent, il y a 900 grammes d'or ou d'argent pur et 100 grammes de cuivre; on dit par abréviation, 9 dixièmes d'or ou d'argent pur, et 1 dixième de cuivre, ainsi chaque kilogramme de monnaie d'or ou d'argent contient 9 hectogrammes d'or ou d'argent pur et 1 hectogramme de cuivre.

251. La monnaie de bronze est composée de 95 parties de cuivre pur, de 4 parties d'étain et d'une de zinc.

252. Le *billon* était une monnaie composée d'argent et de cuivre et dans laquelle il entrait plus de cuivre que d'argent; elle n'a plus cours.

Le titre des monnaies de billon était de 200 millièmes.

253. Les pièces de billon de 10 centimes à la

lettre N. et les pièces de 6 liards ont cessé d'avoir cours à partir du 1er janvier 1846; les pièces de 30 sous et celles de 15 sous, à partir du 1er septembre 1846 ; les pièces de 25 centimes, à partir du 1er janvier 1853.

TITRE DES OUVRAGES D'OR OU D'ARGENT.

254. L'or employé pour les ouvrages d'orfévrerie et de bijouterie a trois titres : le 1er titre est à 920 millièmes, le 2me à 840 et le 3me à 750.

255. L'argent employé pour les mêmes ouvrages a deux titres. le 1er titre est à 0,950 millièmes, le 2me à 0,800 millièmes.

256. Les fabricants sont obligés de présenter les ouvrages d'or ou d'argent aux préposés du gouvernement qui en vérifient le titre, et les frappent d'un poinçon spécial. La marque qui en résulte se nomme *contrôle*.

257. Le droit est de 220 francs par kilogramme pour les ouvrages d'or, et de 11 francs par kilogramme pour les ouvrages d'argent.

VÉRIFICATION DES MESURES.

258. Pour maintenir dans toute la France l'uniformité des mesures et des instruments de pesage, et pour prévenir la fraude, il est établi dans chaque arrondissement, au moins, un bureau de vérification ; ce bureau est muni d'un assortiment complet d'étalons de toutes les mesures, faits avec le plus grand soin, et des poinçons nécessaires pour toutes les opérations de vérification.

259. Chaque mesure et chaque instrument de pesage, avant d'être livrés au commerce, doivent être soumis à la vérification.

260. De plus, chaque année, tous les marchands, commerçants, fabricants, etc., doivent faire vérifier toutes les mesures et instruments

de pesage dont ils se servent, sous peine de contravention.

261. Comme il est impossible que toutes les mesures et tous les instruments de pesage présentent une conformité absolue avec les étalons publics, on tolère de légères différences, soit en plus, soit en moins.

Tableau des tolérances légales accordées sur les différentes mesures.

POIDS EN FER.	Tolérance en plus	POIDS EN CUIVRE.	Tolérance en plus
de 50 kilog.	20 gram.	»	»
— 20 »	10 »	de 20 kilog.	15 décigr.
— 10 »	6 »	— 10 »	8 »
— 5 »	4 »	— 5 »	5 »
— 2 »	2 »	— 2 »	25 centigr.
— 1 »	1 »	— 1 »	15 »
— 500 gram.	5 décigram.	— 500 gram.	10 »
— 200 »	3 »	— 200 »	5 »
— 100 »	2 »	— 100 »	3 »
— 50 »	1 »	— 50 »	25 milligr.
		— 20 »	20 »
		— 10 »	15 »
		— 5 »	10 »
		— 2 »	4 »
		— 1 »	2 »

	Tolérance en plus
Sur le double-mètre en bois	1,5 millimètre
Sur le mètre en bois	1 »
Sur le demi-mètre en bois	0,6 »
Sur le double-décimètre en bois	0,4 »
Sur le mètre en métal	0,2 »
Sur le double-mètre en métal	0,2 »
Sur les fract. du mètre en métal	0,1 »
Sur la chaîne ou décamètre	2 »
Sur toutes les mesures de capacité en bois	1 centième.
— Sur l'hectolitre	1 litre.
— Sur le décalitre	1 décilitre.
— Sur le litre	1 centilitre.

Sur les mesures de capacité, soit en étain soit en fer-blanc	3	millièmes.
Sur les longueurs de la sole et des montants prises ensemble. — du stère	5	millimètres.
— du double-st.	8	millimètres.
— du 1/2 décast.	15	millimètres.
Sur les poids d'une portée.		Tolérance en plus.
Pour les balances à bras égaux	1	deux-millièm.
Pour les bascules	1	millième.
Pour les romaines	1	cinq-centièm.

Tolérances en plus ou en moins.

Sur le titre des monnaies d'or	2	millièmes.
— des monnaies d'argent	3	»
— des ouvrages d'or	3	»
— des ouvrages d'argent	5	»
Sur le poids des p. de 40, de 20 et 10 fr.	2	millièm. du poids total de la pièce.
Sur le poids des pièces de 5 fr..	3	
Sur le poids des p. de 1 et de 2 fr.	5	
Sur le poids des pièces de 50 cent.	7	
Sur le poids des pièces de 20 cent.	10	
Sur le p. des p. de 10 c. et 5 c. de bronze.	10	
Sur le poids des p. de 2 c. et de 1 c. de b.	15	
Sur le poids des pièces de cuivre, en plus seulement	20	

MESURES DU TEMPS.

262. L'Unité de temps est le JOUR.

263. Le jour est le temps que met la terre à tourner sur elle-même, ce qui produit le jour et la nuit.

264. Une année est le temps que la Terre met à tourner autour du Soleil, ce qu'on appelle révolution.

265. L'année se divise en 365 jours; le jour en 24 heures; l'heure en 60 minutes; la minute en 60 secondes; la seconde en 60 tierces.

266. Quelquefois, dans les calculs et les opé-

rations commerciales, on considère l'année divisée en 12 mois et le mois en 30 jours.

267. L'année se divise aussi en 12 mois, en 4 saisons de 3 mois chacune, et en 52 semaines.

268. Les douze mois sont : janvier, février, mars, avril, mai, juin, juillet, août, septembre, octobre, novembre et décembre.

269. Les mois de janvier, mars, mai, juillet, août, octobre et décembre ont 31 jours; les mois d'avril, juin, septembre et novembre ont 30 jours, celui de février a 28 jours, et 29 dans les années bissextiles.

270. Les quatre saisons sont : le printemps, l'été, l'automne et l'hiver.

271. La semaine est de sept jours qui sont : dimanche, lundi, mardi, mercredi, jeudi, vendredi et samedi.

272. La Terre met, pour faire sa révolution autour du Soleil, 365 jours 5 heures 48 minutes 51 secondes; comme on ne compte l'année que de 365 jours, tous les quatre ans on ajoute un jour à l'année, qui est alors de 366 jours, et se nomme *bissextile* : dans les années bissextiles le mois de février a 29 jours au lieu de 28.

MESURE DU CERCLE ET DE LA SPHÈRE.

273. Le *cercle* et la *sphère* se divisent en 360° degrés, le degré se divise en 60' minutes, la minute en 60" secondes et la seconde en 60''' tierces.

Les degrés s'indiquent par °; les minutes par '; les secondes par "; les tierces par '''.

274. Dans le *calendrier républicain* qui a été adopté en 1793, l'année commençait le 22 septembre; elle se divisait en 12 mois chacun de 30 jours, suivis de 5 jours complémentaires, et de 6 jours dans les années bissextiles; chaque mois se divisait en trois décades de dix jours.

275. Les noms des mois étaient : vendémiaire, brumaire, frimaire pour l'automne; nivôse, pluviôse, ventôse pour l'hiver; germinal, flo-

réal, prairial pour le printemps; messidor, thermidor et fructidor pour l'été.

276. Les noms des jours étaient : primidi, duodi, tridi, quartidi, quintidi, sextidi, sepidi, octidi, nonidi et décadi, jour de repos.

Le jour fut divisé en 20 heures, l'heure en 100 minutes, la minute en 100 secondes, mais cette division fut bientôt abandonnée.

277. Le cercle et la sphère furent divisés en 400 grades, le grade en 100 minutes, la minute en 100 secondes, la seconde en 100 tierces.

Remarque. L'addition, la soustraction, la multiplication et la division des nombres exprimant des poids et mesures métriques, se font comme celle des nombres décimaux, nous n'en donnerons pas des exemples ; les 400 problèmes de la 1re et de la 2me partie renferment toutes les difficultés qui peuvent se présenter.

Nous donnerons des exemples de chaque opération pour les mesures de temps et celles du cercle et de la sphère au chapitre des *nombres complexes.*

AVANTAGES QU'OFFRE LE SYSTÈME MÉTRIQUE POUR LES CALCULS.

278. Le système métrique ayant, comme la numération, le nombre 10 pour base et pour facteur, il en résulte : 1° que les calculs sur les nombres exprimant des poids ou des mesures métriques sont aussi faciles à faire que ceux sur les nombres abstraits; 2° que toutes les conversions que l'on peut avoir à effectuer sur les mesures métriques s'opèrent par le simple déplacement de la virgule ou par l'addition ou le retranchement d'un ou de plusieurs zéros. (Voir le tableau de la page 99.)

279. Pour convertir des mesures supérieures en mesures inférieures, et des mesures inférieures en supérieures, il faut se rappeler:

1° Que les mesures de longueur, de capacité, de poids et de monnaie sont de 10 en 10 fois plus grandes ou plus petites les unes que les autres, selon que l'on part des plus grandes mesures ou des plus petites ;

2° Que les mesures de surface sont de 100 en 100 fois plus grandes ou plus petites ;

3° Que les mesures de volume sont de 1000 en 1000 fois plus grandes ou plus petites.

280. *Pour convertir des myria en kilo, en hecto, en déca, en unité*, il faut ajouter à leur droite un zéro pour les kilo ; deux pour les hecto, trois pour les déca et quatre pour les unités.

281. *Pour convertir des unités en déca, en hecto, en kilo, en myria*, il suffit de séparer par une virgule, sur la gauche de ce nombre, un chiffre pour les déca, deux pour les hecto, trois pour les kilo, et quatre pour les myria.

Pour les multiples, on suit la même marche.

282. D'où l'on voit que pour trouver combien un nombre exprimant des mesures supérieures contient de mesures inférieures, on ajoute à la droite de ce nombre un ou plusieurs zéros.

Exemple. Combien 5 myriamètres font-ils de kilomètres, d'hectomètres, de décamètres et de mètres?

Réponse. 50 kilomètres, 500 hectomètres, 5000 décamètres et 50.000 mètres.

283. Pour trouver combien un nombre exprimant des mesures inférieures contient de mesures supérieures, il suffit de séparer par une virgule, sur la droite de ce nombre, un ou plusieurs chiffres.

Exemple Combien 45.736 mètres font-ils de décamètres, d'hectomètres, de kilomètres et de myriamètrs ?

Réponse. 4573 décamètres 6 mètres, 457 hectomètres, 36 mètres, 45 kilom. 736 metres et 4 myriam. 5736 mètres.

284. Pour trouver le prix d'une mesure plus forte ou celui d'une mesure plus petite que celle dont on connaît le prix, il suffit d'ajouter ou de retrancher un ou plusieurs zéros, ou de déplacer la virgule, soit à gauche, soit à droite, d'un ou de plusieurs chiffres, selon que la mesure dont on veut savoir le prix est 10, ou 100, ou 1000 fois plus grande ou plus petite que celle dont on connaît le prix, ce qui ne demande pas de calcul.

Exemples.

Lorsque le kilogramme d'une marchandise coûte 25 fr., quel est le prix de l'hectogramme, du décagramme et du gramme?

Réponse. 2 fr. 5 décimes l'hectogramme, 0 fr. 25 cent. le décagramme, et 0 fr. 025 millièmes le gramme.

Un terrain vaut 75 fr. l'are, quel est le prix de l'hectare et du centiare?

Réponse. 7500 fr. l'hectare, et 0 fr. 75 cent. le centiare.

Dans le premier exemple, chaque mesure étant de dix en dix fois plus petite, le prix est de dix en dix fois plus petit.

Dans le second exemple, l'hectare vaut cent fois plus que l'are, parce qu'il y a cent ares dans l'hectare; le centiare vaut cent fois moins, parce qu'il est cent fois plus petit que l'are.

285. Le système métrique a encore l'avantage dêtre fondé sur une base invariable, le contour de la terre, et de n'appartenir à aucun pays en particulier : car le MÈTRE est la dix-millionième partie du quart du méridien.

286. Dans le système métrique chaque mesure prncipale dérive du mètre; ainsi :

1o L'unité de longueur est le mètre.

2° L'unité de surface est un carré ayant un mètre de côté.

3° L'unité de volume est un cube d'un mètre de côté.

4° L'unité de capacité est un vase cubique ayant pour côté un décimètre.

5o L'unité de poids est le poids de l'eau contenu dans un centimètre cube.

6 L'unité de monnaie est une pièce qui pèse cinq fois le poids de l'eau contenue dans un centimètre cube.

287. Ce système est le plus complet, le mieux lié, le plus uniforme, le plus inaltérable, et en même temps le plus simple qui ait éte inventé.

288. Déjà plusieurs peuples ont adopté le système métrique, et le temps n'est pas éloigné où tous l'adopteront : ce sera un pas de plus de fait vers la paix et l'unité universelles.

QUATRIÈME PARTIE.

PROPORTIONS.

289. Une Proportion est l'égalité de deux rapports.

290. Un rapport est le quotient d'un nombre divisé par un autre nombre.

291. Le rapport ou le quotient de 6 à 3 est 2, celui de 8 à 4 est 2. Ces deux rapports sont égaux, parce que le quotient de 6 divisé par 3 est le même que celui de 8 divisé par 4.

292. Le premier terme d'un rapport se nomme *antécédent*, et le second *conséquent*; d'où l'on voit qu'un rapport n'est qu'une divisoin dans laquelle le dividende se nomme antécédent, et le diviseur conséquent.

293. Les deux rapports 6 : 3 et 8 : 4 étant égaux, peuvent former une proportion; on les écrit à la suite l'un de l'autre, en les séparant par quatre points, qu'on nomme *comme*, on a alors la proportion suivante 6 : 3 :: 8 : 4 qui se lit : 6 est à 3 comme 8 est à 4, ce qui veut dire que 6 divisé par 3 égale 8 divisé par 4.

294. Une proportion se composant de deux rapports égaux renferme quatre termes, deux antécédents et deux conséquents.

295. Le premier et le dernier termes d'une proportion se nomment *extrêmes*, les deux du milieu *moyens*.

Proportion.

1er antécéd. 1er conséq. 2e antécéd. 2e conséq.

Moyens.

6 : 3 :: 8 : 4

Extrêmes.

Cette proportion se lit : 6 *est à* 3 *comme* 8 *est à* 4.

PROPRIÉTÉS DES PROPORTIONS.

296. La propriété fondamentale de toute proportion, c'est que le produit des moyens égale le produit des extrêmes.

Exemple. 6 : 3 :: 8 : 4

Le produit des moyens 3 et 8 égale le produit des extrêmes 6 et 4; car $3 \times 8 = 24$, comme $6 \times 4 = 24$.

297. On peut écrire une proportion de huit manières différentes : il suffit que le produit des moyens égale le produit des extrêmes.

EXEMPLE.

Moyens.	Extrêmes.
a. c. a. c.	a. c. a. c.
6 : 3 :: 8 : 4	8 : 4 :: 6 : 3
6 : 8 :: 3 : 4	8 : 6 :: 4 : 3
4 : 3 :: 8 : 6	3 : 4 :: 6 : 8
4 : 8 :: 3 : 6	3 : 6 :: 4 : 8

298. Dans tous ces arrangements, le produit des moyens est toujours égal au produit des extrêmes, et les deux rapports dans chaque proportion sont égaux.

299. D'où l'on voit que, dans une proportion, on peut changer les moyens et les extrêmes de place, ou mettre les moyens à la place des extrêmes, et que la proportion existe toujours: dans tous ces arrangements, le rapport seul varie.

300. Lorsque le produit de deux nombres égale le produit de deux autres nombres, ces 4 nombres peuvent former une proportion; il suffit de prendre pour moyens les facteurs d'un même produit, et pour extrêmes les facteurs de l'autre produit.

Exemple. $5 \times 6 = 30$, et $10 \times 3 = 30$.

On a la proportion 6 : 3 :: 10 : 5.

301. Dans toute proportion, si l'on ajoute chaque conséquent à son antécédent, ou si on l'en retranche, la proportion existe toujours ; le rapport seul est augmenté ou diminué d'une unité.

EXEMPLE.

a. c. a. c.
9 : 3 :: 6 : 2
Addition. 9 + 3 : 3 :: 6 + 2 : 2
ou 12 : 3 :: 8 : 2
Soustraction. 9 — 3 : 3 :: 6 — 2 : 2
ou 6 : 3 :: 4 : 2

302. Dans toute proportion, la somme des antécédents est à la somme des conséquents comme un antécédent est à son conséquent ; il en est de même de la différence.

EXEMPLE.

a. c. a. c.
9 : 3 :: 6 : 2

On peut changer les moyens de place, on a alors 9 : 6 :: 3 : 2. D'où
9 + 6 : 3 + 2 ::9 : 3, ou 15 : 5 :: 9 : 3.
9 — 6 : 3 — 2 :: 6 : 2, ou 3 : 1 :: 6 : 2.

303. Lorsqu'on multiplie ou qu'on divise les quatre termes d'une proportion, ou seulement les deux termes de l'un des rapports par un même nombre, la proportion ne change pas.

EXEMPLE.

Soit la proportion 8 : 4 :: 6 : 3.
Multipliée par 2, on a 16 : 8 :: 12 : 6.
Divisée par 2, on a 4 : 2 :: 3 : 1,5.

304. Pour concevoir la raison de cette propriété, il faut se rappeler qu'une proportion est composée de deux rapports égaux ou de deux divisions qui ont le même quotient : or, on ne change pas le quotient en multipliant ou en divisant le dividende et le diviseur par un même nombre. On se sert de cette propriété pour abréger les calculs et simplifier les rapports composés.

305. Lorsque dans une proportion l'on multiplie ou l'on divise seulement les antécédents ou les conséquents, la proportion subsiste toujours; mais le rapport se trouve augmenté ou diminué d'autant d'unités qu'il y en a dans le nombre par lequel on opère.

EXEMPLE.

a. c. a. c.
9 : 3 :: 6 : 2

(9 × 2) : 3 :: 6 × 2 : 2, ou 18 : 3 :: 12 : 2.
(9 : 2) : 3 :: (6 : 2) : 2, ou 4,5 : 3 :: 3 : 2.
9 : (3 × 2) :: 6 : (2 × 2), ou 9 : 6 :: 6 : 4.
9 : (3 : 2) :: 6 : (2 : 2), ou 9 : 1,5 :: 6 : 1.

306. Pour concevoir la raison de cette propriété, voir la division, numéros 87, 88, 89, 90.

307. Quand on multiplie terme à terme une proportion par une autre proportion, les produits sont encore en proportion.

EXEMPLE.

6 : 2 :: 9 : 3
Multipliée par 10 : 5 :: 4 : 2
60 : 10 :: 36 : 6

MANIÈRE DE TROUVER UN TERME INCONNU DANS UNE PROPORTION.

308. Quand on connaît trois termes d'une proportion, il est toujours facile de trouver le quatrième.

1° *Si le terme inconnu est un moyen*, on fait le produit des extrêmes et on le divise par le moyen connu ; le quotient donnera le moyen inconnu.

2° *Si le terme inconnu est un extrême*, on fait le produit des moyens, et on le divise par l'extrême connu ; le quotient donnera l'extrême inconnu.

309. Pour concevoir cette façon d'opérer, il

faut se rappeler que, dans toute proportion, le produit des moyens égale le produit des extrêmes : donc lorsqu'un moyen ou un extrême est inconnu, on connaît un produit et l'un de ses facteurs ; or pour trouver le facteur inconnu il n'y a qu'à diviser le produit par le facteur connu.

1er *Exemple.*	2e *Exemple.*
a. c. a. c.	a. c. a. c.
$8 : 4 :: x : 3$	$8 : 4 :: 6 : x$

1er *Ex.* $8 \times 3 = 24,\ : 4 = 6$, moyen inconnu.
2e *Ex.* $4 \times 6 = 24,\ : 8 = 3$, extrême inconnu.

1er *Exemple.* Je fais le produit des extrêmes 8 et 3, et je divise le produit 24 par le moyen connu 4 ; j'ai pour quotient 6, qui est le moyen cherché.

2e *Exemple.* Je fais le produit des moyens 4 et 6, et je le divise par l'extrême connu 8 ; je trouve 3 pour l'extrême inconnu.

310. On indique les opérations à faire pour trouver le terme inconnu d'une proportion, en plaçant les termes dont on doit faire le produit au-dessus du terme connu, et en les séparant par un trait horizontal, lequel indique qu'il faut diviser le produit des premiers par le second. Soient les deux exemples ci-dessous :

1er *Ex.* a. c. a. c.

$$8 : 4 :: x : 3$$

$$x = \frac{8 \times 3}{4} = 2 \times 3 = 6, \text{moyen inconnu.}$$

2e *Ex.*

$$8 : 4 :: 6 : x$$

$$x = \frac{4 \times 6}{8} = \frac{6}{2} = 3, \text{ extrême incon.}$$

311. Lorsqu'on ne fait qu'indiquer les opérations à exécuter, on peut simplifier les calculs en divisant le dividende et le diviseur par un même nombre, et en supprimant les facteurs communs, ce qui ne change pas le quotient.

Ainsi dans le premier exemple, on peut diviser 8 par 4

le quotient est 2, et supprimant le 4 du diviseur, on n'a plus que 2 à multiplier par 3, égale 6.

Dans le deuxième exemple, au lieu de multiplier 4 par 6 et de diviser le produit par 8, on peut diviser par 4 le 4 du dividende et le 8 du diviseur; on a alors pour résultat 6 à diviser par 2, égale 3.

EXERCICES SUR LES PROPORTIONS.

Trouver la valeur de l'x ou du terme inconnu dans chacune des proportions suivantes.

1. $7 : 14 :: 3 : x.\quad x = \dfrac{14 \times 3}{7} = 2 \times 3 = 6.$

2. $15 : 5 :: x : 3.\quad x = \dfrac{15 \times 3}{5} = 3 \times 3 = 9$

3. $8 : x :: 20 : 30.\quad x = \dfrac{8 \times 30}{20} = 4 \times 3 = 12.$

4. $x : 6 :: 5 : 15.\quad x = \dfrac{6 \times 5}{15} = \dfrac{26}{3} = 2.$

5. $12 : x :: 25 : 75.$
6. $15 : 5 :: 45 : x.$
7. $2 : 7 :: x : 14.$
8. $25 : x :: 50 : 10.$
9. $48 : 6 :: x : 8.$
10. $30 : 25 :: x : 75.$
11. $24 : x :: 30 : 5.$
12. $x : 18 :: 6 : 36.$
13. $45 : 9 :: x : 15.$
14. $75 : 90 :: 30 : x.$
15. $125 : x :: 4 : 3.$
16. $35 : 5 :: 49 : x.$
17. $360 : 90 :: 75 : x.$
18. $32 : 8 :: x : 25.$
19. $375 : 93,75 :: 25 : x;$
20. $81 : x :: 13,50 : 1,0.$

312. La valeur de l'x dans les proportions composées, c'est-à-dire celles qui ont plusieurs nombres aux antécédents et aux conséquents; se trouve comme celle des proportions simples, seulement avant de faire les calculs, il faut indiquer les opérations à faire, afin de supprimer les facteurs communs au dividende et au diviseur et de les simplifier en les divisant par un même nombre.

21 $4 \times 3 : 4 :: 5 \times 3 : x.\ x = \dfrac{4 \times 5 \times 3}{4 \times 3} = 5.$

22 $8 : 3 \times 8 :: x : 6 \times 7.\ x = \dfrac{8 \times 6 \times 7}{3 \times 8} = 2 \times 7 = 14$

23 $2 \times 12 : 3 \times 5 :: 6 \times 8 : x \times 6.$
24 $x \times 15 : 450 :: 6 \times 10 : 900.$
25 $36 \times 2 : 4 \times 3 :: 15 \times 5 : x \times 10.$
26 $250 \times 4 : 125 :: 8 \times x : 2 \times 4.$
27 $5 \times 25 : 75 :: 3 \times 24 : x.$
28 $27 \times 2 : x \times 3 :: 9 \times 6 : 1 \times 6.$
29 $75 \times 4 : 5 + 15 :: 24 \times x : 6 + 2.$
30 $870 \times 3 : x :: 32 \times 40 : 6400.$

MÉTHODE DE L'UNITÉ.

313. La Méthode de l'Unité est un procédé arithmétique au moyen duquel connaissant, par exemple, le prix de plusieurs mètres, on cherche le prix d'un seul pour trouver ensuite le prix de plusieurs de la même espèce.

314. On l'appelle méthode de l'unité parce que, pour résoudre les problèmes par ce procédé, on cherche toujours la valeur de l'unité pour rouver ensuite celle de plusieurs.

315. La méthode de l'unité sert à résoudre tous les problèmes relatifs aux règles de trois, d'intérêt, d'escompte, de société, de mélange, etc.

316. Tous ces divers problèmes peuvent être également résolus par les proportions ; nous engageons les instituteurs à les faire résoudre par la méthode de l'unité et par les proportions, car l'une sert de preuve à l'autre; c'est la marche que nous suivrons en traitant de chacune de ces règles.

EXEMPLES DE LA MÉTHODE DE L'UNITÉ.

Ier EXEMPLE.

Lorsque 5 mètres d'étoffe coûtent 15 francs, combien coûteront 8 mètres de la même étoffe.

Réponse. 24 francs.

Solution. 15 fr. : 5 m. = 3 f., prix du mètre.
3 fr. × 8 m. = 24 fr., prix des 8 m.

Je cherche le prix du mètre, en divisant 15 fr. par 5 mètres, je trouve 3 fr., que je multiplie par 8 mètres; j'ai 24 fr. pour le prix cherché.

IIe EXEMPLE.

Il a fallu 6 ouvriers pour faire 42 mètres d'un ouvrage : combien faudra-t-il d'ouvriers pour en faire 28 mètres?

Réponse. 4 ouvriers.

Solution. 42 m. : 6 o. = 7 m., travail d'un ouvrier
28 m. : 7 m. = 4 ouvriers pour 28 m.

Je cherche combien un ouvrier a fait de mètres, en divisant 42 mètres par 6 ouvriers, je trouve 7 mètres. Si chaque ouvrier a fait 7 mètres, autant 7 m. seront contenus de fois dans 28 m., autant il faudra d'ouvriers; c'est pourquoi je divise 28 m. par 7, je trouve pour réponse 4, qui est le nombre d'ouvriers qu'il faut.

IIIe EXEMPLE.

Si 3 ouvriers en 4 jours, travaillant 12 heures par jour, ont fait 576 mètres d'un ouvrage : combien 4 ouvriers en 6 jours, travaillant 10 heures par jour, feront-ils du même ouvrage ?

Réponse. 960 mètres.

SOLUTION.

12 h. $\times$ 4 j. $\times$ 3 o. = 144 h. que travaillent les premiers ouvriers.

576 m. : 144 h. = 4 mètres par heure de trav.

10 h. $\times$ 6 j. $\times$ 4 o. = 240 heures que travail. les seconds ouvr.

4 m. $\times$ 240 h. = 960 mètres que feront les seconds ouvriers.

Je cherche combien les premiers ouvriers travaillent d'heures, en multipliant les 12 h. par 4 jours, et le produit par 3 ouvriers ; je trouve 144 heures ; je divise les 576 mètres que les premiers ouvriers ont faits par 144 heures, pour savoir combien ils ont fait de mètres par heure de travail, je trouve 4 mètres.

Je cherche ensuite combien les seconds ouvriers ont travaillé d'heures, en multipliant 10 heures par 6 jours, et le produit par 4 ouvriers, je trouve 240 heures ; puisqu'ils font 4 mètres par heure, je multiplie 4 mètres par 240 heures ; j'ai pour produit 960 mètres que feront les seconds ouvriers.

317. On peut, pour abréger les calculs, indiquer les opérations à faire ; puis simplifier le dividende et le diviseur en les divisant par un même nombre et en supprimant les facteurs communs à l'un et à l'autre. Soient le premier et le troisième exemple ci-dessus.

1er *Ex.* $\dfrac{\overset{3}{15} \times 8}{5} = 3 \times 8 = 24$ mètres.

Ier *Ex.* Pour trouver le prix du mètre, il faut diviser 15 par 5, et pour trouver celui de 8 mètres, multiplier le quotient par 8, ce que j'indique en plaçant 5 sous 15 multiplié par 8; alors, au lieu de multiplier 15 par 8, et de diviser le produit par 5, je divise le dividende et le diviseur par 5, et il me reste 3 à multiplier par 8, dont le produit est 24.

IIIe *Exemple.*

$$\frac{576 \times 10 \times 6 \times 4}{12 \times 4 \times 3} = \frac{576 \times 10}{6} = 5760 : 6 = 960\text{m}.$$

IIIe *Ex.* Pour trouver combien les premiers ouvriers font de mètres par heure, il faut diviser les mètres par les heures, c'est-à-dire 576 mètres par 12 heures, multipliées par 4 jours, multipliées par 3 ouvriers; puis pour trouver combien les seconds ouvriers feront de mètres, multiplier le quotient par les heures qu'ils travaillent, c'est-à-dire par 10 heures multipliées par 6 jours multipliés par 4 ouvriers, et l'on aura alors 576 multiplié par 10 multiplié par 6 multiplié par 4, à diviser par 12 multiplié par 4 multiplié par 3.

Avant de faire les calculs, je supprime le 4 au dividende et au diviseur; je les divise ensuite par 3 en biffant le 3 du diviseur, et en remplaçant dans le dividende le 6 par un 2; je divise ensuite 12 par 2, j'ai 6, et il me reste 576 à multiplier par 10 et à diviser par 6, ou 5760 à diviser par 6; le quotient est 960 mètres.

RÈGLES DE TROIS.

318. Les Règles de Trois sont les opérations auxquelles donnent lieu les problèmes renfermant quatre termes de la même espèce deux à deux, dont trois étant connus servent a découvrir le quatrième.

319. Il y a deux sortes de règles de trois : la *règle de trois simple* et la *règle de trois composée*.

320. La règle de trois simple est celle dont chaque terme ne renferme qu'un nombre.

EXEMPLE.

Lorsque 5 mètres d'étoffe coûtent 15 francs : combien coûteront 8 mètres de la même étoffe ?
Réponse. 24 francs.

321. La règle de trois composée est celle dont les termes renferment plusieurs nombres.

EXEMPLE.

Si 5 hommes en 3 jours ont fait 30 mètres d'ouvrage : combien 4 hommes en 2 jours feront-ils du même ouvrage ?
Réponse. 16 mètres.

322. Pour résoudre les problèmes sur les règles de trois, on emploie les proportions ou la méthode de l'unité.

RÈGLE DE TROIS SIMPLE.

323. Pour résoudre les règles de trois par les proportions, il faut avoir soin de prendre pour antécédents les deux quantités de la même espèce, et pour conséquents les deux autres quantités de la même espèce, et de former les rapports de la même manière ; c'est-à-dire, que si dans le premier rapport, on a mis les mètres pour antécédent, et les francs pour conséquent, dans le second rapport il faut aussi placer les mètres à l'antécédent et les francs au conséquent, et mettre x à la place du terme inconnu.

EXEMPLE.

Une personne a gagné 20 fr. en 5 jours : combien gagnera-t-elle en 8 jours ?
Réponse. 32 francs.

Solution par la méthode de l'unité.

20 fr. : 5 j. = 4 fr. que la pers. gagne par jour.
4 fr. × 8 j. = 32 fr. que la pers. gagnera en 8 j.

Je divise 20 fr. par 5 jours pour savoir combien la personne gagne par jour, je trouve 4 francs que je multiplie par 8 jours.

Solution par les proportions.

20 fr. : 5 j. :: x fr. : 8 j.

$$x = \frac{\overset{4}{20} \times 8}{5} = 4 \times 8 = 32 \text{ fr. que la personne gagnera.}$$

Dans le premier rapport, je mets pour antécédent les 20 fr., et pour conséquent les 5 jours ; dans le deuxième rapport, les francs étant inconnus je les remplace par x, et je mets pour conséquent les 8 jours. Comme l'x se trouve aux moyens, je fais le produit des extrêmes et je le divise par le moyen connu ; je simplifie en divisant 5 et 20 par 5, il me reste 4 à multiplier par 8, égale 32 francs.

IIe EXEMPLE.

Si un ouvrier a fait 54 mètres d'étoffe en 9 jours ; combien mettra-t-il de jours pour en faire 42 mètres ? Réponse. 7 jours.

Solution par la methode de l'unité.

54 m. : 9 = 6 mètres par jour.
42 : 6 = 7 jours, qu'il faut pour faire les 42 m.

Je cherche combien on fait de mètres par jour en divisant 54 par 9 ; puis je divise 42 m. par 6, j'obtiens 7 jours.

Solution par les proportions.

54 m. : 9 j. :: 42 m. : x. j.

$$x = \frac{9 \times 42}{\underset{6}{54}} = \frac{42}{6} = 7 \text{ jours qu'il faut.}$$

Je dis les mètres sont aux jours, comme les mètres sont aux jours ; l'x étant un extrême, je fais le produit des moyens, et je le divise par l'extrême connu; je simplifie en divisant 9 et 54 par 9, il me reste 42 à diviser par 6, égale 7 jours.

IIIe EXEMPLE.

Combien coûteront 75 mètres de drap, lorsque 25 mètres coûtent 500 francs?

Réponse. 1500 francs.

Solution par la méthode de l'unité.

500 fr. : 25 m. = 20 fr., prix du mètre.
20 fr. × 75 m. = 1500 fr., prix des 75 mètres.

Je divise 500 fr. par 25 pour avoir le prix du mètre, puis je le multiplie par 75 m., j'obtiens 1500 fr.

Solution par les proportions.

75 m. : x fr. :: 25 m. : 500 fr.

$$x = \frac{\overset{3}{75} \times 500}{25} = 3 \times 500 = 1500 \text{ fr. prix des 75 mètres.}$$

J'établis la proportion en disant 75 mètres sont à x francs comme 25 mètres sont à 500 francs.

IVe EXEMPLE.

Combien aura-t-on de kilogrammes de café pour 25 fr. 50 cent., lorsqu'on a payé 6 kilogr. 25 décagrammes 18 fr. 75 c.?

Réponse. 8 kilogrammes 50 décagrammes.

Solution par la méthode de l'unité.

18 fr.75 : 6 k. 25 = 3 fr., prix du kil. de café.
25 fr.50 : 3 f. = 8 kil. 50 décagr. qu'on aura pour 25 fr. 50 c.

Solution par les proportions.

x k. : 25 f. 50 :: 6 k. 25 : 18 f. 75.

$$x = \frac{25{,}50 \times 6{,}25}{\underset{3}{18{,}75}} = \frac{25{,}50}{3} = 8 \text{ kil. } 50 \text{ decag.}$$

PROBLÈMES SUR LA RÈGLE DE TROIS SIMPLE.

P. 401. Un ouvrier a reçu 8 fr. pour 4 mètres qu'il a faits d'un ouvrage: combien lui payera-t-on pour 5 mètres ?

P. 402. Lorsqu'un homme gagne 9 fr. en 3 jours: combien gagnera-t-il en 6 jours?

P. 403. Pour 4 fr. j'ai eu 8 mètres de calicot: combien en aurai-je pour 7 fr.?

P. 404. Si 5 kilogr. de café coûtent 15 fr., quel sera le prix de 6 kilogr.?

P. 405. Avec 2 fr. on a acheté 5 kil. de sel: on demande ce que coûteront 9 kilogrammes?

P. 406. Lorsque 7 litres d'eau pèsent 14 kilog.: quel sera le poids d'un décalitre d'eau?

P. 407. Pour 12 fr. on a eu 4 mètres de mérinos : combien coûteront 15 mètres de la même étoffe ?

P. 408. Un ouvrier a fait en 6 jours 42 mètres d'ouvrage : combien en aurait-il fait en 7 jours?

P. 409. Deux ouvriers gagnent la même journée, l'un a travaillé 5 jours et a reçu 20 francs; l'autre a reçu 28 fr.: combien le second a-t-il travaillé de jours ?

P. 410. Pour 25 fr. on a acheté 5 mètres de ratine combien coûteront 8 mètres ?

P. 411. On a payé 14 mètres de satin 70 fr.: combien payera-t-on pour 28 mètres?

P. 412. Lorsque 75 litres de vin coûtent 50 fr. combien coûteront 15 litres ?

P. 413. Pour 42 fr. on a eu 14 mètres de toile: combien en aura-t-on pour 195 fr.?

P. 414. Si 45 kilogr. de viande coûtent 54 fr : combien coûteront 135 kilogr.?

P. 415. Lorsque 20 stères de bois coûtent 295 fr.: combien payera-t-on pour 60 stères ?

P. 416. Un champ de 45 ares 50 centiares à été

payé 2275 fr.: combien coûtera un autre champ de 182 ares?

P. 417. Lorsque 75 hectolitres de vin ont été payés 1875 fr.: combien coûteront 385 hectolitres?

P. 418. Il a fallu 40 tonneaux pour contenir 94 hectol. de vin : combien en faudra-t-il pour contenir 564 hectolitres

P. 419. Un ouvrier a fait en 24 jours 144 mètres d'étoffe : combien en fera-t-il en 120 jours?

P. 420. Un voyageur a parcouru 90 myriamètres en 30 jours : combien en parcourra-t-il en 45 jours?

P. 421. Si une route de 35 kilomètres a coûté 70.000 fr.: à combien reviendrait une route ayant 140 kilcmètres ?

P. 422. Si 340 ouvriers ont fait 3570 mètres d'ouvrage : combien 270 ouvriers en feront-ils dans le même temps?

P. 423. Si 180 chevaux ont coûté 90.000 francs: combien 80 chevaux coûteront-ils?

P. 424. On a échangé 25 mètres de drap contre 125 mètres de toile : combien faudra-t-il de mètres de toile pour 15 mètres de drap?

P. 425. Un ouvrier a gagné 720 fr. en 240 jours: combien gagnera-t-il en 450 jours.

P. 426. Il a fallu pour nourrir 40 hommes 900 kilogr. de pain : combien en faudra-t-il pour nourrir 750 hommes?

P. 427. Avec 15.000 fr. on a payé 250 ouvriers: quelle somme faudra-t-il pour en payer 750?

P. 428. On a transporté 500 kilogr. pour 40 fr.: combien coûtera le transport de 250 kilogr.?

P. 429. Un vigneron a vendu sa récolte de vin, composée de 40 pièces, 1200 fr. : quelle somme aurait-il reçue s'il avait récolté 25 pièces de plus?

P. 430. Un chapelier avait acheté 350 chapeaux pour 2800 fr.: comme il n'en a reçu que 246, quelle somme doit-il payer ?

P. 431. Lorsque 3 m. 75 centim. coûtent 9 fr.: combien coûteront 18 m. 75 centimètres?

P. 432. Pour 16 fr 40 c. on a acheté 10 kilogr. 25 décagrammes de sucre : combien en aura-t-on pour 49 fr. 20 cent.?

P. 433. Un coupon de drap de 7 m. 40 centim. a coûté 187 fr. 22 cent.: combien payera-t-on pour 101 mètres 20 cent. du même drap?

P. 434. Combien payera-t-on un champ de 99 hectares; lorsqu'on a payé 61.875 francs pour 24 hectares 75 ares?

P. 435. Un ouvrier a gagné 29 fr. 25 cent. dans 6 jours et demi, ou 6 jours 5 dixièmes: combien gagnera-t-il dans 14 jours 3 quarts, ou 14 jours 75 centièmes?

P. 436. On a payé la coupe d'un petit bois 138 fr. 60 cent., elle a fourni 8 stères 4 décist.: combien faut-il payer à proportion la coupe d'un ois qui a fourni 50 stères 4 décistères?

P. 437. Que faut-il payer pour le transport de 35 pièces de vin, lorsqu'on paye 24 fr. pour le transport de 6 pièces?

P. 438. Une motte de beurre pesant 35 kilogr. 4 hectogr., a été vendue 96 fr. 35 cent.: combien coûtera une autre motte de beurre de 27 kil.?

P. 439. Lorsqu'une pièce de drap de 36 mètres 7 décimètres coûte 972 fr. 55 cent.: quel sera le prix d'une autre pièce de 28 mètres 5 décim.?

P. 440. Des ouvriers ont fait 195 mètres d'un ouvrage en 52 jours: combien en feront-ils en 208 jours?

P. 441. On a vendu une propriété de 45 hect. 09 ares 157.815 fr. : que coûteront 18 hectares 03 ares?

P. 442. Quand 250 ouvriers font 16.250 mètres d'un ouvrage : combien 750 ouvriers en feront-ils?

P. 443. Deux pièces de toile de même qualité coûtent la première 174 fr., et la deuxième 138 francs : quelle est la longueur de chaque pièce, si la première a 12 mètres de plus que la seconde?

P. 444. Deux pièces de drap ont, la première 55 mètres, et la seconde 40 mètres; la première coûte 75 fr. de plus que la seconde : quel est le prix de chaque pièce?

Pour résoudre ces deux problèmes, il faut se rappeler que la différence des prix est à la différence des longueurs comme le prix d'une pièce est à sa longueur.

P. 445. Il faut 30.000 fr. par mois pour payer 500 ouvriers qui travaillent à une route : quelle somme faudra-t-il si l'on met 250 ouvriers de plus ?

P. 446. Sept pièces de velours ont coûté ensemble 3500 fr.: quelle est leur longueur totale, si une pièce de 25 mètres coûte 500 fr.?

P. 447. Avec 2750 fr. un marchand a gagné 8250 fr.: combien aurait-il gagné à proportion avec 11.000 francs ?

P. 448. Lorsqu'un bâton de 2 mètres de hauteur donne 6 mètres d'ombre : quelle est la hauteur d'une maison qui donne dans le même temps 75 mètres d'ombre ?

P. 449. Si 320 kilogrammes de farine donnent 432 kilogr. de pain : combien 1600 kilogr. de farine donneront ils de pain ?

P. 450. Un marchand a du drap qu'il vend 15 fr. le mètre, et en échange 18 fr.: à quel prix doit-il échanger un autre drap qui vaut 20 fr. le mètre.

RÈGLE DE TROIS COMPOSÉE.

324. La Règle de Trois composée est celle dont deux termes, quelquefois les quatre, sont formés chacun de plusieurs nombres.

325. Pour résoudre les problèmes sur la règle

de trois composée, on emploie, comme pour la règle de trois simple, la méthode de l'unité ou les proportions.

1er EXEMPLE

Lorsqu'en 4 jours 6 ouvriers ont gagné 48 fr. combien en 2 jours 8 ouvriers gagneront-ils?
Réponse. 32 francs.

Solution par la méthode de l'unité.

48 fr. : (4 j. $\times$ 6 o.) = 48 fr. : 24 j. = 2 fr. par j.
2 fr. $\times$ (2 j. $\times$ 8 o.) = 2 fr. $\times$ 16 j. = 32 fr. que gagneront les seconds ouvriers.

Je divise 48 fr. par 4 multiplié par 6, ou par 24, pour savoir combien les ouvriers gagnent par jour, je trouve 2 francs; si les ouvriers gagnent 2 fr. par jour, ils gagneront en 2 jours multipliés par 8 ouv. ou 16 jours 32 fr.

Solution par les proportions.

4 j. $\times$ 6 o. : 48 f. :: 2 j. $\times$ 8 o. : x f.

$$x = \frac{\overset{8}{48} \times 2 \times \overset{2}{8}}{4 \times 6} = 8 \times 2 \times 2 = 32 \text{ fr.}$$

J'établis la proportion de cette manière : les jours multipliés par les ouvriers sont aux francs, comme les jours multipliés par les ouvriers sont aux fr. La proportion 4 j. multipliés par 6 ouvriers sont à 48 fr., comme 2 j. multipliés par 8 ouvriers sont à x fr. est la même chose que 24 jours sont à 48 fr., comme 16 jours sont à x fr.

Pour simplifier, je divise le 8 du dividende et le 4 du diviseur par 4, j'écris 2 au-dessus du 8 et je biffe le 4; puis je divise 48 et 6 par 6; j'écris 8 au-dessus de 48 et je biffe le 6; il reste 8 à multiplier par 2 et par 2 dont le produit égale 32.

326. D'où l'on voit qu'une règle de trois composée peut être réduite à une règle de trois simple, en effectuant les calculs sur les nombres de chaque terme; mais il ne faut que les indiquer, afin de pouvoir supprimer les facteurs communs au dividende et au diviseur, et simplifier les calculs; ainsi, pour l'exemple ci-dessus, au lieu de multiplier 48 par 16 et de diviser

le produit par 24 ; on n'a, après avoir simplifié, que 8 à multiplier par 2, et le produit par 2 ou 4 fois 8 égale 32.

II EXEMPLE

Un travail a été fait par 6 hommes en 12 jours? combien faudra-t-il mettre d'ouvriers si l'on veut qu'il soit fait en 9 jours?

Réponse. 8 hommes.

Solution par la méthode de l'unité.

12 j. × 6 h. = 72 journées qu'il faut.
72 j. : 9 j. = 8 hommes qu'il faudra pour faire le travail.

Preuve. 9 j. × 8 h. = 72 j. : : 12 j. × 6 h. = 72 j.

Je multiplie 12 jours par 6 hommes pour savoir combien il a fallu de journées pour faire le travail, je trouve 72. S'il faut 72 journées pour faire le travail, autant 9 jours seront contenus de fois dans 72, autant il faudra d'hommes, je trouve 8 : en effet 8 hommes en 9 jours font 72 journées.

Solution par les proportions.

6 h. × 12 j. : 1 t. : : x h. × 9 j. : 1 t.

$$x = \frac{\overset{2}{6} \times \overset{4}{12}}{\underset{3}{9}} = 2 \times 4 = 8 \text{ hom. qu'il faudra.}$$

J'établis ainsi la proportion : les hommes multipliés par les jours sont au travail, comme les hommes multipliés par les jours sont au travail ; les hommes étant inconnus dans le second rapport, je les remplace par x. Puisque l'x se trouve aux moyens, je fais le produit des extrêmes, j'ai alors 6 à multiplier par 12 j., et à diviser par 9.

Je simplifie en divisant 6 et 9 par 3, j'écris 2 au-dessus du 6 et 3 au-dessous du 9; puis, divisant 12 par 3, j'ai 4 que j'écris au-dessus de 12, il me reste 2 à multiplier par 4, égale 8 hommes.

327. On peut établir la proportion en prenant pour moyens les deux quantités qui ont fait le travail, et pour extrêmes les deux quantités qui doivent faire le travail, et dont une est inconnue, en se fondant sur cette propriété des proportions : que lorsque le produit de deux nombres est égal au produit de deux autres nombres, ces quatre nombres peuvent former une proportion ; mais il est plus facile de se tromper par ce moyen, et les calculs sont les mêmes.

Exemple. x h. : 6 h. :: 12 j. : 9 j.

IIIe EXEMPLE.

Lorsque 4 ouvriers en 6 jours, travaillant 12 heures par jour, ont fait 120 mètres de calicot : combien 12 ouvriers mettront-ils de jours, s'ils travaillent 12 heures par jour, pour en faire 480 mètres ? Réponse. 8 jours.

Solution par la méthode de l'unité.

10 h. × 6 j. × 4 o. = 240 heures que travaillent les prem. ouvr.

120 m. : 240 h. = 0,m 5 décim. par heure de travail.

480 m. : 0,5 = 960 heures qu'il faut pour faire les 480 mètres.

12 h. × 10 o. = 120 heures que travaillent les seconds ouvr. par j.

960 h. : 120 h. = 8 jours qu'il faudra aux seconds ouvriers pour faire les 480 mètres.

Je cherche combien les premiers ouvriers travaillent d'heures, je trouve 240 heures ; je divise les 120 mètres qu'ils ont faits par les 240 heures qu'ils ont travaillé, pour savoir combien ils ont fait de mètres par heure, je trouve 0 m. 5 décimètres.

Je cherche combien les seconds ouvriers ont travaillé d'heures en divisant les 480 mètres qu'ils ont faits par

0 m. 5; je trouve 960 heures. Je multiplie 12 heures par 10 ouvriers pour savoir combien ils travaillent d'heures par jour, je trouve 120 heures; il ne me reste plus qu'à diviser 960 heures par 120 heures, pour savoir combien ils travaillent de jours : le quotient 8 est la réponse.

Solutions par les proportions.

40. × 6j. × 10h. : 120m :: 400. × x j. × 12 h. : 480 mètres.

$$x = \frac{\overset{2}{4} \times 6 \times 10 \times \overset{4}{480}}{120 \times 10 \times 12} = 2 \times 4 = 8 \text{ jours qu'il faudra.}$$

Preuve.

120 m. : 10 h. × 6 j. × 4 o. = 120 m. : 240 h. = 0,5 d.
480 m. : 12 h. × 8 j. × 10 o. = 480 m. : 960 h. = 0,5 d.

J'établis la proportion ainsi : les ouvriers multipliés par les jours multipliés par les heures sont aux mètres, comme les ouvriers multipliés par les jours multipliés par les heures sont aux mètres. Je mets x à la place des jours qui sont inconnus; j'indique les calculs à faire, et, après avoir simplifié, il ne me reste plus que 2 à multiplier par 4, égale 8 jours.

Pour simplifier, je supprime d'abord 10 commun au dividende et au diviseur; je supprime aussi le 0 de 480, et celui de 120, ensuite je divise 48 par 12, j'ai 4 que je pose au dessus de 48, que je biffe, ainsi que 12 au diviseur; je biffe 6, et je divise 12 par 6, j'ai 2 par lequel je divise encore 4 du dividende, j'ai 2 que je place au-dessus, et je biffe le 2 du diviseur; il me reste 2 à multiplier par 4.

IVe EXEMPLE.

On a payé 60 fr. pour le transport de 400 kil. à 300 kilomètres : combien fera-t-on transporter de kilogrammes à 120 kilomètres pour la somme de 24 fr.?

Réponse. 400 kilogrammes.

Solution par la méthode de l'unité.

60 fr. : 400 k. × 300 k. = 60 fr. 120.000 = 0 fr.,0005 prix du transport du kilogr. à 1 kilomètre.
24 fr. : 0,0005 = 240.000 : 5 = 48.000 kil. à 1 kilom.
48000 : 120 = 400 kilog. à 120 kilom. pour les 24 fr.

Je divise les 60 fr. par les kilogrammes multipliés par les kilomètres, pour savoir le prix du transport du kilog. à un kilom.; je trouve 0 fr. 0005 dix-millièmes. Je divise ensuite 24 par 0 fr. 0005, pour savoir combien on fera transporter de kilog. à 1 kilom.; je trouve 48.000 kilogr.; mais il faut les transporter à 120 kilom., c'est pourquoi je divise 48.000 par 120, le quotient 400 est le nombre de kilogrammes qu'on fera transporter.

Solution par les proportions.

$$60 \text{ f.} : 400 \text{ k.} \times \underset{2}{300} \text{ k.} :: 24 \text{ f.} : x \text{ k.} \times 120 \text{ k.}$$

$$x = \frac{400 \times 300 \times 24}{\underset{2}{60} \times 120} = 400 \text{ kilogrammes.}$$

Je dis, les francs sont aux kilogrammes multipliés par les kilomètres, comme les francs sont aux kilogr. multipliés par les kilom. L'x se trouvant aux moyens, je fais le produit des extrêmes et je le divise par le moyen connu : j'ai 400 kilogrammes pour la réponse.

Pour simplifier, je supprime un 0 à 300 et à 120, puis je biffe 30 qui restent, et je divise 60 par 30, j'ai 2 ; je biffe 12 au diviseur, et je divise 24 par 12 ; j'ai 2 que je biffe, ainsi que le 2 du diviseur ; il ne reste plus que 400, qui est le nombre de kilogrammes qu'on fera transporter.

PROBLÈMES

SUR LA RÈGLE DE TROIS COMPOSÉE.

P. 451. Si 5 ouvriers en 7 jours ont fait 70 m. d'ouvrage : combien 12 ouvriers travaillant 5 jours, en feront-ils ?

P. 452. Lorsque 6 hommes en 4 jours, travaillant 10 heures par jour, ont gagné 72 fr.: combien gagneront 8 hommes en 3 jours, travaillant 10 heures par jour?

P. 453. Il a fallu 8 hommes pendant 6 jours pour faire la moitié d'un ouvrage : combien faudra-t-il de jours à 4 hommes pour l'achever ?

P. 454. On paye 90 fr. à 5 ouvriers pour 6 jours de travail : combien doit-on payer à 15 ouvriers pour 10 jours de travail ?

P. 455. Si 9 ouvriers en 4 jours ont fait 180 m. d'ouvrage : combien 9 ouvriers en 7 jours en feront-ils ?

P. 456. On a employé 14 ouvriers pendant 9 jours pour faire 504 mètres: combien faudra-t-il employer d'ouvriers pour faire en 8 jours 800 mètres ?

P. 457. Un entrepreneur paye par jour 108 fr. pour 27 ouvriers travaillant 10 heures par jour: combien payerait-il pour 15 ouvriers qui travailleraient 12 heures par jour.

P. 458. En 12 jours des ouvriers ont fait un mur de 500 mètres de longueur et de 3 mètres de hauteur, combien leur faudra-t-il de jours pour faire un mur de 45 m. de longueur sur 5 m. de h.?

P. 459. Il a fallu 6 ouvriers pendant 9 jours, travaillant 10 heures par jour, pour faire 162 mètres : combien faut-il employer d'ouvriers pendant 3 jours travaillant 12 heures par jour pour faire le même ouvrage ?

P. 460. Pour défricher un champ de 24 mètres de longueur sur 10 mètres de largeur, il a fallu

4 hommes pendant 6 jours: combien 8 ouvriers mettront-ils de jours pour défricher un autre champ ayant 24 mètres de longueur sur 20 mètres de largeur?

P. 461. Dans une place il y a des vivres pour nourrir pendant 6 mois 2500 hommes, il faut faire durer les vivres pendant 8 mois: combien faudra-t-il faire sortir d'hommes?

P. 462. Lorsque 140 ouvriers en 25 jours ont fait 1750 mètres d'ouvrage: combien 250 ouvriers en 12 jours en feront-ils de mètres?

P. 463. On a labouré 45 hectares en 18 jours avec 10 bœufs: combien faudra-t-il de jours pour labourer un champ de 30 hectares, avec 8 bœufs?

P. 464. En 28 jours 14 ouvriers ont fait un certain travail: combien aurait-il fallu de jours pour le faire, si l'on avait mis 56 ouvriers?

P 465. Une garnison composée de 500 hommes a des vivres pour 180 jours: combien pourra-t-elle recevoir d'hommes de plus si l'on veut ne faire durer les vivres que 120 jours?

P. 466. Si 76 hommes en 12 jours ont gagné 273 fr. 60: combien 60 hommes en 15 jours gagneront-ils?

P. 467. Pour faire transporter 750 kilogram. l'espace de 27 kilomètres, on a payé 75 fr.: combien payera-t-on pour faire transporter 2361 kil. au même lieu?

P. 468. Quelle est la hauteur d'une tour qui donne 90 mètres d'ombre, lorsqu'en même temps un mur de 3 mètres donne 6 mètres d'ombre?

P. 469. Dans une famille, le père gagne par jour 4 fr., la mère 3 fr., et le fils 2 fr. 75 cent. quel est leur bénéfice par mois, s'ils travaillent 25 jours par mois, et dépensent 6 fr. par jour?

P. 470. On a employé 164 mètres de toile ayant 90 centimètres de largeur pour faire des chemises: combien en aurait il fallu de mètres si la toile avait eu 120 centimètres?

P. 471. Lorsque 175 mètres d'ouvrage ont été faits en 7 jours, par 16 hommes travaillant 10 heures par jour : combien en feront, pendant 9 jours, 12 hommes travaillant 10 heures par jour?

P. 472. Si 18 ouvriers en 33 jours ont gagné 1850 fr: combien gagneront 120 ouvriers en 146 jours ?

P. 473. Un domestique a épargné 1440 fr. en 12 années : combien aura-t-il au bout de 20 ans, s'il continue d'épargner de la même manière ?

P. 474. Une perche de 3 mètres plantée d'aplomb a une ombre de 5 mètres, et au même moment l'ombre d'un peuplier est de 35 mètres : quelle est la hauteur de l'arbre ?

P. 475. Avec une certaine quantité de farine 75 hommes peuvent vivre pendant 54 jours : combien de jours pourront vivre 150 hommes?

P. 476. Une provision d'avoine pouvait nourrir 18 chevaux pendant 1 an, mais on achète 6 autres chevaux : combien durera de jours la provision, si l'on ne change pas la ration?

P. 477. Un plancher est composé de 15 vieilles planches de 28 centimètres de largeur: combien faudra-t-il de planches neuves de même longueur, mais qui ont seulement 16 centimètres de largeur pour remplacer les vieilles ?

P. 478. On a transporté en 7 voyages, avec un tombereau attelé d'un seul cheval à 2 mètres 345 décimètres cubes de terre : combien faudra-t-il faire de voyages de la même voiture pour trsnsporter 8 mètres 375 décimètres cubes?

P. 479. Trois maçons, travaillant 10 heures par jour, ont fait un mur en 48 jours : combien auraient-ils mis de jours s'ils avaient travaillé 12 heures par jour?

P. 480. Les ouvriers ne travaillent en moyenne à cause des fêtes et des jours de chômage, que 260 jours par an : combien un ouvrier qui gagne 3 fr. par jour gagne-t-il par an, et combien a-t-il à dépenser par jour pour nourrir sa famille et pour faire des économies?

P. 481. Lorsque 3 attelages, travaillant 10 heures par jour pendant 5 jours, ont labouré une pièce de terre : combien mettront de jours deux attelages pareils aux premiers, et travaillant 9 heures par jour ?

P. 482. Un cultivateur a besoin de 108 quintaux de foin pour nourrir 4 chevaux pendant 6 mois : combien lui faudra-t-il de quintaux pour nourrir 8 chevaux pendant le même temps?

P. 483. Un voyageur, marchant 8 heures par jour, met 16 jours et demi pour aller de Paris à Bordeaux : combien faut-il qu'il marche d'heures par jour pour y aller en 12 jours ?

P. 484. Pour tapisser un appartement, il a fallu 18 rouleaux de papier de 45 centimètres de largeur : combien en aurait-il fallu si le papier avait eu 60 centimètres?

P. 485. Combien faudra-t-il de jours à 45 ouvriers, travaillant 12 heures par jour, pour faire un fossé de 18 mètres de long sur 1 mètre 80 de large et 0 m. 95 de profondeur : lorsque 50 ouvriers en 12 jours, travaillant 10 heures par jour, ont fait, dans le même terrain, un fossé de 80 mètres de long sur 1 mètre de large et 1 m. 50 centimètres de profondeur?

P. 486. Combien 3 ouvriers en 8 jours, travaillant 9 heures par jour, feront-ils de mètres d'une étoffe : lorsque 17 ouvriers en 8 jours, travaillant 11 heures par jour, en ont fait 1080 mètres?

P. 487. La dépense de 200 soldats en 6 jours est de 900 fr.: quelle sera celle de 400 soldats en 4 jours?

P. 488. On a employé 150 mètres de drap de 1 mètre 40 centimètres de large, pour faire un certain nombre d'habits : combien en aurait-il fallut si le drap avait eu 1 mètre 50 de largeur?

P. 489. Combien faut-il donner de mètres de velours qui vaut 18 fr. 50, en échange de 35 mètres de drap à 20 fr. 75 cent. le mètre ?

P. 490. Si 45 ouvriers en 20 jours devaient faire un travail : combien faudra-t-il employer d'ouvriers pour que le travail soit fait dans 15 jours?

P. 491. Avec 7500 fr. on a gagné en 4 ans, 12.000 fr. : combien gagnera-t-on en 3 ans avec 10.000 francs?

P. 492. Dans une fabrique, 50 ouvriers ont fait en 10 jours, travaillant 12 heures par jour, 220 mètres de satin : combien 35 ouvriers en 15 jours, travaillant 10 heures par jour, en feront-ils de mètres?

P. 493. Une institution composée de 200 élèves a coûté 2250 fr. d'entretien pendant 15 jours: à combien montera la dépense pendant 45 jours si l'on reçoit 40 élèves de plus?

P. 494. Si 100 ouvriers en 8 jours, travaillant 15 heures par jour, ont gagné 3600 fr.; combien faudra-t- il que 34 ouvriers travaillent d'heures par jour, pendant 18 jours, pour gagner 2937 fr. 60 cent.?

P. 495. Pour transporter 15 pièces de vin l'espace de 300 kilomètres on paye 180 fr.: combien fera-t-on transporter de pièces de même grandeur l'espace de 400 kilomètres pour 600 fr.?

P. 496. Deux ouvriers ont travaillé ensemble, le premier, en 15 jours, travaillant 10 heures par jour, a gagné 264 fr. ; combien le second ouvrier gagnera-t-il s'il travaille 30 jours et 10 heures par jour?

P. 497. Deux ouvriers ont gagné ensemble 261 fr.; le premier, qui a travaillé 35 jours et 12 heures par jour, a reçu 126 fr.; le second a reçu 135 fr. ; combien a-t-il travaillé de jours, à 10 heures par jour?

P. 498. Combien faut-il d'ouvriers, travaillant pendant 20 jours, et 12 heures par jour, pour faire le même travail que 90 ouvriers en 12 jours travaillant 10 heures par jour?

P. 499. Deux marchands ont fait une entreprise; le premier a mis 8000 fr. pendant dix mois, et a reçu 4000 fr. pour sa part des bénéfices: combien le second, qui a mis 5000 fr. pendant 12 mois, recevra-t-il

P. 500. Pour 3000 fr. on a acheté 6 pièces de velours ayant chacune 25 mètres : combien, pour la somme de 21.000 fr., aura-t-on de pièces de la même étoffe et du même prix, ayant 30 mètres?

RÈGLE DU CENT ET DU MILLE.

328. La Règle du Cent et du Mille est une opération arithmétique qui a pour but, lorsqu'on connaît le prix de cent ou de mille objets, de trouver le prix d'un nombre quelconque de ces objets; et réciproquement, lorsqu'on connaît le prix d'un ou de plusieurs objets, de trouver celui de cent ou de mille de ces objets

329. Ces problèmes se résolvent par la méthode de l'unité ou par les proportions : comme les enfants, et même quelquefois les grandes personnes, sont fort embarrassés pour résoudre ces problèmes, qui n'offrent réellement aucune difficulté, nous avons cru devoir en parler d'une manière spéciale.

Ier EXEMPLE.

Lorsque le cent de citrons vaut 15 fr., combien coûteront 375 citrons? Réponse. 56 fr. 25 cent.

Solution par la méthode de l'unité.

15 fr. : 100 c. = 0 fr. 15 cent., prix du citron.
0 fr. 15 cent. × 375 c. = 56 fr. 25 cent., prix de 375 citrons.

Pour multiplier ou pour diviser un nombre par 100 ou par 1000, voir la multiplication N° 66 et la division N° 86.

Je cherche d'abord le prix du citron, puis je le multiplie par 375, nombre des citrons ; le produit 56 fr. 25 est la réponse.

Dans ce problème, au lieu de diviser d'abord par 100, et de multiplier ensuite le quotient par 375, je peux tout de suite multiplier 15 fr. par 375 citrons, et séparer deux chiffres au produit ; le résultat est le même.

Ex. 15 fr. × 375 = 5625 : 100 = 56 fr. 25 cent.

en multipliant 15 fr. par 375 citrons, j'agis comme si le citron coûtait 15 francs, le produit est donc cent fois trop grand, je le rends cent fois plus petit en séparant deux chiffres sur la gauche.

Solution par les proportions.

100 c. : 15 fr. :: 375 c. : x fr.

$$x = \frac{15 \times 375}{100} = 56 \text{ fr. } 25, \text{ prix des 375 citrons.}$$

J'établis la proportion de cette manière : les citrons sont aux francs comme les citrons sont aux francs ; l'x se trouvant aux extrêmes, je multiplie 15 par 375, j'ai 5625 pour produit ; pour le diviser par 100, je sépare deux chiffres sur la droite, j'ai 56 fr. 25.

IIe EXEMPLE.

Combien coûteront 750 briques, lorque le mille vaut 30 fr. ? Réponse. 22 fr. 50 cent.

Solution par la méthode de l'unité.

30 fr. : 1000 br. = 0 fr. 03c. prix de chaque briq.
0 fr. 03 × 750 br. = 22 fr. 50 cent., prix des 750 briques.

Je peux tout de suite multiplier 30 fr. par 750 briques et séparer trois chiffres au produit ; le résultat est le même.

Ex. 30 × 750 = 22.500 : 1000 = 22 fr. 50, prix des 750 br.

Solution par les proportions.

1000 br. : 30 fr. :: 750 br. : x fr.

$$x = \frac{30 \times 750}{1000} = 3 \times 7{,}50 = 22 \text{ fr. } 50, \text{ prix des 750 briques.}$$

Je dis 1000 briques sont à 30 francs, comme 750 briques sont à x fr.; puis je multiplie 30 par 750, et je divise le produit par 1000 en séparant trois chiffres sur la droite.

IIIe EXEMPLE.

On a payé 250 bouteilles 50 fr.: combien est-ce le cent ? Réponse. 20 fr.

Solution par la méthode de l'unité.

50 fr. : 250 b. = 0 fr. 20, prix de la bouteille.

0 fr. 20 × 100 b. = 20 fr., prix de cent bout.

Je cherche le prix d'une bouteille en divisant 50 fr. par 250 bouteilles, je trouve 0 fr. 20 que je multiplie par 100.

Solution par les proportions.

100 b. : x fr. :: 250 b. : 50 fr.

$$x = \frac{100 \times 50}{250} = 20 \text{ fr. le cent de bouteilles.}$$

5

Je dis les 100 bouteilles sont à x fr. comme 250 bouteilles sont à 50 francs.

IVe EXEMPLE.

Si l'on vend le cent de pommes 3 fr.: combien faudrait-il vendre de pommes pour recevoir 7 fr. 35 cent.? Réponse. 245 pommes.

Solution par la méthode de l'unité.

3 fr. : 100 p. = 0 fr. 03 cent., prix de la pom.

7 fr. 35 : 0 fr. 03 = 735 : 3 = 245 pommes qu'il faudra vendre.

Je cherche le prix d'une pomme, puis combien ce prix est contenu de fois dans 7 fr. 35 c. Je trouve 245 pommes.

Solution par les proportions.

100 p. : 3 fr. :: x p. ; 7 fr. 35.

$$x = \frac{100 \times 7,35}{3} = 735 : 3 = 245 \text{ pommes.}$$

Je dis 100 pommes sont à 3 fr. comme x pommes sont à 7 fr. 35.

PROBLÈMES

SUR LA RÈGLE DU CENT ET DU MILLE.

P. 501. A 10 francs le mille d'aiguilles combien vaut l'aiguille?

P. 502. Combien coûteront 46 fagots à 35 francs le cent?

P. 503. On paye par le roulage ordinaire 9 francs, et par le roulage accéléré 18 francs par 100 kilog. pour le transport de Paris à Lyon : combien coûtera le transport d'une caisse pesant 185 kilog. par chacune de ces voies?

P. 504. Quel sera le prix de 75 kilogrammes de savon, à raison de 120 francs les 100 kilogr.?

P. 505. A 14 francs 80 cent. les 37 kilog. de sel : combien coûteront les 100 kilogrammes?

P. 506. Si 100 volumes coûtent 75 francs, à combien revient le volume, et combien faut-il le revendre pour gagner 15 francs sur le tout?

P. 507. J'ai acheté 100 volumes à la condition d'en avoir 108, pour la somme de 97 francs 20 cent. : combien me coûte le volume, et combien faut-il le revendre pour gagner 21 francs 60 sur le tout?

P. 508. Lorsque le cent de bourrées vaut 25 francs : quel sera le prix de 275 bourrées?

P. 509. A 26 francs le mille d'œufs : combien doit en contenir un panier qu'on a payé 97 francs 50 cent.

P. 510. Combien faut-il vendre de mètres de drap pour gagner 300 francs, si l'on gagne 375 francs sur 100 mètres?

P. 511. Un épicier a acheté plusieurs quintaux de sucre à raison de 150 francs le quintal : combien lui coûte le kilogramme?

P. 512. A 5 centimes l'œuf : combien vaut le cent?

P. 513. Combien coûteront 260 kilogrammes de savon, à raison de 95 francs les 100 kilogr.?

P. 514. Combien valent 1575 aiguilles à 14 fr. 60 cent. le mille?

P. 515. Quel est le prix d'une voiture de foin. pesant 2575 kilogrammes, à 8 francs le quintal?

P. 516. Si le cent de citrons vaut 16 francs 50 centimes, quel est le prix du citron?

P. 517. Lorsque la douzaine d'œufs vaut 60 centimes : combien vaut le cent?

P. 518. Lorsque le mille de fonte coûte 150 francs: combien coûteront 475 kilogrammes?

P. 519. J'ai acheté 750 bûches, à condition d'en avoir 6 pour cent en sus: combien en recevrai-je?

P. 520. Lorsque le kilogramme de sucre coûte 1 franc 60 cent. : combien faut-il le revendre pour gagner 200 francs sur 1000 kilogrammes?

RÈGLE D'INTÉRÊT.

330. La Règle d'Intérêt est une opération qui a pour but de trouver le bénéfice que fait sur son argent celui qui le prête ou qui le place.

331. Le *capital* est la somme placée; l'*intérêt* est le bénéfice que rapporte le capital; le *taux* est l'intérêt de 100 francs placés pendant un an.

332. L'intérêt légal pour les particuliers est de 5 pour cent, et pour les négociants de 6 pour cent : au-dessus l'intérêt est usuraire, la loi punit le fait d'usure habituelle.

333. La règle d'intérêt présente quatre cas : on peut avoir à chercher : 1° l'intérêt ; 2° le capital ; 3° le taux ; 4° le temps.

334. Les problèmes sur la règle d'intérêt se résolvent par la méthode de l'unité, par les proportions, ou par des moyens abrégés.

1er *Cas.* TROUVER L'INTÉRÊT D'UNE SOMME.

1er EXEMPLE.

Quel est l'intérêt de 600 francs placés pendant un an à 5 pour cent? Réponse. 30 francs.

Solution par la méthode de l'unité.

5 fr. : 100 = 0 fr: 05 cent. intérêt d'un franc.
0 fr. 05 × 600 fr. = 30 fr. intérêt des 600 fr. pendant un an.

Si 100 fr. placés rapportent 5 fr. d'intérêt, 1 fr. rapportera cent fois moins ; c'est pourquoi je divise le taux 5 par 100 pour savoir ce que rapporte 1 franc, je trouve 5 centimes. Si 1 fr. rapporte 5 cent., 600 fr. rapporteront 600 fois plus. Je multiplie donc 5 cent. par 600 fr., le produit 30 fr. est l'intérêt cherché.

Solution par les proportions.

335. On résout tous les problèmes sur les règles d'intérêt par cette proportion générale : cent multiplié par un an est au taux, comme le capital multiplié par le temps de son placement est à l'intérêt. On met x à la place du terme inconnu.

336. Si le temps du placement est exprimé en mois, on multiplie 100 par 12 mois; s'il est exprimé en jours, on multiplie 100 par 365 jours, ou par 360 jours selon l'usage du commerce.

Soit l'exemple ci-dessus :

$$100 \times 1 \text{ a.} : 5 :: 600 \text{ fr.} \times 1 \text{ a.} : x \text{ fr.}$$

$$x = \frac{5 \times 600 \times 1}{100 \times 1} = \frac{5 \times 600}{100}\ 5 \times 6 = 30 \text{ f. int.}$$

J'établis la proportion en disant cent multiplié par un an est au taux 5, comme le capital 600 francs multiplié par un an est à x l'intérêt cherché ; je néglige le 1 dans les deux termes, je multiplie 5 par 600 et je sépare deux chiffres au produit pour diviser par cent; ou je multiplie seulement 5 par 6, le produit est toujours 30 francs.

Solution par les moyens abrégés.

337. Dans la pratique, on n'emploie ni la méthode de l'unité ni les proportions : on multiplie seulement la somme par le taux et l'on sépare deux chiffres à la droite du produit, ce qui donne le même résultat.

Soit l'exemple ci-dessus :

Exemple.

600 fr.	somme.
× 5	taux.
30 fr. 00	intérêt.

Je multiplie la somme 600 par le taux 5, puis je sépare deux chiffres à la droite du produit ; car, en multipliant la somme par le taux, j'ai opéré comme si un franc rapportait 5 francs ; le produit est donc 100 fois trop grand c'est pourquoi il faut le rendre 100 fois plus petit, ou le diviser par 100 en séparant deux chiffres à sa droite

IIe EXEMPLE.

On demande l'intérêt de 275 francs 40 centimes placés pendant un an à 5 pour cent.
Réponse. 13 francs 77 centimes.

Solution par la méthode de l'unité.

5 fr. : 100 = 0 fr. 05 cent. intérêt de 1 franc.
0 fr. 05 × 275 fr. 40 = 13 fr. 77 cent. intérêt des 275 fr. 40.

Je cherche l'intérêt d'un franc, en divisant 5 par 100, puis je le multiplie par 275 fr. 40 c., j'obtiens 13 fr. 77 c.

Solution par les proportions.

$$100 : 5 :: 275 \text{ fr. } 40 : x.$$

$$x = \frac{5 \times 275{,}40}{100} = 13 \text{ fr. } 77, \text{ intérêt cherché.}$$

Je dis 100 est au taux 5, comme 275 f. 40 sont à x l'intérêt.

Solution par les moyens abrégés.

275,40	somme
× 5	taux
13 fr. 77 c. 00	intérêt.

Je multiplie la somme par le taux, et je sépare quatre chiffres au produit : deux pour les centimes et deux autres comme à l'ordinaire pour diviser par cent ; l'intérêt est 13 francs 77 centimes.

IIIe EXEMPLE.

Quel sera l'intérêt de 460 francs placés pendant un an à 4 francs 25 centimes pour cent?
Réponse. 19 francs 55 centimes.

Solution par la méthode de l'unité.

4 fr. 25 : 100 = 0 fr. 0425 intérêt de 1 fr.
0 fr. 0425 × 460 fr. = 19 fr. 55 intérêt de 460 fr.

Je cherche l'intérêt d'un fr., en divisant 4 fr. 25 par 100, ou en reculant la virgule de deux chiffres, puis je le multiplie par 460 fr.

Solution par les proportions.

100 : 4 fr. 25 :: 460 fr. : x fr.

$$x = \frac{4,25 \times 460}{100} = 19\text{fr. }55\text{c. intér. cherché.}$$

Solution par les moyens abrégés.

```
  460  fr. somme
× 4,25     taux
---------
  2300
  920
 1840
---------
 19 fr. 55 00 intérêt.
```

Je multiplie la somme par le taux; puis je sépare au produit quatre chiffres, deux pour diviser par cent et les deux autres pour les centimes du taux.

IVe EXEMPLE.

Combien rapporteront 1200 francs placés pendant 3 ans à 4 pour cent par an? Réponse. 144 fr.

Solution par la méthode de l'unité.

4 fr.:100=0fr. 04 intérêt d'un fr. pendant 1an.
0 fr. 04 × 1200 fr.=48 f. int. des 1200 f. p. 1 an.
48 fr. × 3 a. = 144 fr. int. des 1200 fr. p. 3 ans.

Solution par les proportions.

100 : 4 :: 1200 fr. × 3 a. : x fr.

$$x = \frac{4 \times 1200 \times 3}{100} = 144\text{ fr. intérêt cherché.}$$

Je dis 100 est au taux comme 1200 fr. multipliés par 3 ans sont à x l'intérêt.

Solution par les moyens abrégés.

```
   1200 fr. somme
×  4        taux
--------------
   48 fr. 00 intérêt pend. 1 an.
×  3 ans.
--------------
  144 fr. intér. pendant 3 ans
```

Je cherche l'intérêt pour un an, en multipliant 1200 fr. par le taux 4, et en séparant 2 chiffres au produit, j'ai 48 francs que je multiplie par 3 ans, j'obtiens 144 francs.

Ve EXEMPLE.

On demande l'intérêt de 560 francs placés à 6 pour cent pendant 4 mois. Réponse .11 fr. 20 cent.

Solution par la méthode de l'unité.

6 fr. : 100 = 0 fr. 06 c. int. de 1 fr. p. 1 an.
0 fr. 06 : 12 m. = 0 f. 005 mil. int. de 1 f. p. 1 m.
0 fr. 005 × 560 fr. = 2 f. 80 int. des 560 f. p. 1 m.
2 fr. 80 × 4 m. = 11 f. 20, int. des 560 f. p. 4 m

Je cherche l'intérêt d'un franc pendant un mois, puis je le multiplie par 560 francs et par 4 mois.

Solution par les proportions.

100 × 12 m. : 6 fr. :: 560 fr. × 4 m. : x fr.

$$x = \frac{6 \times 560 \times 4}{100 \times 12} = 11 \text{ fr. } 20 \text{ intérêt cherché.}$$

Je dis 100 multiplié par 12 mois ou un an est à 6 taux, comme le capital 560 francs multiplié par 4 mois est à x l'intérêt cherché; le produit 11 francs 20 cent. est la réponse.

Solution par les moyens abrégés.

```
   560 fr.   somme
 ×   6       taux
 ----------
  33 fr. 60
 ×    4      mois
 ----------
 134 fr. 40

 134,40 | 12 mois.
 14     |-----------
  2,4   | 11 fr. 20   intérêt.
   00   |
```

Je multiplie la somme par le taux, puis le produit par 4 mois, j'ai 134 francs 40 centimes; mais j'ai opéré comme si je voulais l'intérêt pendant 4 ans, nombre qui est douze fois trop grand, je divise donc 134,40 par 12 mois, le quotient 11 francs 20 cent. est l'intérêt cherché.

VI° EXEMPLE.

On a placé 730 francs pendant 120 jours à 6

pour cent par an : combien doit-on recevoir d'intérêt? Réponse. 14 francs 40 centimes.

Solution par la méthode de l'unité.

6 fr. : 100 = 0 fr. 06 c. int. de 1 fr. pendant 1 an
0 fr. 06 : 365 = 0 f. 00016438 int. de 1 f. p. 1 j.
0 fr. 00016438 × 730 fr. = 0 fr. 1199974. intérêt des 730 fr. pendant 1 j.
0 fr. 1199974 × 120 j. = 14 fr. 40 c. intérêt de 730 fr. pendant 120 j

338. Ces calculs sont longs et difficiles à cause des décimales, il vaut mieux, avant de les effectuer, les indiquer afin de pouvoir abréger les calculs en simplifiant les facteurs.

Ex.

$$x = \frac{6 \times 730 \times 120}{100 \times 365} = 14 \text{ fr. } 40 \text{ cent.}$$

Au lieu de diviser 6 par cent, et le quotient par 365 jours, j'indique l'opération en plaçant 6 au-dessus de 100 multipliés par 365; puis je multiplie 6 par 730 francs et par 120 jours; je simplifie les facteurs, le produit 14 francs 40 centimes est l'intérêt cherché.

On peut opérer de même pour tous les autres exemples.

Solution par les proportions.

$$100 \times 365 \text{ j. } : 6 :: 730 \text{ fr. } \times 120 \text{ j. } : x.$$

$$x = \frac{6 \times 730 \times 120}{100 \times 365} = 14 \text{ fr. } 40 \text{ cent.}$$

Solution par les moyens abrégés.

```
 730 fr. somme
×  6     taux        5256,00 | 365 jours.
--------                     |-----------
 43,80                1606   | 14 fr. 40 c.
× 120    jours         1460
--------                 00
 87600
 4380
--------
 5256,00
```

Je multiplie la somme par le taux et par les jours; je sépare deux chiffres à la droite du produit, puis je le divise par 365 jours: car en multipliant l'intérêt d'un an par 120 jours, j'ai opéré comme s'il s'agissait de 120 ans, le produit était donc 365 fois trop grand, c'est pourquoi je le divise par 365.

Maniere d'obtenir promptement l'intérêt d'une somme placée pendant un nombre quelconque de jours à un taux déterminé.

339. Dans le commerce et les maisons de banque pour avoir plus tôt fait les calculs relatifs aux intérêts on se sert du tableau suivant.

Tableau des diviseurs relatifs au taux de l'intérêt.

TAUX de l'intérêt par an.	DIVISEURS.	TAUX de l'intérêt par an.	DIVISEURS.
A 1 pour 100	36.000	A 6 pour 100	6.000
1 50 »	24.000	7 50 »	4.800
2 » »	18.000	8 » »	4.500
2 50 »	14.400	9 » »	4.000
3 » »	12.000	10 » »	3.600
4 » »	9 000	12 » »	3.000
4 50 »	8.000	12 50 »	2.880
5 » »	7.200		

340. On n'a indiqué que les diviseurs qui sont des nombres ronds et entiers. Les autres au lieu de diminuer les calculs les augmentent.

341. Pour trouver les divers diviseurs de ce tableau, on compte l'année de 360 jours, et l'on divise le produit de 100 par 360 jours, ou 36.000. par le taux dont on veut avoir le diviseur; le quotient qu'on obtient est le diviseur cherché.

EXEMPLE.

Soit à trouver le diviseur du taux 4 pour 0/0.

On a cette proportion générale :

$$100 \times 360 \text{ j} : 4 \text{ t.} :: \text{s.} \times \text{j.} : x \text{ l'intérêt.}$$

$$x = \frac{4 \times \text{s.} \times \text{j}}{100 \times 360} = \frac{\text{s.} \times \text{j.}}{100 \times 90} = \frac{\text{s.} \times \text{j.}}{9000}$$

J'ai la proportion 100 multiplié par 360 jours est au taux 4, comme la somme multipliée par les jours est à l'intérêt. Pour simplifier je divise 4 et 360 par 4, il me reste la somme multipliée par les jours à diviser par 100 multiplié par 90, ou la somme multipliée par les jours à diviser par 9000.

Ce qui revient à la proportion simplifiée :

$$9000 : 1 :: s. \times j. : x.$$

D'où l'on voit que les calculs se réduisent à multiplier la somme par les jours et à diviser le produit par 9000. L'avantage consiste à ne pas multiplier, par le taux, le produit de la somme par les jours, et à n'avoir à diviser que par 9 000 au lieu de 36.000; tous les autres diviseurs s'obtiennent de la même manière.

USAGE DU TABLEAU DES DIVISEURS.

342. Pour obtenir l'intérêt d'une somme quelconque placée à un taux déterminé, on multiplie cette somme par le nombre de jours, et l'on divise le produit par le diviseur placé à côté de ce taux.

EXEMPLE.

On demande l'intérêt d'une somme de 2575 fr. placée à 4 pour cent pendant 60 jours.

Réponse. 17 francs 16 centimes.

```
  2575 fr.  somme.
    60      jours.
 ---------
 154.500  | 9.000 diviseur de 4 0/0.
  64      |-----------
   15     | 17 fr. 16
    60
     6
```

Je multiplie la somme par les jours, et je divise le produit 154.500 par le diviseur 9000, ce qui se fait en séparant 3 chiffres au dividende et au diviseur et en prenant le neuvième du dividende; le quotient 17 francs 16 cent. est l'intérêt cherché.

343. Lorsque le taux donné n'est pas un de ceux indiqués dans le tableau, on cherche l'intérêt à 1 pour cent; puis on multiplie l'intérêt obtenu par le taux donné.

EXEMPLE.

Quel est l'intérêt de 3600 francs placés pendant 180 jours à 7 pour 0/0? Réponse. 126 francs.

```
          3600 fr.  somme.
           180      jours.
        ─────────
         288000   │
         3600     │ 36.000 divis. de 1 0/0.
      ────────────│──────────────
         648.000  │ 18 fr. intérêt de 1 0/0.
          288     │ × 7   taux donné.
           00     │──────────
                    126 fr. intérêt à 7 0/0.
```

Comme le taux 7 n'a pas de diviseur, je cherche l'intérêt à 1 pour cent, en multipliant la somme par les jours et en divisant le produit par le diviseur 36.000, le quotient 18 francs est l'intérêt à 1 pour cent; pour avoir l'intérêt à 7, je multiplie l'intérêt obtenu par 7, le produit 126 est l'intérêt cherché.

343 *bis*. Généralement pour avoir l'intérêt à un taux quelconque, on cherche l'intérêt à 6 pour cent, puis on augmente ou l'on diminue l'intérêt obtenu selon le taux donné :

A 6 1/2 on ajoute le douzième, à 7 le sixième, à 7 1/2 le quart, à 8 le tiers, à 9 la moitié, etc.; à 5 1/2 on diminue le douzième, à 5 le sixième, à 4 1 2 le quart, à 4 le tiers, à 3 la moitié, etc. Cette manière d'opérer est très-expéditive.

Ainsi, pour l'exemple ci-dessus, on cherche l'intérêt à 6 pour cent, ce qui donne 108 fr., on en prend le sixième qui est 18, on l'ajoute à 108 fr., ce qui donne 126 fr. pour l'intérêt à 7 pour cent.

Pour abréger encore les calculs, il faut indiquer les opérations à faire, puis simplifier; ainsi, pour l'exemple ci-dessus, on n'a, en simplifiant, aucun calcul à faire.

$$\frac{3600 \times 180}{36000} = 18 \text{ fr. int. à 1 p. 0/0; } \times 7 = 126 \text{ fr. intérêt à 7 pour 100.}$$

Manière de trouver le nombre de jours écoulés d'une époque à une autre.

(Voir le Calendrier, page 174.)

344. L'intérêt est dû pour le jour que l'on reçoit l'argent, mais il ne l'est pas pour le jour où on le rend : car du premier au deux il n'y a qu'un jour.

345. Quand l'intérêt part du commencement de l'année, il n'y a aucune difficulté pour trouver

le nombre de jours écoulés : ce nombre de jours est indiqué par le quantième de l'année qui précède la date.

Ier EXEMPLE.

Combien s'est-il écoulé de jours du 1er janvier au 21 juillet? Réponse. 201 jours, quantième qui précède immédiatement celui du 21 juillet.

346. Lorsque la date ne part pas du 1er janvier, on retranche le quantième de l'année qui correspond à la première date de celui qui correspond à la seconde, le reste est le nombre de jours écoulés entre les deux époques.

IIe EXEMPLE.

Combien s'est-il écoulé de jours du 1er mars au 1er octobre? Réponse. 214 jours.

Je retranche du nombre 274 correspondant au 1er octobre 60, nombre correspondant au 1er mars, la différence 214 est le nombre de jours écoulés entre les deux époques.

IIIe EXEMPLE.

Combien y a-t-il de jours du 1er janvier 1846 au 15 mai 1847? Réponse. 499 jours.

Au nombre de jours de l'année, 365 jours, j'ajoute le nombre 134 correspondant à la veille du 15 mai : j'obtiens 499 jours.

IVe EXEMPLE.

Combien y a-t-il de jours écoulés depuis le 25 octobre 1846 jusqu'au 20 avril 1847? R. 176 j.

Je retranche 298, nombre correspondant au 25 octobre de 365, nombre de jours de l'année, la différence 67 est le nombre de jours qui restent à s'écouler pour arriver à la fin de l'année; puis j'ajoute au nombre 67 le nombre 109 correspondant au 19 avril, la somme 176 est le nombre de jours écoulés entre les deux époques.

347. Dans les années bissextiles, il faut ajouter un jour au mois de février.

Ve EXEMPLE.

Combien y a-t-il de jours depuis le 21 janvier de l'année bissextile 1848 jusqu'au 10 août? R. 202 j.

Du nombre 222 correspondant au 10 août, je retranche 21, nombre correspondant au 21 janvier, la différence est de 201, j'ajoute 1 jour pour le 29 février, la somme 202 est le nombre de jours demandés.

CALENDRIER

348. *Servant à trouver le nombre de jours écoulés d'une date à une autre, pour la formation des comptes d'intérêt et des bordereaux d'escompte.*

JANVIER.	FÉVRIER.	MARS.	AVRIL.	MAI.	JUIN.	JUILLET.	AOUT.	SEPTEMBRE.	OCTOBRE.	NOVEMBRE.	DÉCEMBRE.
1	32	60	91	121	152	182	213	244	274	305	335
2	33	61	92	122	153	183	214	245	275	306	336
3	34	62	93	123	154	184	215	246	276	307	337
4	35	63	94	124	155	185	216	247	277	308	338
5	36	64	95	125	156	186	217	248	278	309	339
6	37	65	96	126	157	187	218	249	279	310	340
7	38	66	97	127	158	188	219	250	280	311	341
8	39	67	98	128	159	189	220	251	281	312	342
9	40	68	99	129	160	190	221	252	282	313	343
10	41	69	100	130	161	191	222	253	283	314	344
11	42	70	101	131	162	192	223	254	284	315	345
12	43	71	102	132	163	193	224	255	285	316	346
13	44	72	103	133	164	194	225	256	286	317	347
14	45	73	104	134	165	195	226	257	287	318	348
15	46	74	105	135	166	196	227	258	288	319	349
16	47	75	106	136	167	197	228	259	289	320	350
17	48	76	107	137	168	198	229	260	290	321	351
18	49	77	108	138	169	199	230	261	291	322	352
19	50	78	109	139	170	200	231	262	292	323	353
20	51	79	110	140	171	201	232	263	293	324	354
21	52	80	111	141	172	202	233	264	294	325	355
22	53	81	112	142	173	203	234	265	295	326	356
23	54	82	113	143	174	204	235	266	296	327	357
24	55	83	114	144	175	205	236	267	297	328	358
25	56	84	115	145	176	206	237	268	298	329	359
26	57	85	116	146	177	207	238	269	299	330	360
27	58	86	117	147	178	208	239	270	300	331	361
28	59	87	118	148	179	209	240	271	301	332	362
29		88	119	149	180	210	241	272	302	333	363
30		89	120	150	181	211	242	273	303	334	364
31		90		151		212	243		304		365

Les quantièmes du mois de janvier servent pour tous les autres mois.

BORDEREAU.

349. On appelle Bordereau de négociant le détail des effets négociés et des frais de négociation.

EXEMPLE.

Bordereau à 6 pour cent.

Paris, ce 17 septembre 1856.

Un négociant a les six billets suivants à négocier à raison de 6 0/0, quelle somme doit il payer pour les intérêts et combien recevra-t-il net ?

Réponse. Il payera 124 francs 65 centimes d'intérêts, et il recevra net 12.225 fr. 35 cent.

Sommes.	Dates.	Jours.	Nombres.	Intérêts.
1200 fr.	10 octob.	23 jours.	27.600	4 f. 60
1500 »	25 »	38 »	57.000	9 50
3000 »	8 nov.	52 »	156.000	26 »
1650 »	15 »	59 »	97.350	16 22
1000	30 »	74 »	74.000	12 33
4000 »	10 déc.	84 »	336.000	56 »
12350	Total des sommes.		747.950 N.	124 f. 65

124 fr. 65 intérêts à 6 0/0.

12225 fr. 35 c. somme à recevoir.

J'écris les sommes les unes au-dessous des autres, et à côté la date de leur échéance; je cherche le nombre de jours écoulés du 17 septembre à l'échéance de chaque billet, j'écris ce nombre de jours sur la même ligne; puis je multiplie chaque somme par le nombre des jours et je pose le produit dans la colonne des nombres; je prends l'intérêt de chaque nombre, en le divisant par 1000 puis par 6, ou bien je prends le sixième du total des nombres 747.950 après avoir séparé 3 chiffres; je trouve 124 francs 65 centimes pour les intérêts des six sommes; je retranche ces intérêts de 12.350 francs, le reste 12.225 fr. 35 cent. est ce que doit recevoir la personne qui négocie ces effets.

Je me suis étendu longuement sur les diverses manières d'obtenir l'intérêt d'une somme placée pour des temps différents et à des taux divers, parce que l'on a souvent besoin de faire de ces sortes de comptes, ou de les vérifier.

IIe *Cas.* — TROUVER LE CAPITAL PLACÉ.

350. Pour trouver le capital, il faut multiplier 100 par l'intérêt et diviser le produit par le taux.

EXEMPLE.

On demande le capital qu'il faut placer à 5 pour cent pour recevoir 23 francs d'intérêt?
Réponse. 460 francs.

Solution par la méthode de l'unité.

100 fr. : 5 = 20 fr. de capital pour 1 fr. d'intérêt.
20 × 23 = 460 fr. capital qu'il faut.

Solution par les proportions.

100 c. : 5 t. :: x c. : 23 int.

$$x = \frac{100 \times 23}{5} = 460 \text{ fr. capital.}$$

Je dis 100 fr. sont au taux 5, comme x capital est à l'intérêt 23 fr. j'indique les opérations à faire, j'ai donc 100 à multiplier par l'intérêt 23 et à diviser le produit par le taux 5, j'obtiens 460 francs.

IIIe *Cas.* — TROUVER LE TAUX.

351. Pour trouver le taux, il faut multiplier 100 par l'intérêt et diviser le produit par le capital.

EXEMPLE.

Si l'on retire 30 francs d'intérêt de 500 francs placés pendant un an, à quel taux cette somme est-elle placée? Réponse. A 6 pour cent.

Solution par la méthode de l'unité.

30 : 500 = 0 fr. 06 cent. intérêt de 1 fr.
0 fr. 06 × 100 = 6 fr. taux de l'intérêt.

Solution par les proportions.

100 c. : x t. :: 500 c. : 30 int.

$$x = \frac{100 \times 30}{500} = 6 \text{ francs taux.}$$

IVe *Cas.* — TROUVER LE TEMPS.

352. Pour trouver le temps, il faut multiplier 100 par l'intérêt et diviser le produit par le taux multiplié par le capital.

EXEMPLE.

Lorsque 1500 francs placés à 4 p. 0/0 rapportent 180 francs d'intérêt, pendant combien d'années ont-ils été placés? Réponse. 3 ans.

Solution par la méthode de l'unité.

4 fr. : 100 = 0 fr. 04 c. intérêt de 1 fr. pend. 1 an
0 fr. 04 × 1500 fr. = 60 fr. int. pend. 1 an des 1500 fr
180 fr. : 60 fr. = 3 ans temps que la somme a été placée.

Je cherche l'intérêt des 1500 francs pendant un an puis je divise l'intérêt donné par l'intérêt que j'ai trouvé, le quotient est le nombre d'années du placement.

Solution par les proportions.

100 : 4 :: 1500 fr. × x a. : 180 fr.

$$x = \frac{100 \times 180}{4 \times 1500} = 3 \text{ ans.}$$

Je dis 100 est au taux 4, comme le capital 1500 fr. multiplié par le temps est à l'intérêt 180 fr.; j'indique les opérations à faire, j'ai 100 à multiplier par 180 l'intérêt et à diviser le produit par le taux 4 multiplié par le capital 1500, je trouve 3 ans.

RÈGLE D'ESCOMPTE.

353. L'Escompte est la retenue que fait sur la valeur d'un billet ou d'une facture payables après un certain temps, celui qui les paye comptant avant leur échéance.

354. La règle d'escompte se fait comme la règle d'intérêt; elle présente les mêmes cas qui se résolvent de la même manière.

Ier EXEMPLE.

Une personne paye comptant une facture montant à 250 francs, moyennant 2 p. 0/0 d'escompte : combien doit-elle payer ? Réponse. 245 francs.

250 fr. somme.	250 fr. somme.
× 2 taux de l'escompte.	— 5 fr. escompte.
5,00 escompte.	245 fr. somme à payer

Pour avoir l'escompte, je multiplie la somme par le taux et je sépare deux chiffres au produit, j'obtiens 5 fr.; je retranche de la somme 250, les 5 fr. de l'escompte, le reste 245 fr. est la somme à payer.

IIe EXEMPLE.

Un marchand fait escompter un billet de 450 fr. payable dans 90 jours, on lui prend 6 p. 0/0 d'escompte par an : combien doit-il recevoir?

Réponse. 443 francs 25 centimes.

450 fr. billet.		
90 jours.		450 fr. billet.
40.500	6.000 diviseur à 6 0/0.	6, 75 escompte
45	6 fr. 75	443 fr. 25 à payer
30		

Je multiplie la somme par les jours, et je divise le produit par le diviseur de 6 pour cent ; j'ai 6 francs 75 cent. pour l'escompte cherché; je retranche l'escompte de la valeur du billet, j'ai 443 francs 25 cent. pour la somme que le négociant doit recevoir.

355. Tous les problèmes relatifs aux règles d'intérêt et d'escompte peuvent se résoudre par cette

proportion : 100 multiplié par un an est au taux comme la somme multipliée par le temps du placement est à l'intérêt ou à l'escompte; on met x à la place du terme inconnu.

PROBLÈMES

SUR LES RÈGLES D'INTÉRÊT ET D'ESCOMPTE.

P. 521. On demande l'intérêt de 650 francs pendant un an placés à 5 pour 0/0.

P. 522. Quel est l'intérêt de 800 francs placés pendant un an à 6 pour cent?

P. 523. Combien rapporteront 1275 francs placés à 4 francs 50 cent. pour 0/0 pendant un an?

P. 524. Quel sera l'intérêt de 940 francs 50 cent. placés à 5 francs 25 cent. p. 0/0 pendant un an?

P. 525. Combien rapporteront par an 6200 fr. placés à 3 francs 75 centimes pour cent?

P. 526. On demande combien 1500 francs placés pendant 5 ans à 5 pour 0/0 rapporteront.

P. 527. Que faut-il payer d'intérêts au bout de 7 ans pour une somme de 6400 francs empruntée à 4 francs 50 centimes pour cent?

P. 528. Une personne emprunte 1800 francs à 6 pour cent par an : combien doit-elle payer au bout de 4 ans pour l'intérêt et le capital?

P. 529. Quel est l'intérêt de 7420 francs placés à 5 francs 25 centimes pour 0/0 pendant 3 ans?

P. 530. On demande l'intérêt pour 4 ans de 1280 francs placés à 5 pour cent.

P. 531. Quel est l'intérêt de 850 francs placés pendant 6 mois à 4 francs 50 centimes pour 0/0?

P. 532. Une personne a prêté pendant 5 mois 1500 francs à raison de 6 pour cent : combien doit-elle recevoir pour les intérêts?

P. 533. Quel est l'intérêt de 4500 francs placés à 5 pour cent pendant 9 mois?

P. 534. On demande l'intérêt de 3000 francs placés pendant 15 mois à 5 fr. 25 cent. pour cent.

P. 535. Quel est l'intérêt de 825 francs 50 cent.

placés pendant 8 mois à raison de 6 pour cent?

P. 536. On demande l'intérêt de 600 francs pendant 180 jours à 6 pour cent.

P. 537. Quel est l'intérêt de 850 francs placés à 6 pour cent pendant 120 jours?

P. 538. On a placé 1400 francs pendant 90 jours à 6 pour cent : quel est l'intérêt?

P. 539. Combien doit-on payer d'intérêt pour 150 francs placés à 4 francs 50 centimes pour cent pendant 154 jours?

P. 540. On demande l'intérêt de 870 francs qu'on a placés pendant 435 jours à 5 fr. 25 cent. p. cent.

P. 541. Placée à 6 pour cent, une somme a produit 25 fr. 50 c. d'intérêt : quelle est cette somme?

P. 542. Si 1500 francs ont rapporté 75 francs d'intérêt en un an, à quel taux étaient-ils placés?

P. 543. Quel est le capital qui en 3 ans a produit 150 francs d'intérêt étant placé à 4 pour cent?

P. 544. A quel taux a-t-on placé 4754 francs, s'ils ont rapporté en un an 237 francs 70 centimes?

P. 545. On demande le temps qu'il a fallu pour que 240 francs placés à 6 pour cent rapportassent 72 francs d'intérêt.

P. 546. Un particulier veut faire escompter deux billets à raison de 7 pour cent l'an; le 1er billet est de 425 francs payable dans 125 jours, le 2e billet est de 600 francs payable dans 100 jours : combien recevra-t-il net, l'escompte déduit?

P. 547. Un négociant fait escompter le 15 août trois billets à raison de 6 pour cent, que doit-il perdre, et combien doit-il recevoir?

Le 1er billet est de 800 fr. payab. le 25 septem.
Le 2e id. id. 1200 fr. id. 10 octobre.
Le 3e id. id. 1500 fr. id. 20 novemb.

P. 548. Quel est l'intérêt de quatre sommes à raison de 5 francs 50 cent., savoir :

La 1re de 1000 fr. payable le 20 avril 1851.
La 2e de 1250 fr. » le 17 mai »
La 3e de 1500 fr. » le 20 juin »
La 4e de 1800 fr. » le 30 id. »

Si le jour où l'on opère est le 25 mars?

P. 549. Combien doit-on payer pour l'intérêt d'un billet de 1200 fr. payable le 25 octobre, si l'on est le 10 avril, et que l'intérêt soit à 6 pour 0/0?

P. 550. Un négociant a besoin d'argent le 15 juillet, il fait escompter trois billets à raison de 5 pour 0/0 savoir:

Le 1er Billet, au 31 août, de 900 fr.
Le 2e id., au 15 septembre, de 1.252
Le 3e id., au 25 octobre, de 725 50 c.

quelle somme doit il recevoir?

P. 551. On demande l'intérêt à 6 p. 0/0 des cinq sommes suivantes à partir du 1er juin 1845, et quelle somme doit recevoir celui qui les fait escompter.

Un billet de	1500 fr.	au 25	août.
—	1250 —	au 10	septem.
—	1400 —	au 25	—
—	1800 —	au 30	—
—	2460 —	au	octobr.

P. 552. Quel est l'intérêt de 6450 fr. placés pendant 3 ans, à 5 fr. 25 c. pour cent?

P. 553. On demande l'intérêt de 460 fr. 20 c. pendant 6 mois à 5 pour cent?

P. 554. A quel taux a-t-on placé 4340 fr. qui en un an ont donné 3 fr. 80 c. d'intérêts?

P. 555. Lorsque 1400 fr. placés à 5 pour 0/0 ont donné 140 fr. d'intérêts pendant combien de temps ont-ils été placés?

P. 556. Un marchand fait sur une facture de 675 fr. 25 c., 4 p. 0/0 d'escompte: combien doit-il recevoir?

P. 557. A 3 fr. 50 c. p. 0/0 d'escompte, à combien se montera l'escompte d'une facture de 420 fr. 50 c.?

P. 558. Un particulier fait escompter un billet à 5 mois, à raison de 7 pour cent par an: combien doit-il recevoir, le billet étant de 240 fr.?

P. 559. Combien vaut, le 15 août, un billet de 500 fr., payable le 25 décembre, l'escompte étant à 6 p. 0/0?

P. 560. Un marchand fait 20 p. 0/0 d'escompte sur ses marchandises: combien doit payer une personne qui en a acheté pour 275 fr. 50 c.?

P. 561. Lorsque sur des marchandises avariées on fait un rabais de 10 p. 0/0: combien diminuera-t-on sur une facture montant à 94 fr.?

P. 562. Un marchand a perdu 3 p. 0/0 sur des marchandises montant à 2600 fr.: combien a-t-il perdu?

P. 563. Dans une affaire montant à 600 fr. une personne gagne 12 pour 0/0: combien a-t-elle gagné?

P. 564. Un billet de 320 fr. payable le 15 octobre, est escompté le 20 juillet: combien doit recevoir celui qui le fait escompter, l'escompte étant à 6 pour 0/0?

P. 565. Une somme placée à 5 pour cent a produit en un an 19 fr. 31 c.: quelle était cette somme?

P. 566. Une somme de 4700 fr. placée à 6 pour cent a produit 1128 fr. d'intérêt: pendant combien de temps est-elle restée placée?

P. 567. On demande l'intérêt de 6720 fr. placés à 4 fr. 50 c. pendant 3 ans?

P. 568. A quel taux a-t-on placé 620 fr. qui en deux ans ont produit 62 fr. d'intérêt?

P. 569. Une personne fait escompter deux billets, le 30 juillet, on lui prend 8 p. 0/0 par an: combien doit-elle recevoir, le 1er billet est de 140 fr. payable le 25 octobre; le 2e billet est de 370 fr. payable le 20 novembre?

P. 570. On demande l'intérêt de 4730 fr. placés à 5 fr. 75 c. p. 0/0 depuis le 1er juillet 1846 jusqu'au 30 septembre 1847.

RÈGLE

DE L'INTÉRÊT COMPOSÉ.

356. L'Intérêt Composé ou l'Intérêt des intérêts est celui qui est capitalisé à la fin de chaque année ou tous les six mois.

357. Pour trouver l'intérêt composé, il faut:

chercher l'intérêt de la première année; l'ajouter au capital, pour avoir le capital de la deuxième année; chercher l'intérêt de ce capital, l'ajouter au capital pour avoir le capital de la troisième année, dont on cherche l'intérêt pour l'ajouter au capital, et ainsi de suite.

EXEMPLE.

On demande l'intérêt composé de 600 fr. placés à 4 pour cent pendant trois ans.

Réponse. 74 fr. 91 centimes.

600 fr.		capital de la 1re année.
24 fr.		intérêt à 4 0/0 de la 1re année.
624 fr.		capital de la 2e année.
24	96	intérêt à 4 0/0 de la 2e année.
648	96	capital de la 3e année.
25	95	intérêt à 4 0/0 de la 3e année.
674	91	capital et intérêt à la 4e année.
600 fr.		capital primitif.
74 fr.	91 c.	intérêts composés des 3 années.

PROBLÈMES SUR L'INTÉRÊT COMPOSÉ.

P. 571. On demande l'intérêt composé de 640 fr. placés pendant 2 ans à 5 pour cent.

P. 572. Quel est l'intérêt composé de 2500 fr. placés à 6 p 0/0 pendant 4 ans?

P. 573. Combien recevra, au bout de 3 ans, une personne qui place à intérêts composés 1200 fr. à raison de 5 pour cent?

P. 574. Un voyageur place, avant de partir, 10.000 fr. au taux de 5 p. 0/0 : combien doit-il recevoir, tant pour les intérêts composés que pour le capital, s'il revient 4 ans après son départ?

P. 575. On demande l'intérêt composé de 4000 fr. placés à 5 fr. 50 pour cent pendant 6 ans.

P. 576. Un père de famille place 2000 fr. à 5 pour cent pour faire une dot à sa fille âgée de 8 ans : quelle sera la dot de la fille à l'âge de 18 ans, en comptant les intérêts composés?

P. 577. On demande l'intérêt simple et l'intérêt composé de 5000 fr. placés à 6 pour 0/0 pendant 8 ans et la différence des deux intérêts.

P. 578. Combien un capital de 1800 fr., placé à intérêt composé, vaut-il après 4 ans, le taux étant de 6 pour cent?

P. 579. Une personne emprunte 4000 fr. qu'elle paye avec une traite payable dans 3 ans 6 mois : de quelle somme doit être la traite en tenant compte des intérêts composés à 6 pour cent ?

P. 580. On demande l'intérêt composé de 1500 francs placés à 4 pour cent pendant 7 ans 3 mois.

CAISSES D'ÉPARGNE.

358. Les Caisses d'Épargne sont des établissements autorisés par le gouvernement, dans lesquels on reçoit en dépôt les placements les plus minimes. On reçoit depuis 1 fr. jusqu'à 300 fr. à la fois. Le taux de l'intérêt est de 3 fr. 75 pour cent. L'intérêt compte le jour même du dépôt, et cesse le dimanche qui précède le jour désigné pour le remboursement. Au 31 décembre de chaque année, les intérêts sont ajoutés au capital. Les déposants retirent leurs fonds à volonté, en prévenant 8 jours d'avance.

359. L'intérêt des fonds placés à la caisse d'épargne se calcule comme l'intérêt ordinaire, le temps se compte par jour.

EXEMPLE.

Une personne a fait en 1851 quatre dépôts à la caisse d'épargne dont elle a demandé le remboursement le 30 novembre; on demande ce qu'elle a dû recevoir, sachant qu'elle avait déposé:

Le	5 janv. 20	fr. pendant	329 j.	6580	nomb.
Le	16 fév. 30	» »	287 »	8610	»
Le	20 avr. 75	» »	224 »	16800	»
Le	27 juil. 100	» »	126 »	12600	»

Tot. des vers. 225 Tot. des nomb. 44.590
4 fr. 65 int. à 3 f. 75 0/0 des nomb.

229 fr. 65 c. somme à recevoir.

Je cherche le nombre de jours que chaque somme est restée placée (en me rappelant que l'intérêt compte le jour même du versement, et cesse le dimanche qui précède le jour désigné pour le remboursement), et je l'écris à côté de la somme; puis je multiplie chaque somme par le nombre de jours de son placement; j'additionne tous ces nombres, et je divise le total des nombres par le diviseur du taux 1 pour cent qui est 36000; le quotient 1 fr. 24 c. est l'intérêt à 1 pour cent des sommes versées; je multiplie cet intérêt par 3,75 pour avoir l'intérêt à 3 fr. 75 : le produit 4 fr. 65 est l'intérêt cherché. J'ajoute cet intérêt au total des versements, j'ai 229 fr. 65 pour la somme que la personne doit recevoir.

PROBLÈMES

SUR LES CAISSES D'ÉPARGNE.

P. 581. On demande l'intérêt de 275 francs placés à la caisse d'épargne le 22 janvier 1843 et dont on a demandé le remboursement le 2 mars 1845.

P. 582. Quel est l'intérêt de 225 fr. placés le 15 avril 1844, et de 150 fr. placés la même année le 30 août : si on en a demandé le remboursement le 28 septembre 1845?

P. 583. Une personne a déposé à la caisse d'épargne 120 fr. le 15 mars 1840, et 80 fr. le 15 juillet de la même année; 60 fr. le 10 janvier 1841 et 90 fr. le 20 août de la même année; on demande combien elle a dû recevoir si elle en a demandé le remboursement le 5 janvier 1845.

P. 584. Quel est l'intérêt des sommes suivantes placées à la caisse d'épargne, si l'on en a demandé le remboursement le 1er juin 1845?

1° 75 fr. placés le 20 avril 1842.
2° 80 fr. id. le 30 juin id.
3° 145 fr. id. le 5 janvier 1844 bissextile.
4° 200 fr. id. le 12 janvier 1845.

P. 585. Une personne qui a placé à la caisse d'épargne désire savoir combien elle recevra le 1er novembre 1846, jour qu'elle se propose de demander le remboursement des sommes qu'elle a versées.

Le 1er janvier 1843	elle a versé	160	francs
Le 2 juillet id.	id.	140	id.
Le 28 mars 1844	id.	150	id.
Le 31 juillet id.	id.	70	id.
Le 26 janvier 1845	id.	160	id.
Le 6 juillet id.	id.	100	id.

RENTE PUBLIQUE.

360. La Rente est l'intérêt que l'état paye, de 6 mois en 6 mois, pour les différents emprunts faits pour cause d'utilité publique.

361. Ces emprunts s'élèvent à 6 milliards de francs; ils ont été faits à 5, 4 1/2, 4 et 3 pour cent, et imposent à la France une rente annuelle de 400 millions de francs.

362. Les titres de rente ou coupons se vendent comme les autres propriétés; cette vente se fait à Paris, à la Bourse, sous la surveillance du gouvernement.

363. Les calculs sur les rentes sont fort simples; l'énoncé des problèmes indique la manière de les résoudre.

EXEMPLE.

Une personne veut acheter 300 francs de rente 3 pour cent : combien doit-elle payer, si 3 francs de rente valent 81 francs 10 cent.? Réponse. 8110 fr.

Solution par la méthode de l'unité.

300 fr. : 3 fr. = 100 coupons qu'il faut pour 300 fr. de rente.
81 fr. 10 c. × 100 = 8110 fr. qu'elle doit payer.

Je cherche combien il faut de coupons de rente 3 pour cent pour faire 300 francs de rente, je trouve 100; je multiplie 81 francs 10 cent., prix d'un coupon, par 100 coupons, le produit 8110 francs est la somme que la personne doit payer.

Solution par les proportions.

3 r. : 81 f. 10 :: 300 r. : x f. $x = 8110$ fr.

3 pour cent de rente est à sa valeur, comme 300 francs de rente est à sa valeur.

PROBLÈMES SUR LA RENTE PUBLIQUE.

P. 586. Combien valent 200 francs de rente à 4 pour cent, lorsque le coupon vaut 108 fr. 50 cent.?

P. 587. Une personne veut acheter 245 coupons de rente 3 p. 0/0 : combien aura-t-elle de rente, et quelle somme doit-elle payer, si le coupon vaut 84 francs?

P. 588. En achetant de la rente 4 pour cent 108 francs 50 cent.: à combien place-t-on son argent?

P. 589. Lorsque le 5 pour cent valait 108 francs 50 cent. et le 3 p. 0/0 84 fr.: quel était celui qui donnait le taux le plus élevé?

P. 590. Si le 3 pour cent vaut 84 francs : combien doit valoir le 4 francs 50 cent. pour cent?

RÈGLE DU TEMPS

POUR LES PAYEMENTS.

364. La Règle du Temps pour les Payements est une opération qui a pour but de déterminer une époque pour payer ou recevoir en un seul payement plusieurs sommes qui devaient être payées à plusieurs échéances; de sorte que, sous le rapport des intérêts réciproques, il n'en résulte aucun tort, ni pour celui qui doit payer, ni pour celui qui doit recevoir.

365. Pour trouver l'époque du payement, il faut multiplier chaque somme par le temps qui doit s'écouler avant son payement, faire la somme de tous ces produits et la diviser par le total des sommes dues, le quotient sera l'époque cherchée.

1er EXEMPLE.

Un négociant doit à un marchand 2400 francs payables, savoir : 400 francs dans 2 mois, 800 fr. dans 5 mois, 1200 francs dans 8 mois ; ils conviennent de ne faire qu'un seul payement, à quelle époque doit-il avoir lieu pour qu'il y ait compensation? Réponse. Dans 6 mois.

400 fr. × 2 mois =	800 fr.	pendant 1 mois.
800 fr. × 5 mois =	4000	» »
1200 fr. × 8 mois =	9600	2400 sommes dues.
2400 fr. sommes	14400	6 mois.
	0000	

Preuve. 2400 fr. × 6 m. = 14400

Je multiplie chaque somme par les mois de son crédit, j'additionne tous ces produits, je divise leur somme par le total des sommes dues ; le quotient 6 mois est l'époque du payement.

Preuve.

366. Pour faire la preuve de la règle du temps pour les payements, il faut voir si le profit qu'on a fait en retardant le payement de certaines sommes

compense la perte qu'on éprouve en avançant le payement des autres : c'est-à-dire si les nombres sont les mêmes.

IIe EXEMPLE.

Un marchand a quatre billets à payer à la même personne; il lui propose le 1er avril de lui faire un seul billet, à quelle époque doit-il être payable, sachant que les billets sont : le 1er de 300 francs au 25 juin, le 2e de 820 francs au 31 juillet, le 3e de 1000 francs au 15 août et le 4e de 1200 francs au 20 septembre? Réponse. Au 19 août.

Opération.

1er b. au 25 juin de	300 fr.	×	85 j.	=	25.500
2e 31 juillet	820 fr.	×	121 j.	=	99.220
3e 15 août	1000 fr.	×	136 j.	=	136.000
4e 20 sept.	1200 fr.	×	172 j.	=	206.400
Total des sommes	3320 fr.		Tol. des	n.	467.120

91 jours au 1er avril.	467120	3320
140 jours	13512	140 j.
231 jours ou le 19 août.	2320	

Preuve. 3320 fr. × 140 j. = 464.800.

Je cherche, au moyen du calendrier, page 174, le nombre de jours qu'il y a du 1er avril à l'échéance de chaque billet; puis je multiplie chaque somme par le nombre de jours trouvés; j'additionne les nombres, et je divise le total par le total des sommes, le quotient est le nombre de jours que doit avoir le billet. J'ajoute 140 jours à 91 quantième de l'année du 1er avril; j'obtiens 231 pour le quantième de l'année du billet qui correspond au 19 août, date de l'échéance du billet. Je fais la preuve en multipliant le total des sommes par le nombre de jours du billet, le produit est égal au total des nombres, à un jour près.

367. Pour trouver combien de temps on doit différer un payement pour compenser les avances qu'on a faites, il faut multiplier la somme due par le temps de son crédit ; multiplier également les sommes avancées par le temps qu'on les a gardées; faire le total des produits et le retrancher de la somme due multipliée par son temps ; diviser le

restant par ce qui reste à payer ; le quotient donnera le temps du payement du reste de la dette.

IIIe EXEMPLE.

Un épicier doit 800 francs payables dans 8 mois ; mais au bout de 3 mois il paye 200 francs, et un mois après il paye encore 300 francs : quand doit-il payer le reste pour compenser les avances qu'il a faites ? Réponse. Dans 12 mois 15 jours.

Somme due.

800 fr. × 8 mois = 6400 pendant 1 mois.
400   1400   Sommes avancées.

400 fr. reste à pay. 5000   200 f. × 3 m. = 600
200 f. × 4   » = 800

Total. 400 fr.   Total. 1400

5000 | 400
10 | 12 mois 5 dixièmes ou 15 jours.
2,0 |

IVe EXEMPLE.

Un marchand a acheté pour 1200 francs de marchandises payables dans 120 jours ; il avance 300 francs au bout de 60 jours, et 400 francs 30 jours après : dans combien de jours doit-il payer le reste ? Réponse. Dans 180 jours.

Somme due.

1200 fr. × 120 j. = 144000 pendant 1 jour.
700 fr.   54000   Sommes avancées.

500 rest. à payer 90000   300 fr. × 60 j. = 18000
400 fr. × 90 j. = 36000

700 fr.   54000

900.00 | 5.00
40 | 180 jours, époque du payement.
00 |

Dans les deux exemples ci-dessus, je multiplie la somme due par le temps de son crédit et les sommes avancées par le temps qu'on les a gardées ; puis je retranche le total des sommes avancées de la somme due, et le total des sommes avancées multipliées par leur temps de la somme due multipliée par le temps de son crédit ; ensuite je divise le reste des nombres par ce qui reste à payer : le quotient indique quand on doit payer le reste de la dette.

PROBLÈMES SUR LA RÈGLE DU TEMPS

POUR LES PAYEMENTS.

P. 591. Une personne doit 500 francs payables dans 4 mois, 300 francs payables dans 5 mois; elle ne veut faire qu'un seul payement, quand doit-elle le faire?

P. 592. Un marchand a acheté pour 1800 francs de marchandises payables : la moitié dans 4 mois, un quart dans 5 mois, et le dernier quart au bout de 6 mois; il consent à les payer en une seule fois, quand doit-il le faire?

P. 593. Un billet de 355 francs est payable dans 60 jours, un autre de 425 francs l'est dans 70 jours et un troisième de 560 francs est payable dans 90 jours : on veut changer ces trois billets contre un seul, à quelle époque doit-il être payable?

P. 594. La somme de 900 francs doit être payée un tiers dans 3 mois, le second tiers dans 4 mois et le dernier dans 6 mois : si l'on ne veut faire qu'un seul payement, quand doit-on le faire?

P. 595. Un propriétaire vend sa maison 24.000 fr. payables dans 15 mois, mais ayant besoin d'argent, il reçoit au bout de 6 mois 10.000 fr. : quand doit-il recevoir le reste pour qu'il y ait compensation?

P. 596. Quelqu'un a acheté pour 675 francs de drap payables dans 120 jours, à la condition de garder 300 francs pendant 180 jours, s'il payait 375 fr. avant les 120 jours : quand doit-il les payer?

P. 597. Un marchand devait 6000 francs payables dans 90 jours, et 4000 francs payables dans 120 jours, il a donné àcompte 5000 fr. au bout de 40 jours : quand doit-il payer le reste?

P. 598. Une personne ayant deux billets à payer, l'un le 15 août de 126 francs et l'autre de 470 fr. le 25 septembre, propose de renouveler ces deux billets et de n'en faire qu'un : à quelle époque doit-il être payable, sachant qu'elle les renouvelle le 1er août ?

P. 599. On a trois sommes à payer, l'une de 400 francs le 20 juillet, l'autre de 200 francs le 30 août, et la 3e de 150 francs payable le 30 septembre : on veut ne faire qu'un seul payement, quand doit-on le faire si l'on opère le 5 juillet ?

P. 600. Un marchand a acheté 36 mètres de drap à 20 fr. 75 le mètre, et 35 mètres de ratine à 14 francs le mètre payables dans 180 jours ; il a donné à compte 200 francs au bout de 75 jours : combien doit-il garder le reste ?

RÈGLE DE COMMISSION,

COURTAGE, ASSURANCE, GROSSE AVENTURE.

368. La commission est une somme payée par un négociant à son facteur ou à son correspondant chargé d'acheter ou de vendre pour son compte.

369. Le courtage est une somme due à une personne appelée courtier qui aide les marchands ou autres personnes à vendre ou à acheter des marchandises ou toute autre chose.

370. L'assurance est la somme que l'on paye à certaines entreprises pour qu'elles s'engagent à rembourser les pertes causées par l'incendie, le naufrage, etc.

371. La grosse aventure est l'argent qu'une personne place sur un vaisseau, moyennant un taux déterminé, à condition de courir les risques maritimes.

372. L'agio ou le change de l'or, de l'argent, des billets de banque, est une somme que prennent ou que donnent les changeurs, pour échanger de l'or ou de l'argent contre des billets de banque, ou de l'or contre de l'argent, etc., et réciproquement.

373. La commission, le courtage, l'assurance, la grosse aventure et le change se comptent ordinairement à tant pour cent ou à tant pour mille (qui s'écrivent p. 0/0 ou p. 00/00).

374. Pour trouver la commission, le courtage, l'assurance, la grosse aventure ou le change, il faut multiplier la somme par le taux et diviser le produit par 100 ou par 1000.

Ier EXEMPLE.

Un commissionnaire a vendu, pour le compte d'un négociant, pour 500 francs de marchandises : combien doit-il recevoir pour sa commission, à raison de 2 pour cent ? Réponse. 10 francs.

500 fr. somme.
2 fr. taux de la commission.
10 fr. 00 commission.

Je multiplie la somme 500 par le taux 2, j'ai 1000 puis je sépare deux chiffres à la droite du produit pour diviser par 100, j'obtiens 10 fr. pour la commission.

IIe EXEMPLE.

Un courtier a vendu une maison 25.400 francs : à combien se monte son courtage, s'il a 5 francs par mille ? Réponse. à 127 francs.

25.400 fr. valeur de la maison.
5 fr. taux du courtage.
127 fr. 000 courtage.

IIIe EXEMPLE.

Un propriétaire a fait assurer sa maison, valant 32.000 francs, et son mobilier, qui vaut 6400 francs, à raison de 65 centimes par 1000 fr. pour la maison, et de 1 franc 25 centimes pour le mobilier : combien doit-il payer par an ? Réponse. 28 fr. 80 cent

Maison 32.000 fr. à 0 fr. 65 c. le mille = 20 fr. 80 c.
Mobilier 6.400 fr. à 1 fr. 25 » = 8 »
Som. as. 38.400 fr. Prix de l'assurance 28 fr. 80 c.

Je multiplie chaque somme par le taux, et je sépare, à la droite du produit, deux chiffres pour le 1er exemple, et trois pour les deux autres.

IVe EXEMPLE.

Un marchand a donné à la grosse aventure, savoir : 10.000 fr. sur le navire le Vengeur, capitaine Romain, allant au Sénégal, grosse à 20 p. 0/0; 15.000 fr. sur le navire l'Egalité, capitaine Biron, allant en Chine, grosse à 25 pour cent ; ces deux navires étant revenus en bon port : combien doit recevoir le marchand? Réponse. 30.750 fr.

10.000 fr. × 20 = 2.000 fr. grosse aventure.
15.000 fr. × 25 = 3.750 fr. » »

25.000 fr. somme. 5.750 fr. grosse aventure.
\+ 5.750 fr. grosse aventure.

30.750 fr. que le marchand doit recevoir.

PROBLÈMES

SUR LA RÈGLE DE COMMISSION, DE COURTAGE, D'ASSURANCE, DE GROSSE AVENTURE, D'AGIO.

P. 601. Quelle commission doit recevoir un commissionnaire qui a vendu, pour le compte d'un négociant, pour 6050 fr. de marchandises, à raison de 2 fr. 50 c. pour cent de commission?

P. 602. Un courtier a vendu pour 1850 fr. 25 c. de marchandises, à raison de 1 fr. 25 c. de commission pour cent : combien lui revient-il?

P. 603. Combien coûtera l'assurance d'une maison valant 725.000 fr., à raison de 25 centimes par mille ?

P. 604. Un marchand a mis à la grosse aventure 5400 fr. sur le navire la Lucile, capitaine Romain, allant à la Jamaïque, grosse à 18 pour cent : combien doit-il recevoir si le navire arrive à bon port?

P. 605. Deux voitures ont été assurées à raison de 1 fr. 50 c. pour mille ; la première est estimée 3000 fr., la deuxième 4000 fr. : combien doit-on payer pour l'assurance, et quelle est la perte des assureurs si les avaries qu'ont éprouvées ces voitures montent à 250 fr.?

P. 606. Un marchand a donné à vendre 25 pièces de drap ayant l'une dans l'autre 40 mètres, valant 18 fr. 50 c. le mètre: combien doit recevoir le courtier, si on lui donne 1 fr. 75 c. pour cent?

P. 607. A combien se montera l'assurance d'une ferme estimée 25.000 fr.. et dont le mobilier vaut 3500 fr., les bestiaux 4500 fr. et les récoltes 2500 f.: le taux pour la maison est de, 75 cent. par mille, le mobilier 1 fr. 20, et les bestiaux et les récoltes 1 fr. 50 par mille?

P. 608. Un négociant fait assurer sur un navire 3520 fr. de marchandises, à raison de 7 fr. 50 c. pour cent : combien doit-il payer pour l'assurance?

P. 609. Un changeur prend 75 c. pour cent pour changer de l'or contre de l'argent : combien doit payer un voyageur qui a changé pour 2500 fr. en argent?

P. 610. Un négociant veut changer 35.000 fr. en argent contre des billets de banque, on lui demande 60 centimes par mille: combien doit-il payer?

P. 611. On a donné à la grosse aventure 245 pièces de vin valant 75 fr. la pièce, la grosse est à 15 pour cent: combien doit recevoir la personne qui a donné le vin, sachant que 10 pièces ont été avariées?

P. 612. Un marchand épicier achète 650 kilogrammes de café (poids brut) à raison de 3 fr. 25 c. le kilog.: combien doit-il payer, si on lui remet 7 pour cent pour la tare?

P. 613. Un navire est assuré, à 5 fr. 75 c. p. 0/0, 370.000 fr., il éprouve pour 86.500 fr. d'avaries: quelle est la perte des assureurs, l'assurance déduite?

P. 614. On paye annuellement 587 fr. 50 c. pour l'assurance d'une fabrique estimée 235.000 fr.: quel est le taux de la prime d'assurance par mille?

P. 615. Une personne envoie au Canada six pièces de velours ayant ensemble 159 mètres, au prix de 20 fr. 50 c. le mètre : combien doit-elle payer pour l'assurance à 6 1/2pour cent ?

P. 616. Deux marchands se sont associés, ils ont mis 12.650 fr. à la grosse aventure, sur le navire Charles, capitaine Roux, allant à la Colombie, combien doivent-ils recevoir si le navire arrive à bon port, et que la grosse soit à 20 p. 0/0?

P. 617. Quelle est la commission à 3 francs 20 centimes p. 0/0, sur la vente de 285 kilogrammes de café, à 3 francs 75 le kilogramme ?

P. 618. Un voyageur a changé 2540 francs en pièces de 20 francs : il demande combien lui remettra le changeur, si celui-ci donne 0 fr. 75 p. 0/0.

P. 619. Quel est le courtage de 46 caisses de marchandises valant chacune 75 francs, la commission étant de 2 francs 25 cent. pour 0/0 ?

P. 620. Un navire est assuré 87.500 francs, à raison de 4 francs 80 cent. pour cent : à combien se monte l'assurance, et quelle est la perte de l'assureur, s'il lui arrive pour 6500 fr. d'avaries ?

RÈGLE DE SOCIETE

OU DE RÉPARTITION.

375. La Règle de Société ou de Répartition est une opération qui a pour but de partager un gain ou une perte entre plusieurs personnes, en raison de la part plus ou moins grande pour laquelle chaque personne entre dans l'entreprise.

376. Les problèmes sur la règle de société se résolvent par la méthode de l'unité ou par les proportions.

1er EXEMPLE.

Deux ouvriers ont fait un ouvrage qui leur a été payé 56 francs; le premier y a travaillé 6 jours et le second 8 jours : combien revient-il à chacun, à raison du temps qu'il a travaillé.

Réponse. 24 francs au 1er, et 32 francs au 2e.

Solution par la méthode de l'unité.

6 j. + 8 j. = 14 jours que les ouvriers ont travaillé
56 fr. : 14 j. = 4 francs prix de la journée.
4 fr. × 6 j. = 24 fr. part du 1er ouvrier.
4 fr. × 8 j. = 32 fr. part du 2e ouvrier.
Preuve. 56 fr. total des parts.

Je divise le prix du travail par le total des journées, j'obtiens le prix de la journée; puis je le multiplie par le nombre de jours que chaque ouvrier a travaillé, j'ai ce qui lui revient.

Solution par les proportions.

6 journées.
8 journées : 6 j. : x = 24 fr. part du 1er.
14 j. : 56 fr. : : 8 j. : x = 32 fr. part du 2e.
Preuve. 56 fr. somme des p.

Je dis : la somme des journées est au prix de l'ouvrage, comme les journées de chaque ouvrier sont à ce qui lui revient.

377. La manière d'opérer les règles de société par les proportions est fondée sur cette propriété des proportions : la somme des antécédents est à la somme des conséquents comme un antécédent est à son conséquent.

378. La preuve de la règle de société ou de répartition se fait en additionnant la part des bénéfices ou des pertes de chaque associé; si l'on a bien opéré, le total doit être égal à la somme que on a partagée : s'il y avait un reste il faudrait l'ajouter.

IIe EXEMPLE.

Trois petits marchands se sont associés, le premier a mis 30 fr., le deuxième 26 fr. et le troisième 12 fr.; ils ont gagné 559 fr.: combien revient-il à chacun à raison de sa mise? Réponse. Au 1er 60 fr., au 2e 52 fr., et au 3e 24 francs.

30 fr. mise du 1er
26 fr. » » 2e
12 fr. » » 3e

136 fr : 68 fr. = 2 fr. ce qu'un franc rapporte.

2 fr. × { 30 = 60 fr. qu'il revient au 1er.
26 = 52 fr. » » 2e.
12 = 24 fr. » » 3e.

Preuve. 136 fr. somme des parts.

Je fais la somme des mises, par laquelle je divise le total des bénéfices; le quotient 2 francs est ce que rapporte un franc; je le multiplie par la mise de chaque associé, le produit est la part qui lui revient.

Pour faire la preuve, je fais la somme des parts qui est égale au bénéfice.

Solution par les proportions.

30
26
12
68 : 136 :: 30 : x = 60 fr. part du 1er.
26 : x = 52 fr. » 2e.
12 : x = 24 fr. » 3e.

Preuve. 136 fr. somme des parts.

Je dis la somme des mises est au bénéfice, comme chaque mise est à sa part du bénéfice.

3e EXEMPLE.

Trois personnes ont acheté un terrain; la première a fourni 800 francs, la deuxième 600 francs, et la troisième 400 francs, elles ont gagné dessus 5400 francs: on demande ce qui revient à chacune.

Solution par la méthode de l'unité.

800 fr. mise de la première personne.
600 fr. » deuxième »
400 fr. » troisième »

1800fr. total des mises.

54000 fr. : 1800 fr. = 3 fr. part d'un franc.

3fr. × { 800 = 2400 fr. part de la 1re personne
600 = 1800 fr. » 2e »
400 = 1200 fr. » 3e »

Preuve. 5400 fr. total des parts.

Je fais le total des mises, par lequel je divise le total des bénéfices, j'obtiens ce qui revient à un franc; je le multiplie par chaque mise particulière, le produit est la part de chaque associé.

Solution par les proportions.

800
600
400
1800 : 5400 :: { 800 : x = 2400 fr. p. de la 1re.
600 : x = 1800 fr. » » 2e.
400 : x = 1200 fr. » » 3e. }

Preuve. Total des parts 5400 fr.

Je dis le total des mises est au bénéfice, comme chaque mise est à sa part du bénéfice.

IVe EXEMPLE.

Quatre associés ont fait un commerce, ils ont perdu 8220 francs; combien chacun doit-il supporter de cette perte à raison de sa mise : le premier a mis 4257 francs, le deuxième 1525 francs le troisième 3050 francs et le quatrième 2128 fr.?

Solution par la méthode de l'unité.

4257 fr. mise du premier associé.
1525 fr. » deuxième »
3050 fr. » troisième »
2128 fr. » quatrième »

10.960 fr. total des mises.

8220 fr. : 10960 = 0 fr. 75 c. perte par fr.

0 fr. 75 × { 4257 = 3192 f. 75 perte du premier.
1525 = 1143 75 » deuxième.
3050 = 2287 50 » troisième.
2128 = 1596 00 » quatrième. }

Preuve. 8220 f. 00

La perte se répartit comme les bénéfices.

Solution par les proportions.

4257 fr. mise du 1er			
1525	»	2e	4257 : x = 3192 fr. 75
3050	»	3e	1525 : x = 1143 fr. 75
2128	»	4e	3050 : x = 2287 fr. 50
10960 fr. : 8220 fr. : :			2128 : x = 1596 fr. 00

Preuve. Total des pertes 8220 fr. 00

Ve EXEMPLE.

Un fabricant fait faillite, ses dettes s'élèvent à 20.584 fr.. 50 c. savoir : à une personne 3400 fr., à une 2e 2750 fr. 75c., à une 3e 8252 fr. 25 c., à une 4e 5501 fr. 50 c. et à une 5e 680 fr. ; ce qu'il possède ne vaut que 12.351 fr. : combien chaque personne recevra-t-elle ?

Solution par la méthode de l'unité.

12351 fr. : 20584 fr. 50 = 0 fr. 60 qui revient par fr

0 f. 60 ×	3400,00 = 2040, 00	part de la première
	2750,75 = 1650, 45	part de la seconde.
	8252,25 = 4951, 35	part de la troisième.
	5501,50 = 3300, 90	part de la quatrième.
	680,00 = 408, 00	part de la cinquième.
	12.350 f. 70 c.	somme des parts.
Rese	30	
Preuve.	12.351 fr. 00	

Je divise ce que possède le fabricant par ce qu'il doit pour savoir ce qui revient par franc, je trouve 0 fr. 60 cent que je multiplie par la somme de chaque créancier.

Solution par les proportions.

20.584 f. 50 : 12.351 : :	3400,00 : x = 2040 fr. 00
	2750,75 : x = 1650 fr. 45
	8252,25 : x = 4951 fr. 35
	5501,50 : x = 3300 fr. 90
	680,00 : x = 408 fr. 00
	12.350 fr. 70
Reste	30
Preuve.	12.351 fr. 00

Le total des dettes est au total de l'avoir comme la dette de chaque créancier est à ce qui lui revient.

RÈGLE DE SOCIÉTÉ COMPOSÉE.

379. La Règle de Société composée ne diffère e la règle de société simple que parce qu'on tient

compte du temps pendant lequel chaque mise a été placée.

380. Pour faire la règle de société composée, il faut multiplier la mise de chaque associé par le temps qu'il l'a laissée dans la société, le produit représente sa mise; la somme de toutes les mises ainsi multipliées représente le capital de la société, et le reste se fait comme dans la règle de société simple.

1er EXEMPLE

Trois marchands ont gagné 2800 fr. dans leur commerce; le 1er a mis 200 fr. pendant 8 mois, le 2e 400 fr. pendant 6 mois, et le 3e 600 fr. pendant 5 mois: combien revient-il à chacun à raison de sa mise et du temps pendant lequel elle est restée dans la société?

Solution par la méthode de l'unité.

200 fr. × 8 mois	= 1600 fr. pendant	un mois.	
400 × 6	= 2400	»	»
600 × 5	= 3000	»	»
Total des mises	7000 fr.	»	»

2800 fr. : 7000 = 0 fr. 40 qui revient à un fr.

0 fr. 40 × { 1600 = 640 fr. part du 1er march.
2400 = 960 fr. part du 2e march.
3000 = 1200 fr. part du 3e marchand

Preuve. 2800 fr. total des parts.

Solution par les proportions.

200 fr. × 8 m.	= 1600 fr. pendant un mois.		
400 × 6	= 2400 fr.	»	»
600 × 5	= 3000 fr.	»	»

Total des mises 7000 fr. mult. par le temps.

7000 : 2800 :: 1600 : x = 640 fr. part du 1er.
:: 2400 : x = 960 fr. » 2e.
:: 3000 : x = 1200 fr. » 3e.

Preuve. Total des parts 2800 fr.

Je multiplie chaque mise par le temps de son placement, je fais le total des mises et je divise le bénéfice par ce total, le quotient est ce que rapporte 1 franc; je trouve 0 franc 40 cent. que je multiplie par la mise de chaque associé multipliée par le temps qu'elle est restée dans la société. *J'opère de la même manière pour le 2e exemple.*

Par les proportions je dis, le total des mises multipliées par le temps est au bénéfice, comme chaque mise multipliée par son temps est à sa part du bénéfice.

IIe EXEMPLE.

Deux personnes se sont associées : la première a mis dans le commerce d'abord 200 fr. pour 3 ans, puis 450 fr. pour 2 ans et enfin 400 fr. pour 1 an; la deuxième y a mis 200 fr. pour 3 ans et 500 fr. pour 2 ans. Elles ont gagné 4375 fr.: combien revient-il à chacune à raison de ses mises et du temps qu'elles sont restées dans la société?

Solution par la méthode de l'unité.

200 fr. × 3 ans = 600 fr. pendant un an.
450 × 2 = 900 — 200 fr. × 3 ans = 600
400 × 1 = 400 — 500 × 2 = 1000

Mise de la 1re pers. 1900 fr. — Mise de la 2e p. 1600 f.
Mise de la 2e pers. 1600

Somme des mises 3500 fr. multipl. par le temps.
4375 fr.: 3500 = 1 f. 25 c. ce qui revient par franc.
1900 = 2375 fr. ce qui revient à la 1re p.
1 fr. 25 × 1600 = 2000 fr. ce qui revient à la 2e per.

Preuve. 4375 fr.

Solution par les proportions.

200 fr. × 3 a. = 600
450 fr. × 2 a. = 900 — 200 fr. × 3 a. = 600 fr.
400 fr. × 1 a. = 400 — 500 fr. × 2 a. = 1000 fr.

Mise de la 1e p. 1900 fr. Mise de la 2e pers. 1600 fr.
Mise de la 2e p. 1600

Som. d. mises 3500 : 4375 :: 1900 : x = 2375 fr.
:: 1600 : x = 2000 fr.

Preuve. 4375 fr.

Le total des mises multipliées par le temps est au bénéfice, comme chaque mise multipliée par son temps est à sa part du bénéfice.

PROBLÈMES SUR LA RÈGLE DE SOCIÉTÉ.

P. 621. Trois ouvriers ont travaillé à un ouvrage, le 1er pendant 6 jours, le 2e pendant 9 jours et, le 3e pendant 8 jours: combien revient-il à chacun à proportion de ses journées, si l'ouvrage leur a été payé 92 fr.?

P. 622. Deux maçons ont fait ensemble un mur pour 78 fr.: combien revient-il à chacun si le premier y a travaillé 12 jours et le deuxième 14 jours?

P. 623. Deux ouvriers ont fait ensemble un ouvrage de 60 mètres qui leur a été payé 150 fr.: combien revient-il à chacun, si le 1er a fait 45 mètres, et le 2e 15 mètres ?

P. 624. On a donné 275 fr. à cinq ouvriers qui ont fait un travail, le 1er a travaillé 25 jours, le 2e 15 jours, le 3e 30 jours, le 4e 20 jours, et le 5e 10 jours: combien revient-il à chaque ouvrier?

P. 625. La construction d'une maison a coûté 25.000 francs pour la maçonnerie, 20.000 fr. pour la charpente, 18.000 francs pour la menuiserie, 8.000 francs pour la serrurerie, et 4.000 francs pour la peinture : le propriétaire ne pouvant donner comptant que 37.500 francs, combien chaque entrepreneur recevra-t-il?

P. 626. Deux hommes ont gagné sur une affaire 1875 francs : l'un a mis 250 francs, l'autre 375 fr.: quelle sera la part de chacun ?

P. 627. Trois marchands ont perdu sur un marché 1600 francs : le 1er avait fourni 1500 francs, le 2e 5000 francs, et le 3e 4500 francs : combien chacun doit-il supporter de perte à raison de sa mise?

P. 628. Quatre ouvriers se sont associés pour faire un ouvrage qui leur a été payé 270 francs : combien revient-il à chacun, à raison du prix de sa journée, le 1er l'estime 4 fr., le 2e 3 francs 75 c., le 3e 3 francs, et le quatrième 2 francs 75 centimes ?

P. 629. Trois colporteurs ont fait un fonds commun de 1035 francs 25 cent., ils ont gagné 2070 fr. 50 cent. : quelle est la mise de chacun, sachant que le premier a eu pour sa part du bénéfice 800 fr., le deuxième 750 francs, et le troisième 520 fr. 50 c.?

P. 630. Quatre cultivateurs ont acheté une terre 15.625 francs; ils l'ont revendue avec un bénéfice de 3125 francs : combien revient-il à chacun, à raison de sa mise, le 1er a mis 2500 francs, le 2e 7500 fr., le 3e 3750 francs et le 4e 1875 francs ?

P. 631. Deux ouvriers ont gagné 129 francs, le premier a travaillé 25 jours et 10 heures par jour, le deuxième 15 jours et 12 heures par jour : combien revient-il à chacun, à raison du nombre d'heures qu'il a travaillé ?

P. 632. Trois marchands de chevaux ont loué une écurie pour laquelle ils ont payé 132 francs : combien chaque marchand doit-il payer, à raison du nombre des chevaux et du temps; le premier y a mis 14 chevaux pendant 3 mois, le deuxième 25 pendant 2 mois, et le troisième 18 pendant 4 mois ?

P. 633. Deux entrepreneurs ont fait ensemble des travaux montant à 1360 francs; le premier y a employé 12 ouvriers pendant 15 jours, le second 14 ouvriers pendant 10 jours : combien chaque entrepreneur doit-il recevoir, à raison du nombre des ouvriers qu'il a employés et du temps ?

P. 634. Deux éleveurs de bœufs ont loué un gras pâturage 6500 francs; le premier y a mis 142 bœufs pendant 130 jours, et le second 95 bœufs pendant 146 jours : quelle somme doit payer chaque éleveur ?

P. 635. Deux menuisiers ont loué un hangard 80 francs; l'un y a mis 240 planches pendant 4 mois, l'autre 565 planches pendant 3 mois, combien chaque menuisier doit-il payer de loyer ?

P. 636. Trois marchands ont fait un commerce en commun; le premier a fourni 250 francs pendant 3 mois, le deuxième 750 francs pendant 2 mois, et le troisième 375 francs pendant 4 mois : quelle doit être la part des bénéfices de chaque associé s'ils ont gagné 1875 francs?

P. 637. Deux marchands ont mis pour une affaire, l'un 1400 francs pendant 6 mois, l'autre 800 francs pendant 4 mois; ils ont fait un bénéfice de 464 francs : quelle sera la part de chacun?

P. 638. Trois personnes se sont associées ; la 1re a mis 15.000 francs pendant 3 ans, la 2e 18.000 francs pendant 2 ans, la 3e 25.000 pendant un an : combien chaque associé recevra-t-il, s'ils ont gagné 17.900 francs?

P. 639. Quatre particuliers se sont associés; le 1er a mis 4500 francs pendant 2 ans, le 2e 6000 fr. pendant 3 ans, le 3e 5000 francs pendant 2 ans, et le 4e 3000 francs pendant 4 ans; ils ont gagné 14.700 fr.: quel est le bénéfice de chaque associé?

P. 640. Deux marchands se sont associés ; l'un a mis 400 francs pour 3 mois, puis 300 francs pour 6 mois, et enfin 300 francs pour 4 mois; l'autre a mis 400 francs pour 3 mois, puis 600 francs pour 2 mois, et enfin 500 francs pour 4 mois: quel est le gain de chaque marchand, s'ils ont fait un bénéfice de 5160 francs?

P. 641. Deux voituriers ont pris à forfait un remblai pour la somme de 6200 francs; le premier y a employé 52 chevaux pendant 10 jours, et le second 60 chevaux pendant 12 jours : combien chaque voiturier doit-il recevoir, à proportion du nombre des chevaux et des journées de travail?

P. 642. Quatre cantons doivent fournir ensemble un contingent de 183 hommes pour le recrutement, le nombre des conscrits est dans le 1er canton de 128 hommes, dans le 2e de 216, dans le 3e de 164, et dans le 4e de 224 : on demande ce que chaque canton doit fournir d'hommes.

P. 643. Six propriétaires veulent faire paver un chemin dont la dépense s'élèvera à 5200 francs; ils conviennent d'y contribuer dans la proportion de ce qu'ils payent d'impôts: le 1er paye 21 fr. 75 c., le 2e 67 francs, le 3e 85 fr., le 4e 110 fr. 25 cent., le 5e 46 fr., et le 6e 30 fr., quelle sera la part de chaque propriétaire?

P. 644. Deux particuliers s'étant associés ont fait un bénéfice de 900 fr.; le premier a reçu pour sa part 525 fr., le second 375 fr. : quelle était la mise de chacun, si la mise totale était de 3600 francs?

P. 645. Trois associés ont fait un bénéfice de 12.400 fr.; le 1er a mis dans le commerce 6000 fr. pendant 4 mois, le 2e 4000 fr. pendant 5 mois, et le 3e 3000 fr. pendant 6 mois : quelle sera la part du bénéfice de chaque associé à proportion de sa mise et du temps de son placement?

P. 646. Un marchand ayant fait de mauvaises affaires, offre 4130 fr. à quatre créanciers auxquels il doit, savoir : au 1er 525 fr., au 2e 740 fr. 25 cent., au 3e 2615 fr., au 4e 3000 fr. : combien chaque créancier doit-il recevoir?

P. 647. Dans une faillite les créanciers reçoivent 75 pour cent de la somme qui leur est due ; combien recevront les cinq créanciers suivants : il est dû au 1er 5700 fr., au 2e 2850 fr., au 3e 1425 fr., au 4e 712 fr. 50 cent. et au 5e 2137 fr. 50 c. et à quelle somme se monte l'actif de la faillite.

P. 648. Une personne meurt sans enfants, elle laisse sa fortune, montant à 54.000 francs, à partager entre ses quatre frères, à proportion du nombre de leurs enfants, le 1er en a 3, le 2e 6, le 3e 4, et le 4e 5 : quelle sera la part de chaque frère et celle de chaque enfant?

P. 649. Deux personnes se sont associées pour faire un commerce : la première a mis d'abord 400 francs pour 3 ans, puis 700 francs pour 2 ans; la seconde a mis d'abord 400 francs pour 3 ans, puis 500 francs pour 2 ans, et enfin 800 fr. pour 1 an ; elles ont gagné 8400 francs : combien revient-il à chacune, à proportion du temps et de ses mises?

P. 650 Trois marchands ont fait une société pour 3 ans : ils ont mis chacun 3000 francs dans le commerce; au bout d'un an, le 1er a mis 2000 francs et un an après 1500 francs; le 2e, au bout d'un an, a mis 1800 francs et un an après 1000 francs; le 3e n'a mis que sa mise: on demande la part qui revient à chaque associé, à proportion des fonds qu'il a mis dans la société et du temps qu'ils y sont restés, sachant que leur bénéfice a été de 29,680 francs.

RÈGLE DE MÉLANGE
ET D'ALLIAGE.

---

381. Un mélange est l'union intime de plusieurs matières; un alliage est l'union de plusieurs métaux.

382. La Règle de Mélange et d'Alliage a pour but; 1° de trouver le prix moyen des objets mélangés: 2° la quantité à prendre de chaque qualité pour former le mélange dont le prix moyen est déterminé.

Ier CAS. — TROUVER LE PRIX MOYEN DE PLUSIEURS OBJETS.

383. Pour trouver le prix moyen de plusieurs objets, il faut faire la somme de ces objets et des prix particuliers, et diviser le prix total par le nombre total des objets.

1er EXEMPLE.

En mélangeant du vin à 5 francs le décalitre avec du vin à 6 fr. et à 7 fr. le décalitre, à combien reviendra le décalitre du mélange?

Réponse. A 6 francs.

1 décalitre à	5 fr.	
1 »	6 fr.	
1 »	7 fr.	
3 décal.	18 fr.	3 décalitres.
		6 fr. prix du décal.
Preuve.		18 francs.

J'additionne le prix des 3 décalitres, et je divise 18 fr par 3 décalitres ; le quotient est le prix moyen du mélange Car si l'on gagne 1 fr. sur le vin à 5 fr., on perd 1 fr. sur le vin à 7 fr., il y a donc compensation.

PREUVE.

384. La preuve de la règle d'alliage se fait en multipliant le prix moyen par le nombre des mesures qui entrent dans le mélange, le produit doit être le même que le total des produits qu'on obtiendrait en multipliant chaque mesure par son prix particulier.

385. Lorsqu'il y a plusieurs mesures de chaque prix, il faut les multiplier par leur prix, faire le total des produits, et le diviser par le total des mesures qui doivent entrer dans le mélange. Le quotient est le prix moyen du mélange.

IIe EXEMPLE.

Un marchand de vin veut mélanger 4 décalitres de vin à 5 francs avec 5 décalitres à 8 fr. et 6 décalitres à 10 fr. : à combien lui reviendra le décalitre du mélange ? Réponse. A 8 francs.

Opération.

5 fr.	× 4 décal.	= 20 fr.		
8 »	× 5 »	= 40		
10 »	× 6 »	= 60		
Total des 15 décal.		120 fr.	15 décal.	
		00	8 fr. pr. m	

Preuve. 8 fr. × 15 déc. = 120 fr.

Je multiplie chaque prix par le nombre des décalitres pour avoir leur valeur, et je divise le prix total 120 fr. par le total des décalitres 15 ; le quotient 8 francs est le prix moyen du décalitre du mélange.

IIIe EXEMPLE.

On a fait une cloche avec un alliage composé de 220 kilogrammes d'étain à 5 fr. le kilogramme, de 780 kilogr. de cuivre à 2 francs 20 cent., de 10 kilog. de zinc à 80 cent., et de 8 kilogr. de plomb à 1 franc 50 cent. : quel est le poids et le prix de la cloche, et le prix moyen du kilogramme de cet alliage?

Opération.

Étain	220 kil.	à 5 fr. 00 =	1100 fr.
Cuivre	780 »	à 2 fr. 50 =	1950 »
Zinc	10 »	à 0 fr. 80 =	8 »
Plomb	8 »	à 1 fr. 50 =	12 »
P. de la cl.	1018 kil.	Pr. de la cl.	3070 fr.

```
3070 fr. | 1018
 1600    |--------
  5820   | 3 f. 015
   730
```

Preuve.

```
Prix du kil. 3 fr. 015
Poids          1018 kil.
             ---------
              24120
              3015
             3015
          -----------
            3069,270 c.
Reste          730
          -----------
            3070 fr. 000 prix de l'alliage.
```

Je multiplie le prix de chaque métal par son poids puis je divise le total des produits par le total des poids le quotient 3 fr. 015 millièmes est le prix du kilogramme de l'alliage.

Pour faire la preuve je multiplie le prix du kilogramme par le poids de la cloche, j'ajoute au produit le reste de la division, j'obtiens 3070 fr., prix de la cloche.

386. Le bronze avec lequel on fait les canons et les bouches à feu est un alliage où, sur 100 kilogrammes, il y a 89 kilogrammes de cuivre et 11 kilogrammes d'étain.

IVe EXEMPLE.

Combien y a-t-il de cuivre et d'étain dans un canon pesant 1500 kilogrammes?

Solution par la méthode de l'unité.

1500 kil. de bronze.	1500	
89 cuivre	11 étain.	Preuve.
13500	1500	1335 k. cuivre.
12000	1500	165 k. étain.
1335,00 cuivre.	165,00 étain.	1500 k. bronze

Je multiplie le poids du canon par le poids du cuivre ou de l'étain qui entre dans 100 kilogrammes de bronze et je divise le produit par 100, en séparant deux chiffres

Solution par les proportions.

100 br. : 89 c. :: 1500 br. : x c. = 1335 k. de cuiv.
100 br. : 11 ét. :: 1500 br. : x ét. = 165 k. d'étain

Preuve. 1500 k. de br.

Je dis : 100 kilogrammes de bronze sont à 89 kilogr. de cuivre, comme 1500 kilogr. de bronze sont à x kilogr. de cuivre; et pour l'étain 100 kilogr. de bronze sont à 11 kilogr. d'étain, comme 1500 kilogr. de bronze sont à x kilogrammes d'étain.

II CAS. — LE PRIX MOYEN ÉTANT DONNÉ, TROUVER LA QUANTITÉ DE CHAQUE PRIX QUI DOIT ENTRER DANS LE MÉLANGE.

387. Lorsque le prix moyen est donné, il faut prendre des marchandises de prix supérieur une quantité égale à la différence du prix inférieur au prix moyen; et des marchandises de prix inférieur une quantité égale à la différence du prix supérieur au prix moyen.

Ve EXEMPLE.

Un épicier veut mélanger du café à 2 fr. 80 cent. le kilogr. avec du café à 3 fr. 60 cent. le kilog: de manière que le mélange lui revienne à 3 fr. combien doit-il en mettre de chaque prix?

Opération.

Prix infér. 280 bénéfice 20 k. du prix supér.
Prix moyen 300
Prix supér. 360 perte 60 kil. du prix inf

Le mélange sera de 80 kilogrammes.

Preuve.

2 fr. 80 × 60 k. = 168 fr. prix du café infér.
3 fr. 60 × 20 k. = 72 fr. pr. du café supér.

240 fr. pr. de revient du m.

3 fr. × 80 kil. = 240 fr. pr. du mélange.

Je cherche la différence de chaque prix au prix moyen, je trouve 20 pour la différence du prix inférieur, et 60 pour la différence du prix supérieur. Ces différences indiquent la quantité qu'il faut prendre de chaque prix.

388. Pour comprendre cette manière d'opérer, il faut remarquer que les différences indiquent le bénéfice ou la perte que l'on fait sur chaque prix ; or, pour qu'il y ait compensation, il faut trouver deux nombres tels que l'un multipliant la perte et l'autre le bénéfice, les produits soient les mêmes, c'est ce qui arrive en prenant la perte et le bénéfice pour facteurs.

VIe EXEMPLE.

Un marchand de vin veut faire un mélange qu'il puisse donner à 50 cent. le litre, avec du vin à 65 cent., à 60 cent., à 45 cent. et à 35 cent. : combien doit-il en mettre de chaque prix ?

Opération.

Sur un litre. Différences.

à 65 cent.		15 litres	à	45 = 6 fr.	75
60		10	à	35 = 3	50
	50				
45		5	à	65 = 3	25
35		15	à	60 = 9	00

Le mél. sera de 45 litres et coûtera 22 fr. 50

Preuve. 0 fr. 50 × 45 litres = 22 fr. 50

Je cherche la différence des prix supérieurs au prix moyen et celle des prix inférieurs ; ces différences indiquent la quantité qu'il faut prendre de chaque prix.

389. Lorsque les prix supérieurs et les prix inférieurs sont en quantité inégale, il faut rétablir l'égalité en répétant les moins nombreux.

VIIe EXEMPLE.

Un marchand de blé veut mélanger du blé à 22 fr. l'hectolitre avec du blé à 19 fr. et à 18 fr.

de manière à en former un mélange qu'il puisse donner à 20 fr. l'hectolitre : combien doit-il en prendre de chaque prix pour en former un mélange de 56 hectolitres ?

Opération.

22		2	ou 2 hect.	à 19 fr.	=	38 fr.
22		2	2 »	à 18 fr.	=	36 fr.
	20					
19		1	1 »	à 22 fr.	=	22 fr.
18		2	2 »	à 22 fr.	=	44 fr.
		Preuve	7 hect.	à 20 fr.	=	140 fr.

390. Pour trouver la quantité qu'il faut de chaque prix pour faire un mélange donné, il faut diviser le mélange donné par le total des mesures du mélange trouvé, et multiplier par le quotient chaque quantité trouvée; le produit sera le nombre d'hectolitres qu'il faudra mettre de chaque prix.

391. Par les proportions on dira : le total du mélange trouvé est au mélange donné, comme chaque mesure est à ce qu'il en faudra pour faire le mélange donné.

Ainsi, pour trouver le nombre d'hectolitres qu'il faudra de chaque prix pour faire un mélange de 56 hectolitres, je divise 56 par 7, total du mélange trouvé, le quotient 8 est le nombre par lequel il faut multiplier chaque quantité trouvée pour savoir ce qu'il en faudra pour faire le mélange de 56 hectolitres.

$56 : 7 = 8 \times$	2 = 16 hect.	à 19 fr. =	304 fr.
	2 = 16 hect.	à 18 fr. =	28 fr.
	1 = 8 hect.	à 22 fr. =	176 fr.
	2 = 16 hect.	à 22 fr. =	352 fr.
Preuve.	56 hect.	à 20 fr. =	1120 fr.

Solution par les proportions.

7 h. : 56 h.	:: 2 : x = 16 hect.	à 19 fr. =	304 fr.
	:: 2 : x = 16 »	à 18 fr. =	288 fr.
	:: 1 : x = 8 »	à 22 fr. =	176 fr.
	:: 2 : x = 16 »	à 22 fr. =	352 fr.
Preuve.	56 hect.	à 20 fr. =	1120 fr.

Je dis : 7 hectolitres trouvés sont à 56 hectolitres donnés, comme chaque quantité trouvée est à ce qu'il en faudra pour un mélange de 56 hectolitres.

VIIIe EXEMPLE.

Un orfèvre voudrait former un lingot d'or pesant 1230 grammes au titre de 0, 950 ; avec de l'or pur, de l'or au titre de 0, 840 et de l'or au titre de 0, 750 : combien doit-il mettre de chaque espèce d'or.

Opération

1, 000	50	ou	50 gr. à 0,840
1, 000	50	ou	50 gr. à 0,750
0, 950			
0, 840	110	ou	110 gr. à 1,000
0, 750	200	ou	200 gr. à 1,000
			410 gr.

1230 : 410 = 3, nombre par lequel il faut multiplier chaque nombre trouvé.

3 ×	50 = 150 g. à 0,840 =	126 gr.	or pur
	50 = 150 g. à 0,750 =	112 gr. 5	»
	110 = 330 g. à 1,000 =	330 gr.	»
	200 = 600 g. à 1,000 =	600 gr.	»

Preuve. 1230 g. à 0,950 = 1168 gr. 5 or pur.

392. Lorsque la quantité que l'on veut mettre de l'une des parties du mélange est déterminée, il faut opérer comme à l'ordinaire, puis diviser la quantité que l'on veut mettre par la quantité qui doit en entrer ; le quotient est le nombre par lequel il faut multiplier chaque quantité trouvée pour savoir ce qui doit en entrer dans le mélange.

393. Ou bien faire cette proportion : la quantité trouvée est à la quantité que l'on veut faire entrer dans le mélange, comme chaque quantité trouvée est à ce qui doit en entrer pour faire le mélange.

IXe EXEMPLE.

On demande combien il faut mêler de sacs de farine à 60 fr., à 66 fr. et à 72 fr., avec 3 sacs à 48 fr., pour avoir de la farine qui revienne à 64 fr. le sac.

Opération.

48		16 ou 16 sacs à 66 fr.
60		4 ou 4 sacs à 72 fr.
	64	
66		2 ou 2 sacs à 48 fr.
72		8 ou 8 sacs à 60 fr.

3 : 2 = 1,5 nombre par lequel il faut multiplier chaque nombre trouvé.

1,5 ×	16 =	24 sacs à 66 fr. =	1584 fr.
	4 =	6 sacs à 72 fr. =	432 fr.
	2 =	3 sacs à 48 fr. =	144 fr.
	8 =	12 sacs à 60 fr. =	720 fr.
Preuve.		45 sacs à 64 fr. =	2880 fr.

Je cherche la différence des prix inférieurs aux prix moyens, et celle des prix supérieurs; puis je divise la quantité donnée 3 par la quantité trouvée 2, et je multiplie par le quotient 1,5 chaque quantité trouvée.

Solution par les proportions.

2 : 3 : :	16 : x =	24 sacs à 66 fr. =	1584 fr.
	4 : x =	6 sacs à 72 fr. =	432 fr.
	2 : x =	3 sacs à 48 fr. =	144 fr.
	8 : x =	12 sacs à 60 fr. =	720 fr.
Preuve.		45 sacs à 64 fr. =	2880 fr.

Je dis : 2 hectolitres trouvés sont à 3 hectolitres donnés comme chaque quantité trouvée est à ce qu'il en faudra.

394. Les règles de mélange et d'alliage du deuxième cas qui renferment plus de deux espèces d'objets peuvent avoir plusieurs solutions différentes, quoique exactes; mais la solution que nous donnons est le résultat d'une manière d'opérer qui s'applique à tous les cas possibles.

PROBLÈMES SUR LES RÈGLES DE MÉLANGE ET D'ALLIAGE.

P. 651. Un marchand de vin a mélangé une pièce de vin à 60 fr. avec une pièce à 66 fr.: à combien lui revient la pièce du mélange?

P. 652. En mélangeant 8 hectolitres de blé à 20 fr. l'hectolitre, 6 hectolitres à 18 fr., et 10 hectolitres à 17 fr. : combien coûte l'hectolitre du mélange?

P. 653. On a fondu, pour faire une statue, 25 kilogrammes de cuivre à 2 fr. 50 cent., et 2 kilog. 75 décagrammes d'étain à 5 fr. : combien coûte le kilogramme de l'alliage et la statue?

P. 654. On obtient les caractères d'imprimerie en coulant dans des moules un alliage de 80 parties de plomb sur 15 d'antimoine et 5 parties de cuivre. Combien vaut le kilogramme de cet alliage, en supposant le plomb à 1 fr. 30 cent. le kilogr., l'antimoine à 1 fr. 50 cent. et le cuivre à 2 fr. 50?

P. 655. L'alliage de 1 kilogramme d'étain avec 2 kilogr. de plomb sert à souder : à quel prix revient cet alliage, si l'étain vaut 4 fr. 80 cent. le kilog., et le plomb 1 fr. 20 cent.?

P. 656. Une cloche pesant 856 k. a été faite dans la proportion de 79 parties de cuivre sur 21 d'étain : combien y a-t-il de kilogr. de cuivre et d'étain?

P. 657. Un épicier a de l'huile à 1 fr. 60 cent., à 1 fr. 75 cent., à 2 fr. et à 2 fr. 20, il veut faire un mélange qu'il puisse donner à 1 fr. 90 cent. : combien doit-il en mettre de chaque prix?

P. 658. Avec du blé à 22 fr. l'hectolitre et du blé à 19 fr., on veut faire un mélange qui revienne à 20 fr. : combien faut-il en mettre de chaque prix?

P. 659. On veut mélanger du vin à 60 cent. avec du vin à 1 fr. pour faire un mélange qui revienne à 75 cent. : dans quelle proportion faut-il les mélanger?

P. 660. On veut faire un alliage au titre de 0,840 avec de l'or au titre de 0,750 et 0,920 : combien faut-il mettre d'or de chaque titre?

P. 661. Un orfèvre veut faire un lingot d'or pesant 250 grammes et au titre de 0,920, en employant de l'or à 0,840 et de l'or pur : combien doit-il mettre de chaque espèce d'or?

P. 662. Un marchand de vin veut mêler du vin

à 85 cent. le litre avec 15 litres à 1 fr. 25 cent., de manière que le mélange lui revienne à 1 fr. : quelle quantité doit-il mettre du premier vin?

P. 663. Combien faut-il allier de cuivre à 255 grammes d'or pur pour former un lingot au titre de 0,840?

P. 664. On veut emplir un tonneau de 230 litres de capacité, avec du vin à 0 fr. 45 cent., et de l'eau; de manière à former une boisson qui ne coûte que 15 cent. le litre : combien faut-il mettre d'eau et de vin.

P. 665. Un fondeur a fait une cloche avec un alliage de 220 kilogr. d'étain à 4 fr. 50 cent., 780 kilogr. de cuivre à 2 fr., 10 kilog. de zinc à 0 fr. 70 et 8 kilog. de plomb à 1 fr. : on demande, 1o le poids de la cloche; 2o son prix; 3o le prix moyen du kilogramme.

P. 666. Un marchand de blé veut mélanger du blé à 16, 18 et 20 fr. l'hectolitre, de manière à en former un mélange de 30 hectolitres qui lui revienne à 17 fr. l'hectolitre : combien doit-il en mettre de chaque prix?

P. 667. Combien faudra-t-il prendre de vin à 40, 50 et 60 fr. l'hectolitre pour en faire un mélange de 300 hectolitres à 55 francs?

P. 668. L'air que nous respirons est un mélange de 79 parties d'azote et de 21 parties d'oxygène, qui est seul propre à la vie des animaux : combien y a-t-il de gaz oxygène et de gaz azote dans 1567 litres d'air?

P. 669. On a mélangé 94 kilogrammes de farine à 60 cent. le kilogr. avec 66 kilogr. de farine à à 50 cent. le kilogramme : combien faut-il vendre le kilogramme du mélange pour gagner 30 fr. sur le tout.

P. 670. On veut faire monnayer un lingot d'or pesant 1451 grammes 61 centigrammes : combien faut-il ajouter de cuivre, et quels seront le poids et la valeur de la monnaie?

RACINE CARRÉE.

395. Le Carré d'un nombre est le produit de ce nombre multiplié par lui-même.

396. La Racine Carrée d'un nombre est le nombre qui, multiplié par lui-même, reproduit le nombre donné.

Ainsi 16 est le carré de 4, car 4 fois 4 font 16; 4 est la racine carrée de 16.

397. Carrer un nombre c'est le multiplier par lui-même.

398. Extraire la racine carrée d'un nombre c'est chercher un nombre qui, multiplié par lui-même, donne au produit le premier nombre.

399. Les carrés des dix premiers nombres sont :

Racines,	1	2	3	4	5	6	7	8	9	10.
Carrés,	1	4	9	16	25	36	49	64	81	100.

400. Le carré d'un nombre quelconque composé de dizaines et d'unité contient : 1° le carré des dizaines; 2° deux fois le produit des dizaines par les unités, 3° le carré des unités.

Soit le nombre 54 à élever à son carré.

```
    54
    54
  ------
    16 carré des unités.
   20  produit desdiz. par les unités.
   20     »         »          »
  25   carré des dizaines.
  ------
  2916 carré de 54.
```

Je commence la multiplication par les unités en disant 4 fois 4 font 16, carré des unités que j'écris ; puis 4 fois 5 dizaines font 20 dizaines, j'écris 20 au rang des dizaines ; puis 5 fois 4 font 20 que j'écris égalementaudessous, au rang des dizaines; enfin 5 fois 5 dizainesfont 25, carré des dizaines, j'ai 2916 pour le carré de 54 : il est facile de voir que le carré de ce nombre se compose du carré des unités, de deux fois le produit des dizaines par les unités et du carré des dizaines.

MANIÈRE D'EXTRAIRE LA RACINE CARRÉE D'UN NOMBRE.

401. Pour extraire la racine carrée d'un nombre entier quelconque, il faut d'abord le partager en tranches de deux chiffres, en commençant par la droite, la dernière tranche à gauche peut ne contenir qu'un chiffre; puis prendre la racine du plus grand carré contenu dans la première tranche à gauche et écrire cette racine à la droite du nombre proposé, en ayant soin de l'en séparer par un trait vertical; puis de la première tranche on ôte le carré de la racine, et l'on écrit le reste au-dessous; à la droite de ce reste, on abaisse la tranche suivante, et de ce nombre on sépare par un point le dernier chiffre à droite.

On double la racine obtenue, on écrit ce double au-dessous de la racine, et l'on cherche combien de fois ce nombre est contenu dans les dizaines du dividende que l'on vient de former; on écrit le quotient à la droite de la racine et du diviseur, puis on multiplie le diviseur ainsi augmenté par le dernier chiffre obtenu, et l'on retranche le produit du dividende; à droite du reste on abaisse la tranche suivante pour en former un nouveau dividende.

On divise les dizaines de ce dividende par le double de la racine obtenue, et l'on continue de la même manière jusqu'à ce que toutes les tranches aient été abaissées.

Remarque. Pour se familiariser avec la manière d'extraire la racine carrée, il faut carrer des nombres, puis en extraire la racine : ce qui n'offre aucune difficulté, les chiffres de la racine étant connus.

Ier EXEMPLE.

Soit à trouver la racine carrée de 2025.

Opération.

Carré 20. 25	45 racine	*Preuve.*
16	85	45
42.5		45
425		225
000		180
		2025

Je dispose l'opération comme une division, en mettant le nombre proposé à la place du dividende et en réservant la place du diviseur pour la racine. Je partage le nombre 2025 en tranches de deux chiffres, et je dis : le plus grand carré contenu dans 20 est 16, dont la racine est 4, je pose 4 à la racine, je carre 4, il vient 16 que je retranche de 20, il reste 4 que j'écris au-dessous. A la droite de ce reste j'abaisse la tranche suivante 25, je sépare un chiffre à la droite de cette tranche. Je double la racine, ce qui donne 8, que j'écris sous la racine ; je divise 42 par 8, je trouve 5 que j'écris à la droite de la racine et du diviseur 8 ; puis je multiplie 85 par 5, je retranche le produit 425 de 425, et il reste 0. La racine cherchée est 45.

Pour faire la preuve, je multiplie la racine par elle-même, je trouve au produit 2025.

Preuve.

402. Pour faire la preuve de la racine carrée ; il faut multiplier la racine trouvée par elle-même, c'est-à-dire l'élever au carré, et ajouter au produit le reste s'il y en a un; le total doit égaler le nombre dont on a extrait la racine.

IIe EXEMPLE.

On demande la racine carrée de 64.030.
Réponse. 253, il reste 21.

Opération.		*Preuve.*
6.40.30	253 Racine.	253
4	4 5 1er diviseur.	253
24.0	50 3 2e diviseur.	759
22 5		1265
153.0		506
150.9		Reste 21
Reste 21		64.030

Je partage le nombre 64 030 en tranches de deux chiffres, je cherche la racine du plus grand carré contenu dans 6, je trouve 2 que j'écris à la racine ; je retranche 4, carré de la racine, de 6, il reste 2 ; à côté de ce reste j'abaisse la tranche suivante 40, j'ai 240, et je sépare par un point le dernier chiffre.

Je double la racine 2, j'obtiens 4 que j'écris sous la racine ; je divise 24 par 4, je trouve 5 pour quotient, je l'écris à la droite de la racine et de 4 ; je multiplie 45 par 5, et je retranche le produit 225 de 240 il reste 15 ; à côté de ce reste j'abaisse la troisième tranche 30, je sépare par un point le dernier chiffre.

Je double la racine 25, j'ai 50 ; je cherche combien 50 est contenu de fois dans 153, je trouve 3, que j'écris à la racine et à côté de 50; je multiplie 503 par 3, et je retranche le produit 1509 de 1530, il reste 21.

Pour faire la preuve, je carre la racine, en la multipliant par elle-même et j'ajoute le reste 21; le produit est de 64.030.

OBSERVATIONS SUR L'EXTRACTION DE LA RACINE CARRÉE.

403. Le chiffre mis à la racine est trop fort, lorsque le produit ne peut être retranché du dividende sur lequel on opère.

404. Le chiffre est trop faible lorsque le reste est plus grand que le double de la racine plus 1.

405. Chaque fois qu'on abaisse une tranche, il faut poser un chiffre à la racine.

406. La racine d'un nombre doit toujours avoir autant de chiffres qu'il y a de tranches dans ce nombre.

407. Lorsqu'un nombre entier n'est pas un carré parfait, et qu'après avoir extrait la racine carrée il y a un reste, on peut obtenir une racine aussi approchée que l'on veut en plaçant à la droite du reste autant de fois deux zéros qu'on veut avoir de décimales à la racine; puis on opère comme à l'ordinaire, et l'on sépare par une virgule à la droite de la racine les décimales voulues.

IIIe EXEMPLE.

Soit à extraire la racine carrée de 363.923 à un centième près. Réponse. 603,26.

Opération.		*Preuve.*	
36.39.23	603,26	Racine.	603,26
36	120 3		603.26
0392.3	1206 2		361956
360 9	12064 6		120652
3140 0			180978
2412 4			361956
72760 0		Reste	3724
72387 6			363923,0000
3724			

Je partage le nombre 362.933 en tranche de deux chiffres, puis je cherche la racine du plus grand carré contenu dans 36. Je trouve, 6 que j'écris à la racine. Il reste zéro.

Après avoir abaissé la deuxième tranche 39, je vois que 3 ne contient pas le double de la racine obtenue, je pose un zéro à la racine, et j'abaisse la tranche suivante 23; je trouve alors 3 que je pose à la racine, et j'ai pour reste 314; à la droite de ce reste j'ajoute deux zéros, pour avoir les dixièmes; je trouve 2 que je sépare par une virgule; j'ai pour reste 7276 à la droite duquel j'ajoute deux nouveaux zéros, pour avoir les centièmes; je trouve 6 que je pose. La racine est 603, 26, et il reste 0 3724

408. Pour extraire la racine carrée d'un nombre décimal, il faut ajouter assez de zéros à la droite des décimales pour que le nombre des chiffres décimaux soit double de celui qu'on veut obtenir à la racine. On extrait la racine carrée du nombre comme s'il était entier, puis on sépare sur la droite de la racine obtenue la moitié du nombre de décimales que renfermait le nombre proposé.

IVe EXEMPLE.

Quelle est la racine carrée de 5,935 à un millième près ? Réponse. 2,436, il reste 0,000904.

```
      Opération.                                  Preuve.

   5,93.50.00 | 2,436 Racine                        2,436
   4          |------                               2,436
   ---------  | 4 4                               -------
   19.3         48 3                                14616
   17 6         486 6                               7308
   -------                                         9744
     175.0                                        4872
     144 9                               Reste .      904
   --------                                      ---------
      30 10.0                                    5,935000
      29 496
   -----------
        904
```

La racine devant contenir des millièmes doit avoir trois chiffres décimaux, j'ajoute donc trois zéros à la droite du nombre proposé, afin qu'il contienne six chiffres décimaux, et j'extrais la racine carrée du nombre 5,935000 : la racine est 2436. Je sépare trois chiffres décimaux sur la droite, j'obtiens 2,436 pour la racine carrée de 5,935, à un millième près.

PROBLÈMES SUR LA RACINE CARRÉE.

P. 671. Quelle est la racine carrée de 274.576 ?

P. 672. On demande la racine carrée de 36 millions 626.704.

P. 673. Extraire à un millième près la racine carrée de 8725,75.

P. 674. Quel est le côté d'un carré ayant 75.625 mètres carrés de superficie?

P. 675. Une pépinière formant un carré est plantée d'arbres à 1 mètre de distance: combien y a-t-il d'arbres sur chaque face s'il y en a 164.025?

P. 676. Un terrain carré a 136.900 mètres de superficie : quelle est la longueur d'un côté?

P. 677. Un jardinier veut planter 60.025 choux dans un terrain carré ; combien chaque ligne contiendra-t-elle de choux, s'il y a autant de lignes dans un sens que dans l'autre?

P. 678. On demande la racine carrée de 75, à un centième près.

P. 679. Quel est le nombre dont le carré, multiplié par 25, donne 32.400 ?

P. 680. Une personne a payé un terrain carré 10.584 fr. à raison de 6 fr. le mètre carré : quelle est la surface du terrain et sa longueur?

RACINE CUBIQUE.

409. Le Cube d'un nombre est le produit de ce nombre multiplié deux fois par lui-même.

410. La Racine Cubique d'un nombre est le nombre qui, multiplié deux fois par lui-même, donne ce nombre.

411. Voici le cube des dix premiers nombres.

Racines,	1	2	3	4	5	6	7	8	9	10.
Cubes,	1	8	27	64	125	216	343	512	729	1000.

412. Le cube d'un nombre composé de dizaines et d'unités renferme quatre parties : 1° le cube des dizaines; 2° trois fois le carré des dizaines multipliées par les unités ; 3° trois fois les dizaines multipliées par le carré des unités; 4° le cube des unités.

Soit le nombre 25 à élever à son cube, et supposons-le décomposé en $20 + 5$, on aura, en indiquant les opérations :

$$20 + 5$$
$$\times\ 20 + 5$$

Carré. $(20 \times 20) + (20 \times 5) + (20 \times 5) + (5 \times 5$

$$\times\ 20 + 5$$

$$(20 \times 20 \times 5) + (20 \times 5 \times 5) + (20 \times 5 \times 5) + (5 \times 5 \times 5)$$
$$20 \times 20 \times 20) + (20 \times 20 \times 5) + (20 \times 20 \times 5) + 20 \times 5 \times 5) +$$

(Cube.

$$(20 \times 20 \times 20) + 3(20 \times 20 \times 5) + 3(20 \times 5 \times 5 \times 5) + (5 \times 5 \times 5)$$

413. Pour extraire la racine cubique d'un nombre entier quelconque, il faut partager le nombre

en tranches de trois chiffres, en commençant par la droite : la dernière tranche à gauche peut n'avoir qu'un ou deux chiffres.

On extrait la racine du plus grand cube contenu dans la première tranche à gauche, on soustrait le cube de la racine obtenue de la première tranche ; à droite de ce reste, on abaisse la seconde tranche, à la droite de laquelle on sépare deux chiffres par un point ; on divise la partie à gauche du point par le triple du carré de la racine obtenue, on écrit le quotient à la droite du chiffre déjà obtenu ; on fait le cube des deux racines obtenues et on le retranche des deux premières tranches ; à la droite du reste, on abaisse la troisième tranche, on sépare deux chiffres à la droite, et l'on divise la partie à gauche, ou les centaines, par le triple du carré de la racine obtenue, et l'on continue de la même manière jusqu'à ce que toutes les tranches aient été abaissées.

414. La racine cubique d'un nombre quelconque a autant de chiffres que ce nombre a de tranches.

415. Un chiffre écrit à la racine est trop faible si le reste est au moins égal au triple carré de la racine plus le triple de cette même racine plus 1.

416. Le chiffre est trop fort lorsque le cube de la racine obtenue ne peut être retranché des tranches sur lesquelles on a opéré.

1er EXEMPLE.

Quelle est la racine cubique de 13.824 ?
Réponse. 24.

Opération.		*Preuve.*
Cube 13.824	24 Racine.	24
8	$2 \times 2 \times 3 = 12$	24
58.24		96
13824		48
00000		576
		24
		2304
		1152
		13.824

Je partage le nombre proposé en tranches de 3 chiffres par un point. Je cherche la racine cubique du plus grand cube contenu dans 13, elle est 2, que j'écris à la racine. Je cube 2, j'ai 8, que j'écris sous 13, 8 ôtés de 13 il reste 5.

A droite du reste 5, j'abaisse la tranche suivante 824, je sépare les deux derniers chiffres à droite par un point ; je cherche le triple carré de la racine 2 et j'obtiens 12 que j'écris sous la racine. Par ce triple carré de la racine je divise 58, qui est à gauche du point, le quotient est 4, j'écris ce nombre à la suite de la racine 2, j'ai 24 ; je cube 24, j'obtiens 13.824 que je retranche de 13.824 : il reste 0. La racine cherchée est donc 24.

Preuve.

417. Pour faire la preuve de la racine cubique, on multiplie deux fois la racine par elle-même, et l'on ajoute au produit le reste, s'il y en a un dans l'opération ; le total doit être le nombre dont on a extrait la racine.

IIe EXEMPLE.

On veut extraire la racine cubique de 76.765.625.

Réponse. 425.

Opération.

76.765.625	425 racine cubique
64	$4 \times 4 \times 4 = 64$, cube de 4.
127.65	$4 \times 4 \times 3 = 48$, triple du carré de 4.
74 088	$42 \times 42 \times 42 = 74.088$, cube de 42.
26776.25	$42 \times 42 \times 3 = 5292$, triple c. de 42.
6.765.625	$425 \times 425 \times 425 = 76.765\ 625$, cube de 425.
00 000 000	

Je partage le nombre proposé en tranches de trois chiffres, et je dis : le plus grand cube contenu dans 76 est 64, dont la racine est 4 ; j'écris 4 à la racine, je retranche le cube de 4 ou 64 de 76, il reste 12.

A côté de ce reste j'abaisse la tranche suivante 765, je sépare les deux derniers chiffres à droite ; je cherche le triple carré de la racine 4, c'est 48 ; je divise 127 par 48, le quotient est 2, que j'écris à la droite de la racine 4, j'ai 42 ; en cubant cette racine, j'obtiens 74.088 que je retranche des deux premières tranches, il reste 2.677.

A côté de ce reste j'abaisse la tranche suivante 625 et je sépare par un point les deux derniers chiffres à droite ; je divise 26.776, partie à gauche du point, par le triple carré de 42 qui est 5.292, le quotient est 5, que j'écris à la racine, j'ai 425; je cherche le cube de 425, et je le retranche de 76.765.625, le reste est 0. La racine cherchée est donc 425.

418. Lorsqu'il y a un reste, on ajoute à la droite de ce reste autant de fois trois zéros qu'on veut avoir de décimales à la racine.

419. Pour trouver la racine cubique d'un nombre décimal, il faut placer à la droite de ce nombre assez de zéros pour qu'il y ait trois fois autant de chiffres décimaux qu'on en veut avoir à la racine; on opère ensuite comme pour les nombres entiers, et l'on sépare à la racine les décimales demandées.

Remarque. Pour se familiariser avec la manière d'extraire les racines, il faut élever des nombres au carré ou au cube puis en extraire la racine.

PROBLÈMES SUR LA RACINE CUBIQUE.

P. 681. Quelle est la racine cubique de 3.375?

P. 682. On demande la racine cubique de 97.972.181.

P. 683. Extraire la racine cubique de 157.464.

P. 684. Trouver la racine cubique de 64 millions 964.808.

P. 685. Quelle est la racine cubique de 76 millions 765.625?

P. 686. On demande, à un centième près, la racine cubique de 21.

P. 687. Quelle est la racine cubique de 222, à un centième près?

P. 688. Une citerne de forme cubique contient 1728 mètres cubes : quelle est la longueur d'un des côtés?

P. 689. Quelle est la racine cubique de 78 m. 128.296.875 millimètres cubes?

P. 690. On a extrait des fondations d'une maison, formant un cube parfait, 148 m. 877 décimètres cubes de terre : quelle est la longueur de la maison.

PROGRESSIONS.

419. Une Progression est une série de nombres qui se suivent et qui ont entre eux le même rapport.

420. Il y a deux sortes de progressions : les progressions arithmétiques et les progressions géométriques.

PROGRESSIONS ARITHMÉTIQUES.

421. Une Progression Arithmétique est une suite de nombres dont chacun surpasse celui qui le précède ou en est surpassé d'une même quantité, qu'on appelle *raison* de la progression.

422. La progression est croissante lorsque chaque terme est plus grand que celui qui le précède.

423. La progression est décroissante lorsque chaque terme est plus petit que celui qui le précède.

EXEMPLES.

$\div$ 2 . 4 . 6 . 8 . 10, progression croissante.

$\div$ 15 . 12 . 9 . 6 . 3, progression décroissante.

La première progression se lit : 2 est à 4 comme, 4 est à 6, comme 6 est à 8, comme 8 est à 10 ; la seconde se lit : 15 est à 12, comme 12 est à 9, comme 9 est à 6, comme 6 est à 3.

424. On fait précéder une progression arithmétique

d'un trait horizontal placé entre deux points ÷ et l'on place un point entre chaque terme de la progression.

425. La différence entre deux termes consécutifs se nomme raison ; 2 est la raison de la première progression, et 3 est la raison de la seconde.

426. Un terme quelconque d'une progression croissante est égal au premier, plus autant de fois la raison qu'il y a de termes avant lui, et moins autant de fois la raison, si la progression est décroissante.

427. La propriété principale des progressions arithmétiques est que la somme du premier et du dernier terme est égale à la somme du deuxième avec l'avant-dernier, ou au double du terme du milieu.

Exemple. ÷ 4 . 8 . 12 . 16 . 20.

428. Pour trouver un terme quelconque d'une progression arithmétique dont on connaît le premier terme et la raison, il faut multiplier la raison par le nombre des termes qui précèdent celui qu'on cherche, et ajouter le produit au premier terme de la progression si elle est croissante, et au contraire l'en retrancher si elle est décroissante : pour trouver le premier terme, on opère d'une manière inverse que pour le dernier.

EXEMPLE.

On a planté 6 arbres en ligne droite : le premier est à 3 mètres, le deuxième à 6 mètres, et les autres à 3 mètres les uns des autres ; à quelle distance sera le sixième ?

Réponse. A 18 mètres.

Solution. $3 + (3 \times 5) = 3 + 15 = 18$ mètres.

Preuve. ÷ 3 . 6 . 9 . 12 . 15 . 18.

J'ajoute au premier terme 3 la raison 3 multipliée par 5, nombres des termes qui précèdent le sixième ; j'ai 3 plus 15 égalent 18 mètres pour la distance du sixième arbre : si j'établis la progression, j'ai également 18 pour le sixième terme.

429. Pour trouver la somme des termes d'une drogression arithmétique, il faut ajouter les deux extrêmes et multiplier leur somme par la moitié des termes de la progression.

430. Pour trouver la raison d'une progression arithmétique, il faut soustraire le plus petit des termes connus du plus grand, et diviser le reste par le nombre de termes compris entre ces deux termes connus, plus un ; le quotient est la raison.

431. Pour trouver le nombre des termes d'une progression arithmétique, il faut retrancher le plus petit terme du plus grand, et diviser le reste par la raison ; le quotient augmenté de un est le nombre des termes.

EXEMPLE.

On a planté 6 arbres à 3 mètres de distance les uns des autres, le dernier est à 18 mètres : on demande à quelle distance se trouve le premier. Réponse. A 3 mètres.

Solution. $18 - 3 \times 5 = 18 - 15 = 3$ 1er terme.

Preuve. $\div$ 18 . 15 . 12 . 9 . 6 . 3.

La somme égale $(18 + 3) \times 3 = 21 \times 3 = 63$.

La raison égale $18 - 3 = 15, : 5 = 3$.

Pour trouver le premier terme, je retranche de 18 le produit de la raison 3 par 5, nombre des termes qui précèdent le dernier, j'ai 15 à ôter de 18 ; il reste 3 pour le terme cherché.

PROBLÈMES SUR LES PROGRESSIONS ARITHMÉTIQUES.

P. 691. Une personne a payé une dette dans une année, en donnant 18 francs le premier mois, 20 fr. le deuxième et ainsi de suite, en augmentant de 2 fr. par mois : on demande de combien a été le dernier payement, et à combien se montait la dette.

P. 692. Un escalier a 24 marches, la première a 15 centimètres, et les autres 18 c. : quelle est la hauteur totale de l'escalier ?

P. 693. Combien a-t-on donné à un ouvrier pour creuser un puits de 16 mètres de profondeur, sachant qu'il a reçu 1 franc pour le premier mètre, 1 franc 50 cent. pour le deuxième, et ainsi de suite, en augmentant de 50 centimes par mètre ?

P. 694. Un ouvrier a creusé les fondations d'une maison ; il reçoit 24 fr. pour le premier mètre, 36 pour le deuxième, et ainsi de suite en augmentant : combien recevra-t-il si les fondations ont 4 mètres?

P. 695. Deux écoliers ont fait un pari, l'un d'aller à 500 mètres et de revenir pendant que l'autre irait chercher un à un 20 cailloux placés en ligne droite, à 10 mètres les uns des autres : quel est le chemin que chacun fera, et celui qui a le moins de chemin à faire ?

PROGRESSIONS GÉOMETRIQUES.

432. Une Progression Géométrique est une suite de nombres tels qu'en divisant chaque nombre par celui qui le précède, on obtient toujours le même quotient, qui est la *raison* de la progression.

433. La progression est croissante lorsque cha-

que nombre est plus grand que celui qui le précède; elle est décroissante lorsque chaque nombre est plus petit que le précédent.

434. On fait procéder une progression géométrique d'un trait horizontal placé entre quatre points ∺, et l'on sépare chaque terme par : points.

EXEMPLES.

∺ 2 : 4 : 8 : 16 : 32 progression croissante.
∺ 32 : 16 : 8 : 4 : 2 progression décroissante.

Qui se lisent : 2 est à 4, comme 4 est à 8, comme 8 est à 16, comme 16 est à 32; et 32 est à 16, comme 16 est à 8, comme 8 est à 4, comme 4 est à 2.

435. Le produit des termes à égale distance des extrêmes est égal au produit des extrêmes ou au carré du terme du milieu.

436. Chaque terme d'une progression géométrique est égal au produit multiplié par la raison prise autant de fois comme facteur qu'il y a de termes avant celui qu'on cherche.

Exemple. ∺ 3 : 6 : 12 : 24 : 48.

Le 2e terme égale le 1er multiplié par la raison ou $3 \times 2 = 6$.

Le 3e terme égale le 2e multiplié par la raison, ou le 1er multiplié par le carré de la raison égale $3 \times (2 \times 2) = 12$.

Le 4e terme égale le 3e multiplié par la raison ou le 1er multiplié par le cube de la raison égal, $3 \times (2 \times 2 \times 2) = 24$.

Le 5e terme égale le 4e multiplié par la raison, ou le 1er multiplié par la 4e puissance de la raison égale $3 \times (2 \times 2 \times 2 \times 2) = 48$.

437. Pour trouver un terme quelconque d'une progression géométrique croissante dont on connaît un terme et la raison, il faut multiplier le

premier terme par la raison prise autant de fois comme facteur qu'il y a de termes avant lui.

438. Pour trouver le premier terme d'une progression géométrique dont on connaît un terme et la raison, il faut diviser le terme qu'on connaît par la raison élevée à une puissance marquée par le nombre de termes qui précèdent celui qu'on connaît.

439. Pour trouver la raison d'une progression géométrique dont on connaît deux termes, il faut diviser le plus grand par le plus petit, et extraire du quotient une racine d'un degré indiqué par le nombre de termes compris entre les deux termes connus, plus un.

440. Pour trouver la somme de tous les termes d'une progression géométrique, il faut multiplier le dernier terme par la raison, soustraire le premier terme du produit, et diviser le reste par la raison diminuée d'une unité.

441. Pour trouver le nombre des termes d'une progression géométrique dont on connaît le premier et le dernier terme ainsi que la raison, il faut diviser le dernier terme par le premier; le quotient sera une puissance de la raison, puis élever la raison à une puissance qui égale le quotient, le degré de cette puissance plus un sera le nombre des termes de la progression.

EXEMPLES.

Soient les quatre progressions suivantes:

1re ∺ 4 : 8 : 16.

2e ∺ 3 : 9 : 27 : 81.

3e ∺ 1 : 4 : 16 : 64 : 256 : 1024.

4e ∺ 1250 : 250 : 50 : 10 : 2.

Le dernier terme de chacune égale :

1re $4 \times (2 \times 2) = 4 \times 4 = 16$.

2e $3 \times (3 \times 3 \times 3) = 3 \times 27 = 81$.

3e $1 \times (4 \times 4 \times 4 \times 4 \times 4) = 1 \times 1024 = 1024$.

4e $1250 \times (0{,}2 \times 0{,}2 \times 0{,}2 \times 0{,}2) = 1250 \times 0{,}0016 = 2$.

Le premier terme de chacune égale :

1re $16 : (2 \times 2) = 16 : 4 = 4$.

2e $81 : (3 \times 3 \times 3) = 81 : 27 = 3$.

3e $1024 : (4 \times 4 \times 4 \times 4 \times 4) = 1024 : 1024 = 1$

4e $2 : (0{,}2 \times 0{,}2 \times 0{,}2 \times 0{,}2) = 2 : 0{,}0016 = 1250$.

La raison de chacune égale :

1re $16 : 4 = 4$, $\sqrt[2]{4} = 2$.

2e $81 : 3 = 27$, $\sqrt[3]{27} = 3$.

3e $1024 : 1 = 1024$, $\sqrt[5]{1024} = 4$.

4e $1250 : 2 = 625$, $\sqrt[4]{625} = 5$.

La somme des termes de chacune égale :

1re $16 \times 2 = 32 - 4 = 28 : 1 = 28$.

2e $81 \times 3 = 243 - 3 = 240 : 2 = 120$.

3e $1024 \times 4 = 4096 - 1 = 4095 : 3 = 1365$.

4e $1250 \times 5 = 6250 - 2 = 6248 : 4 = 1562$.

PROBLÈMES SUR LES PROGRESSIONS GEOMÉTRIQUES.

P. 696. Un particulier a commencé son commerce avec 5 francs, chaque année il a doublé son capital : combien possédait-il au bout de dix ans?

P. 697. Un joueur ayant perdu 1 franc dans une première partie voulut encore en faire quatre autres qu'il perdit aussi : combien a-t-il perdu à la cinquième partie et en tout, s'il a triplé le jeu à chaque partie?

P. 698. On a fait 5 payements qui ont été en progressions géométriques ; le premier a été de 5 francs et le dernier de 6480 : de combien a augmenté chaque payement, et quelle somme a-t-on payée?

P. 699. Un propriétaire riche, mais ignorant et avare, voulant faire donner des leçons de mathématiques à son fils, s'adresse à un professeur qui lui demande 25 fr. par mois ; l'avare trouvant cette comme trop élevée, le professeur lui propose de donner ses leçons pendant un an à 1 fr. pour le 1er mois, 2 francs pour le 2e, 4 fr. pour le 3e, en doublant ainsi jusqu'au 12e mois. Séduit par l'apparence, le père s'engage : combien recevra le professeur pour chaque mois et pour l'année ?

P. 700. Sessa, l'inventeur du jeu des échecs, en ayant fait hommage au roi du pays, le prince fut si satisfait qu'il promit de donner au savant la récompense qu'il désirerait ; celui-ci demanda seulement 1 grain de blé pour la première case, 2 pour la 2e, 4 pour la 3e, en doublant ainsi jusqu'à la 64e et dernière case : on demande le nombre des grains de blé que demandait l'inventeur, et la valeur du blé, en supposant qu'il y eût 2.500.000 grains par hectolitre, et que le blé valût 10 francs l'hectolitre ?

—

FRACTIONS.

442. Une Fraction est une ou plusieurs parties de l'unité divisée en parties égales.

Par exemple : si l'on partage une pomme en cinq parties égales, et qu'on prenne 2 de ces parties ; on aura les 2 cinquièmes de la pomme.

443. On exprime les fractions par deux nombres placés l'un au-dessous de l'autre et séparés par un trait horizontal.

Ainsi deux cinquièmes s'écrivent $\frac{2}{5}$ Numérateur. Dénominateur.

444. Le terme inférieur se nomme *dénominateur* ; il exprime en combien de parties égales l'unité est divisée.

445. Le terme supérieur se nomme *numérateur*, il indique combien on prend de ces parties égales.

446. Pour lire une fraction, on énonce d'abord le numérateur, ensuite le dénominateur, en y ajoutant la terminaison *ième*.

Exemples. $\frac{3}{5}$, $\frac{4}{6}$, $\frac{7}{8}$, $\frac{9}{10}$, $\frac{12}{15}$ Numérateur. Dénominateur.

Ces fractions se lisent : trois cinquièmes, quatre sixièmes, sept huitièmes, neuf dixièmes, douze quinzièmes.

447. Quand le dénominateur est l'un des chiffres 2, 3 ou 4, on lui donne le nom de demi, tiers et quart, ainsi ; $\frac{1}{2}$, $\frac{2}{3}$, $\frac{3}{4}$, se lisent : un demi, deux tiers, trois quarts, au lieu de un deuxième, deux troisièmes, trois quatrièmes.

448. Une fraction peut être considérée comme une division dont le numérateur est le dividende et le dénominateur le diviseur.

449. **D'où il résulte que, si l'on multiplie ou si l'on divise le numérateur et le dénominateur par un même nombre, la fraction ne change pas de valeur.**

Car en multipliant le numérateur par un nombre entier, on rend la fraction un certain nombre de fois plus grande; mais en multipliant le dénominateur par le même nombre, on la rend autant de fois plus petite qu'on l'avait rendu plus grande. Par conséquent la seconde opération détruit l'effet de la première, et la fraction ne change pas de valeur. En divisant le numérateur par un nombre entier, on rend la fraction un certain nombre de fois plus petite; mais en divisant le dénominatrur par le même nombre, on la rend autant de fois plus grande qu'on l'avait rendue plus petite, et par conséquent la fraction ne change pas de valeur.

Exemple. $\frac{1}{2} = \frac{2}{4} = \frac{3}{6} = \frac{4}{8} = \frac{5}{10} = \frac{\;}{12}$, etc.

450. **Si l'on multiplie ou si l'on divise seulement le numérateur par un nombre, on multiplie ou l'on divise la fraction par ce même nombre.**

451. **Si l'on multiplie ou si l'on divise seulement le dénominateur par un nombre, on divise ou l'on multiplie la fraction par ce même nombre.**

452. D'où l'on voit qu'il y a deux moyens de multiplier une fraction : 1° en multipliant le numérateur; 2° en divisant le dénominateur; et deux moyens de diviser une fraction : 1° en multipliant le dénominateur; 2° en divisant le numérateur.

453. **On appelle** ***nombre fractionnaire*** **une fraction dont le numérateur est plus fort que le dénominateur, ou un nombre composé d'entiers et d'une fraction.**

Exemples. $\frac{8}{3}$, $\frac{15}{5}$, $\frac{16}{4}$, $3\,\frac{4}{7}$ Numérateur. Dénominatc

$\frac{8}{3}$ est un nombre fractionnaire, parce que 8 est plus grand que 3, il en est de même des deux autres fractions et de $3\,\frac{4}{7}$.

RÉDUCTIONS DES FRACTIONS.

454. Les réductions des fractions sont divers

changements qu'on peut faire subir aux fractions sans en changer la valeur.

455. Il y a plusieurs réductions : 1° réduction des fractions en décimales, et des décimales en fractions ; 2° réduction des entiers en fractions ou des entiers et des fractions en une seule fraction, réduction des nombres fractionnaires en entiers ; 3° réduction des fractions à leur plus simple expression ; 4° réduction des fractions au même dénominateur.

RÉDUCTION DES FRACTIONS EN DÉCIMALES

456. Pour réduire des fractions en décimales, il faut ajouter à la droite du numérateur autant de zéros qu'on veut avoir de décimales, puis diviser le numérateur par le dénominateur, et séparer au quotient autant de décimales qu'on a ajouté de zéros.

Exemp. $\frac{3}{4} = 3{,}00 : 4 = 0{,}75$; $\frac{5}{8} = 5{,}000 : 8 = 0{,}625$.

1er *Ex.* J'ajoute deux zéros à la droite du numérateur 3, je divise 3,00 par 4, j'obtiens 75 pour quotient ; je sépare deux chiffres au quotient j'ai 0,75.

2e *Ex.* J'ajoute trois zéros à la droite du numérateur 5, j'ai 5,000, que je divise par le dénominateur 8 ; je sépare trois chiffres au quotient, j'ai 0,625 millièmes.

RÉDUCTION DES DÉCIMALES EN FRACTIONS.

457. Pour réduire des décimales en fractions, il suffit de supprimer le zéro qui tient la place des unités, et la virgule, et de leur donner pour dénominateur l'unité, suivie d'autant de zéros qu'il y avait de décimales.

Exemples. $0{,}75 = \frac{75}{100} = \frac{3}{4}$; $0{,}625 = \frac{625}{1000} = \frac{5}{8}$.

Je retranche de 0,75 le zéro et la virgule, j'ai 75 auquel je donne pour dénominateur 100 : j'ai $\frac{75}{100}$ qui ont la même valeur que 0,75 ; je remplace également 0,625 par $\frac{625}{1000}$, en supprimant le zéro et la virgule ; puis en simplifiant les fractions, j'ai 0,75 égale $\frac{3}{4}$, et 0,625 égale $\frac{5}{8}$.

RÉDUCTION DES FRACTIONS EN ENTIERS ET DES ENTIERS EN FRACTIONS.

458. Pour réduire des entiers en fractions, il faut les multiplier par le nombre qui doit leur servir de dénominateur.

Réduire 4 entiers en tiers, ils égalent $\frac{4 \times 3}{3} = \frac{12}{3}$.

459. Pour réduire un nombre fractionnaire en une fraction, il faut multiplier ses unités par le dénominateur de la fraction, ajouter au produit le numérateur, et donner à cette somme le dénominateur de la fraction.

Exemple. Réduire 5 entiers $\frac{1}{4}$ en une fraction, on a $(5 \times 4) + \frac{1}{4} = \frac{21}{4}$.

Je réduis les 5 entiers en quarts en les multipliant par 4, j'ai 20, auxquels j'ajoute $\frac{1}{4}$, ce qui fait $\frac{21}{4}$.

460. Pour réduire les fractions en entiers, lorsqu'elles en contiennent, il faut diviser le numérateur par le dénominateur, le quotient donnera les unités, le reste, s'il y en a un, sera le numérateur d'une fraction qui aura pour dénominateur celui de la fraction primitive.

Combien y a-t-il d'entiers dans $\frac{12}{3}$ et $\frac{21}{4}$.
$\frac{12}{3} = 12 : 3 = 4$ entiers; $\frac{21}{4} = 21 : 4 = 5$ entiers $\frac{1}{4}$.

Je divise les tiers par 3 pour avoir les entiers, j'ai 4; puis je divise les quarts par 4, j'ai 5 entiers $\frac{1}{4}$.

D'où l'on voit que cette réduction sert de preuve à la précédente.

SIMPLIFICATION DES FRACTIONS.

461. Pour simplifier une fraction ou la réduire

à sa plus simple expression, il faut diviser le numérateur et le dénominateur par le nombre qui les divise tous les deux exactement, et répéter cette opération sur les deux termes de la fraction qui en résulte, autant de fois que cela est possible.

(Voir la divisibilité des nombres, page 83.)

EXEMPLES.

Simplifier $\frac{16}{32}$, $\frac{75}{100}$, $\frac{625}{1000}$ qui égalent $\frac{1}{2}$, $\frac{3}{4}$, $\frac{5}{8}$:

$\frac{16}{32} : 8 = \frac{2}{4} : 2 = \frac{1}{2}$ ou $\frac{16}{32} : 16 = \frac{1}{2}$;

$\frac{75}{100} : 5 = \frac{15}{20} : 5 = \frac{3}{4}$ ou $\frac{75}{100} : 25 = \frac{3}{4}$;

$\frac{625}{1000} : 5 = \frac{125}{200} : 25 = \frac{5}{8}$ ou $\frac{625}{1000} : 125 = \frac{5}{8}$.

Dans toutes ces simplifications les fractions n'ont pas changé de valeur, mais seulement de forme.

DU PLUS GRAND COMMUN DIVISEUR.

462. Le plus grand commun diviseur de deux nombres est le plus grand nombre qui les divise exactement.

463. Pour trouver le plus grand commun diviseur des deux termes d'une fraction, il faut diviser le dénominateur par le numérateur; s'il ne reste rien, le numérateur est le plus grand commun diviseur; s'il y a un reste, on divise le numérateur par ce reste, si la division se fait exactement, c'est ce premier reste qui est le plus grand commun diviseur; s'il y a un reste, on divise le premier reste par le deuxième, et l'on continue toujours de diviser l'avant-dernier reste par le dernier, jusqu'à ce que la division se fasse exactement : le dernier reste employé comme diviseur est le plus grand commun diviseur cherché; si le dernier reste est un, la fraction est irréductible.

Une fraction est irréductible, quand elle ne peut se simplifier.

EXEMPLE.

Quelle est la plus simple expression de $\frac{336}{504}$ R. $\frac{2}{3}$

504	336	168 plus grand commun diviseur.
168	1 000	2

$$\frac{336}{504} : 168 = \frac{2}{3}$$

Simplifications successives.

$$\frac{336}{504} = \frac{336}{504} : 6 = \frac{56}{84} : 4 = \frac{14}{21} : 7 = \frac{2}{3}$$

Je divise le dénominateur par le numérateur, j'ai pour quotient 1, et pour reste 168 ; je divise le numérateur 336 par le reste 168, j'ai 0 pour le reste, donc 168 est le plus grand commun diviseur. En effet, en divisant les deux termes par 168 j'obtiens $\frac{2}{3}$, comme par les simplifications successives.

RÉDUCTION DES FRACTIONS AU MÊME DÉNOMINATEUR.

464. Pour réduire deux fractions au même dénominateur, il faut multiplier les deux termes de la première par le dénominateur de la seconde, et les deux termes de la seconde par le dénominateur de la première.

EXEMPLE.

Soit $\frac{2}{3}$ et $\frac{3}{4}$ à réduire au même dénominateur

$$\frac{2}{3} = \frac{2 \times 4}{3 \times 4} = \frac{8}{12}; \frac{3}{4} = \frac{3 \times 3}{4 \times 3} = \frac{9}{12}.$$

Je multiplie les deux termes de la première fraction $\frac{2}{3}$ par 4, dénominateur de la seconde, j'ai $\frac{8}{12}$; puis je multiplie les deux termes de la seconde $\frac{3}{4}$ par 3, dénominateur de la première, j'obtiens $\frac{9}{12}$; les fractions $\frac{2}{3}$ et $\frac{3}{4}$ sont changées en $\frac{8}{12}$ et $\frac{9}{12}$, qui ont la même valeur et le même dénominateur.

465. Pour réduire un nombre quelconque de

fractions au même dénominateur, il faut multiplier les deux termes de chacune par le produit des dénominateurs des autres fractions.

EXEMPLE.

Soient $\frac{1}{2}$, $\frac{2}{3}$, $\frac{3}{4}$, $\frac{4}{5}$ à réduire au même dénominateur.

$$\frac{1}{2} = \frac{1}{2} \times 3 \times 4 \times 5 = \frac{1}{2} \times 60 = \frac{60}{120}$$
$$\frac{2}{3} = \frac{2}{3} \times 2 \times 4 \times 5 = \frac{2}{3} \times 40 = \frac{80}{120}$$
$$\frac{3}{4} = \frac{3}{4} \times 2 \times 3 \times 5 = \frac{3}{4} \quad 30 = \frac{90}{120}$$
$$\frac{4}{5} = \frac{4}{5} \times 2 \times 3 \times 4 = \frac{4}{5} \times 24 \quad \frac{96}{120}$$

466. On réduit aussi plusieurs fractions au même dénominateur en faisant le produit de tous les dénominateurs, puis on divise ce produit par le dénominateur de chaque fraction, et l'on multiplie les deux termes de chaque fraction par le quotient obtenu : on peut se dispenser de multiplier par les dénominateurs qui sont sous-multiples des autres.

Soient les fractions : $\frac{1}{2}$, $\frac{2}{3}$, $\frac{3}{4}$, $\frac{4}{5}$.

$2 \times 3 \times 4 \times 5 = 120$ dénominateur commun.

$\frac{1}{2}$	$\frac{2}{3}$	$\frac{3}{4}$	$\frac{4}{5}$
60	40	30	24
$\frac{60}{120}$	$\frac{80}{120}$	$\frac{70}{120}$	$\frac{96}{120}$

Je fais le produit de tous les dénominateurs, j'ai 120 que je divise par le dénominateur de chaque fraction ; j'écris le quotient sous chaque fraction, et je multiplie les deux termes de chaque fraction par le quotient obtenu ; le résultat est le même que par la méthode précédente.

J'aurais pu ne pas multiplier par le dénominateur 2, j'aurais eu 60 pour dénominateur commun.

467. Si on trouve un nombre plus petit que le produit de tous les dénominateurs, et qui soit di-

visible par chacun d'eux, on peut le prendre pour dénominateur commun, et opérer comme dans le cas précédent.

Soient les fractions :	$\frac{1}{2}$,	$\frac{3}{4}$,	$\frac{5}{6}$,	$\frac{3}{8}$.
24 peut être le dénom. comm.	12	6	4	3
	12	18	20	9
	24	24	24	24

Je trouve que 24 est divisible exactement par chaque dénominateur, je le prends pour commun dénominateur, et je le divise par chaque dénominateur ; puis je multiplie, par le quotient que j'obtiens, les deux termes de chaque fraction.

ADDITION DES FRACTIONS.

468. Pour faire l'addition des fractions, il faut ajouter ensemble tous les numérateurs quand ils ont le même dénominateur ; si elles ont des dénominateurs différents, on les réduit au même dénominateur, puis on divise la somme des numérateurs par le dénominateur commun pour avoir les entiers qui s'y trouvent.

1er *Ex.* Ainsi $\frac{3}{6}+\frac{4}{6}+\frac{1}{6}+\frac{7}{6}=\frac{15}{6}=2\frac{3}{6}=2\frac{1}{2}$.

2e *Ex.* $\frac{1}{2}+\frac{2}{3}+\frac{4}{5}+\frac{5}{6}$

$=\frac{15}{30}+\frac{20}{30}+\frac{24}{30}+\frac{25}{30}=\frac{84}{30}=2\frac{24}{30}=2\frac{4}{5}$.

Dans le premier exemple, j'additionne les numérateurs et je divise la somme $\frac{15}{6}$ par le dénominateur commun 6 j'obtiens pour résultat $2\frac{3}{6}$ égale $2\frac{1}{2}$.

Dans le second exemple, je réduis les fractions au même dénominateur, puis j'additionne les numérateurs, et je divise la somme par le dénominateur commun ; j'ai, après avoir simplifié, $2\frac{4}{5}$ pour la somme des fractions.

469. S'il y a des entiers joints aux fractions, il faut additionner les fractions, en extraire les entiers, et les ajouter à la somme des nombres entiers.

Ex. $4\frac{2}{3}+3\frac{1}{3}+\frac{2}{3}=7+\frac{5}{3}=7+1\frac{2}{3}=8\frac{2}{3}$.

J'additionne les fractions, je trouve 7 entiers et 5 tiers ; j'ajoute $1\frac{2}{3}$ aux 7 entiers j'ai $8\frac{2}{3}$.

EXERCICES SUR L'ADDITION DES FRACTIONS.

1	$\frac{4}{5}+\frac{2}{5}+\frac{3}{5}+\frac{2}{5}=$	6	$3\frac{2}{3}+2\frac{5}{6}=$
2	$\frac{4}{9}+\frac{2}{9}+\frac{5}{9}+\frac{8}{9}=$	7	$6\frac{9}{10}+5+2\frac{3}{8}=$
3	$\frac{2}{3}+\frac{3}{4}+\frac{1}{2}=$	8	$4\frac{2}{7}+\frac{3}{4}+8\frac{7}{20}=$
4	$\frac{5}{6}+\frac{3}{4}+\frac{2}{9}=$	9	$3\frac{2}{5}+1\frac{7}{12}+\frac{3}{4}+\frac{1}{3}=$
5	$\frac{7}{12}+\frac{1}{5}+\frac{3}{10}+\frac{5}{6}=$	10	$30\frac{1}{2}+7\frac{3}{4}+\frac{5}{6}+\frac{2}{3}=$

SOUSTRACTION DES FRACTIONS.

470. Pour faire la soustraction des fractions qui ont le même dénominateur, on retranche le numérateur de l'une du numérateur de l'autre, et l'on donne au reste le dénominateur commun.

Ex. $\frac{3}{4}-\frac{1}{4}=\frac{2}{4}$. $\frac{5}{7}-\frac{3}{7}=\frac{2}{7}$; $\frac{8}{12}-\frac{5}{12}=\frac{3}{12}=\frac{1}{4}$

Je retranche $\frac{1}{4}$ de $\frac{3}{4}$ il reste $\frac{2}{4}$; de $\frac{5}{7}$ j'ôte $\frac{2}{7}$ il reste $\frac{3}{7}$; de $\frac{8}{12}$ je retranche $\frac{5}{12}$ il reste $\frac{3}{12}$ ou $\frac{1}{4}$.

471. Si les fractions n'ont pas le même dénominateur, on les y réduit, puis on fait la soustraction.

Ex. $\frac{3}{4}-\frac{1}{3}=\frac{9}{12}-\frac{4}{12}=\frac{5}{12}$; $\frac{1}{2}-\frac{2}{7}=\frac{7}{14}-\frac{4}{14}=\frac{3}{14}$.

Je ne puis retrancher $\frac{1}{3}$ de $\frac{3}{4}$, je les réduis au même dénominateur, j'ai $\frac{4}{12}$ à retrancher de $\frac{9}{12}$ il reste $\frac{5}{12}$.

472. Pour retrancher d'un nombre entier joint à une fraction un autre nombre entier joint à une fraction, il faut réduire les deux fractions au même dénominateur; puis retrancher celle qui est jointe au plus petit nombre de celle qui est jointe au plus grand, ensuite retrancher le plus petit nombre du plus grand.

473. Si la fraction à retrancher est la plus grande, on augmente la plus petite d'autant d'unités qu'il y en a au dénominateur, mais on diminue son entier d'une unité, puis on fait la soustraction.

1er *Ex.* $5\frac{2}{3}-2\frac{1}{4}=5\frac{8}{12}-2\frac{3}{12}=3\frac{5}{12}$.

2e *E.* $8\frac{1}{3}-4\frac{2}{3}=7\frac{4}{3}-4\frac{2}{3}=3\frac{2}{3}$.

Comme on ne peut pas ôter $\frac{2}{3}$ de $\frac{1}{3}$ j'augmente $\frac{1}{3}$ de $\frac{3}{3}$ ou d'un entier, j'ai $\frac{4}{3}$, desquels ôtant $\frac{2}{3}$ il me reste $\frac{2}{3}$;

puis je retranche 4 de 7, parce que j'ai diminué 8 d'une unité, j'ai pour reste $3\frac{2}{3}$.

EXERCICES SUR LA SOUSTRACTION DES FRACTIONS.

1	$\frac{3}{4} - \frac{2}{4} =$	6	$7\frac{2}{[illegible]} - 2\frac{1}{3} =$
2	$\frac{7}{9} - \frac{2}{3} =$	7	$28\frac{3}{7} - 15\frac{6}{7} =$
3	$\frac{4}{5} - \frac{1}{2} =$	8	$6\frac{14}{11} - 2\frac{1}{2} =$
4	$\frac{3}{8} - \frac{2}{7} =$	9	$12\frac{2}{21} - 9\frac{3}{10} =$
5	$2 - \frac{3}{5} =$	10	$10\frac{3}{4} - 6\frac{4}{9} =$

MULTIPLICATION DES FRACTIONS.

474. Pour multiplier une fraction par un entier, ou un entier par une fraction, il faut multiplier le numérateur par l'entier.

Ex. $\frac{2}{3} \times 4 = \frac{8}{3}$; et $4 \times \frac{2}{3} = \frac{8}{3} = 2\frac{2}{3}$.

Mult. $\frac{2}{3}$ par 4 c'est répéter $\frac{2}{3}$ 4 fois, ce qui donne $\frac{8}{3}$ ou $2\frac{2}{3}$

475. Pour multiplier une fraction par une fraction, il faut multiplier numérateur par numérateur et dénominateur par dénominateur.

Ex. $\frac{3}{4} \times \frac{1}{2} = \frac{3 \times 1}{4 \times 2} = \frac{3}{8}$; $\frac{4}{5} \times \frac{2}{3} = \frac{4 \times 2}{5 \times 3} = \frac{8}{15}$.

Il est évident que multiplier $\frac{3}{4}$ par $\frac{1}{2}$, c'est en prendre la moitié ; or $\frac{3}{8}$ sont la moitié de $\frac{3}{4}$.

Multiplier $\frac{4}{5}$ par $\frac{2}{3}$, c'est prendre 2 fois le tiers de $\frac{4}{5}$; or, en multipliant le dénominateur 5 par 3, je prends le tiers des $\frac{4}{5}$, puisque je rends les $\frac{4}{5}$ trois fois plus petits ; puis en multipliant le dénominateur 4 par 2, je prends deux fois le tiers de $\frac{4}{5}$, ce qui revient à multiplier numérateur par numérateur et dénominateur par dénominateur.

476. Pour multiplier une fraction jointe à des entiers par une fraction jointe à des entiers, il faut réduire les entiers en nombres fractionnaires, et multiplier numérateur par numérateur et dénominateur par dénominateur.

Ex. $3\frac{1}{2} \times 4\frac{2}{5} = \frac{7}{2} \times \frac{22}{5} = \frac{7 \times 22}{2 \times 5} = \frac{154}{10} = 15\frac{4}{10} = 15\frac{2}{5}$.

477. Pour évaluer des fractions de fractions, on fait le produit de tous les numérateurs, puis celui de tous les dénominateurs, en ayant soin de simplifier la fraction composée, s'il y a lieu.

Ex. On demande les $\frac{3}{4}$ des $\frac{2}{3}$ de $\frac{4}{5}$.

On a $\frac{3}{4} \times \frac{2}{3} \times \frac{4}{5} = \frac{3 \times 2 \times 4}{4 \times 3 \times 5} = \frac{24}{60} = \frac{2}{5}$.

Je mets les trois fractions sous forme de fraction composée, puis je fais le produit des numérateurs et celui des dénominateurs, j'ai $\frac{24}{60}$ ou $\frac{2}{5}$; ou bien je supprime les nombres communs au numérateur et au dénominateur, il reste $\frac{2}{5}$

EXERCICES SUR LA MULTIPLICATION DES FRACTIONS.

1	$\frac{1}{4} \times 3 =$	6	$3\frac{1}{2} \times 5\frac{3}{4} =$
2	$\frac{5}{6} \times \frac{3}{4} =$	7	$6\frac{2}{7} \times 2\frac{4}{5} =$
3	$2 \times \frac{1}{7} =$	8	$12\frac{7}{9} \times 9\frac{4}{7} =$
4	$\frac{3}{7} \times 4 =$	9	$\frac{3}{4} \times \frac{2}{3} \times \frac{4}{5} =$
5	$\frac{2}{3} \times \frac{5}{6} =$	10	$\frac{8}{9} \times \frac{3}{4} \times \frac{5}{6} =$

DIVISION DES FRACTIONS.

478. Pour diviser une fraction par un entier, il faut multiplier le dénominateur par l'entier, ou, si cela est possible, diviser le numérateur par l'entier.

EXEMPLES.

Soient $\frac{2}{5}$ à diviser par 4, et $\frac{6}{7}$ à diviser par 3.

$\frac{2}{5} : 4 = \frac{2}{5 \times 4} = \frac{2}{20}$. *Preuve.* $\frac{2}{20} \times 4 = \frac{2 \times 4}{20} = \frac{8}{20} = \frac{2}{5}$.

$\frac{6}{7} : 3 = \frac{6}{7 \times 3} = \frac{6}{21} = \frac{2}{7}$, ou $\frac{6}{7} : 3 = \frac{6 : 3}{7} = \frac{2}{7}$.

Preuve. $\frac{2}{7} \times 3 = \frac{6}{7}$.

479. Pour diviser un entier par une fraction, il faut multiplier l'entier par la fraction diviseur renversée.

Ex. $3 : \frac{2}{3} = 3 \times \frac{3}{2} = \frac{9}{2}$. *Preuve* $\frac{9}{2} \times \frac{2}{3} = \frac{18}{6} = 3$.

480. Pour diviser une fraction par une fraction, il faut multiplier la fraction dividende par la fraction diviseur renversée.

Exemple. Soit $\frac{2}{3}$ à diviser par $\frac{3}{4}$.

$\frac{2}{3} : \frac{3}{4} = \frac{2}{3} \times \frac{4}{3} = \frac{8}{9}$. *Preuve.* $\frac{8}{9} \times \frac{3}{4} = \frac{24}{36} = \frac{2}{3}$.

Je multiplie la fraction dividende par la fraction diviseur renversée, j'ai pour quotient $\frac{8}{9}$; faisant la preuve, j'obtiens $\frac{2}{3}$.

Si j'avais $\frac{2}{3}$ à diviser par 3 entiers, j'aurais $\frac{2}{3 \times 3}$, ce n'est pas par des entiers que je dois diviser, mais par des quarts, le diviseur est donc 4 fois trop grand et le quotient 4 fois trop petit ; je rends le quotient 4 fois plus grand en multipliant le numérateur par 4, dénominateur de la fraction diviseur. J'ai $\frac{2}{3} \times \frac{4}{3} = \frac{8}{9}$.

481. Lorsqu'il y a des entiers joints aux fractions, on réduit les entiers en nombres fractionnaires, et l'on opère comme pour la division d'une fraction par une fraction.

Exemple. Soit à diviser 3 $\frac{4}{5}$ par 2 $\frac{3}{4}$, on a :

$$3\tfrac{4}{5} : 2\tfrac{3}{4} = \frac{19}{5} : \frac{11}{4} = \frac{19}{5} \times \frac{4}{11} = \frac{76}{55} = 1\tfrac{21}{55}.$$

EXERCICES SUR LA DIVISION DES FRACTIONS.

1	$\frac{2}{3} : 3 =$	6	$3\frac{1}{2} : 4\frac{4}{5} =$
2	$\frac{4}{5} : 6 =$	7	$6\frac{3}{4} : 7\frac{2}{3} =$
3	$3 : \frac{3}{4} =$	8	$8 : 3\frac{2}{7} =$
4	$\frac{6}{7} : \frac{1}{2} =$	9	$3\frac{8}{9} : 8\frac{2}{13} =$
5	$\frac{4}{5} : \frac{3}{8} =$	10	$4\frac{5}{10} : 3\frac{7}{12} =$

REMARQUE. Nous avons placé les fractions à la fin de notre Arithmétique, parce que tous les problèmes peuvent être résolus sans leur secours, et que leur application, fort restreinte, demande des connaissances en arithmétique que ne possèdent pas ceux qui ne connaissent que les 4 premières règles.

PROBLÈMES SUR LES FRACTIONS.

RÉDUCTION DES FRACTIONS.

P. 701. On demande de réduire en centimètres les 3/4 d'un mètre.

P. 702. Combien les 4/5 d'un hectolitre valent-ils de litres ?

P. 703. Combien les 2/5 d'un stère font-ils de décistères ?

P. 704. On veut réduire 0,75 en fractions.

P. 705. Réduire 0,375 en fractions ordinaires.

P. 706. Deux ouvriers ont fait, l'un les trois quarts de la journée, l'autre les deux tiers : quel est celui qui a travaillé le plus, et de combien ?

P. 707. Une fontaine donne 4/5 d'hectolitre d'eau par heure : combien en donne-t-elle en 6 heures ?

P. 708. Une fontaine donne 3 hectolitres 1/4 d'eau par heure : combien en fournit-elle par jour ?

P. 709. Trois enfants ont eu les 1/2 1/6 [illegible] d'un gâteau : combien en ont-ils eu ?

P. 710. Un courrier fait les 3/5 d'un myriamètre par heure : combien parcourt-il de mètres par heure ?

ADDITION DES FRACTIONS.

P. 711. On a vendu le 1/4 et le 1/3 d'un mètre ; combien en reste-t-il ?

P. 712. Un apprenti a une tâche à faire en trois jours, il en a fait le premier jour 1/4, le second 2/5 : combien lui reste-t-il à faire pour le troisième ?

P. 713. Un ouvrier peut faire un ouvrage en 5 jours ; il en a fait le premier jour 1/8, le second 5/9 le troisième 1/4, et le quatrième 1/6 : combien lui reste-t-il à faire pour le cinquième jour ?

P. 714. Le cinquième et les deux tiers d'un nombre font 13 : quel est ce nombre ?

P. 715. Une modiste a employé pour garnir un chapeau quatre coupons de ruban ; le premier est de 3/4 de mètre, le second de 2/3, le troisième de 1/2, et le quatrième de 2/5 : combien a-t-elle employé de ruban ?

SOUSTRACTION DES FRACTIONS.

P. 716. Un ouvrier a fait les deux tiers d'un ouvrage : combien lui en reste-t-il à faire ?

P. 717. Deux ouvriers font ensemble un travail, l'un a fait le premier jour le quart, et l'autre les deux cinquièmes : combien en ont-ils fait, et combien leur en reste-t-il à faire ?

P. 718. Deux courriers parcourent, l'un 20 kilomètres en 3 heures, et l'autre 30 kilomètres en 4 heures : quel est celui qui va le plus vite, et quelle est la différence de leur marche par heure ?

P. 719. La hauteur de la Seine était de 2 mètres 1/4, elle est aujourd'hui de 3 mètres 2/5 : de combien a-t-elle monté ?

P. 720. Une canne est plongée dans un bassin ; un quart est enfoncé dans la vase, les 2/3 sont dans l'eau, et le reste dehors : quelle est la longueur de ce reste ?

MULTIPLICATION DES FRACTIONS.

P. 721. Un créancier reçoit d'un débiteur les trois quarts d'une dette de 540 francs : combien le débiteur a-t-il payé, et combien redoit-il ?

P. 722. Un ouvrier a fait, dans un mois, 22 journées 3/4 : combien a-t-il gagné, s'il a 3 fr. par jour ?

P. 723. On achète une marchandise 36 francs, on n'en reçoit que les 5/9 : combien doit-on payer ?

P. 724. On demande les 3/4 des 2/3 de la 1/2 de 48 francs.

P. 725. Les ouvriers gagnent en moyenne 3 fr. par jour, mais, à cause des chômages et des fêtes, ils ne travaillent que les 5/7 du temps, ou 5 jours sur 7 : combien gagnent-ils par jour ?

DIVISION DES FRACTIONS.

P. 726. Un ouvrier fait 3/5 de mètre en trois quarts d'heure : combien en fait-il par heure ?

P. 727. On a fait 10 mètres d'ouvrage en deux heures 1/2 : combien en a-t-on fait par heure ?

P. 728. Combien faut-il de temps pour faire un ouvrage dont on a fait les 3/5 dans un quart d'heure?

P. 729. Les 2/3 d'un nombre sont 24 : quel est ce nombre ?

P. 730. Un voyageur fait 2 myriamètres en cinq heures : combien mettra-t-il d'heures pour faire 6 myriamètres ?

RÉCAPITULATION DES FRACTIONS.

P. 731. Quatre personnes doivent se partager 60 fr.; la première doit en avoir 1/3, la seconde 1/4, la troisième 1/5, et la quatrième le reste : combien chacune aura-t-elle?

P. 732. On a employé les 4/5 d'une pièce de drap, ayant 75 mètres : combien en reste-t-il?

P. 733. On demande les 2/3 de la 1/2 des 3/4 de 800 francs.

P. 734. Un ouvrier a fait 17 mètres d'étoffe en 12 heures 3/4 : combien fait-il de mètres par heure?

P. 735. Deux ouvriers ont fait : l'un 7 mètres d'étoffe en 10 heures 1/2, l'autre 12 m. en 20 h. : combien chaque ouvrier fait-il de mètre par heure, et combien l'un en fait-il de plus que l'autre?

P. 736. Un courrier, envoyé de Paris à Lyon, a fait le premier jour les 3/7 de la route, le deuxième jour les 2/5 : combien lui en reste-t-il à faire pour le troisième jour?

P. 737. Trois sources alimentent un bassin ; la première le remplit en 3 jours, la deuxième en 4 jours, et la troisième en 5 jours : quelle portion du bassin remplissent-elles dans 1 jour?

P. 738. Réduire en décimales 3/8.

P. 739. Deux sources fournissent, l'une 1 hectolitre dans 3 heures, l'autre, 1 hectolitre dans 4 heures : combien en fournissent-elles par jour?

P. 740. Réduire 0,875 en fraction ordinaire.

NOMBRES COMPLEXES.

480. Les nombres complexes sont ceux dont le système de décomposition n'est pas décimal, et dont les subdivisions ne sont pas assujetties à une même base. Les seules mesures complexes en usage aujourd'hui en France sont les mesures du *temps*, et celles du *cercle* et de la *sphère*. (*Voir pages* 128 et 129.)

481. Dans les opérations sur les nombres complexes, on compte l'année de 365 jours ou de 12 mois, le mois de 30 jours, le jour de 24 heures, l'heure de 60 minutes, et la minute de 60 secondes.

ADDITION.

482. Pour faire l'addition des nombres complexes, on écrit les unités de la même espèce les unes au-dessous des autres, et l'on remplace par des zéros celles qui manquent ; puis on commence l'addition par les plus petites unités. Si la somme des unités inférieures ne contient pas une unité de l'ordre immédiatement supérieur, on l'écrit ; si elle contient une ou plusieurs de ces unités, on les extrait, et l'on n'écrit que l'excédant, s'il y en a un, et l'on retient ces unités pour les ajouter aux unités immédiatement supérieures.

EXEMPLE.

7 ans	8 mois	4 jours	12 heures	48 minutes.
4	11	15	00	14
2	4	25	10	35
15 ans	00 mois	14 jours	23 heures	37 minu.

Je fais l'addition des minutes, je trouve 97, ou

1 heure 37 minutes, je pose les 37 minutes et je retiens 1 heure pour l'ajouter aux heures.

La somme des heures est 22, et 1 de retenue 23 qui ne font pas un jour, j'écris 23.

La somme des jours est 44, ou 1 mois 14 jours, j'écris les 14 jours et je retiens 1 mois.

La somme des mois est 23, et 1 de retenu 24 ou 2 ans, j'écris zéro mois, et je retiens 2, qui ajoutés à 13, somme des années, me donnent 15 années.

EXEMPLES.

27 a.	4 m.	6 j.	10 h.	6 m.	24 d.	28 m.	30 s.
12	9	25	14	15	15	00	5
6	11	00	12	35	36	45	55
47 a.	1 m.	2 j.	12 h.	56 m.	76 d.	14 m.	30 s.

On opère pour les degrés, les minutes, les secondes, comme pour les ans, les mois, les jours, les minutes et les secondes

SOUSTRACTION.

483. Pour faire la soustraction des nombres complexes, on écrit le plus petit nombre sous le plus grand, en ayant soin de placer les unités de même ordre les unes sous les autres. On soustrait successivement chaque nombre inférieur de son correspondant supérieur, en commençant par les plus petites unités, et l'on écrit chaque différence au-dessous.

484. Lorsqu'un nombre inférieur est plus grand que son correspondant supérieur, on augmente ce dernier d'autant d'unités qu'il en faut pour former une unité de l'ordre immédiatement supérieur; on fait ensuite la soustraction, et lorsqu'on est arrivé au nombre suivant, on augmente le nombre inférieur d'une unité.

EXEMPLE.

De	16 ans	0 mois	7 jours	15 heures	35 m.
Oter	8	6	25	20	30
Reste	7 a.	5 m.	11 j.	19 h.	5 m.

Je commence par les minutes, 30 minutes ôtées de 35, reste 5 minutes que j'écris.

Passant aux heures, je ne peux ôter 20 heures de 15 h., j'ajoute 1 jour ou 24 heures aux 15, ce qui fait 39 heures, 20 heures ôtées de 39 reste 19 que j'écris, et je retiens 1.

J'ajoute 1 jour aux 25, j'ai 26 jours, je ne peux ôter 26 de 7 ; j'ajoute 1 mois ou 30 jours aux 7 jours, ce qui fait 37 jours, 26 ôtés de 37 reste 11 jours que j'écris.

6 mois et 1 de retenu font 7, je ne peux ôter 7 de 0, j'ajoute 1 an ou 12 mois, 7 ôtés de 12 reste 5.

8 ans et 1 de retenu font 9, qui ôtés de 16 donnent pour reste 7 ans.

EXEMPLES.

7 a.	11 m.	0 j.	10 h.	2 m.	45 s.	60°	16'	30"	25"
4	6	24	9	35	25	26	00	50	30
3 a.	4 m,	6 j.	0 h.	27 m.	20 s.	34°	15'	39"	55

MULTIPLICATION.

485. La multiplication des nombres complexes présente deux cas : le nombre complexe est multiplicande, ou il est multiplicateur.

486. Lorsque le nombre complexe est multiplicande, le multiplicateur ne peut être qu'un nombre entier décimal ; on commence la multiplication par les unités inférieures ; on cherche combien ce produit contient d'unités de l'ordre immédiatement supérieur ; on écrit l'excédant, s'il y en a un, et l'on retient les unités supérieures pour les ajouter au produit suivant, et l'on continue de la même manière.

EXEMPLE.

Soient à multiplier 7 m. 5 j. 8 h. 15 m.
par 6

3 ans 7 m. 2 j. 1 h. 30 minutes.

Je commence la multiplication par les minutes, en disant, 6 fois 15 font 90, ou 1 heure 30 minutes ; j'écris les 30 minutes, et je retiens 1 heure.

6 fois 8 heures font 48 et 1 de retenue 49, ou 2 jours 1 heure, je pose 1 heure, et je retiens 2 jours.

6 fois 5 jours font 30 et 2 de retenus 32, ou 1 mois 2 jours, je pose 2 jours, et je retiens 1 mois.

6 fois 7 mois font 42, et 1 de retenu 43, ou 3 ans 7 mois que j'écris.

Le produit est donc 3 ans 7 mois 2 jours 1 heure 30 minutes.

487. Lorsque le nombre complexe est multiplicateur, on multiplie d'abord le multiplicande par les plus fortes unités du multiplicateur ; puis on prend la moitié, le tiers, le quart, etc., du multiplicande, selon que chaque ordre est la moitié, le tiers, le quart, etc., de l'unité immédiatement supérieure : c'est ce qu'on appelle opérer par les parties aliquotes.

EXEMPLE.

Une personne paye 36 francs par an d'intérêt pour une somme : combien doit-elle au bout de 4 ans 10 mois 25 jours? Réponse. 176 fr. 50 c.

	36 francs.	
	4 a. 10 m. 25 j.	
Le produit par 4 ans	= 144	
Pour 6 mois, c'est la moitié de 1 an.	= 18	
» 3 mois, id. de 6 mois.	= 9	
» 1 mois, c'est le tiers de 3 m., ou de 9 fr.	= 3	
» 15 jours, c'est la moitié de 1 m., ou de 3 fr.	= 1	50
» 10 jours, c'est le tiers de 1 mois, ou de 3 fr.	= 1	
J'ai pour produit total :	176 fr.	50

DIVISION.

488. La division des nombres complexes présente deux cas : le nombre complexe est dividende ou diviseur.

489. Lorsque le nombre complexe est dividende, le diviseur est un nombre entier décimal ; dans ce cas, on fait la division en commençant par les plus fortes unités, s'il y a un reste, on le convertit en unités immédiatement inférieures, en y joignant celles qui pourraient se trouver au dividende, et l'on convertit de même chaque reste jusqu'à ce qu'on soit arrivé aux plus petites unités.

EXEMPLE.

5 écoliers ont ensemble 43 ans 11 mois 15 jours ; quelle est la moyenne de leur âge ?

Réponse. 8 ans 9 mois 15 jours.

43 a. 11 m. 15 j.	5
3 ans	8 a. 9 m. 15 j.
× 12 mois	
47 mois	
2 mois	
× 30 jours	
75 jours	

Je divise 43 ans par 5, j'ai pour quotient 8 ans, et pour reste 3 ; je réduis les 3 ans en mois, en multipliant 3 par 12, j'ai 36, et 11 du dividende font 47 mois ; je divise 47 mois par 5, j'ai 9, et pour reste 2 mois ; je les réduis en jours, en multipliant 2 par 30, j'ai 60 j., et 15 du dividende font 75 jours, que je divise par 5, je trouve 15 jours pour quotient.

490. Lorsque le nombre complexe est diviseur, on le réduit en unités de la plus petite espèce ; puis on multiplie le dividende par le nombre qu'il faut d'unités de la plus petite espèce pour faire une unité principale.

EXEMPLE.

Une personne a payé 176 fr. 50 cent. d'intérêt pour une somme qu'elle a gardée pendant 4 ans 10 mois 25 jours : combien payait-elle par an ?

Réponse. 36 francs.

Je réduis les ans et les mois en jours;

4 a. × 12 m. = 48 m., + 10 m. = 58 mois.

58 m. × 30 j. = 1740 j. + 25 j., = 1765 jours.

Je multiplie la somme par le nombre de jours de l'année.

176 fr. 50 × 360 j. = 63.540 fr.

63.540 fr. : 1765 j. = 36 fr., intérêt d'un an.

RÉDUCTIONS DES UNITÉS PRINCIPALES EN UNITÉS PLUS PETITES, ET RÉCIPROQUEMENT

491. Pour réduire des unités principales en unités plus petites, on multiplie les unités principales par le nombre d'unités inférieures qu'elles valent.

EXEMPLE.

Combien y a-t-il de jours, d'heures, de minutes dans 12 années ?

R, 6.307.200 minutes.

12 ans
× 365 jours
60
72
36
= 4380 jours
× 24 heures
17520
8760
=105120 heures.
× 60 min.

Rép. 6.307.200 minutes.

EXEMPLE.

Combien 24 degrés 45 minutes 25 secondes font-ils de tierces ?

R. 5.347.500 tierces.

24 degrés
× 60 minutes
= 1440 minutes
+ 45'
= 1485 minutes
× 60 secondes
= 89100''
+ 25''
= 89.125 secondes
× 60 tierces

Rép. = 5.347.500 tierces.

492. Pour réduire des unités inférieures en unités supérieures, il faut diviser les unités inférieures par le nombre qui représente combien il en faut pour faire une unité de l'ordre immédiatement supérieur ; on opère sur les unités qu'on obtient comme sur les premières, et ainsi de suite jusqu'aux plus grandes.

EXEMPLE.

Combien y a-t-il d'années, de mois, de jours et d'heures dans 7.431.300 minutes

Réponse. 14 ans 4 mois 15 heures.

```
7431300 min. | 60 min.
143          |-------------
 231         | 123.855 | 24 heures
  513            38    |----------
   330           145   | 5160 j.  | 30 j.
    300     Reste 15 h.   216     |---------
     00                    60     | 172 m.  | 12 m.
                           00       52    |--------
                                          | 14 ans
                               Reste 4 mois
```

Je divise les minutes par 60 pour savoir combien il y a d'heures ; je trouve 123. 855 heures ; je divise ensuite les heures par 24 pour avoir les jours, je trouve 5160 jours, et il reste 15 heures ; je divise les jours par 30 pour avoir les mois, j'obtiens 172 mois ; enfin je divise les mois par 12 pour avoir les années, je trouve 14 ans, et il reste 4 mois.

PROBLÈMES

SUR LES NOMBRES COMPLEXES.

ADDITION.

P. 741. Trois écoliers veulent additionner leur âge, l'un a 14 ans 3 mois, l'autre 12 ans 7 mois, et le dernier 9 ans 8 mois : quel est le total ?

P. 742. Quatre ouvriers ont travaillé à un ouvrage ; le premier pendant 4 heures 15 minutes, le second pendant 6 heures 45 minutes, le troisième pendant 5 heures 50 minutes, et le quatrième pendant 3 heures 25 minutes : combien ont-ils travaillé d'heures?

P. 743. Un matelot a fait 4 voyages de long cours ; le premier a duré 3 ans 5 mois 8 jours, le second 18 mois 20 jours, le troisième 2 ans 7 mois 25 jours, le quatrième 2 ans 16 jours : quelle a été la durée de ces 4 voyages?

P. 744. Les trois angles d'un triangle ont : l'un 90 degrés, l'autre 54 degrés 35 minutes, et le troisième 35 degrés 25 minutes : quelle est leur somme?

P. 745. Adolphe est né le 2 janvier 1817 à 5 heures du matin : quand a-t-il eu 28 ans 9 mois 26 jours 23 heures?

SOUSTRACTION.

P. 746. Charles a 18 ans 7 mois et 20 jours, et Romain 25 ans 9 mois 28 jours : quelle est la différence de leur âge?

P. 747. Lucile est née le 20 avril 1816, à 10 heures du soir, et elle est morte le 20 juin 1844 à midi : quel âge avait-elle?

P. 748. Combien s'est-il écoulé de temps du 10 août 1792 au 27 juillet 1830?

P. 749. La somme des trois angles d'un triangle vaut toujours 180 degrés ou deux angles droits : quelle est la grandeur du troisième angle d'un triangle, dont l'un vaut 35 degrés 50 minutes, et l'autre 85 degrés 25 minutes 40 secondes?

P. 750. La somme des quatre angles d'un trapèze étant toujours 360 degrés, quelle est la grandeur du quatrième angle d'un trapèze, dont le premier a 125 degrés 35 minutes 45 secondes, le deuxième 54 degrés 25 minutes 15 secondes, et le troisième 43 degrés 35 minutes 40 secondes?

MULTIPLICATION.

Dans tous ces problèmes l'année est supposée de 365 jours, et le mois de 30 jours.

P. 751. Combien y a-t-il d'heures en 12 années 15 jours?

P. 752. Combien y a-t-il de jours, d'heures, de minutes et de secondes dans 1845 années?

P. 753. Combien un enfant, âgé de 9 ans 7 mois 25 jours, a-t-il vécu de secondes?

P. 754. Eugène est né le 20 janvier 1829, à 11 heures du matin, et Hortense, sa sœur, le 18 mai 1832, à 8 heures du matin : combien Eugène avait-il d'heures de plus que sa sœur, le 30 septembre 1845, à midi?

P. 755. Un écolier, né le 12 avril 1834, demande son âge le 20 février 1846, et combien il a vécu de jours, d'heures, de minutes et de secondes

DIVISION.

P. 756. Combien y a-t-il d'années de 365 jours dans 16.162.200 heures?

P. 757. Un enfant, interrogé sur son âge, répond : j'ai 3.522 jours; quel est son âge?

P. 758. On demande combien 3.110.400 secondes font de jours?

P. 759. On a remonté 6 fois une pendule en 274 jours 3 heures 30 minutes : combien la pendule va-t-elle de temps sans être remontée?

P. 760. Un voyageur interrogé sur la durée de son voyage répond : j'ai voyagé pendant 96.789.600 secondes : combien cela fait-il d'années, de jours, d'heures et de minutes?

GÉOMÉTRIE.

493. La Géométrie est la science de l'étendue.

494. Il y a trois sortes d'étendues : l'étendue en longueur, qu'on nomme *ligne*; l'étendue en longueur et largeur, qu'on appelle *surface*; l'étendue en longueur, largeur et épaisseur, qu'on appelle *corps* ou *solide*.

DEFINITIONS DES LIGNES.

495. Une Ligne est une trace indiquant le passage d'un point à un autre.

496. La ligne droite est celle dont tous les points qui la composent sont dans la même direction : c'est le plus court chemin d'un point à un autre.

497. La ligne courbe est celle dont tous les points ne sont pas dans la même direction.

498. La ligne brisée est celle qui est formée de lignes droites.

499. La ligne sinueuse est celle qui est composée de lignes courbes.

500. La ligne verticale est celle qui suit la direction d'un fil à plomb tendu.

501. La ligne horizontale est celle qui est parallèle au niveau de l'eau tranquille.

502. La ligne oblique est celle qui n'est ni verticale ni horizontale.

503. La ligne perpendiculaire est celle qui, rencontrant une autre ligne, ne penche ni d'un côté ni de l'autre de cette ligne.

504. Les lignes parallèles sont celles qui sont toujours à égale distance l'une de l'autre, et qui ne

peuvent jamais se rencontrer à quelque distance qu'on les prolonge.

505. La ligne spirale est une ligne qui partant d'un point s'en éloigne insensiblement.

506. La ligne hélice est celle qui tourne autour d'un rouleau, soit en montant, soit en descendant.

507. La circonférence est une ligne courbe, dont tous les points sont également éloignés d'un point intérieur qu'on nomme centre.

508. Le rayon est une ligne droite, qui va du centre à la circonférence.

509. Le diamètre est une ligne droite qui passe par le centre, et qui touche la circonférence à ses deux extrémités : le diamètre partage la circonférence en deux parties égales.

510. L'arc est une partie de la circonférence.

511. La corde est une ligne droite qui joint les deux extrémités d'un arc.

512. La tangente est une ligne qui touche la circonférence en un seul point.

513. La sécante est une ligne qui coupe la circonférence en deux points.

514. La circonférence se divise en 360 parties appelées degrés.

515. Un angle est l'ouverture, plus ou moins grande, de deux lignes qui se rencontrent en un point qu'on appelle sommet : ces lignes se nomment les côtés de l'angle.

516. L'angle droit est formé par deux lignes perpendiculaires; il a 90 degrés : c'est le quart de la circonférence.

517. L'angle aigu est plus petit que l'angle droit.

518. L'angle obtus est plus grand que l'angle droit.

DÉFINITIONS DES SURFACES.

519. On appelle Surface ou Superficie, l'étendue qui a la longueur et largeur, ou la partie extérieure des corps.

520. Les surfaces planes sont celles sur lesquelles on peut appliquer en tous sens une règle droite.

521. Les surfaces courbes sont celles qui ne sont ni planes ni composées de surfaces planes.

522. Une surface convexe est la superficie d'un objet relevé en bosse, comme la surface d'une boule.

523. Une surface concave est la superficie d'un objet creux, comme l'intérieur d'un timbre de pendule.

524. Un triangle est une surface renfermée par trois lignes.

525. Le triangle équilatéral est celui qui a ses trois côtés et ses trois angles égaux.

526. Le triangle isocèle est celui qui a deux côtés et deux angles égaux.

527. Le triangle scalène est celui qui a ses trois côtés et ses trois angles inégaux. Quand les côtés d'un triangle sont égaux, les angles opposés sont aussi égaux.

528. Le triangle rectangle est celui qui a un angle droit.

529. On appelle hypothénuse le côté opposé à l'angle droit d'un triangle rectangle : le carré fait sur l'hypothénuse égale la somme des carrés faits sur les deux autres côtés.

530. La hauteur d'un triangle est la perpendiculaire abaissée d'un des angles sur le côté qui lui est opposé.

531. Le carré est une surface renfermée par quatre lignes égales formant quatre angles droits.

532. Le rectangle est une surface qui a quatre côtés parallèles et égaux deux à deux, formant quatre angles droits.

533. Le parallélogramme est une surface à quatre côtés parallèles et égaux deux à deux, formant quatre angles, deux aigus et deux obtus.

534. Le trapèze est une surface à quatre côtés inégaux, dont deux seulement sont parallèles.

535. Le losange est une surface renfermée par quatre lignes égales, formant quatre angles, deux aigus et deux obtus.

536. Un quadrilatère est une surface à 4 côtés.

537. Un pentagone est une surface à cinq côtés.

538. Un hexagone est une surface à six côtés.

539. Un octogone est une surface à huit côtés.

540. Un polygone est une surface à un nombre quelconque de côtés.

541. Un polygone régulier est celui dont les côtés et les angles sont égaux.

542. Un polygone irrégulier est celui dont les côtés et les angles sont inégaux.

543. Un polygone inscrit est celui qui se trouve dans un cercle, et dont tous les côtés sont des cordes.

544. Un polygone circonscrit est celui qui est formé autour d'un cercle, et dont tous les côtés sont des tangentes.

545. Un cercle est la surface comprise entre une circonférence.

546. Un segment est une surface comprise entre un arc et sa corde.

547. Un secteur est une portion de cercle comprise entre deux rayons et un arc.

548. Une couronne est la surface comprise entre deux circonférences parallèles.

549. Une ellipse est une figure circulaire, formée de quatre courbes raccordées égales deux à deux.

550. L'ovale est une figure circulaire formée d'un demi-cercle et de la moitié d'une ellipse.

DÉFINITIONS DES CORPS OU SOLIDES.

551. On appelle Volumes, Corps ou Solides les objets qui ont les trois dimensions, longueur, largeur et épaisseur.

552. Les principaux solides : sont le cube, le parallélipipède, le prisme, la pyramide, le cône, le cylindre et la sphère.

553. Le cube est un solide qui a les trois dimensions égales, et dont les six faces sont des carrés égaux.

554. Le parallélipipède est un solide dont les six faces sont parallèles et égales deux à deux.

555. Le prisme est un solide dont les deux faces

opposées, appelées bases, sont des polygones égaux et parallèles, et les autres faces des rectangles.

556. La pyramide est un solide qui a pour base un polygone quelconque et dont les côtés sont des triangles qui aboutissent tous en un même point appelé sommet de la pyramide.

557. Une pyramide tronquée est celle dont la partie supérieure a été retranchée.

558. Le cône, qui a la forme d'un pain de sucre, est un solide dont la base est un cercle et le sommet un point; il est engendré par la révolution de l'hypothénuse d'un triangle rectangle autour de l'un des côtés de l'angle droit.

559. Un cône tronqué est celui dont la partie supérieure a été retranchée.

560. Le cylindre, ou rouleau, est un solide qui a pour bases deux cercles égaux et parallèles : il est engendré par la révolution d'un rectangle autour d'un de ses côtés.

561. La sphère, ou boule, est un solide dont tous les points de la surface sont également éloignés d'un point intérieur nommé centre : elle est engendrée par la révolution d'une demi-circonférence autour de son diamètre.

MESURE DES SURFACES.

562. Pour mesurer les étendues, on se sert du mètre linéaire pour les longueurs, du mètre carré pour les surfaces, et du mètre cube pour les solides.

563. Mesurer une longueur, c'est chercher combien de fois elle contient une longueur connue.

564. Mesurer une surface, c'est chercher combien de fois elle contient une surface connue prise pour unité de mesure.

565. On obtient la surface du carré en multipliant la longueur d'un côté par elle-même.

566. On obtient la surface du rectangle en multipliant la base par la hauteur.

567. On obtient la surface du parallélogramme et du losange en multipliant la base par la hauteur, c'est-à-dire par la perpendiculaire élevée de la base vers le côté qui lui est opposé.

568. On obtient la surface du triangle en multipliant la base par la hauteur et en prenant le moitié du produit : car le triangle est la moitié d'un rectangle ou d'un parallélogramme de même base et de même hauteur.

569. Pour obtenir la surface du trapèze, il faut additionner la longueur des deux côtés parallèles, en prendre la moitié et la multiplier par la hauteur.

570. Pour obtenir la surface des polygones réguliers quelconque, il faut multiplier la longueur de leur contour par la moitié de l'apothème, ou de la perpendiculaire abaissée du centre sur le milieu de l'un des côtés : car on peut considérer un polygone comme formé d'autant de triangles égaux qu'il a de côtés.

571. Pour trouver la surface des polygones irréguliers, il faut les diviser en triangles par des diagonales, puis les évaluer séparément, et ensuite additionner les produits.

572. On appelle diagonale une ligne droite qui joint les sommets de deux angles opposés d'un polygone quelconque.

573. Pour obtenir la surface du cercle, il faut multiplier la longueur de la circonférence par la moitié du rayon ou le quart du diamètre : car on peut considérer le cercle comme formé d'une infinité de petits triangles ayant la circonférence pour base, et le rayon pour hauteur.

On obtient aussi la surface du cercle en multipliant le diamètre par la circonférence et en divisant le produit par 4.

La surface du cercle égale le carré du rayon multiplié par 3,142.

574. Si l'on ne connaissait pas la longueur de la circonférence ou celle du diamètre, on obtiendrait l'une ou l'autre par cette proportion: 7 est à 22 comme le diamètre est à la circonférence.

On obtient aussi la longueur de la circonférence en multipliant le diamètre par 3, 142, et celle du diamètre en divisant la circonférence par 3, 142.

575. On obtient la surface du secteur en multipliant la longueur de l'arc par la moitié du rayon;

576. On obtient la longueur de l'arc d'un secteur par cette proportion : 360 est au nombre de degrés du secteur comme la longueur de la circonférence est à la longueur de l'arc donné.

577. Pour obtenir la surface d'un segment, il faut chercher la surface du secteur construit sur l'arc de ce segment, puis en retrancher la surface du triangle qui a pour base la corde du segment, et dont les deux autres côtés sont les rayons.

578. Pour obtenir la surface de la couronne, il faut chercher la surface du grand cercle, puis celle du petit, et retrancher la surface du petit cercle de celle du grand.

579. La surface de l'ellipse est égale à la surface d'un cercle dont le diamètre serait la racine carrée du produit du grand axe de l'ellipse par le petit.

La surface de l'ellipse égale le produit de la moitié du grand axe par la moitié du petit, multiplié par 3,142.

580. L'ovale étant formé d'un demi-cercle et de la moitié d'une ellipse, sa surface est égale à la moitié de la surface du cercle dont il est composé, plus la moitié de celle de l'ellipse.

581. Les surfaces des figures semblables sont entre elles comme le carré de leurs lignes homologues.

SURFACE DES CORPS.

582. On obtient la surface latérale du cube, du prisme, du parallélipipède, en multipliant le contour par la hauteur.

583. Pour obtenir la surface latérale du cylindre on multiplie la longueur de sa circonférence par sa hauteur.

584. Pour obtenir la surface totale de ces solides, il faut ajouter à la surface latérale la surface des deux bases

585. On obtient la surface latérale de la pyramide en multipliant le contour par la moitié de la distance du contour au sommet.

586. On obtient la surface latérale du cône en

multipliant la longueur de la circonférence par la moitié de la distance du sommet à la circonférence.

587. Pour obtenir la surface totale de la pyramide et du cône, il faut ajouter la surface de la base à la surface latérale.

588. Pour obtenir la surface latérale du cône tronqué et de la pyramide tronquée, il faut ajouter la longueur du contour des deux bases, en prendre la moitié, et la multiplier par la distance des deux contours.

589. On obtient la surface de la sphère en multipliant la longueur de sa circonférence par son diamètre.

VOLUME DES CORPS.

590. Mesurer le Volume d'un corps, c'est chercher combien de fois il contient un autre corps pris pour unité de mesure. Le mètre cube est l'unité de mesure de volume.

591. On obtient le volume d'un cube en multipliant la surface de sa base par sa hauteur.

592. On obtient le volume du parallélipipède en multipliant la surface de la base par la hauteur.

593. On obtient le volume du prisme en multipliant la surface de la base par la hauteur.

594. Pour obtenir le volume du prisme tronqué il faut additionner la longueur des arêtes, ou côtés, et diviser la somme par le nombre des arêtes, puis multiplier la surface de la base par le quotient obtenu: c'est-à-dire, multiplier la surface de la base par la moyenne de la longueur des arêtes.

595. On obtient le volume du cylindre en multipliant la surface de la base par la hauteur.

596. On obtient le volume de la pyramide en multipliant la surface de la base par le tiers de la hauteur : car la pyramide est le tiers d'un prisme de même base et de même hauteur.

597. On obtient le volume du cône en multipliant la surface de la base par le tiers de la hauteur.

598. Pour obtenir le volume de la pyramide tronquée, il faut chercher le volume de la pyramide entière, puis celui de la partie retranchée, ensuite retrancher le volume de la partie retranchée du volume total de la pyramide : il en est de même pour le cône.

599. On obtient la hauteur de la partie retranchée d'une pyramide par cette proportion : la longueur d'un grand côté, moins la longueur du petit côté correspondant est à la hauteur du tronc de la pyramide comme le petit côté est à la hauteur de la partie retranchée.

600. Pour obtenir le volume d'un tronc de cône il faut chercher la solidité du cône entier, et celle de la partie retranchée, ensuite on ôte le volume de la partie retranchée du volume total, le reste est le volume du tronc de cône.

601. On obtient la hauteur de la partie retranchée du cône par cette proportion : le grand diamètre moins le petit diamètre est à la hauteur du tronc du cône comme le petit diamètre est à la hauteur de la partie retranchée.

602. Pour obtenir le volume d'une pyramide tronquée ou d'un cône tronqué, on peut aussi multiplier la surface de la base inférieure par la surface de la base supérieure, extraire la racine carrée du produit, puis additionner la racine avec les deux surfaces, et multiplier la somme par le tiers de la hauteur du tronc.

603. On obtient le volume de la sphère en multipliant sa surface par le tiers du rayon : car on peut considérer la sphère comme formée d'une infinité de pyramides ayant leur sommet au centre de la sphère, et ayant la surface de la sphère pour base.

604. On obtient le volume d'un tonneau en multipliant la longueur intérieure du tonneau par la surface d'un cercle dont le diamètre serait celui du bouge diminué du tiers de la différence qui existe entre ce diamètre et celui du fond.

605. Le volume d'un arbre non équarri s'obtient en multipliant la longueur de l'arbre par la surface d'un cercle dont le diamètre serait la moitié de la somme des diamètres des extrémités.

606. Si l'arbre est équarri, il forme un prisme ou une pyramide tronquée qu'on évalue comme à l'ordinaire.

607. On obtient le volume d'un corps irrégulier de petite dimension en le plongeant dans un vase plein d'eau : le volume de l'eau qui s'échappe est celui du corps.

608. Si le corps est de grande dimension, on le décompose en prismes ou autres corps réguliers faciles à évaluer, on les évalue séparément, puis on réunit tous les produits.

PROBLÈMES

SUR LES SURFACES.

P. 761. On demande la surface d un carré ayant 35 mètres de côté.

P. 762. Quelle est la surface d'un champ formant un rectangle de 60 mètres de long sur 40 mètres de large ?

P. 763. Quelle est la surface d'un pré formant un trapèze dont un côté a 52 mètres, l'autre 64, et dont la hauteur est de 45 mètres?

P. 764. Quelle est la surface d'un jardin formant un triangle de 52 mètres 5 décimètres de base, sur 46 mètres 8 décimètres de hauteur ?

P. 765. Quelle est la surface d'un losange ayant 125 mètres de base, et 86 mètres 75 de hauteur ?

P. 766. On demande la surface d'un cercle ayant 21 mètres de diamètre, et 66 mètres de circonférence.

P. 767. Quelle est la superficie d'un cercle dont le diamètre est de 28 mètres?

P. 768. On demande la superficie d'un cercle dont la circonférence a 110 mètres.

P. 769. On demande la surface d'un cercle dont le rayon est de 35 mètres.

P. 770. Quelle est la surface d'une vigne formant un rectangle de 145 mètres de long, sur 75 mètres de large ?

P. 771. Quelle est la surface latérale d'une colonne ayant 2 mètres 35 de circonférence et 5 mètres 40 de hauteur ?

P. 772. Quelle est la surface d'un mur de 46 mètres 20 cent. de long et de 4 mètres 25 de hauteur ?

P. 773. On demande la surface totale d'une caisse formant un parallélipipède ayant 1 mètre 5 décimètres de long, 8 décimètres de large, et 75 centimètres de hauteur.

P. 774. Quelle est la surface d'un bassin de forme circulaire ayant 165 mètres de diamètre?

P. 775. Quelle est la surface latérale d'un cône de 25 mètres de circonférence et dont le côté a 6 mètres 75 centimètres?

P. 776. On demande la surface latérale d'une pyramide quadrangulaire ayant 6 mètres de côté, et dont la distance du côté au sommet est de 12 mètres.

P. 777. Quelle est la surface d'une sphère ayant 2 mètres de diamètre?

P. 778. Quelle est la surface d'une couronne dont le diamètre intérieur est de 10 mètres, et le grand diamètres de 12 mètre.

P. 779. Quelle est la surface d'une salle ayant 5 mètres 40 centimètres sur 2 mètres 75 centim.?

P. 780. Quelle est la surface des quatre murs

d'une chambre ayant 12 mètres de long, 5 de large et 4 de hauteur?

P. 781. On demande la surface d'un parterre ayant la forme d'une ellipse, dont le grand axe a 24 mètres, et le petit 18 mètres.

P. 782. Quelle est la surface d'un secteur dont l'arc a 45 degrés, et le rayon 20 mètres?

P. 783. Quelle est la surface d'un jardin formant un trapèze dont un côté a 246 mètres, l'autre 180, et dont la hauteur est de 75 mètres?

P. 784. Un champ de 750 mètres de long, et de 477 mètres de large, a été vendu à raison de 1500 francs l'hectare : on demande la surface de ce champ, et ce qu'il sera payé.

P. 785. La peinture d'une salle de 14 mètres de long, sur 6 mètres de large et 4 de hauteur, doit être payée à raison de 1 franc 20 cent. le mètre pour les côtés, et de 80 centim. pour le plafond : combien coûtera-t-elle?

P. 786. On a fait peindre un plafond de 5 mètres 75 centim. sur 4 mètres 40 centim. à raison de 1 fr. 50 cent. le mètre : quelle est la surface du plafond, et combien coûtera la peinture?

P. 787. Quelle est la surface d'un champ ayant la forme d'un triangle dont la base est de 170 mètres 30 centim., et la hauteur de 145 mètres?

P. 788. Quelle est la surface d'une sphère de 6 mètres de diamètre?

P. 789. On demande la surface d'un trapèze dont la hauteur est de 26 mètres, l'une des bases de 70 mètres, et l'autre de 126 mètres.

P 790. Quelle sera la longueur du côté d'un carré qui égale un triangle de 725 mètres de longueur et de 214 mètres de hauteur?

P. 791. Combien faudra-t-il de carreaux de forme carrée ayant 15 centimètres de côté pour carreler une chambre ayant 6 mètres de long sur 4 mètres 50 centimètres de large?

P. 792. Un puits de 26 mètres de profondeur et de 2 mètres de diamètre doit être cimenté pour 60 francs : on demande la surface du puits, et le prix du mètre.

P. 793. On a fait peindre une porte cochère de 2 mètres 75 centim. de large, sur 3 mètres 80 centim. de hauteur, à raison de 1 franc 50 cent. le mètre pour le dedans, et de 2 francs 40 cent. pour le dehors : combien faut-il payer?

P. 794. Quelle est la surface d'un terrain irrégulier formant : un triangle de 35 mètres de base, sur 68 mètres de hauteur; un autre de 24 mètres de base, sur 46 mètres de hauteur ; un autre de 25 mètres de base, sur 40 mètres de hauteur ; et un trapèze dont un des côtés parallèles a 28 mètres, et l'autre 47 mètres 60 centim. et la hauteur 25 mètres?

P. 795. Quelle est la surface d'un verger formant trois triangles, dont le premier a 34 mètres de base et 50 mètres de hauteur ; le deuxième a 63 mètres 6 décimètres de base et 32 mètres 50 centim. de hauteur ; le troisième a 75 mètres de base et 42 mètres 3 décimètres de hauteur?

P. 796. Combien faudra-t-il de planches de 4 mètres de longueur et 4 décimètres de largeur pour planchéier un salon de 15 mètres de longueur sur 6 mètres 70 centim. de largeur?

P. 797. On demande la surface d'une sphère ayant 8 décimètres de diamètre.

P. 798. Quelle est la surface d'un bassin formant une ellipse dont le grand axe a 12 mètres, et le petit 8 mètres 6 décimètres?

P. 799. Quelle est la surface d'un secteur dont l'arc a 120 degrés et le rayon 20 mètres?

P. 800. Un particulier a une propriété formant un rectangle long de 286 mètres 3 décimètres, et large de 215 mètres 6 décimètres; au milieu de cette propriété se trouve un étang de 54 mètres de diamètre. On demande la surface de la propriété, celle de l'étang, et enfin celle du terrain à cultiver.

P. 801. Combien coûtera la peinture d'un appartement long de 8 mètres, large de 5 mètres 4 décimètres, haut de 3 mètres 5 décimètres, sachant que la frise a 85 centimètres de hauteur, et qu'elle a été payée 2 fr. le mètre, le reste 1 fr. 75 centimes, et le plafond 1 fr. 25 centimes?

P. 802. Un cultivateur a fait couvrir une grange, dont la couverture forme deux triangles et deux trapèzes, à raison de 2 francs 75 cent. le mètre carré : combien doit-il payer, si chaque triangle a 10 mètres de base et 8 mètres 6 centim. de hauteur, et si chaque trapèze a 12 mètres pour le grand côté, 6 pour le petit, et 8 mètres 5 décimètres de hauteu

P. 803. Quelle sera la hauteur d'un rectangle de 45 mètres de base dont la surface doit être égale à celle d'un triangle de 146 mètres de base sur 85 mètres de hauteur?

P. 804. Quelle est la longueur d'un carré égal à un parallélogramme de 75 mètres de base sur 36 mètres de hauteur?

P. 805. Quelle est la surface totale d'une porte cochère cintrée large de 2 mètres, haute jusqu'au diamètre du cintre de 3 mètres 4 décimètres?

P. 806. Quel diamètre faut-il donner à une table ronde pour pouvoir y placer 12 personnes, la place d'une personne étant de 5 décimètres?

P. 807. Combien doit-on payer pour la dorure

d'un cadre ayant la forme d'une ellipse intérieurement et celle d'un rectangle extérieurement, à raison de 5 centimes par centimètre carré : le rectangle a 56 centimètres sur 40, et l'ellipse a 40 centimètres sur 30 ?

P. 808. Combien faudra-t-il de dalles ayant la forme d'un losange de 4 décimètres de base sur 5 de hauteur, pour paver une cour formant un trapèze dont un côté a 8 mètres 5 décimètres, l'autre 12 mètres, et la hauteur 18 mètres ?

P. 809. On veut tapisser une salle ayant 4 mètres de hauteur, 16 de longueur et 6 de largeur avec des pièces de tapisserie ayant 6 décimètres de large et 7 mètres 8 décimètres de long : sachant qu'il y a 6 croisées de 2 mètres sur 1 mètre 75 centim. ; 3 portes de 2 mètres 5 décimètres sur 1 mètre ; enfin que les lambris ont 9 décimètres de hauteur. On demande 1° la surface des murs de la salle, 2° la surface des croisées, 3° celle des portes, 4° celle des lambris, 5° celle de la tapisserie, et 6° le nombre de pièces de tapisserie qu'il faudra.

P. 810. Combien coûtera la peinture d'un appartement ayant 6 mètres de large, 8 de long et 4 de hauteur, sachant qu'il y a 4 croisées de 2 mètres sur 1 mètre 50 ; 3 portes de 2 mètres 4 centim. sur 9 décimètres, et un lambris de 8 décimètres de haut : on paye le plafond 85 centimes le mètre, les portes et les croisées 1 fr. 25 centimes le lambris 1 fr. 15 cent., et le reste des murs 90 centimes.

PROBLÈMES SUR LE VOLUME DES CORPS.

P. 811. Quel est le volume d'un cube dont chaque face a 25 mètres carrés ?

P. 812. Quelle est la solidité d'un cube dont chaque face a 36 mètres carrés?

P. 813. Quel est le volume d'un prisme ayant 25 mètres de base et 3 m. 75 centim. de hauteur?

P. 814. Combien une citerne ayant 6 mètres de longueur, 4 de largeur et 5 de profondeur contient-elle de mètres cubes?

P. 815. Quel est le volume d'un tas de pierres ayant 3 mètres de largeur, 6 de longueur et 2 mètres 4 décimètres de hauteur?

P. 816. Quelle est la solidité d'une colonne ayant 2 décimètres de diamètre et 3 mètres de hauteur?

P. 817. Quelle est la solidité d'une pyramide quadrangulaire dont le côté a 2 mètres 6 décimètres, et la hauteur 6 mètres 9 décimètres?

P. 818. On demande le volume d'un cône de 18 mètres de circonférence et de 4 mètres de hauteur.

P. 819. Quel est le volume d'une sphère de 3 mètres de diamètre?

P. 820. Quel est le volume d'une pierre de 2 metres de longueur, 9 décimètres de largeur et 8 décimètres d'épaisseur?

P. 821. On demande la solidité d'une poutre de 6 mètres de longueur sur 4 décimètres de largeur et 5 de hauteur.

P. 822. Quelle est la capacité ou le volume d'un tonneau ayant 1 mètre 20 centimètres de longueur intérieure, et dont le diamètre du bouge est de 89 centimètres, et celui du fond de 74 centimètres?

P. 823. Un arbre a 8 mètres de longueur, le grand diamètre est de 75 centimètres et le petit de 40, quel est le volume de l'arbre?

P. 824. Combien une cuve dont le diamètre supérieur est de 2 mètres, l'autre de 2 m. 6 décimètres la hauteur de 3 mètres contient-elle d'hectolitres?

P. 825. Combien est-il entré de matériaux dans la maçonnerie d'un puits de 34 mètres de profondeur et de 1 mètre 75 centim. de diamètre, si le mur a 0 mètre 4 décimètres d'épaisseur, et combien contiendra-t-il de mètres cubes d'eau si elle monte à 3 mètres de hauteur ?

P. 826. Quelle quantité d'eau contient un fossé long de 50 mètres, et dont le haut a 1 mètre 50 centim. de largeur et le bas 1 mètre, la profondeur est de 85 centimètres?

P. 827. Un puits de 2 mètres de diamètre contient 12 mètres 570 décimètres cubes d'eau : à quelle hauteur s'élève l'eau ?

P. 828. Combien y a-t-il de stères de bois, ou de mètres cubes, dans une pile de bois ayant la forme d'un parallélipipède de 16 mètres 5 centim. de longueur, 6 mètres 6 décimètres de largeur et 6 mètres 5 décimètres de hauteur ?

P. 829. Une cuve aussi large en bas qu'en haut a 25 décimètres de hauteur et 24 de diamètre : combien contient-elle d'hectolitres, et combien vaut le vin qu'elle contient à raison de 20 francs l'hectolitre ?

P. 830. Combien coûtera la maçonnerie d'un puits qui a 1 m. 6 décim. de diamètre intérieur, 17 mètres de profondeur, et dont le mur a 6 décimètres d'épaisseur, si l'on paye 90 fr. le mètre cube ?

P. 831. Combien y a-t-il de stères de bois dans une pile de bois longue de 25 m., large de 9 mètres 12 centimèt. et haute de 4 mètres 6 centim. ?

P. 832. Combien a-t-on enlevé de mètres cubes de terre des fondations d'une maison ayant 15 mètres de largeur, 20 de longueur, et 4 de profondeur, et combien a-t-il fallu faire de voyages avec un tombereau qui en contenait 333 décimètres cubes?

P. 833. Une poutre a 6 mètres 5 décimètres de

long, 4 décimètres de large et 35 centimètres d'épaisseur : quel est son volume ?

P. 834. Un tas de foin disposé en prisme tronqué a 4 mètres de longueur, 3 mètres de largeur, l'un des côtés, ou arêtes, a 2 mètres 5 décimètres, l'autre 2 mètres 7 décim., le troisième 1 mètre 9 décim., et le quatrième 2 mètres 6 décim. : quel est le volume de ce tas de foin ?

P. 835. La pyramide de Gizé, la plus grande des pyramides d'Egypte, a pour base un carré qui a 180 mètres de long, sa hauteur verticale est de 150 mètres : quel est son volume ?

P. 836. On demande combien un verre conique, ayant 8 centimètres de diamètre en haut, 3 centimètres en bas, et 5 centimètres de profondeur, contient de centimètres cubes.

P. 837. On a creusé un puits de 2 mètres 25 centimètres de rayon et de 45 mètres de profondeur : combien a-t-on enlevé de mètres cubes de terre ?

P. 838. Combien un étang ayant 1426 mètres de long et 275 mètres de large, et une profondeur moyenne de 1 mètre 35 centimètres contient-il de mètres cubes d'eau ?

P. 839. Quelle est la solidité d'une meule de blé formant un tronc de cône, dont le diamètre inférieur est de 8 mètres et le supérieur de 6, la hauteur du tronc de cône étant de 8 mètres ?

P. 840. Un tas de pommes de terre a pour base un trapèze dont l'un des côtés a 3 mètres et l'autre 2 mètres 7 décimètres, la distance entre les deux côtés est de 2 mètres 5 centim. ; la hauteur du tas sur le derrière est de 1 mètre 8 décimètres, et sur le devant de 75 centimètres : combien y a-t-il d'hectolitres de pommes de terre dans le tas ?

MÉMOIRE

DES OUVRAGES DE MENUISERIE

Faits pour le compte de M. MORÈRE, *dans sa propriété, sise à Montrouge, sous les ordres de M. Duquesney, architecte,*

Par LEFÈVRE, *entrepreneur de menuiserie, au Petit-Montrouge, route d'Orléans,* n° 89.

Dans le courant du deuxième trimestre de 1836.

SAVOIR :

Pour le pavillon au fond du jardin.

	f. c.
Fourni 3 bâtis de portes en chêne de 0 m. 08 d'épaisseur, sur 0 m. 08 cent, de 2 m. 22 cent. haut. sur 0 m. 88 centim. large.	
Ensemble produisent 15 mètres 96 linéaires, à 1 fr. 15 cent. le mètre.	18 35

Chambre à coucher.

Une huisserie en chêne de 0 m. 08 cent. carrée, de 2 m. 75 c haut. sur 0 m. 88 c. de large; produit 6 m. 38 c. linéaires.
Un poteau de remplissage 2 m. 75 c. id.

Ensemble : 9 m. 13 c. linéaires.

A 1 fr. 65 cent. le mètre	15 06

Cloisons de remplissage.

Une partie à droite de 2 m 85 c.
Une id. à gauche de 0 m. 56 c.

Ensemble 3 m. 41 c.

Sur 2 m. 65 de haut; produit 9 m. 03 de superficie
Un dessus de porte de 0 m. 75 sur 0 m. 60 c. égale 0 m. 45 d. id.

Ensemble 9 m. 48 d. superfic.

A 80 centimes le mètre,	7 58
Coulisses en sapin de 0 m. 027 sur 0 m. 08 haut et bas de la cloison développant ensemble 6 m. 82 centim. linéaires à 45 cent. le mètre,	3 06
A reporter. . .	44 05

	f.	c
Report. . .	44	05
Un cours d'entretoise en chêne de 0 m. 027 sur 0m. 11, en 3 morceaux, développant ensemble 3 m. 56 c., à 90 centimes le mètre,	3	20
3 croisées en chêne de 0 m. 035 épaisseur, dormants 0 m. 05, de chacune 1 m. 95 de haut sur 1 m. 18 cent.; ensemble produisent 6 m. 90 superficiels, à 9 fr. le mètre.	62	10
3 paires de persiennes en chêne de 0 m. 035 épaisseur, lames en chêne, de chacune 1 m. 92 c. de haut. sur 1 m. 12; ensemble produisent 6 m. 45 c. superficiels, à 9 fr. 75 le m.,	62	88
4 portes en sapin de 0 m. 035 d'épais. à petit cadre et à double parement, panneaux de 0 m. 015 d'épais., de chacune 2 m. 10 c. de haut, sur 0 m. 75 c. de large; ensemble produisent 6 m. 30 superficiels, à 7 fr. 50 le mèt,	47	25

Chambre à coucher.

Parquet en chêne, point de Hongrie, de 0m. 027c. épais. de 4 m. 36, sur 4 m. 15, prod.	18 m. 09		
Une embrasure de croisée de 1 m. 30 sur 0 m. 28. Produit.	0 m. 36		
Une embrasure de porte de 0 m. 78, sur 0 m. 43. Produit.	0 m. 33		
Ensemble	18 m. 78		
A déduire le foyer de 1 m 12 sur 0 m. 63.	0 m. 70		
Reste au produit	18 m. 08		
18 m. 08 superficiels à 9 fr. 50 le mètre,		171	76
Chambranles en sapin pour les portes 7 chambranles de 0 m. 015 sur 0 m. 045. de 1 m. 98 centim. sur 0 m. 92 développant chacun 4 m. 88 centim.			
Ensemble 34 m. 16, à 45 centimes le mètre,		15	37
TOTAL.		406	61

Pour acquit du présent Mémoire et pour solde de tout compte jusqu'à ce jour.

Montrouge, le 15 septembre 1856.

LEFÈVRE.

MÉMOIRE

DES OUVRAGES DE MAÇONNERIE

Exécutés, et des matériaux fournis pour le dallage de la cuisine de la maison de M. Léon, *située rue Blanche*, 35, *à Paris*,

Par Boutier, *maître maçon, rue de Buffault*, 15,

Dans le courant du mois de juin 1853.

SAVOIR :

		f. c.
Pour avoir décarrelé la cuisine du rez-de-chaussée, décrotté et rangé les carreaux, 6 heures de maçon et de son aide, à 6 fr. 75 c. par journée de 10 heures.		4 05
Fourni le dallage de ladite cuisine, en dalles de Château-Landon de 2 m. 70 de long sur 2 m. 50 de large ; produit	6,75	
Excédant. Embrasure de la croisée de 1 m. 25 sur 0 m. 30 ; produit	0,37	
Id. Un renfoncement de 1 m. sur 0 m. 50 ; produit.	50	
Le tout ensemble produit.	7,62	
A déduire, 3 jambages de fourneau de chacun 1 m. 15 sur 0 m. 20, prod. ensemble	69	
Le reste produit.	6,93	
6 m. 93 de dalles de 0 m. 054 m. d'épaisseur, à 15 fr. 65 le mètre superficiel.		108 45
Pour l'appareil des joints 1 jour 4 heures de tailleur de pierre, à 4 fr. 25 c.		5 95
Pour avoir coulé et posé les dalles et fait les solins au pourtour de ladite cuisine, 2 journées de maçon et de son aide, à 6 fr. 75 c.		13 50
Fourni 15 sacs de plâtre à 50 c.		7 50
12 m. 45 linéaires de joints en limaille, à 0 fr. 40 c. le mètre.		4 98
		144 43
Pour faux frais et bénéfice de l'entrepreneur, un dixième de la dépense.		14 44
Total.		158f87

Paris, le 18 *août* 1856.

Pour acquit du présent mémoire, BOUTIER.

Rue Montmartre, 168.

L. HALOU

AGENT DE MANUFACTURES.

Monsieur FLAMAND, *de Nancy, Doit,*

Pour vente et livraison faites des marchandises détaillées ci-dessous, payables dans Paris; escompte 5 0/0, à 90 jours.

Paris, le 17 *mars* 1856.

Nos	M.	C.		FR	C.	FR.	C.
327	20	45	Drap bleu d'Elbeuf.	20	»	409	»
335	15	60	id. marron id.	25	»	390	»
599	50	75	Mérinos pensée.	6	25	317	18
272	17	40	Escot noir-bleu.	5	20	90	48
337	40	»	Gros de Naples rose.	3	10	124	»
752	25	10	Velours bleu de France.	15	20	381	52
36	45	»	Crêpe crépé blanc.	2	10	94	50
2	24	60	Indienne chinée.	»	90	22	14
73	16	»	Douz. châles crêpe de Ch.	60	»	960	»
395	1	»	Coupon de percale.	3	»	3	»
272	6	»	Pièces de foulards garance.	25	»	150	»
385	20	»	Douzaines de bas de coton	26	»	520	»
573	4	»	Paires de chaussettes de fil.	»	95	3	80
5	50	»	Mousseline blanche.	1	30	65	»
535	30	»	Flanelle de santé.	5	25	157	50
342	27	35	Serge noire 70 centimètres.	3	40	92	99
32	30	»	id. id. fin cuit 70 cent.	5	20	156	»
333	60	»	Toile de Rouen.	6	10	366	»
						4303	11
			Escompte 5 o/o.			215	15
			Acquitté, le 24 *juin* 1856.			4087	96

HALOU.

AU SOLDAT LABOUREUR.

PRIX FIXE.

A Montrouge, route d'Orléans, 68,

En face la rue Neuve-d'Orléans.

Toiles, Draperie
Rouennerie,
Nouveautés,
Dépôt de Tapis.

GOUNIN

Articles pour deuil
et demi-deuil.
Fab. de parapluies
et d'ombrelles.

Montrouge, le 18 *novembre* 1856.

M.	C.	VENDU A M. FOURNIER :			FR.	C.
8	50	Indienne pour robe.	»	85	7	22
17	»	Calicot pour chemises.	1	25	21	25
7	50	Cotonnade.	1	20	9	»
36	»	Toile pour draps.	1	90	68	40
15	»	id. pour torchons.	»	65	9	75
8	40	id. à matelas.	1	50	12	60
15	70	Mérinos.	2	35	13	39
3	50	Flanelle de santé.	1	75	6	12
10	»	Coutil de fil.	3	85	38	50
3	»	Douzaines de serviettes.	14	»	42	»
5	»	Nappes de toile.	6	25	31	25
18	»	Mouchoirs de poche de fil blanc.	1	25	22	50
2	»	Foulards de soie.	5	50	11	»
4	»	Cravates noires de soie.	4	25	17	»
»	75	Nouveauté pour gilet.	14	50	10	87
1	25	Velours de soie.	19	50	24	37
4	»	Paires de bas de laine.	2	75	11	»
1	»	Jupon de coton.	3	25	3	25
6	»	Bonnets de coton.	»	95	5	70
3	40	Valenciennes.	1	45	4	93
1	»	Couverture de laine.	»	»	18	50
1	»	Bonnet monté.	»	»	6	25
1	»	Parapluie.	»	»	12	»
1	»	Ombrelle.	»	»	7	25
		TOTAL :			414	19

Pour acquit.

GOUNIN

A LA VILLE DE PARIS, RUE DAUPHINE, 26.

BONNEFOY.

Demi-gros et Détail,

Sucre, Café, Bougies, Huile d'olive surfine et épuration pour Carcel.

Vendu à Monsieur Bernardin :

Paris, 20 *août* 1856.

K.	D.		FR.	C.	FR	C.
7	»	Sucre Bourbon.	1	90	13	30
4	»	Paquets de chandelles.	3	40	13	60
1	25	Café brûlé.	4	»	5	»
3	50	Riz.	1	»	3	50
4	»	Semoule.	»	70	2	80
2	»	Macaroni.	»	90	1	80
5	75	Huile de colza.	1	40	8	05
3	10	id. d'olive.	3	40	10	54
1	50	Chocolat.	3	75	5	62
»	30	Poivre.	4	80	1	44
3	»	Beurre.	2	25	6	75
»	50	Cire à frotter.	4	50	2	25
1	80	Fromage de Gruyère.	1	50	2	70
6	»	Litres de lentilles.	»	85	5	10
4	»	id. de haricots.	»	75	3	»
1	»	Flacon d'eau de fleur d'orange	»	»	»	60
					86	05

VAVASSEUR

MARCHAND BOUCHER.

Rue de la Vieille-Bouclerie, N° 20,

A PARIS.

Du 1er *au* 25 *octobre* 1856.

Vendu à M. BERNARD :

K.	H.		F	C.	FR.	C.
45	6	Bœuf.	1	25	57	»
24	7	Veau.	1	50	37	5
36	4	Mouton.	1	40	50	96
8	3	Filet.	4	75	22	82
					167	83

QUITTANCES.

Je, soussigné, reconnais avoir reçu de Monsieur Maurin, la somme de cent dix francs à compte et en déduction de mon mémoire.

Paris, ce 15 avril 1856.

DURAND.

Je, soussigné, reconnais avoir reçu de Monsieur Martin propriétaire, la somme de deux cents francs pour solde de tous les travaux de maçonnerie que j'ai faits dans sa maison, et pour fournitures de chaux, plâtre, etc., suivant les conditions faites entre nous.

Lyon, le 20 juillet 1856.

SORLIN.

Je, soussigné, reconnais avoir reçu de Monsieur Royer cultivateur, la somme de cinq cent cinquante francs, à valoir sur celle de huit cents francs qu'il me doit, pour le prix d'un cheval que je lui ai vendu ce jourd'hui.

Bonneval, le 20 août 1856.

RIVIÈRE.

Je, soussigné, reconnais avoir reçu de Monsieur Roux la somme de soixante-quinze francs, pour la rente d'un année de la somme de quinze cents francs qu'il me doit échue le premier mars ; dont quittance sans préjudice des intérêts courants.

Grand-Lemps, le 4 mars 1856.

Approuvé pour la somme de soixante-quinze francs

Ve JACQUIER.

Je, soussigné, Mélanie Cintrat, épouse de Pierre Martinon, et de lui autorisée, reconnais avoir reçu de Monsieur Imbert, la somme de quatorze cents francs, à compte sur ce qu'il doit à mon mari, pour marchandises livrées.

Vienne, le 25 août 1856.

Fme MARTINON.

BILLETS SIMPLES.

Je, soussigné, déclare devoir à Monsieur Vanter, la somme de *trois cent cinquante francs*, pour argent qu'il m'a prêté en différentes fois et à diverses époques, pour mes besoins d'affaires; je promets de lui rendre cette somme dans trois mois, à partir de ce jour.

B. P. F. 350. Blois, le premier avril 1856.

BEUFOND.

Fin de mai prochain, je payerai à Monsieur Gros, la somme de *deux cents francs*, prix d'une vache qu'il m'a vendue et livrée le 5 courant.

B. P. F. 200. Sceaux, le 15 juillet 1856.

ROMAIN,

Cultivateur à Sceaux, rue de Paris, n. 3.

BILLETS A ORDRE.

Paris, 10 novembre. B. P. 150 F.

Au *dix novembre* prochain, je payerai à Monsieur Bernard, ou à son ordre, la somme de *cent cinquante francs*, valeur reçue en marchandises.

Paris, 10 août 1856. **MAUVIN.**

Rue Saintonge, n. 17, à Paris.

ENDOSSEMENT.

Payez à l'ordre de Monsieur Grinand, valeur reçue comptant. **BERNARD.**

Rue Richelieu, n. 20, à Paris.

Lyon, 1er février 1857. B. P. 610 F. 50.

Au *premier février* prochain, je payerai à l'ordre de Monsieur Beaudin, la somme de *six cent dix francs cinquante centimes*, valeur pour solde de compte.

Lyon, le 12 octobre 1856. **A. BEAUMONT.**

Rue de la Préfecture, n. 20, à Lyon

Paris, 10 novembre 1856. B. P. 600. F.

Au *dix novembre* prochain, veuillez payer contre ce présent mandat, à l'ordre de moi-même, la somme de *six cents francs*, valeur de ma facture du 10 courant.

Rouen, le 25 juin 1856. **CLAIR,**

Fabricant à Rouen, rue Neuve, n. 6.

A Monsieur Simon, rue du Bac, n. 17, à Paris.

TABLE DES MATIÈRES,

POUVANT SERVIR DE QUESTIONNAIRE

POIDS ET MESURES.

Pages

Paris. Imp. de J.-B. GROS, rue des Noyers, 74.

Pl.1. MESURES DE LONGUEUR ET DE SURFACE.

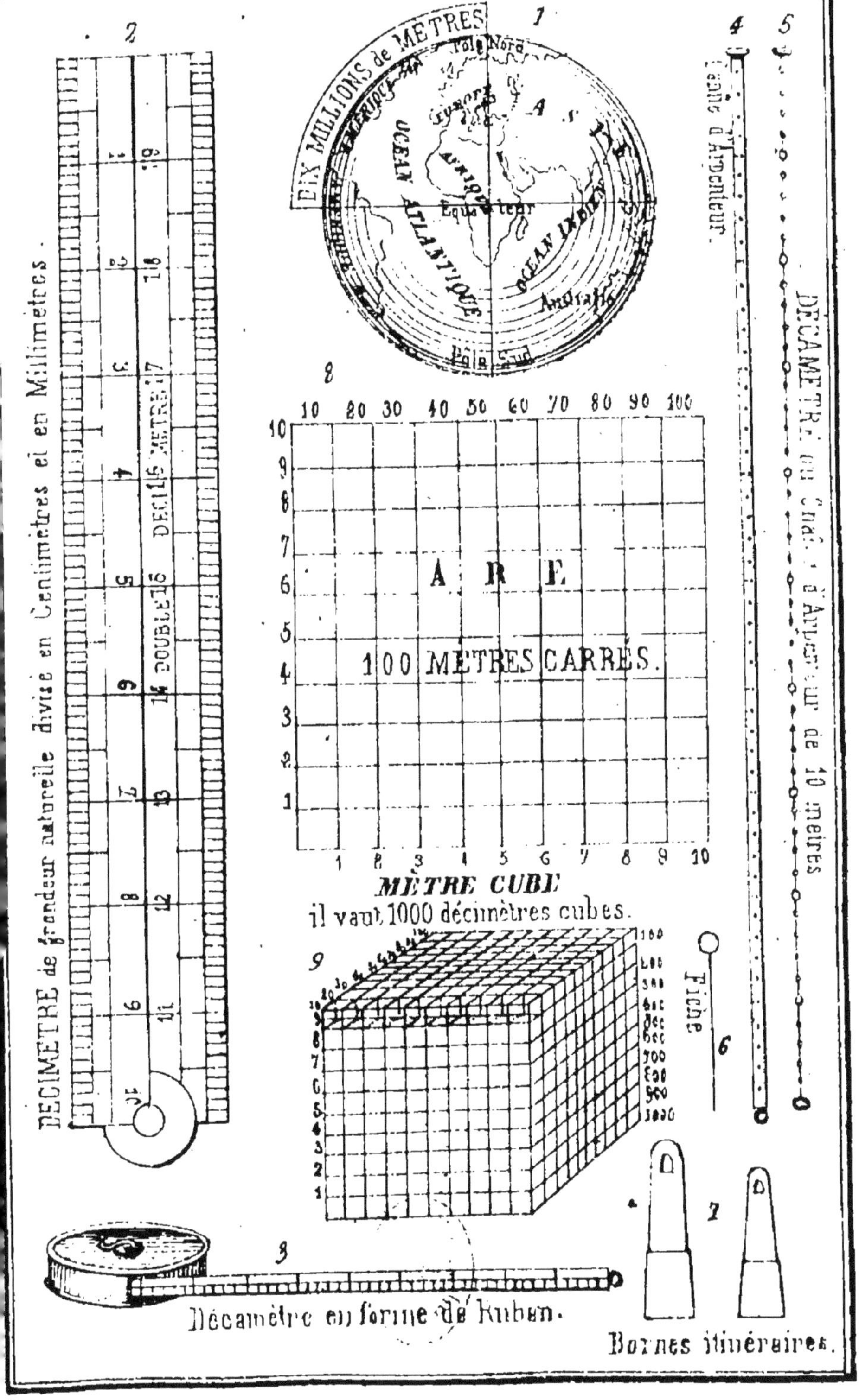

1 — DIX MILLIONS de METRES. Pôle Nord. Pôle Sud. Equateur. OCEAN ATLANTIQUE. OCEAN INDIEN. AFRIQUE. ASIE. EUROPE. AMERIQUE. Australie.

2 — DECIMETRE de grandeur naturelle divisé en Centimètres et en Millimètres. DOUBLE DECIMETRE.

8 — ARE

100 METRES CARRÉS.

MÈTRE CUBE

il vaut 1000 décimètres cubes.

9

4 — Chaîne d'Arpenteur.

5 — DECAMETRE ou Chaîne d'Arpenteur de 10 mètres

6 — Fiche

7 — Bornes itinéraires.

3 — Décamètre en forme de Ruban.

Pl. 2. MESURES DE VOLUME ET DE CAPACITÉ.

10

STÈRE.

Contrefiche.

Montant.

Montant.

Contrefiche.

Sole.

MESURES DE CAPACITÉ.

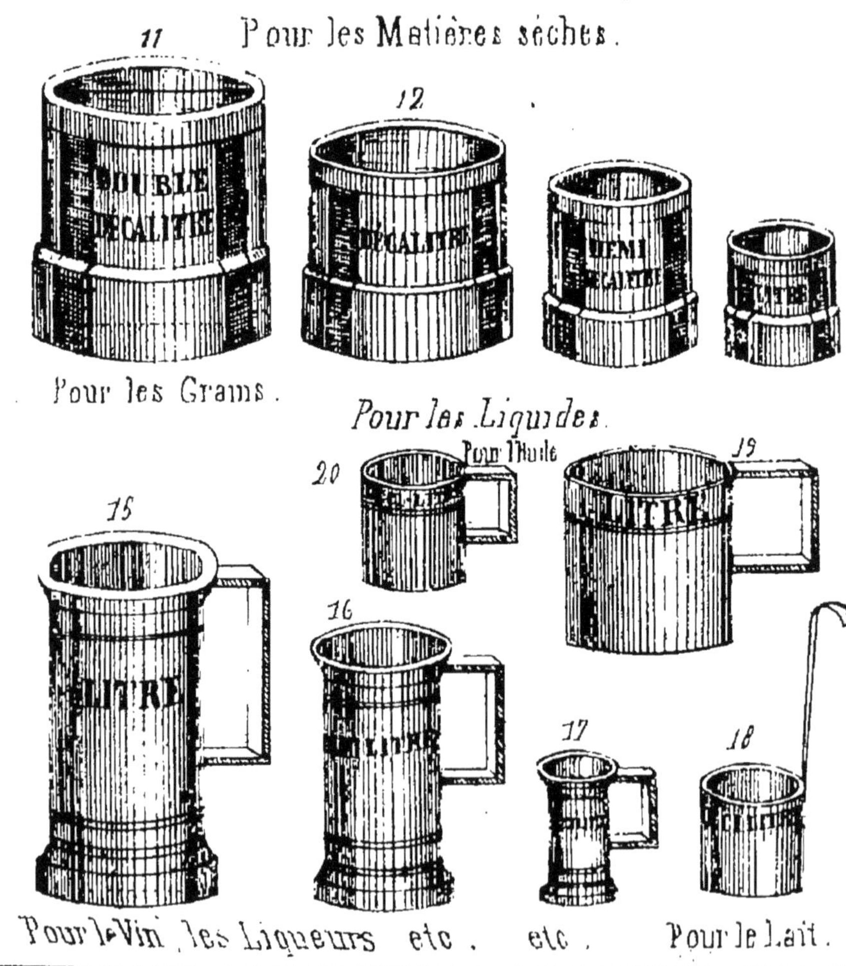

Lith. Prodhomme rue des Noyers 6?. Paris

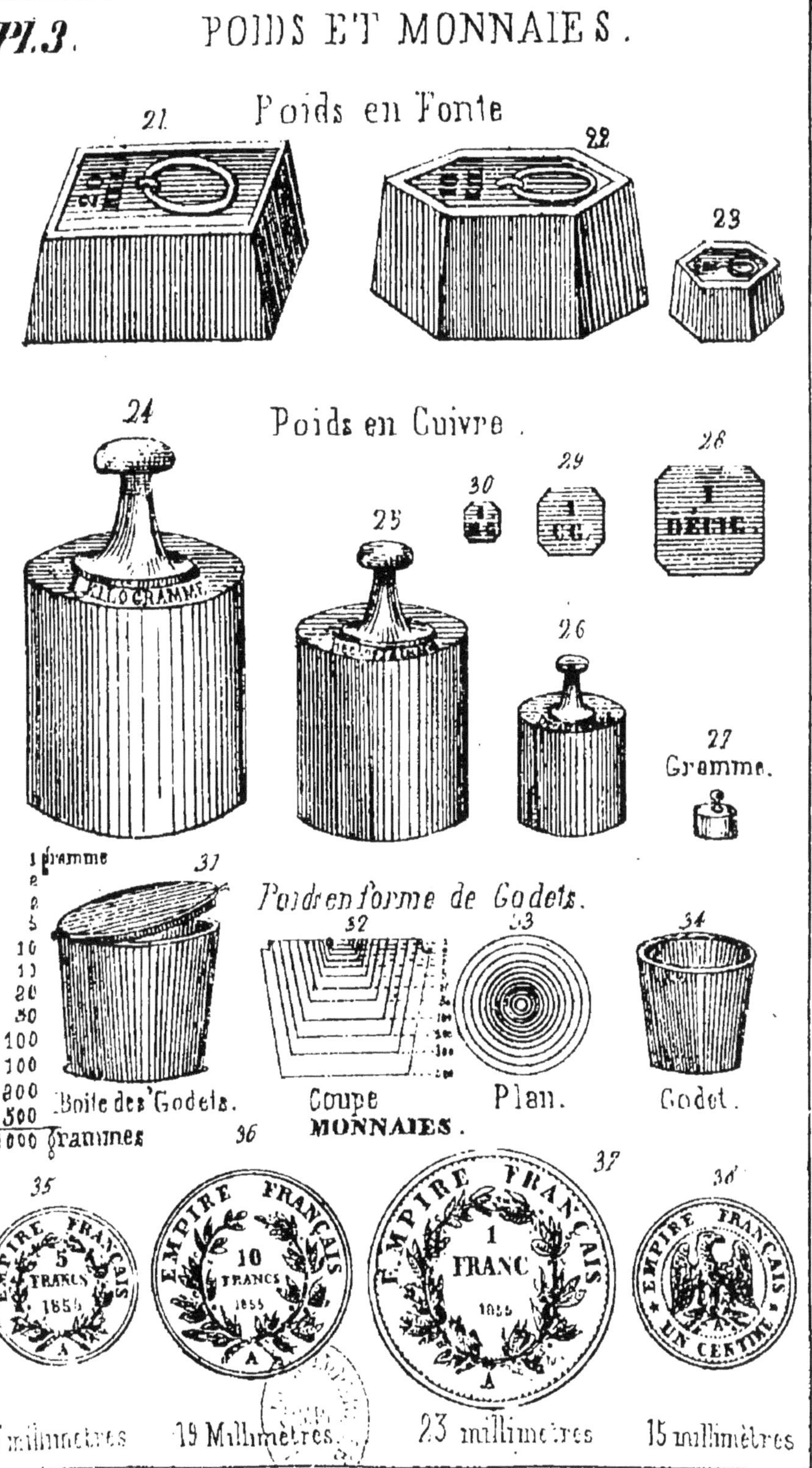

Traité complet d'Arithmétique usuelle par C.A. CHARDON.

Pl. 4. INSTRUMENTS DE PESAGE.

BALANCE.

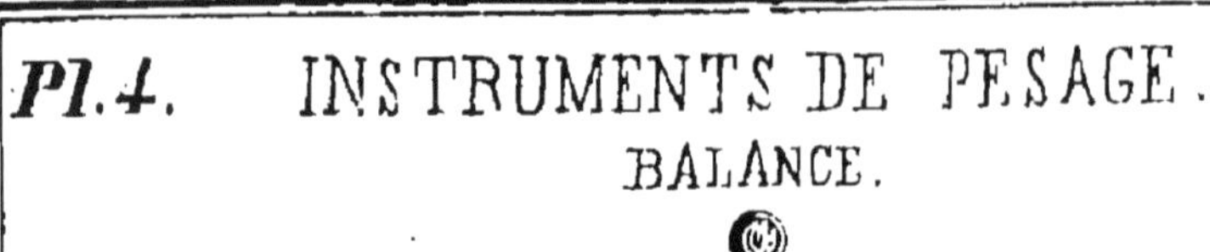

39

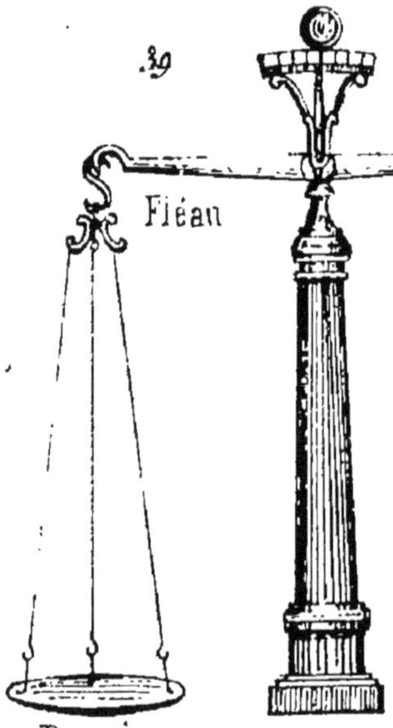

Fléau
Bassin.
Bassin.

40 ROMAINE.

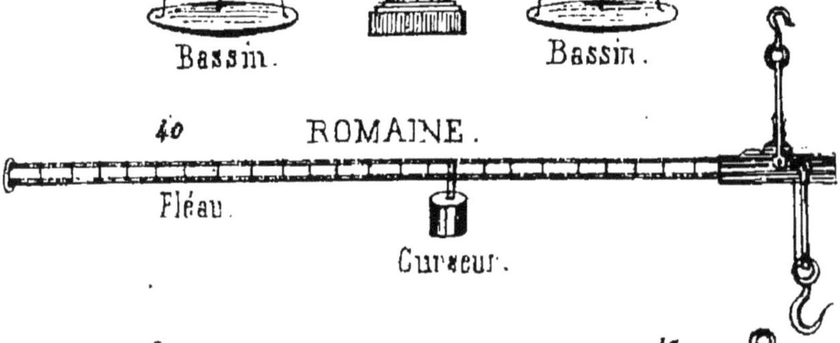

Fléau.
Curseur.

41

PESON

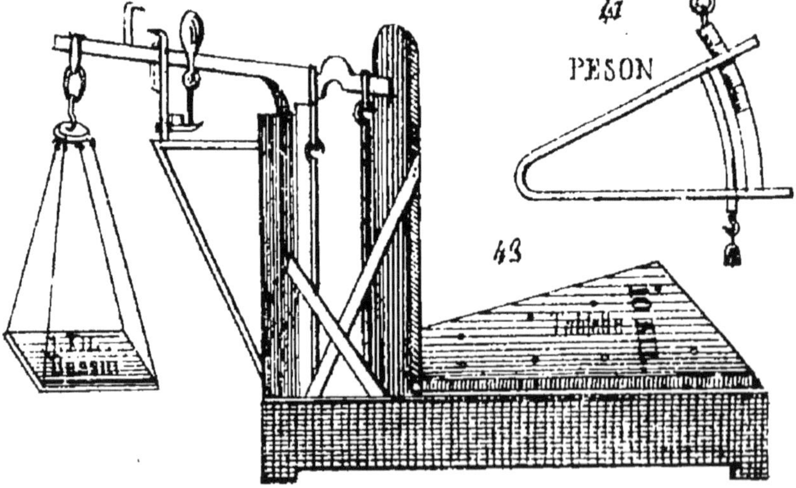

43

BALANCE BASCULE.

DES LIGNES.

Pl. 5.

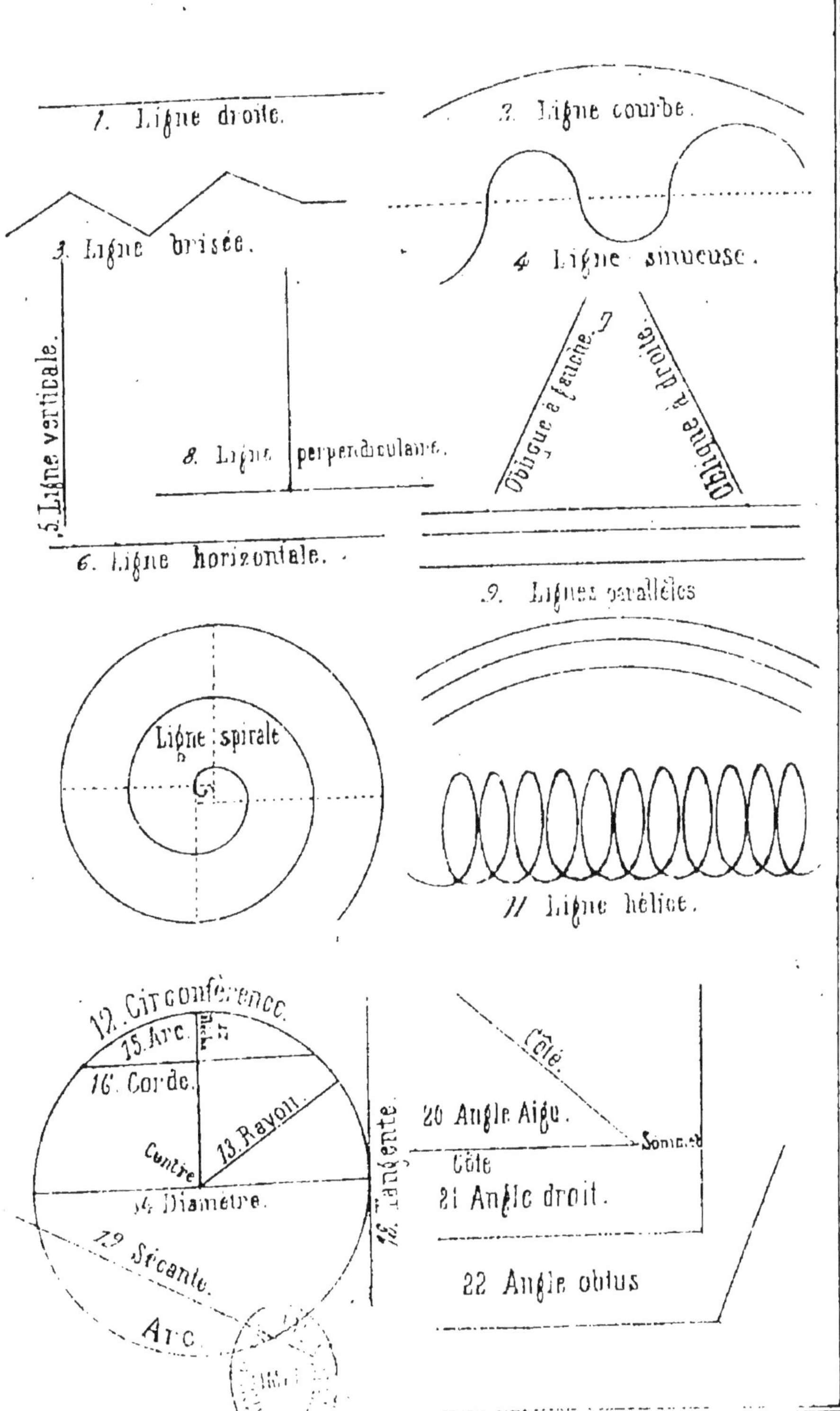

Cours complet d'Arithmétique usuelle par C. A. CHARDON.

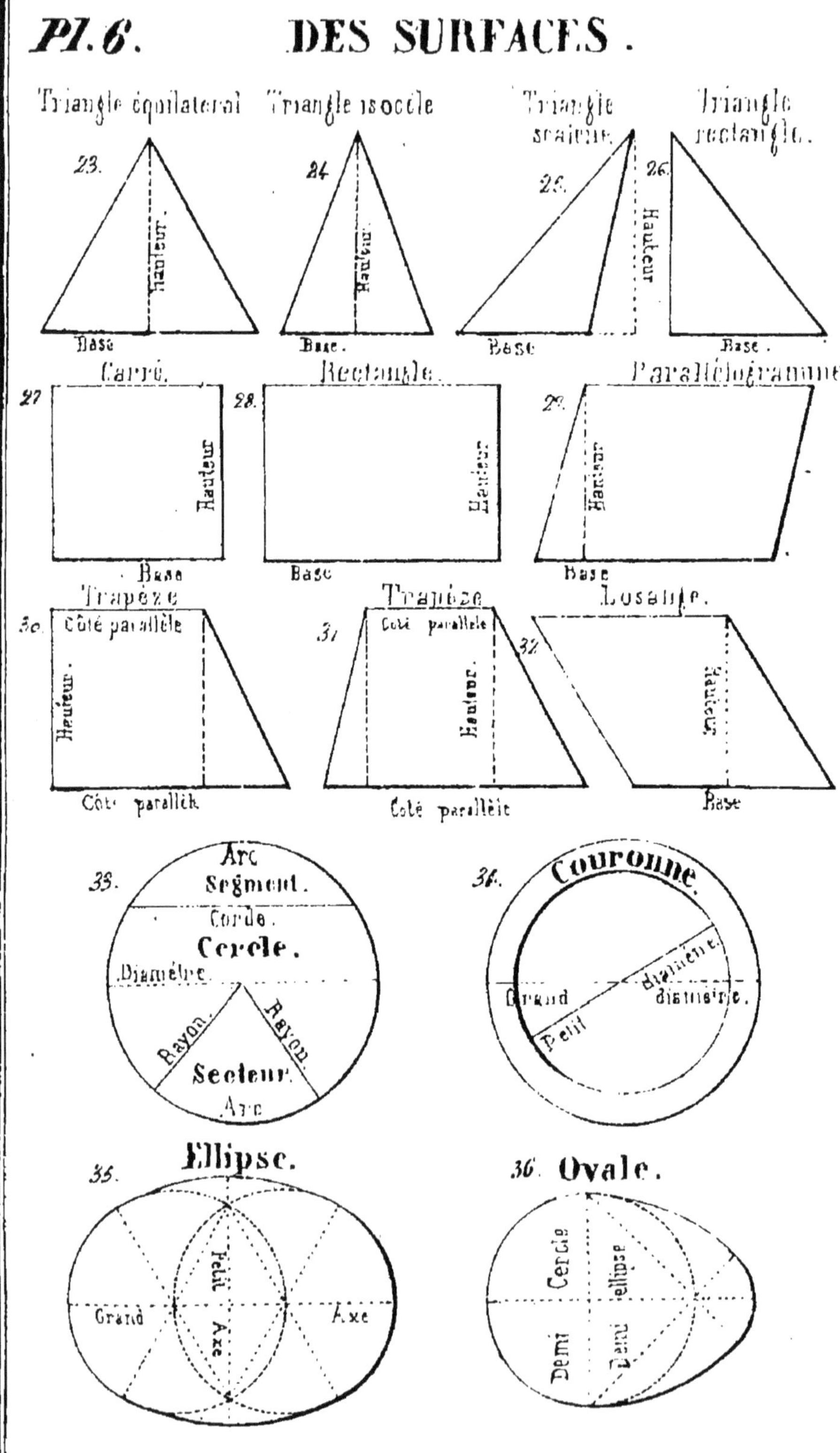
Pl. 6.
DES SURFACES.
Triangle équilatéral
Triangle isocèle
Triangle scalène
Triangle rectangle.
23.
24
25.
26.
Hauteur
Base
Carré.
Rectangle.
Parallélogramme.
27
28.
29.
Trapèze
Trapèze
Losange.
30.
31
32.
Côté parallèle
Côté parallèle
Arc
Segment.
Corde.
Cercle.
Diamètre.
Rayon.
Secteur.
33.
34.
Couronne.
Grand diamètre.
Petit diamètre.
Ellipse.
35.
Petit Axe
Grand Axe
36. Ovale.
Demi Cercle
Demi ellipse

DES POLYGONES. Pl. 7.

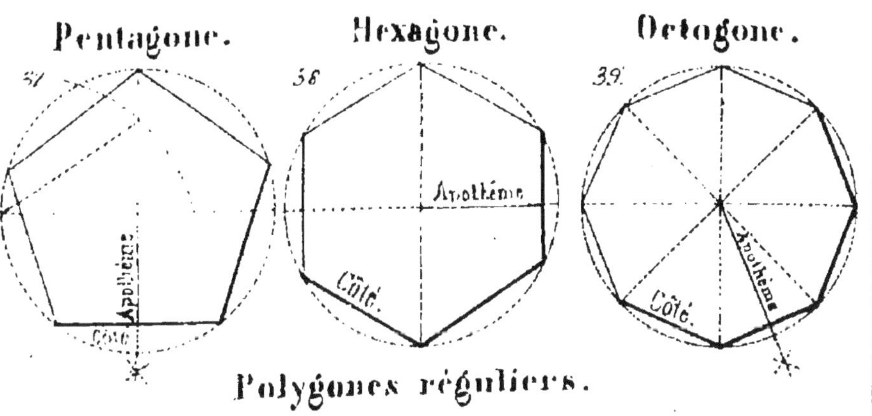

Polygones réguliers.

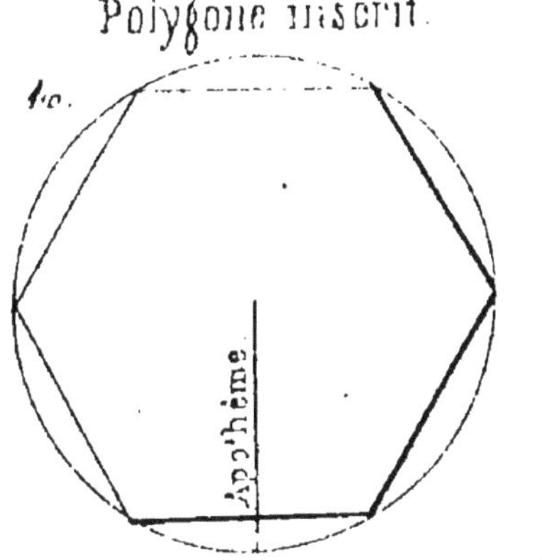

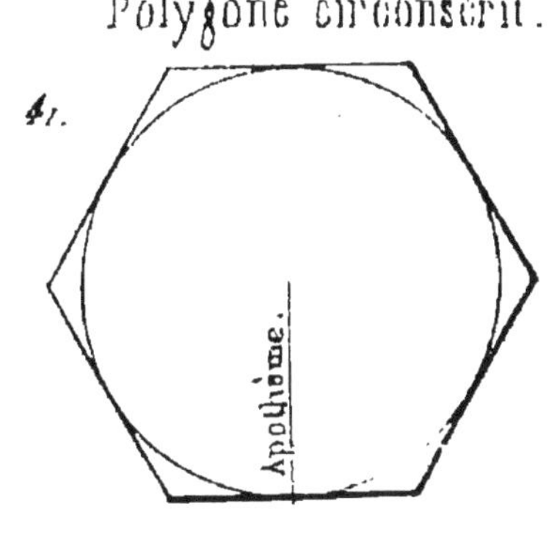

Polygones irréguliers.

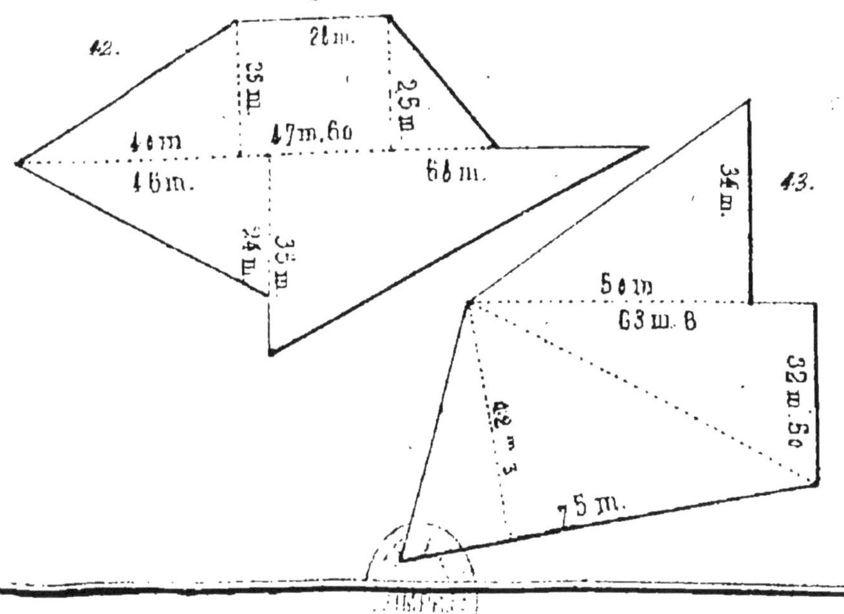

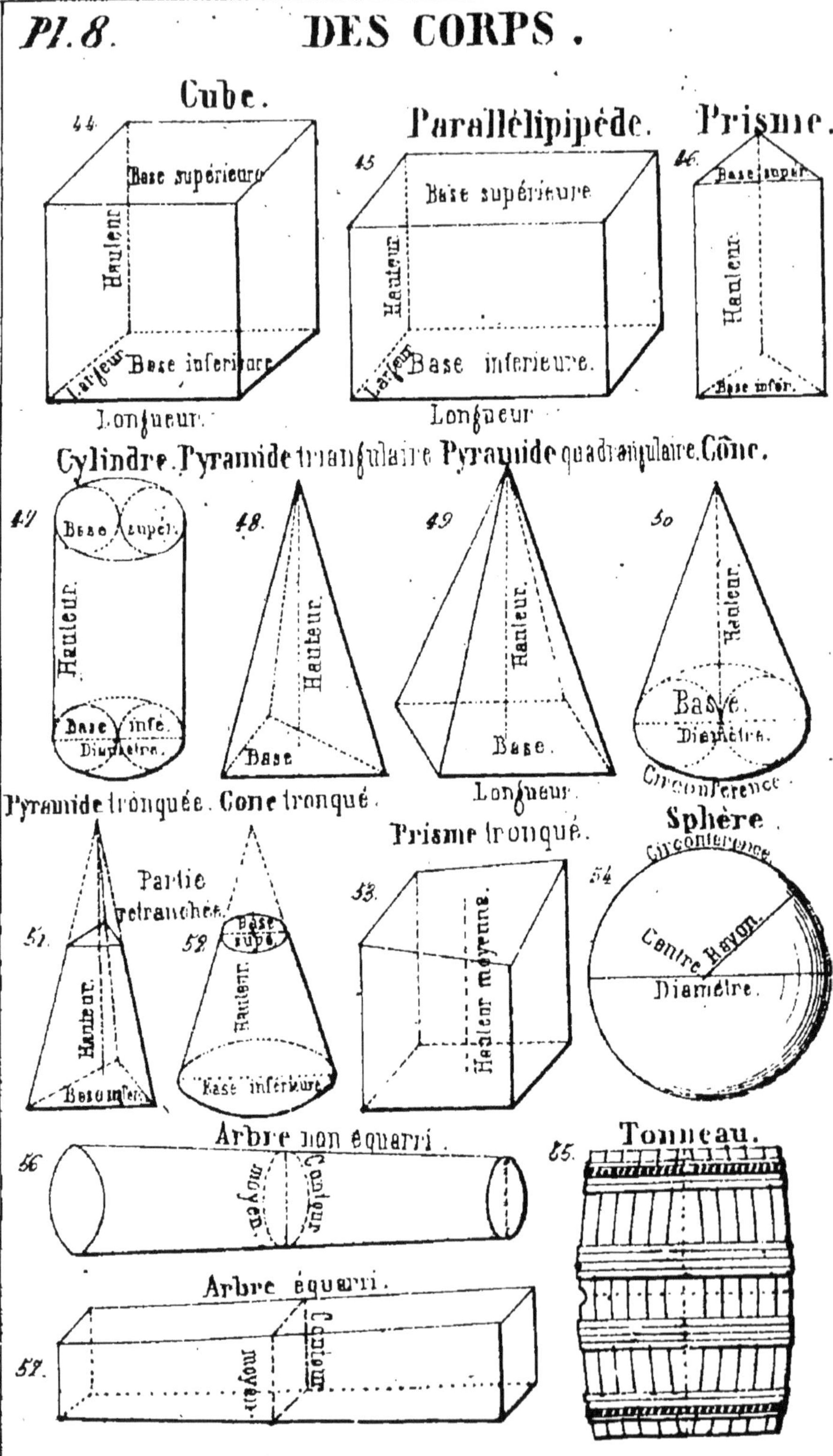

Lith Prodhomme, Rue des Noyers, 69, Pa

OUVRAGES DE C.-A. CHARDON.

Petit Dessin linéaire des Commençants, orné de 32 Planches gravées sur acier, contenant 280 Figures ou Dessins simples et gradués sur le Tracé géométrique, le Dessin linéaire élémentaire, l'Ornement et la Figure, avec le texte en regard des Planches. Prix, cart. : 1 fr.

Géométrie, Arpentage et Dessin linéaire élémentaire, ornés de 20 Planches gravées, contenant 356 Figures ou Dessins gradués et variés, avec le texte en regard des Planches, accompagnés de 300 Problèmes sur la Géométrie et le Tracé géométrique, d'un Formulaire d'Actes sous seing privé et d'un Questionnaire. (6e *édition.*)
Prix, cart. : 1 fr. 75 c.

Ouvrage approuvé et recommandé par la Société des Instituteurs et des Institutrices de Paris.

Architecture et Dessin linéaire supérieur, ornés de 28 Planches gravées, contenant 427 Figures ou Dessins sur la Menuiserie, la Maçonnerie, la Mécanique, les 5 ordres d'Architecture, les Projections, la Perspective, l'Ornement, le Paysage, la Figure, les Fleurs, la Broderie, etc., avec le texte en regard des Planches; accompagnés de Devis, de Mémoires et d'un Dictionnaire spécial. (2e *édition.*)
Prix, cart. : 2 fr. 25 c.

Traité pratique d'Arithmétique, contenant toutes les Opérations ordinaires du Calcul, 1300 Exercices ou Problèmes et 8 Planches. (8e *édition.*) Prix, cart. : 1 fr. 50 c.

Arithmétique élémentaire, contenant 400 Exercices, 400 Problèmes et 4 Planches (24e *édition.*) Prix, cart. : 75 c.

Arithmétique élémentaire avec solutions. Prix : 1 fr.

Solutions des 1300 Problèmes du Traité d'Arithmétique par la Méthode de l'unité et par les Proportions. Prix : 75 c.

Traité d'Arithmétique avec les **Solutions**. Prix : 2 fr. 25 c.

Poids et Mesures métriques. 4 Planches. (4e *édit.*) Prix : 25 c.

Nouvelle Méthode de Lecture et d'Écriture pour apprendre simultanément à lire et à écrire en peu de temps. (2e *édit.*) Prix : 20 c.

Grands Tableaux de la *Méthode de Lecture*. Prix : 1 fr. 20 c.

Ouvrages approuvés et recommandés par la Société des Instituteurs et des Institutrices de Paris.

Géographie et Atlas de 10 Cartes, avec texte en regard : 1re Mappemonde, 2e Europe, 3e France physique, 4e France politique, 5e Asie, 6e Afrique, 7e Amérique, 8e Océanie, 9e Monde connu des anciens, 10e Cosmographie; accompagnés de Notions générales de Géographie et du Tracé des Cartes. Grand in-8o. Prix : 1 fr. 20 c.

Géographie et Atlas, Cartes coloriées à teintes plates.
Prix : 1 fr. 50 c.

Atlas complet de Géographie moderne, composé de 17 Cartes gravées : 1re Mappemonde, 2e Europe, 3e Asie, 4e Afrique, 5e Amérique septentrionale, 6e Amérique méridionale, 7e Océanie, 8e France, 9e Iles britanniques, 10e Suède et Danemark, 11e Russie, 12e Allemagne, 13e Espagne et Portugal, 14e Italie, 15e Turquie et Grèce, 16e Monde connu des anciens, 17e Cosmographie. In-folio.
Prix : 4 fr.

Atlas complet, Cartes coloriées à teintes plates. Prix : 4 fr. 50 c.

Paris.—Typ. Morris et comp., rue Amelot, 64.